맹자와 공손추

孟子與公孫丑, 南懷瑾 著

맹자와 공손추

2014년 3월 17일 초판 1쇄 펴냄
2019년 5월 31일 초판 2쇄 펴냄

지은이 남회근
옮긴이 설순남

펴낸곳 부키(주)
펴낸이 박윤우
등록일 2012년 9월 27일
등록번호 제312-2012-000045호
주소 03785 서울 서대문구 신촌로 3길 15 산성빌딩 6층
전화 02. 325. 0846 팩스 02. 3141. 4066
홈페이지 www.bookie.co.kr
이메일 webmaster@bookie.co.kr
제작대행 올인피앤비 bobys1nate.com
ISBN CODE 978-89-6051-378-5 04150 978-89-6051-039-5 (세트)

잘못된 책은 바꿔 드립니다.
책값은 뒤표지에 있습니다.

남회근 저작선 9

맹자와 공손추

남회근 지음 설순남 옮김

부·키

1. 중국 고유명사 표기와 관련하여 현행 맞춤법은 신해혁명 이전은 한자 발음대로, 그 이후는 중
   국어 원음대로 표기하도록 규정하고 있지만, 이 책에서는 시대에 관계없이 인명, 지명 모두
   한자음대로 표기하였다.
2. 맹자 원문은 모두 대만 노고문화에서 나온 원서(原書) 『맹자와 공손추(孟子與公孫丑)』의 내용과
   문장 부호를 그대로 따랐다.
3. 맹자 원문 해석은 우리나라의 전통적인 해석에 따랐다. 하지만 저자가 본문에서 전통적 해석
   과 달리 설명한 경우에는 본문의 논지에 따라 저자의 해석을 기준으로 하였다. 따라서 해당 부
   분에 역자 각주를 달아 기존의 전통적 해석과 저자의 해석이 어떻게 다른지를 설명하였다.

옮긴이 말

『맹자와 공손추』는 1976년에 남회근 선생이 행한 『맹자』 강연록의 일부입니다. 이 강연은 대만 『청년전사보(青年戰士報)』의 당수상(唐樹祥) 사장의 요청으로 신문사에서 열렸던 공개 강좌였습니다. 당수상 사장은 남 선생의 학술 사상을 좋아해 1975년 4월에서 1976년 3월까지 선생의 『논어』 강연록을 『청년전사보』에 연재했는데, 『논어』에 이어 『맹자』를 요청하여 이 강연이 이루어졌습니다. 남 선생은 젊은 청중들이 이해하기 쉽도록 역사와 배합하여 가볍고 쉬운 방식으로 강연을 진행했습니다.

원래 『맹자』는 일곱 편으로 구성되어 있는데, 제1편인 「양혜왕」 편은 1984에 『맹자방통』이라는 제목으로 나왔습니다. 책이 출판되고 다음 해에 남 선생이 미국 워싱턴으로 건너가 교육 사업을 하는 바람에 나머지 강연록들도 함께 미국으로 옮겨졌습니다. 그 후 선생을 따라 각지를 전전하다가 2006년 남 선생이 중국 강소성 태호에 자리를 잡은 후 새로이 정리 작업에 들어가게 되었습니다.

그리고 마침내 2011년, 강연이 끝나고 실로 35년 만이자 제1편이 나온 후 27년 만에 제2편인 『맹자와 공손추』가 출판되기에 이르렀습니다. 출판 설명에 따르면, 이 책이 비록 『맹자』의 제2편에 해당하지만 원래 각 편이 단독으로 읽힐 수 있는 것인지라, 『맹자방통』이라는 제목을 쓰지 않고 별도로 『맹자와 공손추』라는 제목으로 출판하였다고 합니다. 앞으로 나머지 편들도 제각기 제목을 달리하여 나온다니 기대해도 좋을 듯합니다.

　『맹자』는 모두가 알다시피 사서의 하나로 중요한 유가 경전입니다. 일반적으로 공자는 유가 사상의 창시자로, 맹자는 유가 사상의 집대성자로 불립니다. 공자가 예와 인을 중시했다면 맹자는 그 외에도 의를 강조했는데, 이 책에도 언급된 사단설을 통해 '인의예지'라는 유가의 네 덕목을 완성시켰습니다. 또 맹자는 '왕도'의 이상을 품고 제후들을 만나 자신의 정치사상을 유세함으로써, 후세에 왕도 정치라는 위정의 원리를 확립했습니다.

　춘추 전국 시대는 소위 제자백가라 하는 사상가들이 자기 사상의 탁월함을 드러내기 위해 경쟁했던 시기입니다. 풍부한 상상력을 바탕으로 우화를 무기로 삼은 장자 같은 사상가가 있는가 하면 맹자와 순자처럼 뛰어난 논리과 설득력을 지닌 사상가도 있었습니다. 이들을 통해 중국의 문장은 비약적으로 발전했는데, 특히 『맹자』는 한문 강독의 고전으로 인정받고 있습니다.

　『맹자』 일곱 편 가운데 「공손추」 편은 공손추라는 제자와의 대화 형식을 빌려 맹자의 위정 원리와 심신 수양에 관한 견해를 펼치고 있습니다. 제자의 질문에 스승이 대답하는 형식을 취한 것이 새로운 방법은 아니지만, 『논어』나 『맹자』의 다른 편에 비해 「공손추」 편은 질문 자체가 논리적이고 때로는 집요하기까지 합니다. 따라서 그에 대한 맹자의 답변 역시 극히 논리적이고 구체적이며 치밀합니다.

　이 책의 특징이자 남 선생이 강연한 『맹자』의 특징은 저자 스스로도 말했듯이 "경전과 역사를 함께 참고하는(經史合參)" 방식으로 『맹자』를 설명했다는 데 있습니다. 내용이 다소 까다로운 『노자』는 "경으로써 경을 풀이하는(以經解經)" 방식을 사용하여, 『노자』의 원문으로 원문을 설명했습니다. 그에 비해 글자상으로는 크게 어렵지 않은『맹자』의 경우에는, 이면에 있는 맹자의 생각을 읽어 내기 위해 역사적 배경을 함께 연구하고 참조하였습니다. 맹자가 하필이면 제나라 왕을 찾아가서 씨도 먹히지 않는 왕도 사상에 대해 유세했는지는 맹자 당시 힘의 구도를 이해하지 않으면 자칫 맹자를 벼슬이나 탐내는 사람으로 오해할 수도 있습니다.

정치에서 가장 중요한 비중을 차지하는 재정 경제 문제를 맹자가 언급하는 대목도 있는데, 남 선생은 해박한 역사 지식을 동원하여 맹자가 당시 제후국들의 경제 상황을 어느 정도 통찰하고 있었는지를 보여 줍니다. 또 훗날 명 황제들의 망국적인 재정 정책과 만주족 청 황제들의 뛰어난 재정 정책을 비교 설명함으로써, 맹자의 재정 경제 관념이 얼마나 현실성 있고 유효한 것이었는지 실감하게 해 줍니다. 공자가 공자 이후에 태어난 사람들을 위해 성인의 학문을 밝혀 주었듯이, 남 선생은 이 책을 통해 오늘의 우리에게 맹자의 학문을 밝혀 주고 있음이 틀림없습니다.

이 책의 또 하나의 특징은『맹자』를 유가 경전으로만 풀이하지 않았다는 점입니다. 사람들은 흔히 중국의 전통 사상이라 하면 공맹의 유가 사상을 떠올립니다. 그러나 남 선생이 평소에 강조하는 것 가운데 하나가 바로 중국 문화는 유불도 삼 가의 합작품이라는 사실입니다. 중국 문화를 이해하기 위해서는 어느 하나에 치우쳐서는 안 됩니다. 아울러 그 중 하나를 공부할 때에는 그들 사이의 영향 관계에 주목하지 않으면 참모습을 놓치거나 겉모습만 보는 실수를 범하게 됩니다. 특히 맹자가 살았던 전국 시대에는 유가와 도가가 아직 분리되지 않았기 때문에 그들 사이에는 상당 부분 유사성과 동질성이 존재합니다.

『맹자』가 유가 경전임에도 불구하고 남 선생은 그를 설명하는 과정에서 도가 사상을 끌어오기도 하고 때로는 불가 사상을 빌려 오기도 합니다. 가령 맹자의 대표적 이론인 '부동심(不動心)'을 설명하기 위해 남 선생은 후세 불가와 도가의 수련 방법을 예로 들어 이해하기 쉽게 설명합니다. 물론 후세 유학자들의 부동심 수련에 관해서도 재미있는 일화를 소개하고 자신의 견해를 피력했습니다. '부동심'과 이어지는 '호연지기(浩然之氣)'를 설명하는 과정에서도 유가, 불가, 도가를 자유자재로 넘나들며 이야기를 펼쳐 나가는 내공은 과연 명불허전임을 실감게 합니다.

남 선생은 『맹자방통』 머리말에서 공맹의 일생은 "시종 숭고한 이상을 위해 노력했고, 자기 자신은 포기한 채 천하 사람들을 생각하고 천추만대를 생각했다. 그로 인해 시대를 초월하여 사람들의 존경을 받았고 성인이라 불렀다"라고 했습니다. 이 책에는 아성이라 칭해졌던 맹자의 다소 생뚱맞은 모습이 곳곳에 묘사되어 있습니다. 제왕이 부르는데도 병을 핑계로 조정에 나가지 않는가 하면, 이를 염려해 억지로 조정에 보내려 하는 제자들을 피해 달아나기도 합니다. 제나라를 떠날 때는 아쉬운 듯 미적거리고, 정작 자신을 만류하러 달려온 사람에게는 면전에서 돌아누워 무안하게 만듭니다.
하지만 남 선생은 친절하고도 설득력 있는 어조로 그런 맹자를 변호합니다. 변호하는 정도가 아니라 그렇기 때문에 아성이 될 수 있었다고 말합니다. 거기다 성인이 되지 못하고 아성에 머물고 만 까닭도 콕 집어 말해 줍니다. 아마도 남 선생의 설명을 듣지 않는다면 우리는 맹자를 올바로 이해하지 못하거나 곡해했을지도 모릅니다. 실로 맹자가 지기를 제대로 만났구나 하는 생각이 절로 들게 만드는 대목입니다.
남 선생에 따르면 『맹자』 전편 가운데 「공손추」 편이 가장 중요합니다. 그 까닭은 맹자가 본 편에서 '내성외왕(內聖外王)'의 수양에 대해 설명해 놓았기 때문입니다. 내성외왕의 학문이란 "어떻게 자신의 내적 학문과 수양을 충실히 해서 성현의 길을 걸어갈 것인지, 그리고 어떻게 세상 사람들을 구제하는 대업에 종사할 것인지의 학문"이라고 할 수 있습니다. 이것이 바로 고대에 표방하던 '성현지로(聖賢之路)'이니 인격의 완성이라고 말할 수도 있습니다. 이 책 한 권에 '성현지로'가 담겨 있다니 읽어 볼 만하지 않겠습니까!

차례

공손추 하 ━━━━━━━━━━━━━━━━━━━━ ● 299

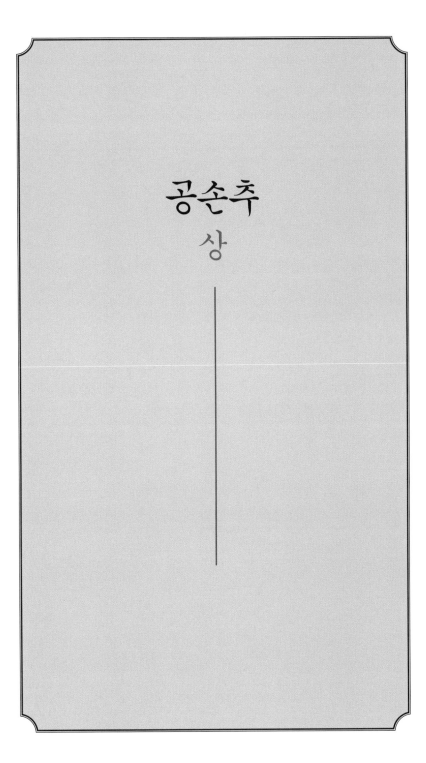

공손추

상

「양혜왕」상하 두 장은 맹자 평생의 학술 사상의 대강(大綱)에 해당합니다. 「공손추」장을 시작으로 하여 그 후의 모든 장은 앞의 요강을 근거로 하여 더욱 자세히 설명한 것입니다. 맹자의 학술 사상 및 그의 심성 수양에 관해서는 앞으로 계속해서 보충 설명하게 될 것입니다.

　이후의 각 장은 그 내용이 더욱 풍부하기 때문에 이야기하다 보면 중국 문화 속의 수많은 문제를 건드리지 않을 수 없습니다. 그래서 문제를 토론하다 보면 상당히 심도 있는 연구가 될 것입니다. 하지만 『맹자』 본문은 결코 어렵거나 까다롭지 않습니다. 고리타분하지도 않습니다. 여러분이 한눈에 그 의미를 파악할 수 있으리라 생각하기에 문자적 의미는 상세히 설명하지 않겠습니다.

　그렇기는 해도 『맹자』 본문은 여러 번 낭송하고 자세히 읽어서 외울 정도가 되는 것이 가장 좋습니다. 왜냐하면 진한 이후의 고문들이 대체로 『맹자』의 필법을 따르고 있고, 그 속에 들어 있는 많은 아름다운 구절이 후인들에 의해 활용되거나 혹은 그대로 명언으로 회자되기 때문입니다. 가령 후세에 상용되는 '당도(當道)'라는 두 글자는 바로 「공손추」장에 나오는 '당로(當路)'라는 말이 변해서 된 것입니다. '당도'는 '당정(當政)'이니 정치 체제상 '요직' 즉 중요한 길목을 차지하고 있다는 뜻입니다. 지난날 일인지하 만인지상(一人之下 萬人之上)의 재상에 해당하는 말이지만, 고문에서 이 단어는 비단 재상에만 한정되지 않고 요직에 앉아 정권을 장악한 사람들을 일컫는 말로 자주 인용되었습니다. 문학 작품에서는 청나라 사람이 쓴 격언과 유사한 두 구절의 시에 사용되기도 했습니다. "중요한 길목에 가시나무를 심지는 마시게, 훗날 자손들의 옷을 끌어당길지도 모르니〔當路莫栽荊棘樹, 他時免掛子孫衣〕"라고 하였는데, 풍격은 비록 밋밋하나 참으로 의미심장합니다!

현실에서 정권을 장악하고 있는 주요 인물들은 정치적 명령을 발포함에 있어서 반드시 먼저 신중하게 생각해야 합니다. 왜냐하면 하나의 법령이나 정책은 그 영향력이 당시에 그치지 않고 몇십 년 후 사람들의 화복(禍福)과 이해(利害)에까지 미치기 때문입니다. 그러니 절대로 사무실이나 회의실에서 일시적인 감정에 휩쓸려 새로운 정책이나 법령을 정하고 또 즉시 반포해서 집행하면 안 됩니다. 그런 방식은 폐단을 가져와 사회에 해를 끼치기 매우 쉽습니다. 그래서 저는 늘 이렇게 말합니다. 정치를 하는 사람들은 반드시 정치적 인과(因果)를 책임져야 한다고요. 이 두 구절의 시는 정치적 입법(立法)과 입언(立言), 입덕(立德)의 인과 관계를 잘 설명해 주고 있으므로 확실한 경계의 말〔警語〕이라 하겠습니다.

다시 본론으로 돌아와서 「공손추」 상하 두 장은 스승인 맹자와 제자인 공손추 두 사람 사이의 대화를 기록한 것입니다. 내용은 대부분 제나라 민왕(湣王)이 다스리던 시기에 맹자가 제나라에 재차 갔을 때의 일입니다. 이번에는 맹자가 짧지 않은 시간을 제나라에 머물렀습니다.

공손추가 물었다. "선생님께서 만일 제나라에서 요직을 맡게 되신다면 관

중과 안자의 공적을 다시 기대할 수 있겠습니까?" 맹자께서 말씀하셨다. "그대는 진실로 제나라 사람이로다. 관중과 안자를 알 뿐이로구나. 어떤 사람이 증서에게 묻기를 '그대와 자로 가운데 누가 더 어진가?' 하니, 증서가 조심스럽게 말하기를 '자로는 우리 조부께서 두려워하신 바이다' 하였다. '그렇다면 그대와 관중 가운데 누가 더 어진가?' 하니, 증서가 기뻐하지 않고 발끈하며 말하기를 '네 어찌 나를 관중과 비교하는가. 관중은 군주의 신임 얻기를 저같이 독차지하였고, 국정을 시행하기를 저같이 오래 하였는데도 공적이 저같이 낮았거늘, 네 어찌 나를 이 사람과 비교하는가' 하였다. 관중은 증서도 따라 행하지 않은 바인데, 그대는 나에게 그것을 원한다는 말인가." "관중은 그 군주를 패자가 되게 하였고, 안자는 그 군주를 드러나게 하였는데, 관중과 안자도 오히려 따라 행하기에 부족하다는 말씀입니까?" "제나라를 왕자(王者)로 만드는 것은 손을 뒤집는 것과 같다."

公孫丑問曰: "夫子當路於齊, 管仲, 晏子之功, 可復許乎?" 孟子曰: "子誠齊人也. 知管仲, 晏子而已矣! 或問乎曾西曰: '吾子與子路孰賢?' 曾西蹴然曰: '吾先子之所畏也.' 曰: '然則吾子與管仲孰賢?' 曾西艴然不悅, 曰: '爾何曾比予於管仲! 管仲得君, 如彼其專也; 行乎國政, 如彼其久也; 功烈, 如彼其卑也. 爾何曾比予於是!'" 曰: "管仲, 曾西之所不爲也. 而子爲我願之乎?" 曰: "管仲以其君霸, 晏子以其君顯. 管仲, 晏子猶不足爲與?" 曰: "以齊王, 由反手也."

관중의 고사

공손추는 맹자의 제자인데 어느 날 그가 맹자에게 질문을 했습니다. "만약 스승님께서 제나라에서 정권을 잡게 된다면 명신인 관중(管仲)과 안자(晏子)가 성취했던 바와 같은 그런 공적을 이루어 낼 수 있으십니까?"

맹자는 질문을 듣고 난 후 공손추에게 말합니다. "자네는 정말로 전형적인 제나라 사람일세. 관중과 안자라는 이 두 명의 역사적 인물밖에는 모르는군. 마치 세상에서 오직 이 두 명의 제나라 사람만이 대단한 공적을 세울 수 있다는 식일세. 하지만 이 두 사람 외에도 세상에는 훌륭한 인물이 많다는 건 모르고 있네." 맹자의 이 말은 요즘 우리가 하는 말로 하면 이런 식입니다. "자네는 정말 어쩔 수 없는 영국인이야. 자기네 역사에 나오는 처칠밖에는 모르니 말이야. 혹은 이렇게도 말할 수 있습니다. 자네는 정말 어쩔 수 없는 미국인이야. 자기네 미국에 루스벨트라는 사람이 있다는 것만 알고 있으니 말이야." 이 대목은 맹자의 유머 감각을 잘 보여 주고 있습니다. 공손추는 우물 속에서 하늘을 바라보고 있기 때문에 우물 입구만큼의 하늘만 보고서 그것이 우주 전체의 크기라고 생각하고 있다는 의미입니다.

그는 공손추를 한번 놀린 다음 이렇게 말합니다. "자네는 예전에 어떤 사람이 증자의 손자인 증서에게 이렇게 말한 것을 알고 있는가? '당신과 자로 가운데 도대체 누가 더 훌륭합니까?' 증서는 이 질문을 듣자마자 좌불안석이었습니다. 자리에서 상반신을 숙이고 공경하는 어조로 말했습니다. '당신은 어찌 나를 가지고 자로와 비교하는가? 내 조부이신 증자 어르신께서도 자로에 대해서는 대단히 경외하셨네. 내 어찌 그와 함께 거론될 수 있겠는가?' 그러자 그 사람은 또다시 증서에게 이렇게 물었습니다. '그렇다면 당신과 관중을 비교한다면 누가 더 훌륭합니까?' 이 말을 들은 증서는 대번에 안색이 변하더니 불쾌한 듯이 말했습니다. '당신은 어찌 나를 관중과 비교하는가? 관중은 훌륭한 지도자인 제 환공(桓公)의 신임을 얻었으니, 제 환공은 제나라의 대소사에 일체 관여하지 않고 완전히 관중에게 맡겨 그가 하자는 대로 처리했네.'"

역사상 훌륭한 지도자가 자신의 막료를 그 정도까지 신임했던 경우는
확실히 제 환공과 관중의 예밖에 없습니다. 그러했기에 제 환공은 춘추 시
대 오패(五覇)의 하나가 될 수 있었습니다. 심지어 그가 오패의 우두머리
였다고까지 말할 수 있는 것도 결코 우연은 아니었습니다. 더더욱 있기 힘
든 일은 그들 두 사람이 원래는 적이었다는 사실입니다. 전쟁터에서 얼굴
을 마주하고 싸울 때 관중이 제 환공에게 화살을 쏜 일도 있었습니다. 마
침 화살이 제 환공의 혁대 갈고리에 맞는 바람에 갈고리 놋 조각이 화살촉
을 막아 다행히 내상을 입지는 않았습니다. 하마터면 제 환공은 일찌감치
관중이 쏜 화살에 맞아 죽을 뻔했습니다.

관중 이야기가 나오면 그와 제 환공 사이의 군신 관계가 떠오릅니다. 군
주와 신하가 서로 상부상조하기란 쉬운 일이 아닙니다. 사실 주인과 종업
원이라는 주종 관계에서 상부상조하는 경우는 정말로 흔치 않습니다. 제
환공과 관중, 포숙아(鮑叔牙) 세 사람 사이의 군신 관계 및 친구 사이의 우
정이 그처럼 훌륭하고 아름다웠던 것도 확실히 있기 힘든 귀한 일이었습
니다. 특히 관중과 포숙아의 사귐에서 지기(知己)는 천고에 남을 미담이
되었습니다. 그런데 이렇게도 말할 수 있습니다. 제 환공과 관중, 포숙아
는 겉으로는 물론 군주와 신하의 감정을 지니고 있었지만 실제로는 마치
친구 같은 감정으로 서로를 대했습니다. 그런 일은 더더욱 있기 힘든 상황
입니다. 후세의 서양사를 예로 들어 본다면 사람들이 흠모하고 감탄해 마
지않는 독일의 빌헬름 1세와 비스마르크라 할지라도 제 환공과 관중, 포
숙아의 사귐이라는 이 역사적 사실만 못할 겁니다. 확실히 지도자가 사업
에서 성취를 거둔 본보기라 할 수 있으니, 군신 간과 친구 사이는 반드시
피차간에 신임하고 한마음으로 협력해야만 큰일을 이룰 수 있음을 설명
해 줍니다.

지금부터는 여러분이 잘 알고 있고 즐겨 입에 올리는 '관포지교(管鮑之交)' 고사를 살펴보고자 합니다.

　첫째, 관중과 포숙아 두 사람은 처음에는 잘 어울리지 않는 사이였다고 말할 수 있습니다. 서로 사귀기가 너무도 어려운 경우였습니다. 왜냐하면 그들 두 사람이 처음 교제할 무렵에 관중은 가난뱅이였고 포숙아는 부잣집 도련님이었기 때문입니다. 물론 고금을 통틀어서 활달한 도련님이 가난한 친구를 사귀는 것은 예사로운 일이었지만, 돈 많은 권세가의 포씨 도련님이 관씨 동생의 가난함과 비천함을 완전히 아랑곳하지 않기란 쉽지 않습니다. 하지만 뜻밖에도 그들은 친형제처럼 우의가 두터웠고 서로 평등하게 대했습니다.

　둘째, 소년 시절의 관중은 재주만 믿고 오만한 데다 방탕하고 제멋대로인 타입이었습니다. 그에 비해 포숙아는 신중하고 정직한 데다 비교적 어질고 단정한 타입이었습니다. 그런데도 포숙아는 관중을 깊이 이해하고 그의 재주를 높이 샀으며, 관중의 행동을 용서할 뿐 아니라 조금도 탓하지 않았습니다.

　셋째, 그 무렵 관중과 포숙아는 함께 장사를 했습니다. 물론 그 생각은 관중에게서 나왔으며 포숙아에게 돈을 내서 장사를 하자고 종용했던 것입니다. 하지만 결산해서 이익금을 나눌 때가 되자 관중은 제대로 계산도 하지 않고 자기 마음대로 이익금의 대부분을 가져가 버렸습니다. 주변 사람이 보다 못해 포숙아에게 관중의 잘못을 이야기했지만 포숙아는 관중을 탓하기는커녕 도리어 이렇게 말했습니다. 관중의 집에 돈이 필요해서 좀 많이 가져갔기로 그게 뭐 어떻다는 거요!

　그런데 이 두 사람의 사귐에서 이른바 '관포분금(管鮑分金)'의 일은 아직 서막에 불과합니다. 더욱 기가 막히고 재미있는 것은 제2막인데, 거기에는 제 환공이라는 주인공이 한 사람 더 나옵니다. 거기다 마지막 장은 더더욱 보는 사람으로 하여금 감탄사를 연발하게 하니 참으로 고금에 찬란히 빛날 이야기입니다. 그 내용은 이러합니다.

관포지교

관중과 포숙아 두 친구는 나중에 함께 제나라의 정치권으로 걸어 들어 갔습니다. 포숙아는 제나라의 세자 소백(小白)을 돕게 되었는데, 그가 바로 훗날의 제 환공입니다. 관중은 운 나쁘게도 또 다른 세자인 공자 규(糾)를 도왔습니다. 오래지 않아 제나라에는 왕위 계승권을 둘러싼 궁정 내란이 발생했는데 곧이어 국제 문제로까지 비화되었습니다. 그 두 형제는 정치적 권리를 차지하기 위해 군사를 일으키고 서로 원수지간이 되었습니다. 이 대목은 여러분도 모두 아는 바이니 자세히 이야기할 필요는 없겠지요. 그런데 군사를 일으킬 때 관중과 포숙아 두 사람이 섬기는 주인이 제각기 달랐기 때문에, 훗날 관중이 제 환공에게 활을 쏘는 일이 있었던 것입니다. 하지만 결국에는 공자 규가 죽고 제 환공이 승리를 거두었으며 관중은 포로가 되고 말았습니다. 제 환공은 화살을 맞은 원수를 갚고자 관중을 죽여 버리려고 했습니다. 이 급박한 대목에서 포숙아가 나섰습니다.

그는 제 환공에게 이렇게 말했습니다. "당신이 이제 비록 제나라 왕은 되었지만 제후들의 패자가 되어 천하를 차지하고 싶지는 않으십니까?" 제 환공이 말했습니다. "그거야 물론이지, 두말할 필요가 있겠나?" 포숙아가 말했습니다. "만약 그러시다면 관중을 죽여서는 안 될뿐더러 그를 중용해야 합니다." 이 제 환공이라는 인물은 훗날의 한 고조 유방과 참으로 비슷했습니다. 유방은 자신의 참모가 탁자 아래에서 툭 하고 발을 가볍게 차자 곧 그 의중을 알아차렸습니다. 포숙아가 그런 말을 하자 제 환공은 잠시 아연해하더니 곧 포숙아에게 반문했습니다. "관중이 정말로 그렇게 대단한가?" 포숙아는 이때다 하고 얼른 관중을 추천했습니다. 관중을 위해 한바탕 허풍을 늘어놓았지요. 제 환공은 곧바로 관중을 풀어 주었을 뿐 아니라, 어떻게 하면 패왕(覇王)의 대업을 달성할 수 있는지 마음을 비우고 그에게 가르침을 청했습니다. 관중이 차근차근 이야기하자 제 환공은 단번에 크게 깨달았습니다. 그가 천하의 큰 재목임을 알아차리고 곧바로 재상에 임명했습니다. 나중에는 관중이 하자는 대로 따르고 거꾸로 관중의 비위를 맞추려 들었는데, 이름을 부르지 않고 '중부(仲父)'라 높여 부르기까지 했습니다. 관중은 그런 제 환공을 위해 죽을 때까지 고분고분 변함없는 충심을 다 바쳤습니다.

관중과 제 환공, 포숙아 세 사람 사이의 고사에서 가장 오묘한 핵심은 여기서 끝나는 것이 아닙니다. 관중이 포로로 잡혀 위급한 상황에 처하자 사람들은 그를 염려했습니다. 하지만 정작 본인은 목이 떨어지려는 순간에도 태연자약했습니다. 오히려 상황이 반전되어서 자신의 포부를 펼칠 수 있는 기회를 잡게 되리라 은근히 기대하는 듯했습니다. 왜냐하면 관중은 자신의 오랜 친구인 포숙아가 틀림없이 사력을 다해 자신을 천거해 주리라 생각했기 때문입니다. 제 환공에게 큰 포부가 없다면 몰라도 대업을 이루려는 큰 뜻을 품고 있다면 반드시 포숙아가 내미는 처방전에 따라서 자신을 중용할 테니까요.

사건의 전개는 과연 관중의 예상을 벗어나지 않았습니다. 이 대목이 바로 이른바 '관포지교'에서 가장 어렵고도 어려운 부분입니다. 후세나 현대의 보통 사람이 그런 경우를 당한다면 친구가 자신을 물고 늘어질까 겁을 낼지언정 어디 감히 사력을 다해 포로로 잡힌 적을 추천하려 들겠습니까! 그 때문에 후세의 어떤 사람은 자기 마음으로 다른 사람을 헤아려 보고서, 애초에 관중과 포숙아 두 사람이 일찌감치 의논을 했다는 겁니다.

힘을 분산시켜서 투자하는 식으로, 두 사람이 제각기 다른 주인을 돕다가 누가 됐든 성공하면 다른 한 사람을 추천해서 함께 부귀를 얻자고 말이지요. 물론 세상 사람들에게 이런 투기심이 절대 없다고는 말할 수 없습니다. 그렇다고 해서 사람과 사람 사이에 진정한 도의가 없다고 말해서도 안 됩니다! 제멋대로 가설을 만들어서 옛사람을 무고하면 도를 훼손하게 되니, 참으로 후인들의 총명이 지나치다 하겠습니다!

제 환공은 관중을 중용한 후 "천하를 바로잡고 제후들을 규합하는〔一匡天下, 九合諸侯〕" 공적을 이루어 냈습니다. 말하자면 당시 전 중국 제후들의 맹주가 된 것인데, 요즘으로 치면 국제연합의 의장이 된 셈입니다. 하지만 자신은 거기에 크게 마음 쓰지 않고 모든 일을 자기 대신 관중이 맡아서 처리하고 완성하도록 했습니다. 제 환공은 여전히 먹고 마시고 놀고 즐기는 데 있어서 고수였습니다. 그는 본래 방탕하고 제멋대로인 부잣집 도련님으로 식도락을 즐기고 여색을 밝혔습니다. 다른 점이 있다면 먹고 마시고 노는 걸 좋아하는 부잣집 도련님의 모습을 지니고 있는 한편으로 패주(覇主)가 될 만한 웅대한 재략(才略)도 있었다는 사실입니다. 그렇기 때문에 대범하게 관중을 완전히 신임하고 그에게 모든 것을 맡겨 버릴 수 있었습니다. 관중은 당시 제후국들 사이에서 수행 비서실장 역할을 했습니다. 사실상 그의 권력은 거의 제 환공에 다음가는 정도였으므로 마치 부패주(副覇主)와 같았습니다. 하지만 관중 역시 노는 걸 즐기는 재자(才子)의 모습을 지니고 있었지 결코 유가를 표방하는 순박한 군자 같지는 않았습니다. 그럼에도 불구하고 그들은 군신 간에 마치 최고로 사이좋은 친구처럼 서로 믿고 서로 이해했으니, 실로 쉽지 않은 일이었습니다. 그래서 맹자는 이 장에서 증서의 말을 빌려 "관중은 군주의 신임 얻기를 저같이 독차지하였고, 국정을 시행하기를 저같이 오래하였다〔管仲得君, 如彼其專也; 行乎國政, 如彼其久也〕"라는 평가를 내린 것입니다.

생사를 뛰어넘는 지기의 지극한 정

하지만 관포지교의 역사 고사는 이 대목에 이르러서도 아직 클라이맥스라고 할 수 없습니다. 가장 오묘한 부분은 최후의 일 막입니다. 관중에게 죽음이 임박하자 제 환공은 적이 당황했습니다. 관중의 뒤를 이을 인재를 찾기가 쉽지 않기에 어떻게 해야 좋을지 몰랐던 것입니다. 그래서 몸소 관중을 찾아가 병문안을 하면서 다급히 그에게 물었습니다. "만일 그대가 없어진다면 나는 누구를 찾아가서 그대의 임무를 맡겨야 좋단 말이오?" 그러고 나서 환공은 관중의 오랜 친구인 포숙아가 후임자로 어떠한지 물었습니다. 틀림없이 관중이 동의하리라 생각하고서 말이지요. 그런데 뜻밖에도 관중은 단번에 반대하면서 포숙아가 적합하지 않다고 말했습니다. 그의 반대 이유인즉 포숙아는 호인이고 성품이 대단히 올곧기 때문에 안 된다는 것이었습니다. 올곧은 호인은 사람의 됨됨이라는 면에서는 최고입니다. 하지만 대단히 복잡한 정치적 중임을 짊어져야 하는 재상의 자리는 올바름만 따지는 호인으로서는 도저히 감당할 수 없는 자리이기 때문입니다.

우리 같은 보통 사람들이 생각하기에 관중은 한평생 포숙아의 은혜를 너무 많이 입었습니다. 가난할 때에는 함께 장사해서 이익금을 나누면서 자기 실속을 차리게 해 주었고, 포로가 되었을 때에는 자신의 생명을 구해 주고 거기다 제나라의 재상으로 추천해 주기까지 했습니다. 이제 죽음이 임박했으니 그 높은 자리를 포숙아에게 양보해 주는 것이 맞는데, 뜻밖에도 제 환공의 면전에서 단호히 거부했습니다. 포숙아가 자신의 자리를 이어받아서는 안 되는 이유를 제 환공이 묻자 관중은 이렇게 말했습니다. "포숙아는 무골호인인데 어떻게 시시각각 권모술수를 써야 하는 그런 아귀다툼을 벌일 수 있겠습니까? 만약 이 호인에게 재상의 자리를 맡긴다면 포숙아만 끝장나는 게 아니라 제나라도 무너지고 말 겁니다." 사실 관중의 그 말은 정말로 포숙아를 아끼고 제 환공과 제나라를 아끼는 마음에서 나온 것이었습니다.

나중에 포숙아가 그 일을 알게 되었을 때 그는 기쁘게 말했습니다. "관중은 정말로 나를 가장 잘 알아준 친구였어. 나는 확실히 그 직위를 감당하지 못해. 만약 맡았다면 아마도 내 목이 붙어 있지 못했을걸."

그들이 나누었던 우정은 이처럼 진지하고 이처럼 감동적이었습니다. 그들이 함께 사업을 벌이는 동안, 포숙아만 관중을 추천했지 관중은 한 번도 포숙아를 추천한 적이 없었습니다. 그럼에도 불구하고 두 사람은 잘 지냈습니다. 진정으로 친구를 알아봐 주었던 부분도 통상적인 우정에서는 상상할 수 없는 것이었습니다. 사람들은 '관포지교'를 이야기하면서 앞부분의 이익금을 나눈 대목에만 주목합니다. 그러면서 상대방은 포숙아이고 자신은 영원히 관중이기를 희망합니다.

다시 본론으로 돌아오면 제 환공이 관중을 전적으로 신뢰했던 것은 분명 역사상 그리 흔치 않은 일입니다. 우리는 삼국 시대 유비와 제갈량의 관계를 가지고 물고기가 물을 얻은 것에 비유하며 군신지간, 빈주지간(賓主之間) 신임의 표본으로 삼기를 좋아합니다. 사실 유비가 제갈량을 신임한 것은 제 환공이 관중을 전적으로 신임한 것에 비하면 아무것도 아닙니다. 제갈량의 사업은 모두 유비 사후에 이루어 낸 것이었습니다. 바꾸어 말하면 제갈량은 유비가 죽은 이후에야 비로소 권력과 조건을 갖추고 자신의 재능을 발휘하여 더 큰 공적을 완성했던 것입니다. 유비의 그릇이 제 환공에 미치지 못했기 때문에 그의 사업은 끝내 천하의 삼 분의 일을 차지하는 데 그쳤습니다. 이종오(李宗吾)[1]가 말한 삼국 시대의 세 사람에 관한 우스갯소리가 생각납니다. 조조는 마음은 시커매도 얼굴이 두껍지 못해

---

1 이종오(李宗吾, 1879~1944): 두꺼운 낯가죽(厚)과 시커먼 속마음(黑)을 가지고 중국 역사 속의 영웅호걸들을 분석하고, '후흑'으로 구국하자는 '후흑 철학'을 창시했다.

서 진림(陳琳)이 격문을 써서 그를 욕하자 얼굴이 빨개지고 머리가 아팠습니다. 그에 비해 유비는 얼굴은 두꺼워도 마음이 시커멓지 못했기에 그 수단이 악랄하지 못했습니다. 그렇기 때문에 유비의 천하는 모두 울어서 얻어 낸 것이었습니다. 가는 곳마다 불쌍한 모습을 연출해서 다른 사람의 동정을 샀습니다. 손권 같은 경우는 마음이 시커멓긴 해도 충분히 시커멓지 못했고 얼굴이 두꺼워도 충분히 두껍지 못했기 때문에 완벽에 이르지 못했습니다. 이종오의 후흑(厚黑) 철학을 가지고 말한다면, 그의 '후흑 학교'에서 이 세 사람은 졸업을 못 한 학생들입니다. 이종오가 세상 사람들을 웃기려고 했던 이야기인지라 억지스러운 부분도 없지 않습니다.

지도자가 자신의 고위 간부를 믿어야 하는 건 당연하지만, 고위 간부라고 해서 지도자가 그 정도로 신임할 만한 걸까요? 고위 간부라고 해서 충성심, 재주, 품성, 능력 등등 구비해야 할 조건들을 다 갖추고 있을까요? 사실 그렇게 우수한 인재는 찾기가 쉽지 않습니다. 그런데 관중은 확실히 제 환공이 전적으로 신뢰할 만한 점을 지니고 있었습니다.

지금까지 맹자가 인용했던 증서의 말 "관중은 군주의 신임 얻기를 저같이 독차지하였고"라는 구절 때문에 이런저런 이야기를 했습니다. 이것이 증서가 겨우 관중 정도의 사람과 함께 언급되는 것을 불쾌해했던 첫 번째 요인으로서, 바로 관중이 군주의 전적인 신임을 얻어 정권을 잡게 되었다는 사실입니다. 이 밖에 그는 두 번째 요인도 거론합니다. 바로 관중이 제 나라에서 사십 년이라는 오랜 세월 정권을 잡았다는 사실입니다. 확실히 짧지 않은 시간을 경영에 힘썼기 때문에 그 성적이 자연히 볼만했고 제 환공을 국제적인 패주(霸主)로 만들었습니다. 하지만 증서가 생각하기에 관중은 인류 사회에 특별한 공헌을 아무것도 못 했고 역사에 남을 만한 공적을 세우지도 못했기 때문에 그 성취가 높다고 볼 수 없었습니다. 그래서 증서는 불쾌한 듯이, 네 어찌 나를 관중과 비교하느냐고 말했습니다.

이것은 맹자가 증서와 다른 사람의 대화 내용을 인용한 것인데, 이 역사적 자료는 오직 여기 맹자의 언급에만 남아 있습니다.

그리하여 맹자는 이어서 공손추에게 말합니다. "관중이라는 이 사람은 증서도 자신과 비교하는 것을 달가워하지 않았는데, 네가 어찌 나를 그렇게 형편없이 보고 관중에 비교하려 드느냐?"

그러자 공손추가 말했습니다. "스승님! 관중이 제 환공을 도와 천하에 패자(覇者)가 되게 한 것이 무려 사십 년이었습니다. 요즘 말로 하면 거의 반세기에 달하는 시간입니다. 그리고 안자는 제 경공을 도와 마찬가지로 제나라를 국제적인 대국으로 만들고 제 경공을 저명한 군주로 만들었습니다. 그런 두 사람을 스승님께서는 안 된다고 하시는 겁니까?"

역사의 흥망성쇠

맹자가 말합니다. "한 국가를 패자라 불리게 하고 군주를 유명하게 만드는 것이 뭐 그리 대단한 일이라는 것이냐? 내가 보기에는 제나라를 천하에 왕자(王者)로 불리게 만드는 것은 마치 손바닥을 뒤집는 것처럼 쉬운 일이다." 요즘 우리가 쓰는 "손바닥을 뒤집는 것처럼 쉽다〔易如反掌〕"는 말이 바로 맹자의 "손을 뒤집는 것과 같다〔由反手也〕"에서 나왔습니다. 맹자는 그 정도로 쉽다고 말했지만 여기에서 우리는 그의 허풍이 대단함을 알 수 있습니다. 계속해서 다음 문장을 보도록 하겠습니다.

"그렇다면 제자의 의혹이 더욱 심해집니다. 또 문왕의 덕을 가지고 백 년을 다스리다가 돌아가셨는데도 아직 천하에 교화가 미흡하여, 무왕과 주공이 계승한 뒤에야 크게 행해졌습니다. 이제 왕자(王者)가 되는 것을 쉬운 것처

럼 말씀하시니, 그렇다면 문왕은 본받기에 부족합니까?"

曰: "若是, 則弟子之惑滋甚! 且以文王之德, 百年而後崩, 猶未洽於天下; 武王, 周公繼之, 然後大行. 今言王若易然, 則文王不足法與?"

"문왕을 어찌 당할 수 있겠는가? 탕왕으로부터 무정에 이르기까지 어질고 성스러운 군주가 예닐곱 명이 나와서 천하가 은나라로 돌아간 지가 오래되었다! 오래되면 변하기 어렵다. 무정이 제후들에게 조회 받고 천하를 소유하기를 마치 손바닥 위에서 움직이듯 하였다. 주왕은 무정과의 거리가 오래되지 않았기에, 그 옛집과 남은 풍속과 유풍과 선정이 여전히 남은 것이 있었다. 또 미자, 미중, 왕자 비간, 기자, 교격이 있었는데 모두 현명한 사람들이었다. 이들이 서로 더불어 그를 보좌하였으므로 오랜 뒤에야 나라를 잃었다. 한 자의 땅도 그의 소유가 아닌 것이 없었고, 한 명의 백성도 그의 신하가 아닌 자가 없었는데, 그런데도 문왕이 사방 백 리를 가지고 일어났으니, 이 때문에 어려웠던 것이다."

曰: "文王何可當也? 由湯至於武丁, 賢聖之君六七作, 天下歸殷久矣! 久則難變也. 武丁朝諸侯, 有天下, 猶運之掌也. 紂之去武丁未久也, 其故家遺俗, 流風善政, 猶有存者. 又有微子, 微仲, 王子比干, 箕子, 膠鬲, 皆賢人也. 相與輔相之, 故久而後失之也. 尺地莫非其有也, 一民莫非其臣也, 然而文王猶方百里起, 是以難也."

맹자는 앞에서 제나라를 천하의 왕자(王者)로 만드는 것이 마치 자신의 손바닥을 뒤집는 것처럼 간단하다고 말했습니다. 이 말을 들은 공손추는 스승의 말에 의문을 제기하면서 말합니다. 스승님께서는 제나라를 천하의 왕자로 만드는 것이 마치 자신의 손바닥을 뒤집는 것처럼 쉽다고 하셨

는데, 그 말씀을 들으니 제가 더욱 혼란스럽습니다. 역사의 사적을 가지고 보더라도, 천하에 왕자가 되는 것이 말처럼 쉬운 일은 아닙니다. 주 문왕 같은 인재도 거의 백 년을 다스렸고 또 그토록 인정(仁政)을 폈는데도 통일을 완성하지 못하다가, 두 아들인 무왕과 주공이 계속해서 노력하여 다시 백여 년이 지나서야 겨우 성공했습니다.

실제로 주 왕조가 천하를 통일하고 칠백 년이라는 오랜 기간 정권을 장악할 수 있도록 그 깊고 두터운 기초를 다지는 데 걸린 시간은 주 문왕 부자 이 대뿐이 아니었습니다. 고공단보(古公亶父)를 지나 멀리 공류(公劉)까지 거슬러 올라가는데, 더 올라가다 보면 후직(后稷)에게까지 이릅니다. 그렇게 거의 몇백 년에 걸쳐 기초를 다져 왔습니다. 이는 여섯 나라를 병탄하고 천하를 통일한 것이 진시황 혼자만의 공로가 아니라, 진나라가 일이백 년 전부터 터를 닦기 시작했기 때문인 것과 마찬가지입니다. 명대의 주원장(朱元璋)처럼 민간에서 나온 제왕과는 전혀 다릅니다. 주원장은 원래 실의에 빠진 스님이었는데 어느 날 불쑥 떨치고 일어나서 전 중국을 통치하는 황제가 되었습니다. 하지만 그런 경우는 특수한 현상일 뿐입니다. 이 또한 서로 다른 시대와 사회 환경이 낳은 서로 다른 양상입니다.

이제 다시 "백 년을 다스렸건만 은나라의 완고한 백성은 교화되지 않았다〔治世百年, 殷之頑民未化〕"라는 역사 기록을 보도록 합시다. 주 왕조의 정권이 세워지고 백 년이 지났어도 이전 왕조의 유민들 즉 은나라의 옹호자들은 여전히 주 왕조의 왕도 정치와 덕정의 감화를 받아들이려 하지 않았습니다. 이것을 보면 사회 인심을 교화하는 것이 얼마나 어려운 일인지 알 수 있습니다. 우리는 역사를 읽을 때 이런 대목에 주의를 기울여야 합니다. 문왕, 무왕, 주공의 덕과 재주와 능력으로 "백 년을 다스렸건만" "은나라의 완고한 백성은 교화되지 않았습니다." 세상일이라는 것이 정말로 손바닥 뒤집는 것처럼 그렇게 쉽지만은 않음을 알 수 있습니다. 그러니 공손추가 "의혹이 더욱 심해지고〔惑滋甚〕" "제나라를 왕자로 만드는 것은 손을 뒤집는 것과 같다〔以齊王, 由反手也〕"는 스승 맹자의 말이 도무지 이해가 되지 않는 것도 탓할 수는 없습니다.

그래서 공손추는 이렇게 말합니다. "스승님께서는 천하에 왕자가 되는 것이 그토록 쉽다고 하셨는데, 그렇다면 문왕도 본받을 만하지 못하다는 말씀이십니까?" 이것은 공손추가 맹자의 말을 이용해서 역으로 맹자에게 질문한 것입니다. 왜냐하면 맹자는 문왕, 무왕, 주공을 가장 존경해 왔기 때문입니다. 그러므로 지금 이렇게 질문한 것은 바로 이런 뜻입니다. 그렇다면 스승님 당신께서 문왕, 무왕보다 그리고 주공보다 더 위대하고 더 훌륭하다는 겁니까?

맹자는 문왕, 무왕, 주공, 공자를 시종일관 존경해 왔습니다. 그렇기 때문에 그는 말합니다. "만약 문왕을 가지고 나를 비교한다면 그것은 내가 감당할 수 없다. 하지만 내가 제나라를 왕자로 만들 수 있다고 말한 것은 다른 이유가 있어서이다. 문왕, 무왕 당시의 상황은 지금과는 달랐다. 우선 당시 문왕, 무왕의 상대는 전 왕조인 상(商)이었다. 상 왕조는 탕왕(湯王)에서 무정(武丁)에 이르기까지 수백 년 동안 예닐곱 명의 어질고 성스러운 군주가 출현했다."

오륙백 년 사이에 예닐곱 명이나 되는 어질고 성스러운 군주가 출현했다는 것은 역사상 극히 드문 일이며 대단한 태평성세였다는 증거입니다. 우리가 역사라는 장부를 결산해 보면, 지난 역사에서 무력이 가장 강하고 문화도 발달했던 한대(漢代)와 당대(唐代)를 보더라도 한대에는 한 고조 이후 문제, 무제, 선제(宣帝) 외에는 훌륭한 황제가 별로 없습니다. 당대에는 당 태종 이후 이렇다 할 황제가 거의 없습니다. 당 명황(明皇)은 반쪽 정도는 된다 치더라도 그나마도 나이 먹어서는 멍청해졌습니다. 당 선종(宣宗)이 있기는 하지만 그 역시 한때는 스님 노릇을 했습니다. 비록 출가는 하지 않았지만 분명 머리를 깎고 선승(禪僧)이 되었으며 황벽(黃檗), 향엄선사(香嚴禪師)와는 참선을 함께 한 도우(道友) 사이였습니다. 한번은 그가 황벽과 강서의 백장산(百丈山)에 머물 때 함께 폭포를 보면서 황벽에 화답하여 연구(聯句)를 지었습니다. 당 선종과 연구를 주고받은 사람이 황벽이 아니라 향엄선사라고 말하는 사람도 있기는 하지만, 아무튼 시는 이렇습니다.

일천 바위와 일만 골짜기도 수고롭다 않았거늘	千岩萬壑不辭勞
멀리서 보고서야 나온 곳이 높았음을 안다네	遠看方知出處高(黃檗起句)
골짜기 시냇물에 어찌 머물러 있으리요	溪澗豈能留得住
마침내 큰 바다로 돌아가 파도가 되리라	終歸大海作波濤(宣宗聯句)

후인들은 당 선종의 끝 구절인 "마침내 큰 바다로 돌아가 파도가 되리라"를 보고서 그것이 당 왕실이 쇠미해질 것에 대한 징조였다고 말합니다. 왜냐하면 당 왕조가 선종 이후로는 크게 어지러워지고 쇠락하기 시작했기 때문입니다. 이것 말고 선종이 스님 노릇을 할 때 백장암(百丈岩)을 읊은 시도 아주 좋습니다.

대웅의 자취가 높은 산봉우리를 베었고	大雄眞跡枕危巒
불당의 층루는 만상 위로 솟았구나	梵宇層樓聳萬般
일월이 언제나 어깨 위로 지나가고	日月每從肩上過
산하는 길게 손바닥 가운데로 보인다	山河長在掌中看
신선의 봉우리도 봄날은 예의 아름답건만	仙峰不間三春秀
신령한 선경은 언제라서 유월의 한기인가	靈境何時六月寒
위로 더 올라가니 인적은 드물고	更有上方人罕到

아침저녁으로 경쇠와 종소리만 푸른 구름에 스치는구나 暮鐘朝磬碧雲端

이 시는 그가 당 무종(武宗)의 시기를 피해 머리 깎고 출가하여 선을 배우던 소년 시절의 작품입니다. 『임간록(林間錄)』의 기록에 따르면 당시 그는 태감 구공무(仇公武)의 비호에 전적으로 의지하고 있었는데, 머리 깎고 출가해서 참선을 한 것도 구공무의 계획이었다고 합니다. 이 구씨 성의 태감은 예전에 한 선제(漢宣帝)를 보호했던 병길(丙吉)과 매우 비슷합니다. "일월이 언제나 어깨 위로 지나가고, 산하는 길게 손바닥 가운데로 보인다." 일월성신이 모두 그의 어깨 위로 운행하고 대지와 산하도 그의 손바닥 가운데로 남김없이 보인다고 하였으니, 이는 제왕의 기백이 아니고 무엇이겠습니까. 후세에 선종을 칭하기를 당 왕조 중흥의 군주라 하였는데, 이는 그가 민간 출신이라 백성의 고통을 깊이 이해하고 있었기 때문입니다. 이는 한 선제의 상황과 비슷한데, 시호가 '선(宣)'인 한과 당의 두 황제는 주대(周代)의 선왕(宣王)과 마찬가지로 모두 중흥의 군주였고 썩 괜찮은 군주였습니다.

우리는 후대의 역사 사적을 통해서도 맹자의 말을 증명할 수 있습니다. 한 왕조에서 오륙백 년 사이에 예닐곱 명의 현명하고 지혜로운 군주가 나왔다는 것은 쉽지 않은 일입니다. 맹자는 또 말합니다. "상나라 시기는 천하의 인심이 상 왕조에게 돌아갔는데, 이는 아주 오랜 시간에 걸쳐 이루어진 것이었다. 이처럼 백성의 마음이 귀순하여 복종한 시간이 길면, 그것을 일시에 바꾸기란 아주 어렵다." 이는 인류의 좋은 습관이라고 말할 수 있지만 역사에 대한 인류의 타성이라고도 말할 수 있습니다. 크게 보면 자신의 역사 문화에 대한 한 민족의 습성은 바꾸기가 매우 어렵고, 작게 보면 개인의 습성 또한 바꾸기 힘듭니다. 오랜 전통을 바꾼다는 것은 결코 쉬운 일이 아니며 전통이 오래될수록 더 어렵습니다.

이어서 맹자는 말합니다. "상 왕조의 무정이 천하를 다스릴 때에는 제후들이 모두 와서 성심으로 조공을 바쳤는데, 마치 손바닥 위에서 움직이는 것처럼 모든 것이 수월해 보였다. 그러다가 마지막 주왕(紂王) 대에 이르렀다. 주왕이라는 사람은 상 왕조 최후의 그리고 최악의 제왕이었지만 그래도 그의 조상인 저 이름난 왕 무정이 '제후들에게 조회 받고 천하를 소유했던〔朝諸侯, 有天下〕' 시대로부터 그리 멀지는 않았다. 그렇기 때문에 윗대 상 왕조의 세가와 충신들이 남겨 준 훌륭한 기풍, 훌륭한 정치적 공적, 훌륭한 정치 체제, 훌륭한 제도가 아직 바뀌지 않고 있었다. 예전과 다른 점이 있다면 그저 주왕 개인이 포학하다는 사실뿐이었다. 게다가 주왕 시대에는 그를 보좌하는 사람들 가운데 주왕의 숙백(叔伯) 혹은 주왕의 형제들이 있었고, 미자(微子), 미중(微仲), 왕자 비간(比干), 기자(箕子), 교격(膠鬲) 같은 수많은 현인들이 있었다. 단지 상 왕조가 이 시기에 이르러 운이 다했기 때문에 포학한 주왕의 손에 떨어지게 되었던 것이다. 만약 이들 상 종실의 현인들 가운데서 어느 한 사람이 제왕이 되었더라면 주 왕조는 일어나지 못했을 것이고 혁명도 불가능했을 것이다. 그러한 시기에도 주왕의 종실 현인들이 여전히 전심전력으로 상 왕조를 돕고 있었기 때문에, 주왕이 그렇게 포학했음에도 불구하고 주 왕조는 시기를 기다려야 했던 것이다. 오랜 시간이 흘러서 상 왕조의 근간이 스스로 붕괴되고 기세가 약해지고 나서야 비로소 주 왕조가 일어날 수 있었다. 역사 문화상의 시간적인 요인을 배제하더라도, 당시의 실제 상황을 보면 천하의 영토가 모두 주왕에 속했고 백성들이 모두 주왕의 신하였기 때문에 땅은 넓고 백성이 많았다. 반면에 당시 문왕이 지닌 것이라고는 사방 백 리에 불과한 작은 영토와 소수의 백성뿐이었다. 그처럼 현실적인 역량이 현격하게 차이가 나는데도 불구하고 역사가 유구한 상 왕조에 대항했으니, 주 왕조가 일어나는 것이 얼마나 어려웠겠느냐."

"제나라 사람의 말에 이르기를 '비록 지혜가 있어도 세를 타는 것만 못하며, 비록 농기구가 있어도 때를 기다리는 것만 못하다' 하였으니, 지금 때는 그렇게 하기가 쉽다. 하후·은·주의 전성기에는 땅이 천 리를 넘은 자가 있지 않았는데 지금 제나라는 그만 한 땅을 소유하고 있고, 닭 울음과 개 짖는 소리가 서로 들려서 사경(四境)에 이르는데 제나라는 그만 한 백성을 소유하고 있다. 땅을 더 개척하지 않고 백성을 더 모으지 않더라도 인정을 행하고서 왕 노릇 한다면 이것을 막을 자가 없을 것이다. 또 왕자(王者)가 나오지 않음이 이때보다 성긴 적이 없었고, 백성들이 학정에 시달림이 이때보다 심한 적이 없었다. 굶주린 자에게는 먹이기가 쉽고 목마른 자에게는 마시게 하기가 쉽다. 공자께서 말씀하시기를 '덕의 유행이 파발마로 명을 전달하는 것보다 빠르다' 하셨는데, 지금 같은 때에 만승(萬乘)의 나라가 인정을 행한다면 백성들이 기뻐하는 것이 거꾸로 매달린 것을 풀어 준 것과 같을 것이다. 그러므로 일은 옛사람의 반만 하고 효과는 반드시 옛사람의 배가 되는 것은 오직 이때만이 그러할 것이다."

"齊人有言曰: '雖有智慧, 不如乘勢; 雖有鎡基, 不如待時.' 今時則易然也. 夏后, 殷, 周之盛, 地未有過千里者也, 而齊有其地矣; 鷄鳴狗吠相聞, 而達乎四境, 而齊有其民矣. 地不改辟矣, 民不改聚矣; 行仁政而王, 莫之能禦也. 且王者之不作, 未有疏於此時者也; 民之憔悴於虐政, 未有甚於此時者也. 飢者易爲食, 渴者易爲飮. 孔子曰: '德之流行, 速於置, 郵而傳命.' 當今之時, 萬乘之國, 行仁政, 民之悅之, 猶解倒懸也. 故事半古之人, 功必倍之, 惟此時爲然."

시세, 기운, 성공

이 대목은 맹자가 공손추의 의혹을 풀어 주는 내용인데, 사이사이에 몇 군데의 전환점이 있고 몇 가지의 이유를 들고 있습니다. 맹자는 쉬지 않고 거침없이 말했고 공손추 역시 중간에 끼어들지 않았습니다. 만약 오늘날의 담화 형식과 기교를 사용해서 말했다면 분명 첫 번째 요점, 두 번째 요점, 세 번째 요점 하는 식으로 항목별로 분석을 했을 것입니다. 하지만 고인들은 그런 방식을 쓰지 않았습니다. 그렇게 하나하나 배열할 필요가 없었습니다. 왜냐하면 듣는 사람들이 한번 들으면 곧바로 알아차렸기 때문입니다. 현대에는 말을 할 때에 하나하나 나누어서 열거하지 않으면 듣는 사람이 곧바로 지적합니다. 말하는 사람이 논리에 맞지 않고 조리가 없으며 총명하지 못하다고 말이지요. 고대인들이 총명하지 못한 것인지 아니면 현대인들이 총명하지 못한 것인지 도무지 알 수가 없습니다. 참으로 결론을 내리기 어려운 문제입니다.

아무튼 공손추는 선생님의 말씀에 끼어들지 않았고, 맹자의 이야기는 네 번째 요점까지 쭉 이어집니다.

맹자가 여기에서 인용한 말은 대단히 적절했습니다. 공손추는 제나라 사람이었기 때문에 질문 내용도 만약 맹자가 제나라에서 요직을 맡게 되면 어떨까 하는 것이었습니다. 그러면서 제나라의 역사적 인물인 관중과 안자 두 사람을 거론했고 또 제나라가 천하에서 왕자가 되는 일까지 토론하게 되었습니다. 비록 맹자가 말머리에 공손추에게 "그대는 진실로 제나라 사람이로다" 하면서 오직 제나라밖에 모른다고 말하기는 했지만 이 대목에 이르자 제나라의 성어(成語)를 인용해서 자신의 논점을 설명합니다.

제나라는 강태공(姜太公, 여상呂尙)의 후손으로서 그 문화적 수준이 상당했습니다. 맹자가 말했습니다. 너희 제나라에는 이런 명언이 있다. "비록 지혜가 있어도 세를 타는 것만 못하며, 비록 농기구가 있어도 때를 기다리는 것만 못하다〔雖有智慧, 不如乘勢; 雖有鎡基, 不如待時〕.” 이 성어는 도가 사상의 결정체이기도 한데, 맹자가 인용함으로써 더더욱 후세의 명언이 되고 철학적으로 불변의 진리가 되었습니다.

여러분, 지금 『맹자』를 읽고 계시다면 이 구절은 외워 두는 것이 좋습니다. 우리가 어릴 적에 공부할 때는 이런 아름답고 또 이치에 맞는 명문장이 나오면 즉시 숙독을 하고 암송을 했는데, 그렇게 하면 나이 먹도록 잊어버리지 않습니다.

이 성어가 뜻하는 바는 이러합니다. 여러분이 비록 총명함이 절정에 이른 지혜를 지니고 있다 하더라도 객관적인 환경에서 유리한 형세가 갖추어지지 않는다면 성공할 수 없을 것입니다. 다시 말해 아무리 총명한 사람이라 할지라도 객관적 형세가 불리하면 성공할 수 없다는 말입니다. 비유하자면 오토바이에 올라탔다고 해서 순식간에 목적지에 도착할 수는 없다는 말입니다. 반드시 바퀴가 움직이는 그 세(勢)에 동력이 발생해야만 도착할 수 있게 됩니다. 만약에 그러한 ‘세’도 없으면서 도착할 생각만 부질없이 하고 있다면 정신 병원에 들어가는 수밖에 없습니다.

둘째로, 여러분이 비록 비할 바 없이 견고한 기초를 지니고 있다 할지라도 시기를 기다려야만 그 기능을 발휘할 수 있습니다. 이른바 시기라는 것은 요즘 말하는 ‘운명’이나 ‘기회’이기도 합니다. 기회가 오지 않으면 설사 여러분이 아무리 큰 능력을 지니고 있더라도 아무 소용이 없습니다. 우리가 지금은 텔레비전을 편안하게 보고 있지만, 텔레비전 기계를 발명해서 그것이 전 인류의 필수품이 되기까지는 얼마간의 시간과 기운(機運)이 필요했습니다. 그렇기 때문에 텔레비전을 발명한 사람은 결코 돈을 벌지 못했습니다. 오히려 나중에 이미 만들어진 것을 주워서 텔레비전 장사를 한 사람이 큰돈을 벌었으니, 이것이 바로 시기의 문제입니다. 그 사람은 비록 발명의 능력은 지니고 있었지만 운이 아직 이르지 않았던 것입니다. 역사상 수많은 발명가들이 가난하게 살다가 죽은 것도 모두 시운(時運)이 통하지 않았기 때문입니다. 오히려 후인들이 그의 발명을 이용해서 크게 부자가 되었습니다. 그래서 『맹자』의 이 구절을 읽으면 때를 못 만난 경우들이 떠올라서 저도 모르게 탄식하게 됩니다. 하지만 한편으로는 고개를 끄덕이며 과연 옛말이 틀린 것이 없구나 하고 되뇌게 됩니다. '공(空)'을 주로 이야기하는 불법(佛法)에서도 시기와 인연을 중시하는데, 하물며 일체가 유(有)하고 공(空)하지 않은 세상일이야 더 말할 나위가 있겠습니까?

그런데 시기가 왔는데도 붙잡을 줄 모른다면 또 무슨 소용이 있겠습니까? 제가 늘 하는 말이지만, 일류의 지혜로운 사람은 기회를 창조하고 이류의 총명한 사람은 기회를 붙잡습니다. 하지만 어리석은 사람은 기회를 놓쳐 버립니다. 그뿐 아니라 기회를 잃어버린 후에 끊임없이 원망합니다. 마치 버스를 타는 것과 같은데, 일류의 사람은 먼저 표를 사 놓고 맨 앞자리에 서서 기다리다가 차가 오면 제일 먼저 올라가서 편안한 자리에 앉습니다. 이류의 사람은 막 표를 사서 때마침 차가 오면 비집고 올라갑니다. 삼류의 사람은 버스가 출발한 후에 그 뒤를 쫓아갑니다. 그러다가 놓치면 버스가 내뿜는 매연 사이로 욕을 해 댑니다. 그런데 이 세상에는 이런 부류의 사람이 아주 많습니다. 어쩌면 우리 역시 이 무리에 속할지도 모릅니다!

동서고금에 얼마나 많은 인재들이 사라졌는지 모릅니다. 때로는 스스로 세(勢)를 타지 못해서 혹은 때를 기다리지 못해서 혹은 탈 만한 세가 없어서 혹은 시기가 이미 지나가 버려서 혹은 시기가 느릿느릿 오지 않아서 말이지요. 이런 것들은 운명의 탓으로 돌려 버릴 수도 있는데, 이른바 살아서 때를 만나지 못했다는 말이 그것입니다. 비록 재능을 지니고 있다 하더라도 아무런 쓸모가 없습니다. 마치 점쟁이가 이렇게 말하는 것과 똑같습니다. 당신은 명(命)은 좋은데 운(運)이 좋지 않습니다. 명은 제왕의 명을 타고났지만 평생 운수가 나빠서 끝내 당신을 높은 자리로 올려 보내지 못하니 어쩝니까?

세를 타고 때를 기다려야 한다는 말이 나왔으니 하는 말인데, 확실히 이것이 사업 성공에 있어서 중요한 요소입니다. 개인의 일만 세를 타고 때를 기다려야 하는 것이 아니고 가정의 일, 사회의 일, 국가의 일, 천하의 일이 그렇지 않은 것이 없습니다. 설사 지혜가 있고 기초가 단단하다 할지라도 세를 타고 때를 기다려야만 합니다.

여러분이 다 잘 알고 있는 송 왕조의 애국 시인이 두 사람 있습니다. 한 사람은 육방옹(陸放翁, 육유陸游)이고 또 한 사람은 신가헌(辛稼軒, 신기질 辛棄疾)입니다. 그들은 젊은 시절에 의기가 굳세고 호방함이 넘치던 인물이었습니다. 살면서 난세를 만나고 국운도 위태로워졌지만 시대가 영웅을 만들고 영웅이 시대를 만든다는 기개를 지니고 있었습니다.

하지만 그들도 만년에 이르자 젊은 시절의 호방함과 씩씩함이 모두 맹자가 말한 "비록 지혜가 있어도 세를 타는 것만 못하며, 비록 농기구가 있어도 때를 기다리는 것만 못하다"는 철리의 명언으로 돌아가고 말았습니다. 육방옹은 「분함을 기록하다〔書憤〕」라는 시에서 이렇게 말했습니다.

젊을 적에야 세상사 어려움을 어찌 알랴	早歲那知世事艱
북으로 중원 바라보며 기개가 산 같았네	中原北望氣如山
눈 내리는 밤에 누선이 과주를 건너가고	樓船夜雪瓜洲渡
가을바람 사이로 철마는 대산관을 넘었지	鐵馬秋風大散關
변방 장성에서 부질없이 자부하였더니	塞上長城空自許
거울 속 성긴 머리카락 이미 반백이네	鏡中衰鬢已先斑
출사표는 참으로 일세의 명문이로다	出師一表眞名世

| 천 년의 세월에 그 누가 백중을 다투랴 | 千載誰堪伯仲間 |

신가헌에게는「어떤 손님이 분개하며 공명을 이야기하기에, 소년 시절
의 일을 떠올리며 재미 삼아 쓰다〔有客慨然談功名, 因追念少年時事, 戱作〕」
라는 제목의 사(詞)가 있습니다.

젊은 시절엔 깃발 세워 장정들 모아들여	壯歲旌旗擁萬夫
비단 옷자락 휘날리며 강을 건너곤 했지	錦襜突騎渡江初
연나라 병사는 밤에 은호록을 챙기는데	燕兵夜娖銀胡䩮
한 진영에선 아침에 금복고 화살 날렸네	漢箭朝飛金僕姑
지난 일 추억하다 지금의 나를 한탄하니	追往事　歎今吾
봄바람도 희어진 수염 물들이지 못하네	春風不染白髭鬚
오랑캐 평정할 만 자의 책략 내버려 두고	卻將萬字平戎策
동쪽 집에 나무 심을 서책으로 바꿔 왔네	換得東家種樹書

본디 재주와 운명은 서로를 방해하나니

맹자는 제나라의 성어를 인용한 다음 당시 제나라의 세(勢)와 때가 어
떠한지를 설명합니다. 그는 말합니다. "지금 때는 그렇게 하기가 쉽다〔今
時則易然也〕." 이제 제나라는 때가 되었기 때문에 제 선왕이 천하에 왕자
(王者)가 되는 일은 아주 쉽다는 것입니다.

맹자는 이리저리 계산을 해 보고서, 바로 지금이 제 선왕에게는 인정(仁
政)을 행하고 천하에서 왕자가 될 때이지만 자기 자신에게는 오히려 불리
한 시기임을 알았습니다. 하지만 "그것이 불가한 것을 명확히 알고서도

행한다[明知其不可而爲之]"가 유가의 정신이고 성인의 마음 씀씀이입니다. 맹자는 세상을 깨끗하게 만들고 세상을 구제하는 데 뜻을 두었기 때문에 자기 자신의 이해(利害) 따위는 계산하지 않았습니다.

맹자는 말합니다. "지금 제나라의 형세를 가지고 말한다면, 토지와 백성의 힘이 역사상 하·은·주 시대와는 동일 선상에서 논할 수 없다. 하·은·주가 흥성할 당시의 영토의 크기는 천 리를 넘지 못했다. 하지만 지금 제 선왕의 영토는 이미 천 리를 넘었다. 인구가 조밀하고 농업 생산이 발달하였으며 경제가 안정되고 사회는 번영을 구가하고 있다. 이런 상황이니 영토를 더 확충할 필요도 없고 경영에 마음을 써서 백성을 불러들일 필요도 없다." 토지와 백성은 고대 정권에서 양대 자본이었는데, 당시 제나라는 이 두 가지가 모두 충족되어 이미 부강한 힘을 지니고 있었습니다. 그런 시기에 제 선왕이 인정을 행하면서 왕자라 칭한다면 어느 누구도 저항할 수 없을 것입니다.

동시에 맹자는 '때[時]'라는 요인을 들면서, 당시 제나라가 바로 그 유리한 때를 얻었음을 지적했습니다. 그는 말합니다. "역사 시대를 가지고 말한다면, 주 문왕으로부터 지금까지 이미 칠백여 년이 지났다. 하지만 이렇게 긴 세월 동안 왕도 정치로 천하를 이끌어 간 왕자는 이제껏 없었다. 주 왕조 역시 문왕에서 성왕에 이르는 시기에만 흥성했지 성왕 이후로는 쇠퇴 일로를 걸었다. 이제 전국 시대에 이르렀으나 백성들은 여전히 문란하고 포학한 정치에 시달리고 있고 이리저리 떠돌아다니며 고통에 신음하고 있다. 칠백 년이 지난 이 시대에 상황은 더욱 심해졌을 뿐이다."

이때 맹자는 또다시 명언을 인용합니다. "굶주린 자에게는 먹이기가 쉽고 목마른 자에게는 마시게 하기가 쉽다[飢者易爲食, 渴者易爲飮]." 훗날 중국 문화에서는 이 두 구절이 몇천 년간 꾸준히 인용되었는데, 특히 정치이론 방면에서 그러했습니다. 배가 고픈 사람은 '식(食)'의 욕망을 만족시키기가 쉽습니다. 밥이든 빵이든 아무튼 먹기만 하면 됩니다. 하지만 배가 부른 사람은 아침부터 밤까지 산해진미를 갖다 바친들 뭘 먹어도 맛이 없습니다. 마찬가지로 "목마른 자에게는 마시게 하기가 쉬운" 법입니다. 정말로 목이 마를 때는 도랑물이든 말 오줌이든 무엇이든지 다 마실 수 있습니다. 갈증이 극에 달한 사람은 심지어 자신의 피도 마시고 땀도 핥습니다.

여기에서 맹자는 당시 백성들의 훌륭한 정치에 대한 갈망을 굶주리고 목마른 상황에 빗대어 표현했습니다. 거기다 자신이 숭배하는 공자가 말했던 "파발마로 명을 전달하는 것보다 빠르다〔速於置, 郵而傳命〕"는 말을 인용하여, 덕화(德化)의 유행이 역참과 말을 이용해 명령을 전송하는 것보다 더 빠르다고 했습니다.

이 '우(郵)' 자는 현대의 우정(郵政) 즉 우편 행정과 그 뜻이 같습니다. 원래 우편이라는 이 제도는 멀리 주대에 이미 생겼는데 나중에 역참(驛站)으로 바뀌어 불렸습니다. 하지만 고대의 우역(郵驛)은 정부가 관장했으며 전적으로 정부의 공문을 전송하는 역할을 담당했습니다. 일반 백성에게는 이런 제도의 편리함을 누릴 수 있는 권리가 없었습니다. 청말(淸末)에 문서 전송과 개인 통신을 담당하는 기구와 제도를 설치하면서 주대의 공문 전송 제도를 의미했던 '우(郵)'라는 글자를 채택했던 것입니다. 맹자 당시에는 교통수단이라는 측면에서 가장 빠른 것이 바로 이 '우정' 교통이었습니다. 요즘으로 치면 인공위성으로 전파하는 것처럼 빠르다는 말입니다.

맹자는 최후 결론으로 이렇게 말합니다. "지금 같은 때에 제나라처럼 만승의 전차를 소유한 대국이 만약 인정을 실행한다면 천하 백성들이 모두 대단히 기뻐할 것이다. 춘추 시대부터 거의 이삼백 년간 백성들은 마치 거꾸로 매달린 것처럼 견딜 수 없이 고통스러운 날을 보내 왔다. 만약 인정을 실행할 수만 있다면 자신들을 거꾸로 매달았던 줄을 풀어 주는 것과 똑같을 것이니 백성들은 말할 수 없이 기뻐할 것이다. 그렇기 때문에 지금 인정을 실행한다면 고대와 비교해서 일은 반으로 줄고 효과는 배가 될 것이다." 후세의 "일은 반만 하고 효과는 배가 된다〔事半功倍〕"는 성어도 바로 『맹자』의 이 대목에서 나왔습니다. 앞의 「양혜왕」 상하 편은 거의 대부분이 맹자가 위(魏)나라와 제나라의 군주에게 왕도(王道)를 실행할 것을 권하는 내용이었습니다.

그러고 보니 송 왕조 시기 이학(理學)이 처음 일어났을 때의 상황이 생각납니다. 당시 주력파 유학자들은 공맹을 극도로 추숭했는데 이것이 훗날 송유(宋儒)의 이학으로 발전했습니다. 그들은 스스로를 요·순·문·무·주공·공자의 도통(道統)을 전수받은 사람으로 생각했습니다. 하지만 당시의 보통 학자들은 그들의 논점에 동의하지 않았습니다. 그들이 자기 홍보를 하고 있으며, 잘못을 바로잡으려다 정도를 지나쳤다고 여겼습니다. 그래서 훗날에 송사(宋史)를 기록한 학자가 유가의 이학파는 '도학(道學)'이라 이름 붙이고 일반 유학자들은 '유림(儒林)'이라고 불렀습니다.

당시 유림 학자들 가운데 이태백(李泰伯)이라는 사람은 맹자에게 반감을 가지고 있었습니다. 그래서 어떤 유학자는 이태백에게 술을 얻어 마실 요량으로 맹자를 풍자하는 시 두 편을 지어서 그에게 보내고 사흘을 거나하게 얻어 마셨습니다. 그 시의 두 구절은 맹자가 평생 계란 속에서 뼈를 찾아내려고 했다고 말합니다. "당시 주 천자가 여전히 있었거늘, 어찌 굳이 위와 제에서 분분히 유세했던가〔當時尙有周天子, 何必紛紛說魏齊〕."

그렇다면 당시 맹자는 무엇 때문에 그리도 황급히 돌아다니며 왕도를 실행해야 한다고 위와 제에서 유세했던 걸까요? 바로 『맹자』 이 대목에 답이 있습니다. 그는 이때야말로 반드시 왕도를 시행해야 할 좋은 시기라고 생각했던 것입니다. 어쩌면 맹자는 당시에는 혁명이 필요하며 더 이상 주 천자를 예우할 필요가 없다고 확신하고 있었는지도 모릅니다. 왜냐하면 당시 주 천자의 권력은 허울 좋은 이름만 있었을 뿐, 요즘 한 마을의 촌장 정도에 불과했기 때문입니다. 사람들이 밥을 주면서 먹으라 하면 먹고, 먹을 것을 주지 않으면 그냥 천자라는 자리에 앉은 채 마냥 기다릴 뿐이었습니다. 말이 천자지 온통 빚투성이였습니다. "빚이 산더미 같다〔債臺高築〕"는 성어도 바로 주 난왕(赧王)에게서 나왔습니다. 그래서 당시의 맹자는 주 천자를 '정통'으로 받들던 역사의 보따리를 내던져 버릴 준비를 하고 있었습니다. 맹자의 눈에 들어온 것은 천하 백성들의 고통스러운 생활이었고, 그가 하고자 했던 일은 백성들의 고통을 해결해 주는 것이었습니다. 맹자가 "백성이 가장 귀하고 사직은 그다음이며 군주는 가볍다〔民爲貴, 社稷次之, 君爲輕〕"라는 사상을 제기한 것은 완전히 보살의 마음에서였습니다. 그랬기 때문에 맹자는 그때 이미 민주, 민권, 민생의 사상을 지니고 있었습니다. 다음에는 맹자의 학술 사상을 이야기합니다.

공손추가 물었다. "선생님께서 제나라의 경상 지위에 오르시어 도를 행할 수 있게 되면, 비록 이로 말미암아 패자와 왕자가 되더라도 이상할 것이 없겠습니다. 이와 같다면 마음이 동요되시겠습니까, 않으시겠습니까?" 맹자께서 말씀하셨다. "아니다. 나는 사십에 마음이 동요되지 않았다." "이와 같다면 선생님께서는 맹분보다 훨씬 뛰어나십니다." "이것은 어렵지 않으니, 고자도 나보다 먼저 마음이 동요되지 않았다."

公孫丑問曰: "夫子加齊之卿相, 得行道焉, 雖由此霸王不異矣. 如此, 則動心否乎?" 孟子曰: "否! 我四十不動心." 曰: "若是, 則夫子過孟賁遠矣." 曰: "是不難, 告子先我不動心."

부동심의 철학

공손추가 맹자에게 묻습니다. "스승님! 만약 제 선왕이 스승님을 경상(卿相)으로 삼는다면, 스승님의 이상을 실행하실 수 있게 됩니다. 그렇게 해서 공을 이루고 명성을 얻게 되면 스승님은 마음이 동요되시겠습니까, 동요되지 않으시겠습니까?" 그러자 맹자가 말합니다. "아니다! 나는 이미 사십 세에 마음이 동요되지 않는 부동심의 경지에 이르렀다."

맹자의 말은 사실이었습니다. 맹자가 공손추와 이런 대화를 나눌 무렵이 제나라에 재차 갔을 때이니, 이미 그는 중년을 넘어선 나이였습니다. 그가 공손추에게 말하기를, 나는 나이 사십에 이미 어떤 영화와 곤욕에도 마음이 동요하지 않게 되었다고 했습니다. 그는 스승인 공자와 매우 비슷했습니다. 『논어(論語)』를 보면 공자가 자기 자신을 이렇게 말합니다. "열 다섯에 배움에 뜻을 두었고, 서른에 바로 섰으며, 마흔에는 미혹되지 않았고, 쉰에는 천명을 알았으며, 예순에는 어떤 말도 거슬리지 않았고, 일흔에는 마음이 원하는 바를 좇아도 규범에 어긋나지 않았다〔十有五而志於學, 三十而立, 四十而不惑, 五十而知天命, 六十而耳順, 七十而從心所欲不踰矩〕." 맹자가 마흔에 마음이 동요되지 않은 것은 공자가 마흔에 미혹되지 않은 것과 같습니다.

마흔에 미혹되지 않는다는 말이 나오니 재미있는 이야기가 생각납니다. 명나라 때 어떤 사람이 『논어』에서 공자의 이 말을 읽고는 크게 깨달았다는 듯이 말했다고 합니다. 자기가 『논어』를 읽다가 큰 발견을 했는데, 원래 공자는 어려서 병을 앓아서 걷지 못했다는 겁니다. 아마도 소아마비인 듯한데 서른이 되어서야 겨우 일어설 수 있게 되었기 때문에 서른에 바로 섰다고 했고, 마흔이 되어서야 두 다리에 힘이 생겨서 마음대로 길을 걸어 다닐 수 있게 되었다는 것이지요. 이것은 책만 들이파는 서생을 풍자한 우스갯소리이기는 하지만, 예나 지금이나 젊은이들의 장난기는 똑같은 것 같습니다.

맹자의 부동심 이야기가 나왔으니 하는 말인데 이것은 확실히 큰 문제입니다. 그가 말한 '부동심(不動心)'은 후세 중국 문화에서 학문을 논하거나 수양을 이야기하는 데 많은 영향을 끼쳤는데, 그 영향이 대단히 큽니다.

중국 문화의 본위라는 입장에서 말하자면 공맹 사상의 문화적 기초는 그 역사가 가장 유구합니다. 불가의 관점에서 말한다면 후에 불교 사상이 중국에 유포되기는 했어도 이미 맹자보다 오륙백 년이 늦습니다. 가장 이른 사적을 가지고 계산하더라도 최초의 불교는 한 명제(漢明帝) 때 중국에 전해졌으므로 역시 맹자보다 약 삼백여 년 늦습니다. 또 도가의 문화를 가지고 말하더라도 원시 도가는 '부동심'의 문제를 언급하지 않았습니다. 후세 도가에서 '부동심'과 유사한 수양 방법을 제기하기는 했지만, 그렇다 하더라도 맹자보다 사오백 년이 늦습니다. 그런데 유가 문화에서 후세의 중국 유가 특히 송 왕조 이후 이학가(理學家)들의 수양은 거의 모두 '부동심'을 학문 수양의 중심 화제로 삼습니다. 불학을 배우는 사람들이 수련을 이야기할 때에도 '부동심'과 유사한 부분이 있습니다. 다만 명칭이 서로 다를 뿐인데, '분별(分別)이 생겨나지 않는다' 혹은 '망념(妄念)이 일어나지 않는다'라고 말합니다. 그러므로 '부동심'은 토론할 가치가 충분한 주제입니다. 다만 '부동심'이라는 중심 문제를 토론하기 전에 먼저 가벼운 질문을 하나 하겠습니다.

여러분에게 물어보겠습니다. 맹자가 부동심을 이야기하던 그때에 맹자의 마음이 동요되었을까요, 아닐까요? 논리적 논법에 의거해 말한다면 그의 마음은 동요되었습니다. 그는 제 선왕, 양 혜왕의 면전에서 결사적으로 왕도 정치를 피력했습니다. 만약 그가 부동심에 이르렀다면 "무엇 때문에 분분히 위와 제에서 유세[何事紛紛說魏齊]" 했겠습니까? 엄격히 말한다면 "사회의 부패를 슬퍼하고 백성의 고통을 가엾이 여김〔悲天憫人〕"은 바로 성현들과 대영웅의 마음이 동요되었던 부분입니다. 그러므로 무엇을 '부동심'이라고 불러야 할지는 참으로 정의 내리기 힘든 문제입니다.

당송 이후로는 불가가 됐든 도가가 됐든 유가가 됐든 수양을 이야기할 때면 모두 한결같이 부동심에 이르기를 바랐습니다. 현재에 이르기까지 선을 배우고 도를 배움에 있어서도 어느 종파든 모두 정좌 수련을 할 때면 부동심에 이르기를 바랍니다. 다만 당대 이후의 선(禪)에서만 그 명칭이 바뀌어 '무망념(無妄念)' 혹은 '막망념(莫妄念)'이라고 불렀습니다. 사실 이름은 다르지만 그 내용은 똑같습니다. 후세 불가의 수련에서는 부동심의 중요성을 더욱 강조했습니다.

불학이나 선학 분야에서 부동심을 이야기할 자료는 대단히 많지만 간단하고 핵심적이며 동시에 재미있는 것만 취해서 말해 보겠습니다. 가령 당대(唐代)의 시승(詩僧)인 관휴(貫休) 스님의 산거시(山居詩)는 부동심을 강조한 대표작입니다.

그만두라 한다고 그만두기란 어려운 법	難是言休卽便休
푸른 시냇가에 홀로 앉아 맑게 읊조리네	清吟孤坐碧溪頭
세 칸 초가집에 찾아오는 사람 없으니	三間茆屋無人到
십 리 소나무 그늘을 홀로 거닐어 본다	十里松陰獨自遊
청풍명월 즐기던 종병의 백련사 모임과	明月清風宗炳社
석양의 가을 경치 빼어났던 유공의 누대여	夕陽秋色庾公樓
마음 수양이 무심의 경지에 이르지 못하면	修心未到無心地
천이고 만이고 모두 물 따라 흘러갈 뿐이지	萬種千般逐水流

이 명시는 선을 배우는 보통 사람들의 생각을 잘 보여 줍니다. 첫 번째 구절의 의미는 이렇습니다. 내려놓으라 말한다고 해서 완전히 내려놓을 수 있는 사람이 어디 있겠는가? 두 번째 구절 이하는 진정으로 출가한 사람의 수양하는 모습을 묘사하고 있습니다. 한 사람이 외로이 높은 산 위 혹은 맑고 고요한 시냇가에 정좌하고서 시를 읊고 있습니다. 세 칸짜리 초가집과 십 리나 이어지는 소나무 그늘은 얼마나 그윽하고 아름다운 절경입니까. 달 밝은 밤이나 석양이 비치는 가을 숲 역시 최고로 아름다운 경치입니다. 하지만 그때 그곳의 경치가 아무리 청정한들, 가장 중요한 것은 뭐니 뭐니 해도 자기 자신의 무심함입니다. 그래야만 참된 청정함이라 할 수 있을 것입니다. 만약 "마음 수양이 무심의 경지에 이르지 못하면" 이런 깨끗한 경치도 수심만 더할 뿐이니, 아무리 수행한들 모두 헛것이 되어 "천이고 만이고 모두 물 따라 흘러갈" 것입니다. 이 두 구절이 직접적으로 설명하는 바는 이러합니다. 개인의 수행이 부동심이라는 무심의 경지에 이르지 못하면, 그 모든 것이 파도를 따라 흘러가 버리고 말할 가치도 없게 된다는 것입니다.

관휴 스님의 문학적 경지를 이용해서 선종 및 불학의 기타 각 종파의 원칙을 설명해 보았는데, 모두 부동심이라는 측면에 치중하고 있습니다. 위의 시는 어떠한 불학의 용어나 경문의 해석에 비해서도 훨씬 간단하고 명료합니다.

그 밖에 명대의 유명한 시승 욱당(栯堂)에게도 이와 같은 시가 한 수 있습니다.

마음이란 마음은 달려가 구하기를 이미 그쳤으니	心心心已歇馳求
첩첩 구름 사이 석루의 종이 장막에서 잠이 드네	紙帳卷雲眠石樓
백 년의 생사는 꽃봉오리에 맺힌 이슬일지니	生死百年花上露

깨달음과 미혹이 한 날 아침 거울 속 머리로다 　　悟迷一旦鏡中頭

사람들은 말하길 도를 봤으니 수도하라지만 　　人言見道方修道

나는 웃노니 소를 타고서 다시 소를 찾는가 　　我笑騎牛又覓牛

다리 번쩍 들어 뭇 성현들을 뛰어넘고 보니 　　擧足便超千聖去

어젯밤부터 온 물길이 서쪽으로 흐르는구나 　　百川昨夜轉西流

　"마음이란 마음은 달려가 구하기를 이미 그쳤으니"라는 이것이 바로 부동심을 이야기하고 있습니다. 모든 망상이 진정으로 사라져 버리면 그 마음은 더 이상 바깥을 향해 이리저리 달려가서 구하지 않게 됩니다.

　"첩첩 구름 사이 석루의 종이 장막에서 잠이 드네"라고 했는데, 이런 것은 수행을 하는 사람이라야 가능한 것이지 아무나 할 수 있는 것이 아닙니다. 억지로 했다가는 틀림없이 감기에 걸리고 말 겁니다. 과거에는 많은 수행자들이 높은 산 정상의 동굴 속에 머물렀는데, 거기에는 창문도 없어서 운무가 수시로 들락거렸기 때문에 엄청나게 습했습니다. 겹겹의 운기(雲氣)는 차갑고도 무거우니, 절대로 도시의 높은 빌딩과 견줄 수 있는 것이 아닙니다.

　"백 년의 생사는 꽃봉오리에 맺힌 이슬일지니"가 가리키는 것은 인생이 짧다는 사실입니다. 백 년을 살았다면 그 사람은 장수했다고 할 수 있습니다. 하지만 생명의 전 과정에서 보면 백 년의 인생은 그저 생사를 가르는 한 단락에 불과합니다. 새벽에 꽃봉오리에 맺힌 이슬처럼 태양이 떠오르면 흔적도 없이 증발해 버리고 말 뿐입니다.

　"깨달음과 미혹이 한 날 아침 거울 속 머리로다"는 『능엄경(楞嚴經)』에 나오는 전고(典故)를 인용한 것입니다. 『능엄경』에 보면 석가모니가 고사를 하나 이야기해 줍니다. 연약달다(演若達多)라는 사람이 어느 날 아침 일어나서 거울을 들여다봤는데, 거울 속에 머리 하나가 있는 것이 보였습니다. 속으로 그렇다면 내 머리는 어디로 가 버렸을까 하고 아무리 생각해 봐도 알 수가 없었습니다. 자기 머리가 보이지 않는 일로 인해 그는 미쳐 버렸습니다. 그러던 어느 날 다시 거울을 들여다보았을 때 거울 속에 보이는 머리가 바로 자신의 머리라는 사실을 알고는 그제야 크게 깨닫게 되었습니다. 더 이상 미치지도 않았습니다. 사람에게는 저마다 이렇게 스스로를 구제할 수 있는 길이 있는 법입니다. 그러므로 깨달음과 미혹의 이치는 바로 이런 곳에 있습니다. 스스로 미혹을 향해 가든지 혹은 깨달음을 향해 가면서 말합니다. 부처는 어디에 있는가 하고요. 여러분 자신이 원래 부처입니다. 다만 자기 자신을 발견하지 못했을 뿐이지요.

"사람들은 말하길 도를 봤으니 수도하라지만"은 흔히 사람들은 법을 구했고 도를 봤으니 수도를 시작하라고 말한다는 얘깁니다. "나는 웃노니 소를 타고서 다시 소를 찾는가." 그는 말합니다. 사람은 원래 도 가운데 있는데 무엇 때문에 굳이 도를 구하고 도를 보려고 하는가. 이는 마치 소 등에 타고서 그 소를 찾으려고 하는 것과 똑같다는 겁니다. 만약 소를 타고서 소를 찾는 행동이 잘못된 것임을 깨달았다면, "다리 번쩍 들어 뭇 성현들을 뛰어넘게" 됩니다. 단번에 유불도 삼 교의 성인의 경지를 뛰어넘는 것입니다. 그냥 평범하고 수수한 자기 본래 모습을 보게 됩니다. "어젯밤부터 온 물길이 서쪽으로 흐르는구나"라는 이 구절은 거꾸로 뒤집어서 말한 것입니다. 예전부터 중국인들은 "하늘의 뭇별들은 북두성을 둘러싸고, 인간 세상의 모든 물은 동쪽으로 흘러간다〔天上衆星皆拱北, 人間無水不流東〕"고 말했습니다. 천상의 뭇별들이 북두성을 둘러싸고 있다는 말은 맞습니다. 하지만 인간 세상의 모든 물이 동쪽으로 흘러간다는 것은 중국인의 말입니다. 다른 지역에서 보면 인간 세상의 모든 물은 서쪽으로 흘러갈 수도 있습니다. 욱당 시의 이 구절은 현실 세계의 물을 가리키는 말이 아닙니다. 그는 단지 시를 지음에 있어 '비흥(比興)'[2]의 기교를 사용한 것으로, 수도(修道)를 가리켜 말한 것입니다. 오직 돌이켜 자기 자신에게 구한다면 하룻밤 사이에도 본래의 나로 돌아갈 수 있다는 뜻입니다.

이런 불가의 문학 작품들이 모두 부동심을 이야기하는 것일까요? 특히 선을 배우는 사람들은 『육조단경(六祖壇經)』의 '무념(無念)'을 이야기하기 좋아합니다. '무념'이 바로 '부동심' 아닙니까? 불학을 배우거나 수도를 하면서 정좌 수련하는 사람들은 가부좌를 하는 것도 물론 힘들지만 '부동심'에 이르지 못하는 것이 가장 고통스럽다고 합니다. 부동심에 이른다는 것은 대단히 힘든 일입니다.

맹자는 스스로 나이 마흔에 이미 부동심을 해냈다고 말했습니다. 그렇게 계산해 보면 그는 대략 이십몇 년의 수련을 한 것이 됩니다. 맹자의 어머니가 그를 데리고 세 번씩이나 이사했고 자라서 성인이 된 후에는 줄곧 성현의 길을 걸었으니, 적어도 이십여 년을 수련하고서야 부동심의 경지에 도달할 수 있었습니다. 후세의 이학가들은 대부분 맹자가 여기에서 말한 '부동심'의 수련과 '부동심'의 경지에만 치중했습니다.

하지만 우리가 짚고 넘어가야 할 부분이 있습니다. 공손추가 맹자에게 질문한 내용은, 만약 스승님께서 제나라에서 일인지하 만인지상의 재상이 되어서 공을 이루고 명성을 얻는다면 스승님께서는 마음이 동요되겠습니까, 동요되지 않겠습니까 하는 것이었습니다. 이것은 비유하자면 우리가 미국 대통령 카터(이 강의 당시 미국 대통령)를 방문해서 그에게 이렇게 묻는 것과 마찬가지입니다. 당신은 땅콩 농사꾼에서 미국 대통령으로 당선되었을 때 마음이 동요되었습니까, 동요되지 않았습니까? 카터는 미국인이니 틀림없이 이렇게 말했을 겁니다. "저는 매우 기뻐서 대단히 흥분

---

2 비(比)와 흥(興)은 원래 중국 고대의 시론(詩論)에서 문체의 일종이다. 하지만 후대에는 문학의 수사 기교로 인식되어 '비'는 빗대는 것, '흥'은 먼저 다른 대상을 읊은 다음에 읊고 싶은 대상을 읊는 것이라 정의한다. 흔히 비흥으로 함께 붙여서 비유 혹은 은유의 뜻으로 사용한다.

했습니다. 당연히 마음이 동요되었지요!" 이것이 서양인들의 사랑스러운 부분이기도 합니다. 만약 중국인에게 물었다면 전통문화의 영향을 받아 대부분 겸손의 말을 했을 겁니다. 그래야만 문화적 소양을 지녔다고 여길 테니까요. 아마도 이렇게 말하는 사람이 제일 많을 것입니다. 별것 아닙니다! 황공무지할 뿐이지만 어려운 일을 참아 가면서 열심히 해 보겠습니다. 이렇게 입에 발린 말이나 할 테지요.

나근계의 부동심

맹자와 공손추의 대화에서 '부동심' 문제가 거론되면서, 진한(秦漢) 이후로 19세기 말에 이르기까지 이천여 년의 중국 문화 체계 가운데 수양을 이야기하거나 일의 성취를 이야기할 때면 맹자가 말한 '부동심'이라는 이 용어의 영향을 많든지 적든지 받았습니다. 특히 송명 이후 유가의 정통임을 자처한 이학가들은 대대수가 그러했습니다. 사실은 한위(漢魏) 이후의 도가와 불가에서도 이 용어의 영향을 많이 받았습니다. 왜냐하면 수련을 중시하는 불가와 도가의 수양 방법이 기본적으로 맹자가 말한 '부동심'과 이곡동공(異曲同工)[3]이기 때문입니다.

도가 학설의 종주인 노자의 '무위를 행함[爲無爲]', 더 나아가 도교가 되어서 종지로 삼았던 '청정무위(淸靜無爲)'는 원칙상 모두 '부동심'의 기초 위에 세워져야 했음은 의문의 여지가 없습니다. 후대로 내려가면 후세 도가의 신선 단도파(神仙丹道派)는 수련과 수양을 이야기하면서 이른바 '찬취오행(攢聚五行)'[4] '환단구전(還丹九轉)'[5]의 방법을 제기하였는데, 이는

---

3 연주하는 곡은 다르나 그 절묘함은 같다는 뜻으로, 방법은 다르나 결과는 같음을 말한다.

먼저 정기신(精氣神)을 단련하고 기초를 쌓는 수련을 해야 함을 말한 것입니다. 그런데 기초를 쌓는 수련의 대원칙은 여전히 '부동심'을 위주로 합니다. 단도가(丹道家)의 명언에 "입을 열면 신기가 흩어지고, 뜻이 움직이면 화공이 차가워진다〔開口神氣散, 意動火工寒〕"는 표현이 바로 동심(動心)의 작용을 묘사한 것입니다.

이제 다시 이학가들의 '부동심'의 학문과 수양을 살펴보도록 하겠습니다. 송대에 이학이 흥기하여 백 년이라는 시간이 경과하는 동안 수많은 학자와 대유(大儒)가 등장하였고, 심성(心性)의 수양을 강조하는 미묘한 논의도 대단히 많았습니다. 하지만 우리는 그저 "약수[6]의 물이 삼천이라 할지라도 나는 한 바가지 떠서 마실 뿐〔任憑弱水三千, 我只取一瓢飮〕"입니다. 바꾸어 말하면 '부동심'이 가장 두드러진 예를 찾아보겠다는 말이니 『명유학안(明儒學案)』 가운데 나근계(羅近溪)의 고사를 들어 보겠습니다.

나 선생은 왕학(王學)의 유망한 신인이었는데 왕양명(王陽明) 문하의 걸출한 대유였다고 할 수 있습니다. 이른바 왕양명의 요강심학(姚江心學)[7]에는 두 명의 특출한 인물이 있었는데, 한 명은 왕룡계(王龍溪)였고 또 한 명이 바로 나근계였습니다. 하지만 나근계 시대에 이르면 왕학은 이미 말류에 가까워졌고 그와 동시에 명 왕조의 정권도 마지막을 향해 치닫고 있었습니다. 일반적으로 왕학은 말류에 이르러 선(禪)에 가까워졌기 때문에 더는 정식의 유가 이학이라 할 수 없다고들 말합니다. 사실 그것은 각 계파끼리의 견해 다툼이었으며 자신들이 진유(眞儒)임을 표방하며 상호 비

---

4 오행을 모으는 수련. 기에는 음양의 두 기운이 포함되어 있고 또 수화목금토의 오행이 간직되어 있는데, 기의 수련이 이 오행의 생성 순서대로 진행되는 것을 말한다.

5 단전에 기를 모으고 아홉 번 돌리는 수련을 이른다.

6 약수는 신선이 살았다는 중국 서쪽의 전설적인 강을 말한다.

7 왕양명이 여요(餘姚) 출신이라 요강학파(姚江學派)라 불리기도 했다.

방하는 논리에 불과했습니다. 말하자면 정학(正學)과 위학(僞學), 진유(眞儒)와 위유(僞儒)를 둘러싸고 사상과 의견에서 서로 다투던 누추한 모습이었습니다. 논의에서 벗어나므로 이쯤에서 끝내겠습니다.

여기에서 우리는 그저 나근계가 평생의 학문과 수양에서 상당한 시간을 '부동심'의 수련에 쏟았다는 것만 말하겠습니다. 『명유학안』에 그에 관한 이야기가 일부 기록되어 있습니다.

또 일찍이 임청을 지나가다가 병이 심해져 정신이 흐려졌는데, 이를 본 어떤 노인이 그에게 말하였다. "그대는 태어난 이후로 어떤 것을 접촉해도 기가 동요하지 않았고, 지쳐서 싫증이 나도 눈을 감지 않았으며, 소란해도 뜻이 나뉘지 않았고, 잠이 들어도 경지를 잊지 않았는데 이 모두가 마음의 고질병이네."

선생이 깜짝 놀라 말했다. "그렇다면 내가 마음으로 터득한 것이 어찌 병입니까?"

노인이 말했다. "사람의 마음과 몸은 하늘이 정한 상도(常道)로부터 와서 사물에 따라 감응하므로 원래 하나로 정해 고집함이 없네. 그대는 일찍이 나면서부터 하나를 붙들었는데, 그 힘의 강함이 너무 심하니 일념의 밝은 빛이 마침내 굳은 습성이 되어 버렸네. 하늘을 점차로 잃어 가고 있음을 깨닫지 못한다면 어찌 마음만 병들겠는가, 몸 또한 마음을 따라갈 것이네."

선생이 놀라 일어나서 머리를 조아리니 땀이 비처럼 흘러내렸다. 그 후로 집념이 차츰 사라지고 혈맥이 궤도를 좇았다.

又嘗過臨淸, 劇病恍惚, 見老人語之曰: "君自有生以來, 觸而氣每不動, 勅而目輒不暝, 擾攘而意自不分, 夢寐而境悉不忘, 此皆心之痼疾也."

先生愕然曰: "是則予之心得, 豈病乎?"

老人曰: "人之心體出自天常, 隨物感通, 原無定執. 君以夙生操持, 强力太甚,一念耿光, 遂成結習. 不悟天體漸失, 豈惟心病, 而身亦隨之矣.”

先生驚起, 扣首流汗如雨, 從此執念漸消, 血脈循軌.

　이 대목은 나근계가 중년에 학문과 수양을 하면서 있는 힘을 다해 생각을 물리치고 욕망을 억제함으로써 ‘부동심’으로 나아가려다가 오히려 온몸이 병들어 신체가 딱딱하게 굳어 버린 일을 기록한 것입니다. 현대 의학의 관점에서 말하면 그는 전신이 굳고 마비되어 감각이 없어지는 신경 마비증을 앓았던 것입니다. 그러다가 어느 고명한 분의 가르침을 받고 놀라서 온몸에 땀을 흘린 후 병이 나았습니다. 이것은 황려주(黃黎洲) 선생이 펴낸 『명유학안』에 나오는 간단한 기록입니다.

　제가 다른 책에서 본 바에 따르면 이러합니다. 그가 비몽사몽 중에 어느 노인의 말을 듣고 놀라서 땀을 비처럼 흘렸더니 두꺼운 이부자리가 흠뻑 다 젖었는데 그 후로 병이 나았다고 합니다. 이른바 “두꺼운 이부자리가 흠뻑 젖는다〔濕透重衾〕”는 말은 땀을 너무 많이 흘려서 이불이 땀으로 푹 젖는다는 뜻입니다. 하지만 꿈속에서 그에게 가르침을 남겼던 그 고수는 자신의 이름을 밝히려 들지 않았습니다. 나근계가 재삼 물었지만 자신은 태산장인(泰山丈人)이라고만 말했을 뿐입니다. 그런데 바로 이 부분이 동시대 학자들이 그를 공격하는 빌미가 되었습니다. 왜냐하면 당시에 무슨 장인이니 무슨 선생이니 하는 호칭은 도가(道家) 선가(仙家)의 호칭 아니면 집에서 불학을 공부하는 사람들의 별칭이었기 때문입니다. 나근계가 평생 불가와 도가의 기이한 인사들과 많이 접촉하였기 때문에 그런 것들이 모두 그를 시기하고 위학이라 공격하는 증거가 되었습니다. 역사상 학자들이 서로 시기하고 또 서로를 얕잡아 공격하는 일은 때로 지식이 없는 보통 사람들이 이해관계 때문에 서로 공격하는 것에 비해 훨씬 무섭습니다. 그것을 간파한 사람들은 일찌감치 발을 뺌으로써 소용돌이 속에 휘말려 들어가 스스로 빠져나오지 못하게 되는 것을 면합니다.

우리는 나근계의 예를 통해 그의 수행이 몸과 마음을 모두 병들게 만들었음을 보았습니다. 보통 사람들의 병은 대부분 심리 작용과 밀접한 관계가 있습니다. 양생을 연구하려는 사람은 반드시 이 부분을 이해하고 있어야 합니다. 여기에서 나근계 학안을 거론한 목적은 맹자의 '부동심'이라는 말을 나근계처럼 잘못된 방향으로 적용하지 않기를 바라서입니다.

불가와 도가에서 수양을 강조하는 사람들도 마찬가지로 주의해야 합니다. 보통 사람들이 표방하는 '무념(無念)'의 관념은 대부분 『육조단경』에서 단장취의(斷章取義)한 것으로서, 와전되어 자기를 그르치고 남도 그르치게 됩니다. 사실 육조(六祖)는 이른바 '무념'이라는 단어에 대해 자기 자신이 보다 깊은 해석을 내린 바 있습니다. "무라는 것은 망상이 없음이고, 념이라는 것은 진여를 생각함이다〔無者, 無妄想; 念者, 念眞如〕." 나무 토막이나 돌멩이처럼 어떠한 마음도 일어나서는 안 된다고 말한 것이 결코 아닙니다.

그보다 더 좋은 예가 하나 있는데, 바로 『육조단경』에 기재된 공안(公案)입니다. 당시 북방에는 와륜선사(臥輪禪師)라는 사람이 외물(外物)에 대해 무심(無心)하라는 부동심의 수양을 강조하고 있었습니다. 물론 그는 상당한 공력과 심득(心得)을 지니고 있었습니다. 그가 이런 게송(偈頌)을 지었습니다.

와륜에게는 재주가 있으니	臥輪有伎倆
온갖 사상들을 끊어 낼 수 있다네	能斷百思想
외물을 대하여도 마음이 일어나지 않으니	對境心不起
지혜가 나날이 자라 가도다	菩提日日長

이 게송이 북방으로부터 조계(曹溪) 남화사(南華寺)로 전해졌습니다. 육조가 듣고는 일반 학인들이 방향을 잘못 잡을까 심히 두려워 입을 열지 않을 수 없습니다. 그래서 나도 게송을 지었노라 말했습니다.

혜능에게는 재주가 없어	慧能沒伎倆
온갖 사상들을 끊어 내지 못하였네	不斷百思想
외물을 마주하면 마음이 자꾸 일어나더니	對境心數起
지혜가 이리도 자랐도다	菩提恁麼長

육조의 게송은 사람들에게 아주 분명히 말하고 있습니다. 외물(外物)을 대하면 마음이 생겨날 수 있습니다. 하지만 어지러운 생각 속에서도 시종일관 무사무려(無思無慮)의 오묘함을 떠나지만 않는다면, 그것은 도업(道業)에 방해가 되지 않습니다. 천 갈래 만 갈래의 사려(思慮)를 뚫고서 어떻게 무사무려의 도의 본체(本體)를 알아낼 수 있는가가 깨달음의 관건입니다.

그렇기 때문에 육조 이후 당송 선사들은 대부분 속되고 비루한 일 사이에 처할 것을 강조했습니다. 날마다 사람을 응대해야 하는 시끄럽고 떠들썩한 곳이라 할지라도 어느 한곳 도량이 아닌 곳이 없다고 했습니다. 결코 나무나 돌 같은 '부동심'이라야만 수도라 할 수 있다고 말하지 않았습니다.

동심과 부동심

그렇다면 공손추의 물음에 맹자가 대답한 '부동심'은 도대체 그 이치가 어디에 있다는 말입니까? 간단합니다. 맹자 당시의 대답은 심리 행위를 말하는 것이었습니다. 의지를 굳게 정하고서 동요하지 않는 '부동심'이지, 결코 무슨 무사무려의 경지에 도달해야 한다는 등의 심성 수양을 이야기한 것이 아니었습니다. 만약 여기 맹자의 '부동심'과 생각을 물리치고 욕망을 억제하는 수련을 한데 끌어다 놓는 것을 맹자가 알면 아마 동의하지 않을지도 모릅니다. 못 믿으시겠다면 여러분이 원문을 다시 한 번 자세히 읽어 보고 장 전체의 이치와 연관시켜 정독해 보면 알 수 있을 겁니다.

인생의 학문과 수양 이야기가 나왔으니 하는 말인데, 행위 철학상의 '부동심'에 관해 여러분도 잘 아는 재미있는 이야기를 하나 소개하고자 합니다. 바로 소동파(蘇東坡)와 불인선사(佛印禪師)의 고사라고 전해지는 것입니다. 소동파는 참선과 학불(學佛)을 좋아했는데, 장난스럽게 웃거나 화가 나서 욕하는 문학 작품도 곧잘 썼습니다. 그는 참선 수련에서 자신이 이미 부동심의 경지에 도달했다고 생각했습니다. 어느 날 그는 다음과 같은 시를 썼습니다.

석가여래 앞에 머리를 조아리니	稽首天中天
미간 흰 털의 빛이 대천세계 비추네	毫光照大千
팔풍이 불어도 움직이지 않고	八風吹不動
보랏빛 황금 연꽃에 단정히 앉았네	端坐紫金蓮

그는 금산사(金山寺)에 사람을 보내 이 시를 자신의 오랜 친구인 불인선사에게 주었습니다. 시를 읽어 본 불인은 원시 위에 방귀를 뀐다는 뜻의 '방비(放屁)'라는 두 글자를 써서 돌려보냈습니다. 소동파는 그것을 보자마자 곧장 강을 건너 불인을 찾아가서는 어디가 잘못되었냐고 물었습니다. 그러자 불인이 웃으며, 자네는 "팔풍이 불어도 움직이지 않고"라고 하지 않았나? 어찌하여 "방귀 하나에 강을 건너온다〔一屁過江來〕"는 말인가

하고 말했습니다. 사실 이 이야기는 후인들이 만들어 낸 것입니다. 이 시는 조금도 소동파의 문필과 비슷하지 않습니다. 하지만 정말로 일리 있는 말입니다.

그렇다면 무엇을 팔풍(八風)이라 부를까요? 그것은 불학의 명사입니다. 이른바 "리(利), 쇠(衰), 훼(毁), 예(譽), 칭(稱), 기(譏), 고(苦), 락(樂)"은 인간 세상에서 여덟 가지 큰 현상인 외물의 바람입니다. 무엇이 '리(利)'일까요? 부귀공명, 출세와 치부 등 사업을 성취하고 만사가 뜻대로 잘 풀리는 것을 '리'라고 부릅니다. 그와 상반된 것이 '쇠(衰)'이니 모든 일이 재수 없는 것입니다. '예(譽)'는 훌륭한 명성을 모두 포함하며 만사가 순조로워 모든 사람이 칭찬하는 것을 말합니다. 그와 상반된 것이 '훼(毁)'이니 다른 사람의 공격을 받는 것입니다. '칭(稱)'과 '기(譏)'는 원래 '훼예'와 거의 비슷한데, 차이가 있다면 훼예는 그 범위가 크고 칭기의 요소는 작고 얕다는 것입니다. '고(苦)'와 '락(樂)'은 상대적인 양면으로 사람은 언제 어디서나 고통과 쾌락에 좌우됩니다. 한 사람의 수양이 이 세상의 팔풍에 대해 진심에서부터 동요함이 없는 경지에 이르고자 한다면 그 얼마나 어렵겠습니까! 물론 심리적 마비나 백치는 해당되지 않습니다.

맹자가 말한 '부동심'과 유사하면서 역사에 이름을 남긴 고사들을 생각나는 대로 한번 들어 보겠습니다.

진(晉) 말의 권신 환온(桓溫)이 한번은 살수 무사를 매복시켜 두고 거짓으로 조정 중신들을 초대했는데, 그 목적은 태부 사안(謝安)과 왕탄지(王坦之)를 모살하는 것이었습니다. 왕탄지가 크게 놀라 사안에게 어떻게 할지를 물었습니다. 사안은 안색도 변하지 않고 태연자약하게 말했습니다. "진 조정의 존망이 자네와 내가 이번 연회에 가는 것에 달렸으니, 자네는 나를 따라 가세!" 왕탄지는 연회 내내 공포에 질린 표정에다가 행동거지도 허둥지둥하는 등 극히 부자연스러웠습니다. 하지만 사안은 매우 태연자약한 데다 대범하고 침범할 수 없는 기색마저 지니고 있었습니다. 그는 예리한 눈빛으로 환온을 바라보고서 다시 장막 뒤에 매복해 있는 무사들을 보며 말했습니다. "당신이 오늘 손님을 초대한 것이 얼마나 멋스러운 일인데, 무엇 때문에 전쟁터에 두어야 할 무사들을 장막 뒤에 숨겨 두고 저 보기 싫은 속물(무기)을 들고 있게 합니까?" 환온은 당시 그의 배포에 겁을 집어먹고 오히려 미안한 생각이 들어 얼른 위병들을 물리라는 명을 내렸습니다. 또한 사안과 왕탄지를 죽이려던 음모를 결국은 중지시켰습니다.

후에 전진(前秦) 왕 부견(苻堅)이 백만의 군사를 이끌고 남으로 동진(東晉)을 공격했을 때의 일입니다. 진(晉) 조정과 온 나라가 극도로 놀라고 두려움에 떨었습니다. 하지만 사안은 조금도 안색이 변하지 않고 조카 사현(謝玄)과 함께 마차를 타고 교외로 가서 소풍을 즐겼습니다. 놀다가 밤이 되어서야 집으로 돌아와 작전 명령을 처리했는데 그런 다음 천천히 이렇게 말했습니다. "이제 거의 아무런 문제가 없군." 사실 동진이 작전할 수 있는 모든 부대는 겨우 팔만에 불과했습니다. 그런데 당시 부견은 보병과 기병이 백만이라 했으니, 가히 채찍을 던져 강의 흐름을 끊을 수 있을 정도였습니다. 물론 심리 전술상의 과장 선전이기는 했지만 확실히 동진의 병력이 감당할 수 있는 숫자는 아니었습니다. 하지만 결과는 부견이 오히려 사현의 정예 부대에 패하였고 부견 본인도 부상을 입어 그 후로는 내리막을 걸었습니다. 동진은 몇만의 군사를 포로로 잡았으며 노획한 물자도 대단히 많았습니다. 군용 교통수단인 소, 말, 나귀, 노새, 낙타만 해도 십만 두나 되었습니다.

대승리의 첩보가 도착했을 때 사안은 마침 손님과 바둑을 두고 있었습니다. 보고서를 읽고 나서도 한마디도 하지 않은 채 계속해서 천천히 바둑만 두었습니다. 참다못한 손님이 묻자 그는 태연자약하게 말했습니다.

"아이들이 전방에서 이미 부견을 깨부수고 대승리를 거두었다는구면." 이것은 도대체 어떤 수양이며 어떤 평정심이란 말입니까! 하지만 바둑이 끝나고 손님이 돌아가자 그는 홍분하여 펄쩍 뛰면서 내심의 기쁨을 억누르지 못했습니다. 단숨에 문지방을 뛰어넘다가 신고 있던 나막신의 앞 축이 그만 부러져 버렸습니다.

역사의 기록은 사안의 학문과 수양의 안정적인 풍모를 묘사하면서 또 한편으로는 남몰래 나막신 앞 축을 부러뜨린 그의 추태를 덧붙여 놓았습니다. 이것이 진정한 부동심일까요, 아니면 억지로 내리누른 것일까요? 하지만 어느 쪽이 되었든 그런 경우 사안처럼 행동한다는 것은 확실히 보통 사람이 해낼 수 있는 바가 아닙니다. 환온의 연회에서 보여 주었던 화기애애하게 담소하는 모습만 해도 자신의 목숨을 가지고 도박을 한 것이 아닙니까! 그러니 일 처리에 있어서만큼은 확실히 그가 '부동심'의 수양을 이루었다고 하겠습니다.

그 밖에 제왕의 '부동심'을 이야기하자면 바로 요순우 삼대의 선양이 있습니다. 성현의 '부동심'으로 말하면 주공 단이 성왕을 보좌한 것이 있으니 이른바 황공스러운 유언비어의 사적[8]입니다. "궁하면 그 몸을 홀로 선하게 하고, 영달하면 천하를 겸하여 선하게 한다〔窮則獨善其身, 達則兼善天下〕"는 공맹의 풍격이 있고, 대신(大臣)인 사마광(司馬光), 여몽정(呂蒙正) 같은 사람의 행위도 있습니다. 일반 지식인인 선비나 군자들의 경우에는 유하혜(柳下惠), 관녕(管寧) 등이 있고 악비(岳飛), 문천상(文天祥)의 인격도 모두 '부동심'의 좋은 본보기입니다. 문천상이 지은 「정기가(正氣歌)」 속의 역사 인물과 고사 역시 맹자가 제기한 '부동심'했던 인물의 증거입

---

8 주공 단이 어린 성왕을 대신해서 국정을 맡자 주공의 동생인 관숙 등이 주공 단을 모함하는 유언비어를 퍼뜨렸다. 주공은 개의치 않고 국정을 맡아 하다가 성왕이 장성한 후 정권을 성왕에게 돌려주고 자신은 신하의 예를 갖추었다.

니다. 역사상 자료들이 매우 많지만 이쯤에서 그만하도록 하겠습니다.

그와는 상반된 '동심(動心)'의 일면도 있습니다. 가령 한 고조는 공적을 완성하고 명성을 이룬 후 고향으로 돌아가면서 "큰 바람 일고 구름이 날 아오르니, 위엄을 천하에 떨치고 고향으로 돌아가네[大風起兮雲飛揚, 威加 海內兮歸故鄕]"라고 노래했습니다. 항우는 스스로 서초패왕이라 칭하고서 고향인 강동으로 돌아가 사람들이 자기의 위풍을 봐 주기를 원했습니다. 앞에서 말했던 부견은 "채찍을 던져 강의 흐름을 끊을 수 있노라[投鞭斷 流]"하고 큰소리치며 산대왕(山大王)의 위세를 부리기도 했습니다. 명말 청초의 홍승주(洪承疇), 오삼계(吳三桂)는 청의 공격에 무릎 꿇고 투항했 습니다. 역사상 이런 종류의 '동심'의 자료 역시 셀 수 없이 많아서 다 이 야기할 수 없을 정도입니다.

당송 이후 중국 문화는 각 시대마다 유불도 삼 가의 철학 수양의 중심에 서 부동심의 문제를 토론했을 뿐 아니라 서로 다투기까지 했습니다. 앞에 서 명대에 '부동심' 수련을 했던 명유 나근계의 예를 든 것도, 공맹 이후 '부동심' 및 관련 철학에 대한 유가의 관념과 그들이 행했던 수련을 보여 주기 위해서였습니다. 동시에 그것을 통해 유가의 '부동심'에 대한 학술 상의 편린을 살짝 엿볼 수 있습니다. 불가와 송명 이학가들이 토론한 부동 심에까지 이야기가 너무 멀리 가 버렸기 때문에『맹자』본 주제에서는 더 말할 필요가 없을 것 같습니다. 이제 다시『맹자』로 돌아와서 소박하게 맹 자의 부동심을 이야기하도록 하겠습니다.

우리가 먼저 알아야 할 것이 있습니다. 맹자가 여기에서 '부동심'을 말 하게 된 이유는 그의 학생 공손추가 이런 질문을 했기 때문입니다. 만약 선생님이 제나라의 재상이 되어 치국평천하의 목적을 달성하게 된다면, 그렇게 공을 이루고 명성을 얻게 되었을 때 과연 선생님의 마음은 동요될 것인지, 동요되지 않을 것인지를 물었습니다. 맹자는 사십 세 때 이미 마음이 동요되지 않았다고 말합니다. 하지만 이 말은 바꿔 말하면 맹자 역시 삼십구 세까지는 마음이 동요되었을 수 있다는 것입니다. 이럴 때의 '동심'이라는 말은 현대 서양인의 표현을 빌리면 '자랑스럽게 생각하다'이고, 동양인의 표현을 빌리면 '긍지를 느끼다'입니다. 부동심을 상세히 해석한다면, 공을 이미 이루고 명성을 이미 얻었을 때에도 그것으로 인해 스스로 기뻐하여 자신의 평소 행동이나 심지어 사생활에까지 영향을 미친다거나 변화가 일어나는 일이 결코 없는 것입니다.

예전에 두 나라 사이에 대대로 전해 내려온 원한을 없애기 위해 이집트 대통령 사다트와 이스라엘 수상 베긴이 상호 방문을 했는데, 전 세계 사람들은 그 두 사람을 영웅이라고 칭송했습니다. 당시 우리는 텔레비전이나 신문을 통해 그들의 언행을 보았는데, 정말로 영웅이라도 된 듯이 고개를 쳐들고 활보했습니다. 바로 그런 것이 동심입니다. 맹자는 자신이 사십 세에 부동심하게 되었다고 말했는데, 그 뜻인즉 자신은 사십 세가 되었을 때 이미 부귀와 공명을 뜬구름이나 먼지처럼 여겨 조금도 개의치 않았다는 말입니다. 그는 그런 종류의 업적을 차 한 잔 마시는 것이나 연기 한 모금 내뿜는 정도로 대수롭지 않게 여겼습니다. 이것이 맹자가 말한 '부동심'입니다. 명유(明儒) 왕양명의 시와 똑같습니다.[9]

> 험난함과 평탄함 본디 마음에 둘 것 없으니 　　險夷原不滯胸中
> 만사가 하늘 떠도는 뜬구름에 지나지 않네 　　萬事浮雲過太空
> 파도 고요하니 바다 물결 삼만 리에 이르고 　　波靜海濤三萬里
> 달 밝으니 석장 날려 천풍 타고 내려가노라 　　月明飛錫下天風

---

9 편자(編者)에 따르면 남회근 선생의 판본에 의거했다고 한다.

하지만 후세 사람들은 닭털 하나를 들고 화살로 여긴다는 식으로, 맹자의 "사십에 마음이 동요되지 않았다"는 이 말을 가지고 내심의 수양에 있어서 동념(動念)과 부동념(不動念), 유지각(有知覺)과 무지각(無知覺) 수련에 끌어다 붙였습니다. 정말로 실제와 동떨어져도 한참 동떨어졌다고 하겠습니다. 있는 그대로 말해서 맹자의 '부동심'은 부귀공명과 사업 성취에 대해 말한 것입니다. 비유하자면 여러분이 길거리 진열장에서 예쁜 옷을 보았지만 사서 입고 싶은 생각이 없다면, 그것이 바로 그 옷에 대해 '부동심'한 것입니다.

정신을 깨끗이 씻으면 마음은 절로 편안해진다

그렇다면 맹자의 그런 '부동심'은 실행하기 어려울까요, 어렵지 않을까요? 처음 시작할 때는 부귀공명에 대해 마음이 동요되지 않기가 비교적 쉽습니다. 하지만 공을 이루고 명성을 얻게 되었을 때에도 스스로 마음이 동요되지 않으려고 한다면 그건 아주 어렵습니다. 사람은 공을 이루고 명성을 얻거나 득의양양해지면 자기 자신이 가장 위대하다고 생각하게 됩니다. 그런 생각이 바로 마음이 동요된 것입니다. 그래서 당 말의 시인은 이런 시를 지었습니다.

높이 나는 기러기는 안개와 노을 위를 노닐거늘	冥鴻跡在烟霞上
제비와 참새는 큰 처마의 둥지를 다투어 자랑하네	燕雀競誇大廈巢
명예와 이익이 헛된 세상에 제일 중하니	名利最爲浮世重
고금에 몇 사람이나 내던질 수 있었는가	古今能有幾人抛

이 시 속의 '높이 나는 기러기〔冥鴻〕'는 『장자(莊子)』에 나오는 전고입니다. 이른바 높이 나는 기러기가 남쪽으로 날아간다는 대목인데, "기러기가 아득히 날아오른다〔鴻飛冥冥〕"는 성어도 있습니다. 이 새는 높이 나는 큰 새의 한 종류인데 날개가 항상 흰 구름 위에 있고 자유자재로 날아오르기 때문에 활이나 그물로도 잡을 수 없다고 합니다. 심지어 그 새가 어디에서 사는지도 사람들은 정확히 알지 못합니다. 그래서 시인들은 '높이 나는 기러기〔冥鴻〕'를 가지고 부귀나 공명에 얽매이지 않는 고사(高士)를 비유하곤 했습니다. 그 자취가 하늘의 가벼운 구름과 화려한 노을 위에만 있고, 어쩌다 그 모습이 보인다 싶다가도 재빨리 흔적도 없이 날아가 버립니다. 반면에 명리를 추구하는 보통 사람들은 큰 집 대들보 위에 둥지를 짓는 제비처럼 아침부터 밤까지 지지배배 시끄럽게 지저귑니다. 자신이 살고 있는 집이 얼마나 대단한지 또 대들보의 조각이 얼마나 화려한지 자랑하는 것이지요. 사실 그들은 단지 그곳에 둥지를 틀고 잠시 깃들어 살 뿐인데도 말입니다. 마치 세상 사람들이 명리에 자신의 몸을 의탁하고 운명을 맡기고서 스스로의 부귀공명을 자랑하는 것과 똑같습니다. 가엾기 짝이 없는 노릇입니다.

이 시를 보면 앞의 두 구에서는 비흥(比興)의 기법으로 은유를 하고 뒤의 두 구에서는 주제를 꼭 집어서 밝히고 있어 속 시원히 내뱉는 듯한 맛이 있습니다. "명예와 이익이 헛된 세상에 제일 중하니"라는 말은 이 세상 사람들은 모두 명리를 중요하게 여긴다는 것입니다. "고금에 몇 사람이나 내던질 수 있었는가." 자고이래로 몇 사람이나 필요 없다며 명리를 버릴 수 있었습니까. 당신이나 나나 모두 제비와 참새 같은 무리이니, 오로지 주인이 우리에게 몇 푼이나 더 줄까 염려하면서 그에게 몸을 의탁하고 운명을 맡길 뿐입니다. 이 시에서는 일반적인 명리만 말했을 뿐이지만, 만약 공손추가 말했던 것처럼 공을 이루고 명성을 얻는 것이라면 그 정도가 훨썬 심각할 것입니다.

또 다른 예를 들어 보겠습니다. 힘은 산을 뽑을 듯하고 기개는 세상을 덮을 듯하던〔力拔山兮氣蓋世〕 초패왕이 젊은 나이에 중원에서 패권을 다투다가 군웅들을 정복하고 서초패왕의 보좌에 올랐을 때가 겨우 스물 몇 살이었는데, 그야말로 "천하의 제후 왕들을 한 손으로 봉하는〔天下侯王一手封〕" 형세였습니다. 후대의 한 고조도 당시에는 그가 봉했던 일개 한왕(漢王)에 불과했습니다. 그가 뜻을 얻어 의기양양하던 시절에 일부 노련하고 충성스러운 대신들은 그에게 강동으로 돌아가 도읍을 세우지 말고 함양으로써 천하를 호령하는 수도로 삼으라고 건의했습니다. 하지만 패왕은 득의만만하게 말했습니다. "부귀를 얻고도 고향에 돌아가지 않음은 비단옷을 입고 밤에 다니는 것과 같다〔富貴不歸故鄕, 如衣錦夜行〕." 이른바 만승지존(萬乘之尊)의 지위에 오르고도 고향에 돌아가지 않는 것은 아름다운 옷을 입고 밤길을 걸어가는 격이라는 뜻입니다. 오늘날에는 대부분 아름다운 옷을 밤에 입습니다. 밤거리가 대낮보다 훨씬 밝고 휘황찬란하기 때문입니다. 하지만 몇천 년 전에는 아름다운 옷을 입고 밤길을 걸어가면 아무도 볼 수가 없었습니다.

항우의 "부귀를 얻고도 고향에 돌아가지 않음은 비단옷을 입고 밤에 다니는 것과 같다"는 말이 바로 큰 동심입니다. 뜻을 얻어 흡족할 뿐 편안할 때에 위험을 생각할 줄 모르는 것입니다. 그러니 아무리 "힘은 산을 뽑을 듯하고 기개는 세상을 덮을 듯한" 높고 강한 무력을 지녔다 할지라도 큰 일을 완수하지 못했습니다. 천하를 한 손으로 얻고 다시 한 손으로 잃어버렸습니다. 사실 부귀를 얻고 고향으로 돌아갔어도 기껏해야 할머니 할아버지들이 이러쿵저러쿵 수군대는 소리나 들었을 겁니다. 항우야, 젊은 놈이 참 대단하구나! 하지만 그래서 어쨌다는 것이냐 하고 말이지요.

이제 우리가 역사를 살펴보면 다른 사람을 비판하기는 쉬워도 막상 자기가 그런 처지가 된다면 부귀에도 마음이 동요되지 않고 공적이 천하를 뒤덮어도 마음이 동요되지 않기란 진실로 말처럼 그리 쉽지 않습니다.

　손에 깃털 부채를 들고 있던 제갈량 같은 사람이야말로 정말 대단한 사람입니다! 그는 위험한 형편에서 명을 받았다고 할 수 있습니다. 송곳 꽂을 땅조차 없어서 이리저리 고생스레 떠돌던 유비를 보좌하여 강대한 조조, 손권과 더불어 천하를 삼분하는 국면을 만들었으니 그 얼마나 대단한 공훈입니까! 게다가 유비 사후에는 결코 두 마음을 품지 않고 저 어리석은 아두(阿斗)를 도와 죽을 때까지 충성을 다했습니다. 마침내 임종하게 되자 그의 유언은 "성도에 뽕나무 팔백 그루가 있다"였습니다. 그들 집안은 성도에 팔백 그루의 뽕나무가 있었는데 매년 뽕나무에서 나오는 수확으로 자손들이 먹고 살았습니다. 제갈량은 참으로 천고에 뛰어난 인물이었습니다. 자기 생각대로 마음껏 주판알이나 튕기던 총명한 소동파와는 달랐습니다. 소동파는 이렇게 말했습니다.

사람들은 하나같이 총명이 좋다고들 말하지만	人人都說聰明好
나는 총명으로 인해 일생을 그르치고 말았네	我被聰明誤一生
다만 바라노니 어리석고 미련한 아들을 낳아	但願生兒愚且蠢
아무 재난 없이 공경에 오르기만 원할 뿐이네	無災無難到公卿

　그 외에 백이, 숙제가 있습니다. 그들은 제왕의 자리도 가벼이 여겨 마다하였고 천하를 보기를 헌신짝처럼 했습니다. 그렇기 때문에 지극히 성스러운 우리의 공 선생님도 누차에 걸쳐 『논어』에서 그들을 칭찬했습니다. 우리는 사람들이 이렇게 말하는 것을 자주 듣습니다. 아무리 나한테 황제를 하라고 해도 나는 안 합니다. 당연히 그 사람은 하지 않습니다. 왜냐하면 애초에 그 사람에게 황제가 되어 달라고 청할 사람이 아무도 없기 때문

이지요. 우리는 그저 이렇게 말할 수 있을 뿐입니다. "만약 어떤 사람이 저에게 양복을 보내 주겠다고 해도 저는 싫습니다!" 석가모니처럼 왕위를 버리고 출가하여 성취를 얻어야 비로소 진짜 능력이라 할 수 있습니다.

앞에서 토론한 것들은 큰일에 관한 '동심(動心)'의 문제이지만, 평상시 자잘한 부분의 '동심'은 어디서나 흔히 볼 수 있습니다. 아이들은 백화점에 가서 과자나 장난감을 보면 이것저것 사 달라고 졸라 댑니다. 그래도 안 사 주면 울어 버리는데 이것이 바로 동심입니다. 친구가 예쁜 넥타이를 보내와서 기분이 좋다면 이 또한 동심입니다. 불학을 배우고 수도를 하는 목적은 스스로 부동심하고 망상을 하지 않으려는 데 있습니다. 그래서 눈을 감고 가부좌를 한 채로 조용히 앉아 있으면, 웬걸 머릿속에서는 떠들썩한 운동회가 열립니다. 장자는 이를 가리켜 '앉아서 달리다(坐馳)'라고 말했습니다. 겉으로 보기에는 안정된 모습으로 앉아 있지만, 머릿속에서는 운동회가 열리고 있어서 한 시합이 끝나면 또 한 시합이 이어지고 끝이 나지 않습니다. 그렇게 이리저리 뛰어다니는 모든 생각을 동심이라고 부릅니다. 그러므로 진정한 '부동심'은 실로 왕후장상이라 할지라도 해낼 수 있는 바가 아닙니다.

옛사람의 명언에 이런 말이 있습니다. "도덕에 뜻을 둔 사람은 공명이 그 마음을 묶을 수 없고, 공명에 뜻을 둔 사람은 부귀가 그 마음을 묶을 수 없다(志於道德者, 功名不足以累其心; 志於功名者, 富貴不足以累其心)." 어떤 사람이 도덕 수양에 뜻을 두었다면 후세에 이름을 남기는 것에 마음을 두지 않음은 물론이고, 평생의 공명이나 재물 따위는 더더욱 생각하지도 않습니다. 이런 사람이 일등 인재입니다. 이등 인재는 "공명에 뜻을 둔 사람은 부귀가 그 마음을 묶을 수 없는" 사람입니다. 저 환온이 말한 것처럼 "백세에 향기를 전하지 않는다면 만년에 악취를 남기는(不流芳百世, 卽遺臭萬年)" 것입니다.[10]

저는 오늘 오전에 젊은 친구에게 이런 우스갯소리를 했습니다. "신문에 실린 큰 강도 사건의 주인공은 얼마나 이름을 날리는지 몰라! 국내외 신문들이 모두 그의 소식을 싣고 있으니 말이야. 우린 아직 그렇게 못해 봤지 않나." 물론 그저 농담으로 해 본 소리입니다. "공명에 뜻을 둔"에서의 공명은, 백세에 명성을 전한다고 할 때의 명성을 가리킵니다. 삼대 이후로 명성을 좋아하지 않는 사람은 없었습니다. 일단 "명성에 뜻을 두게" 되면 무슨 황금, 달러, 자동차, 서양식 저택 따위는 안중에도 없어집니다. 옛사람은 위의 두 구절 외에 세 번째 구절도 말했습니다. "부귀에 뜻을 둘 따름인 사람은 또한 이르지 않는 바가 없다〔志於富貴而已者, 則亦無所不至矣〕." 이런 사람은 삼등입니다. 요즘은 대학 시험에서 원서를 쓸 때 어떤 과가 전망이 좋은지를 먼저 봅니다. 돈을 많이 버는 곳이라면 그곳으로만 몰려듭니다. 그처럼 돈을 버는 데 뜻을 두고 공부한 사람이 세상을 압도할 인재가 된다면 그것이야말로 엄청난 기적이 아닐 수 없습니다!

옛사람의 명언과 비슷한 것으로 송의 진중미(陳仲微)가 말한 것이 있습니다. "녹이라는 먹이로는 천하의 중재는 낚을 수 있으나 천하의 호걸은 맛볼 수 없고, 명성이라는 배로는 천하의 혼잡한 선비는 실을 수 있으나 천하의 영웅은 숨길 수 없다〔祿餌可以釣天下之中才, 而不可以啖嘗天下之豪傑; 名航可以載天下之猥士, 而不可以陸沈天下之英雄〕." '녹(祿)'은 바로 월급이나 대우를 말합니다. 옛날에는 관원들이 매년 얼마간의 쌀을 받았는데 이것이 바로 '녹'입니다. 당 태종 때에는 과거를 실시하여 선비를 뽑았는데, 그들 영재들은 결국 '녹이라는 먹이'에 낚이고 '명성이라는 배'에 태워진 셈입니다. 진정으로 도덕에 뜻과 마음을 둔 기이한 선비 혹은 영웅호걸이라면 오히려 은거해 버립니다. 그렇기 때문에 공자는 『논어』에서 은

---

10 향기는 명성이요, 악취는 오명을 의미한다.

사(隱士)를 언급할 때마다 그들에 대한 존경의 뜻을 드러내곤 했습니다. 그런데 중국 문화에서는 세상을 구제하고 백성을 구제한다는 공맹 등의 사상 외에도 은사 사상 역시 아주 중요한 분량을 차지합니다. 도가에는 항상 은사들이 존재했지만 그들은 변변한 이름조차 원하지 않았습니다. 광성자(廣成子), 적송자(赤松子), 황석공(黃石公) 같은 사람들은 도무지 무슨 이름으로 불러야 할지 알 수가 없습니다. 당나라 때 득도한 어떤 도인은 일 년 사계절을 삼베옷만 입어서 후세 사람들이 그냥 마의도인(麻衣道人)이라 불렀다고 합니다. 선종에도 지의도자(紙衣道者)라는 분이 있는데 천여 년 전에 이미 종이옷을 입었으니 우리보다 훨씬 진보적이라 하겠습니다. 이름조차 필요로 하지 않던 이런 사람들의 눈에 '명성이라는 배'가 뭐 그리 대수였겠습니까! 그들은 배에 오르는 것도 달가워하지 않았습니다. 배에 오르지 않고 어떻게 합니까? 당신이 배를 운항하면 그는 수영을 해서 천천히 올 겁니다. 만약 그렇게 하지 않으면 그는 아예 산으로 가서 숨어 버릴 것입니다.

사실 송유(宋儒)들은 이학을 제창하고 공맹 심법의 동심인성(動心忍性)을 연구하면서, 그것을 공적의 측면에서 살펴보고 일 처리에다가 적용했습니다. 송대의 문천상, 명대의 왕양명, 청 왕조 중흥의 명신 증국번(曾國藩)을 제외하면 장중정(蔣中正)[11]에 이르러서야 자신의 수양과 심득으로 두 구의 명언을 남겼습니다. "사물이 처음 생겨나는 곳에서 이치를 궁구하고, 심의가 처음 움직이는 때에 기미를 연구한다〔窮理於事物始生之處, 研幾於心意初動之時〕." 그의 공과(功過)는 일단 논외로 하고 유가 이학의 수양 심득만으로 공평하게 논한다면, 솔직히 말해서 이 두 구 명언의 조예를 당대에는 따라올 사람이 없습니다. 만약 장공이 살아 있다면 제가 이렇게

---

11 장개석의 본명이다.

말하지 못했을 겁니다. 아첨하는 말로 오해받을 수 있기 때문이지요. 장차 학술 문화사에서 정론으로 자리 잡으리라 믿습니다.

무협 수련의 부동심

맹자가 자신은 사십에 마음이 동요되지 않을 수 있었노라 말하자 공손추가 말했습니다. "그렇게 보면 스승님은 우리 제나라의 저 유명한 인물, 진나라에서 주제넘게 나섰던 용사 맹분(孟賁)보다 훨씬 대단하십니다." 하지만 맹자는 이렇게 말합니다. "내가 사십에 마음이 동요되지 않을 수 있었던 것은 뭐 그리 어려운 일이라고 할 수도 없지 않느냐! 사실 고자는 나보다 더 일찍 마음이 동요되지 않을 수 있었다."

맹자와 고자는 학문적으로 서로 의견이 엇갈리기는 했지만 맹자는 결코 그것 때문에 사실을 왜곡하지 않았습니다. 또 상대방의 좋은 점은 곧바로 좋다고 인정했습니다. 그래서 맹자는 고자가 자신보다 더 일찍 부동심할 수 있었다는 말을 조금도 감추지 않고 말했습니다. 절대 시기하거나 숨기려 들지 않았는데, 이 또한 성인이 범부와 다른 점이라고 할 수 있습니다.

여기에서 공손추가 거론한 맹분은 전국 시대에 명성을 날렸던 사람으로 오늘날의 복싱왕 알리 같은 사람입니다. 그렇다면 왜 공손추는 맹자가 맹분보다 더 대단하다고 말했을까요? 왜냐하면 부귀공명에 대해 부동심하려면 반드시 큰 용기를 지니고 있어야 하기 때문입니다. 예를 들어 길거리에서 진귀한 시계를 봤는데, 가격이 비싸기는 하지만 자신의 경제적 능력으로 살 수는 있다고 합시다. 그걸 손목에 차면 사람들에게 부를 과시할 수 있겠다는 생각에 사고 싶은 마음이 일어납니다. 만약에 사지 않겠노라 결심하고 마음이 동요되지 않으려면 어느 정도의 용기가 있어야 합니다. 그래야 사고 싶은 욕망을 끊어 버릴 수 있습니다. 많은 경우 보통 사람들은 어떻게 해야 할지 알기는 해도 결심을 하지 못하고 용기를 내지 못합니다. 불가에는 『능단금강반야바라밀경(能斷金剛般若波羅蜜經)』이라 는 이름의 경전이 있습니다. 일체의 망상 번뇌를 끊어 버리기를 강조하고 있지만, 이는 확실히 큰 용기를 필요로 합니다. 그래서 공손추는 진 무왕 (秦武王)에게 달려갔던 제나라의 큰 용사 맹분을 들어 맹자가 부동심했던 용기를 비유했습니다.

"마음이 동요되지 않는 데 방법이 있습니까?" "있다. 북궁유가 용기를 기름 은 피부도 동요하지 않고 눈도 피하지 않았으며, 생각하기를 털끝만큼이라 도 남에게 좌절을 당하면 마치 저자나 조정에서 종아리를 맞는 것처럼 여 겼고, 천한 자에게도 받지 않으며 또한 만승의 군주에게도 받지 않았고, 만 승의 군주를 찌르는 것을 천민을 찌르는 것처럼 여기며 제후를 두려워하지 않았고, 험악한 소리가 이르면 반드시 돌려주었다.

맹시사가 용기를 기름은 '이기지 못함을 이기는 것과 같이 여긴다. 적을 헤 아린 뒤에 전진하고 승리를 생각한 뒤에 교전하니, 이는 적의 삼군을 두려 워하는 것이다. 내 어찌 반드시 승리할 수 있으리오? 두려움이 없을 수 있 을 뿐이다' 하였다."

曰: "不動心有道乎?" 曰: "有. 北宮黝之養勇也, 不膚撓, 不目逃; 思以一毫 挫於人, 若撻之於市朝; 不受於褐寬博, 亦不受於萬乘之君; 視刺萬乘之君, 若刺褐夫, 無嚴諸侯; 惡聲至, 必反之.

孟施舍之所養勇也, 曰: '視不勝, 猶勝也. 量敵而後進, 慮勝而後會, 是畏三 軍者也. 舍豈能爲必勝哉? 能無懼而已矣.'"

고자가 자신보다 더 일찍 마음이 동요되지 않았노라고 맹자가 말하자 공손추는 다시 맹자에게 물었습니다. "외부의 유혹을 받는데도 마음이 동요되지 않을 수 있는 데는 무슨 방법이 있습니까?" 맹자는 있다고 말했습니다. 그러고는 옛사람 둘을 예로 들어서 부동심의 이치를 설명합니다. 그런데 그 이치라는 것이 겉으로 봐서는 '부동심'과 전혀 상관이 없는 것처럼 보입니다. 왜냐하면 그저 무술을 수련하는 일에 관한 것이기 때문입니다. 하지만 잘 읽어 보면 맹자가 이야기하는 바가 무사 정신임을 알게 됩니다. 그러한 쾌도난마(快刀亂麻)의 무사 정신이 있어야만 부동심의 용기와 힘을 지닐 수 있습니다. 입세(入世)의 수양이든 출세(出世)의 수양이든 반드시 이 부분에 크게 유의해야 합니다.

맹자는, 북궁유(北宮黝)처럼 스스로 무공을 수련할 때는 먼저 "피부도 동요하지 않고 눈도 피하지 않는[不膚撓, 不目逃]" 능력을 길러야 한다고 말합니다. 이른바 "피부도 동요하지 않음[不膚撓]"이란 어떤 두려운 일을 만나도 긴장해서 모공이 수축하고 털이 한 올 한 올 서는 일이 없음을 말합니다. 요즘 말로 하면 "목에 칼이 들어와도 눈썹도 찡그리지 않는" 모습입니다. "눈을 피함[目逃]"은 여성들에게서 자주 볼 수 있는데, 젊은 여성들은 쥐를 보면 비명을 지르면서 두 손으로 눈을 가립니다. 그런 것이 바로 눈을 피함입니다. 과거에 무공을 수련하던 사람들은 먼저 눈을 수련했습니다. 대나무 꼬챙이나 젓가락을 눈앞에서 흔들다가 마치 그것으로 눈을 찌르는 것처럼 해도 눈을 움직이지 않았습니다. 거기에서 한 걸음 더 나아가 눈에 물방울을 튀겨도 눈을 부릅뜨고 버팁니다. 설령 물방울이 안구에 튄다 해도 안구를 움직이지 않고 눈꺼풀도 깜빡이지 않으면 눈빛이 안정됩니다.

북궁유는 무공의 연마에서 그런 실력을 성취한 인물이었습니다. 심리적인 부분에 있어서도 마찬가지였습니다. 다른 사람이 자신의 솜털 한 가닥이라도 손상시켰다가는 그곳이 떠들썩한 장소이든 공무를 보는 곳이든 상관하지 않고 대중 앞에서 똑같이 되갚았습니다. 그러한 외부의 공격에 대해서 상대방이 일반 백성이건 혹은 높디높은 대국의 군주이건 상관하지 않고, 똑같이 참아 내지 못하고 반드시 반격을 해서 분을 풀어야만 했습니다. 다른 사람을 공격하려고 할 때에도 역시 그러한 심리가 작용했습니다. 설사 만승의 전차를 소유한 대국의 군주를 죽이는 경우라고 할지라도 그에게는 길거리에서 부랑아를 죽이는 것과 다를 바가 없었습니다. 대상이 일국의 군주라고 해도 결코 두려워하거나 꺼리거나 주저하지 않고 마음먹으면 곧바로 실행에 옮겼습니다. 그러므로 그는 일국의 제후라 할지라도 마음에 아랑곳하지 않았으며, 하늘이 크고 땅이 크다 한들 나만큼은 크지 않다고 생각했습니다. 아무튼 천지간에 유아독존적인 사람이라 하겠습니다. 아무라도 그에게 큰소리를 치면 자신은 반드시 그 사람보다 더 크고 더 사납게 소리쳤습니다. 그것은 일종의 용맹 난폭하고 사나운 용기입니다. 의협심이기도 하며 용감하게 싸우기를 좋아하는 용기의 예가 되겠습니다.

맹자는 또 다른 한 사람을 예로 들며 용기를 기르는 것에 대해 설명했습니다. 바로 맹시사(孟施舍)입니다. 그의 용기는 또 다른 유형입니다. 북궁유의 용기는 대홍권(大洪拳)[12]이나 당랑권(螳螂拳)[13]으로서, 근대 무협 영화 속의 이소룡이 보여 준 정무문(精武門)[14]이라는 노선에 해당합니다. 맹시사는 이와는 반대로 태극문(太極門)[15]에 속하며 유도(柔道)의 부드러운

---

12 중국 북방 무술을 대표하는 소림권의 일종으로, 그 외에도 소홍권(小洪拳), 나한권(羅漢拳), 노홍권(老洪拳), 포권(炮拳) 등 수십 종류의 권법이 있다.

13 북파 소림권의 대표적인 무술로 흔히 사마귀를 본뜬 무술로 알려져 있다.

14 1920년대 중국에서는 민족 진흥을 모토로 한 무술 열풍이 일었고, 그 일환으로 전국 무술 대회의 개최와 각종 무술회의 설립이 이어졌다. 정무체육회는 그 대표적인 무술회였는데, 정무체육회를 소재로 한 영화가 「정무문」이다. 1972년 이소룡이 주연한 「정무문」이 가장 유명하다.

수련 스타일입니다.

맹자는 말합니다. "맹시사가 용기를 기르는 수련은 그것과 달랐다. 겉으로 보기에는 문약한 서생 같아서 상대방이 손끝으로 건드리기만 해도 쓰러져 버릴 것 같다.[16] 하지만 정말로 공격하기 시작하면 그도 대단히 진지하고 신중하게 먼저 상대방의 힘을 계산해 본 연후에, 자신은 어떤 방법을 사용하며 어느 시기에 상대방의 급소를 공격할지를 생각한다. 주도면밀하게 생각하고 심리적으로 반드시 이길 것이라는 자신이 있어야만 상대방과 싸운다. 이는 상대방이 자신보다 강하다는 점을 먼저 고려하는 일종의 작전 태도이지, 나는 천하무적이므로 반드시 승리를 거둘 수 있다고 말하는 것이 결코 아니다. 그는 비록 언제나 적을 두려워하지만 그럼에도 불구하고 강한 적을 두려워하지 않는 용기를 지니고 있다. 이런 용기에 의지하고 거기다 지혜가 자신을 강하게 해 준다는 믿음을 운용해서, 약함으로 강함을 대적해 자신보다 훨씬 강대한 적을 패배시킨다."

그렇기 때문에 무공은 비록 소도(小道)이기는 하지만 그 수양이 간단하지가 않습니다. 표면상으로 보면 맹시사의 담력이 훨씬 작아서 쉽사리 다른 사람과 한판 붙으려 하지 않습니다. 하지만 실제로 그의 기백은 이미 심리적으로 어떤 사람도 두려워하지 않는 수양의 단계에 이르렀습니다. 그의 지혜는 이미 적을 이길 수 있지만 태도상으로는 여전히 절대적인 근

---

15 동작이 크고 부드러우며 신체 전환과 도약이 많은 북파 무술의 한 문파이다.

16 이 부분의 저자 해석은 우리나라의 전통적인 해석과 다소 차이가 있다. 전통적인 해석에 따르면 "적을 헤아린 뒤에 전진하고 승리를 생각한 뒤에 교전한다면, 이는 적을 두려워하는 자이다"라고 하여, 맹시사를 무모해 보이지만 내면에는 적을 두려워하지 않는 부동심을 지닌 인물이라고 본다. 하지만 저자는 본문에서 맹시사를 겉으로 보기에 문약해 보이는 인물로 설명하고 있다. 이는 "적을 헤아린 뒤에 전진하고 승리를 생각한 뒤에 교전한다면, 이는 적을 두려워하는 자이다"라는 부분을 맹시사의 발언으로 보지 않고, 맹시사라는 인물은 "적을 헤아린 뒤에 전진하고 승리를 생각한 뒤에 움직이니 이는 적을 두려워함이다"라고 풀이했기 때문으로 생각된다. 따라서 역자는 우리나라의 전통적인 해석과는 다르지만 저자의 해석을 따랐다.

신을 취합니다. 이것이 맹시사와 북궁유 두 사람의 서로 다른 양용(養勇)의 전형입니다.

"피부도 동요하지 않고 눈도 피하지 않는다"는 말을 통해 우리는 다음의 사실을 알 수 있습니다. 맹자가 이 두 사람의 양용을 들어 공손추의 질문에 대답한 것은, 외재적인 부동심의 수양 방법을 통해 설명하고자 했기 때문입니다. 그것은 바로 공손추에게 외재적인 부동심의 수양이 적어도 "태산이 눈앞에서 무너져도 안색조차 변하지 않고, 사슴이 왼쪽에서 튀어나와도 눈도 깜빡이지 않는" 정도에까지 이르러야 한다고 말하는 것입니다. 이런 수양은 확실히 해내기가 어렵습니다.

여러분은 형가(荊軻)가 진왕(秦王)을 찌르려 했던 고사를 잘 알고 있습니다. 용기를 기르는 양용의 이치를 설명하는 『맹자』의 이 대목을 읽고 나서 『사기』 「자객열전」을 다시 읽을 것 같으면 형가의 전기는 전편을 다 읽을 필요가 없습니다. 맹자가 설명한 두 가지 전형적인 양용의 원리에 근거해서 보면, 형가가 진왕을 죽이려 했던 일은 성공할 리가 없습니다. 『사기』를 쓴 사마천의 뛰어난 문학적 기교가 엿보이는 대목이기도 한데, 그는 형가라는 사람의 인격적 특성을 매우 잘 알고 있었습니다. 그랬기 때문에 형가의 영혼과 골수까지도 모두 써 내었다고 말할 수 있습니다.

형가라는 사람은 책 읽기를 좋아하고 칼 쓰기를 즐기는 문무를 겸비한 재목이었습니다. 그는 검술에 아주 조예가 깊었습니다. 그는 일찍이 조(趙)나라에 여러 차례 갔는데, 한번은 조나라의 검술 명가 개섭(蓋聶)을 찾아가 검술을 겨루고자 했습니다. 형가가 소리를 크게 지르며 검을 뽑아 들었지만 개섭은 그 자리에 우뚝 선 채 미동도 하지 않았습니다. "노해서 그를 바라보았으니〔怒而目之〕"라는 표현대로 대단히 위엄 어린 눈빛으로 형가를 바라볼 뿐이었습니다. 그런 종류의 눈빛은 바로 "피부도 동요하지 않고 눈도 피하지 않는" 일종의 신기(神氣)였습니다. 형가는 그의 눈빛에 두려움을 느낀 나머지 그만 검을 거두어들이고 고개 돌려 떠나 버렸습니다. 어떤 사람이 이게 어찌 된 일이냐고 묻자 개섭이 말했습니다. 그의 신(神)이 아직 일가를 이루지 못했기 때문에 내 눈빛에 굴복하고 말았노라고 했습니다. 그 후 형가는 또다시 한단(邯鄲)으로 가서 유명한 호걸인 노구천(魯句踐)을 만났습니다. 두 사람은 함께 도박을 하다가 처리 방식을 놓고 다투게 되었습니다. 노구천이 화가 나서 큰소리로 사납게 그를 비난하자 형가는 또다시 한마디도 없이 떠나 버렸습니다. 마찬가지로 노구천의 기세가 형가를 눌러 버린 것입니다. 이런 것을 보더라도 기(氣)를 기르고 신(神)을 연마하는 형가의 수련이 높은 수준에 이르지 못했음을 알 수 있습니다. 그러니 그가 진시황을 죽이려 했던 일이 실패한 것은 당연합니다. 게다가 진시황의 무공 역시 높았으니 더 말할 것이 있겠습니까. 무술 연마 이야기가 나왔으니 하는 말인데, 용기도 물론 중요하지만 심성을 수양하는 수련이 무공보다 훨씬 중요하다고 말할 수 있습니다.

이제 다시 돌아와서 맹자가 맹시사를 소개한 내용을 보도록 하겠습니다. 이 맹 대협(大俠)의 용기에서 우리는 네 가지 요점에 주의해야 합니다. 첫째, <u>스스로</u> 자기 자신에 대해 믿음을 지녀야 합니다. 만약 <u>스스로</u> 믿음을 잃어버리면 더 이상 말할 필요가 없습니다. 둘째, 상대방의 능력을 정확하게 가늠해야 합니다. 셋째, 상대방의 약점을 파악해야 합니다. 넷째, 이 부분이 가장 중요한 점이기도 한데 행동할 때 신중하고 조심해야 합니다. 절대로 상대방을 가볍게 봐서는 안 됩니다. 이 네 가지 조건을 구비해야만 비로소 '용(勇)'이라고 할 수 있습니다. 개인적인 무공의 성취가 되었든 군사적인 대치 작전이 되었든, 아니면 평소에 위기나 곤란에 맞닥뜨렸을 때 어떻게 극복하고 어떻게 대처할 것인가 하는 문제가 되었든 모두 이와 같은 용기를 지니고 있어야 합니다. 비록 백전백승을 자신할 수는 없더라도 어쨌든 실패의 기회는 그리 많지 않을 것입니다.

"맹시사는 증자와 비슷하고, 북궁유는 자하와 비슷하다. 아! 두 사람의 용기는 그 누가 나은지 알지 못하겠다. 그러나 맹시사는 요점을 지킨다.

옛적에 증자가 자양에게 이르기를 '그대는 용기를 좋아하는가? 내 일찍이 큰 용기를 선생님에게 들었다. 스스로 돌이켜서 곧다면 내 비록 천한 자일지라도 나는 두려워하지 않을 것이다. 스스로 돌이켜서 곧지 않다면 비록 천만 명이 있더라도 나는 갈 것이다' 하였다. 맹시사가 기를 지킴은 또한 증자가 요점을 지킴만 못하다."

"孟施舍似曾子, 北宮黝似子夏. 夫! 二子之勇, 未知其孰賢. 然而, 孟施舍守約也.

昔者曾子謂子襄曰: '子好勇乎? 吾嘗聞大勇於夫子矣. 自反而不縮, 雖褐寬博, 吾不惴焉? 自反而縮, 雖千萬人, 吾往矣.' 孟施舍之守氣, 又不如曾子之守約也."

길은 달라도 이르는 곳은 같은 문무의 수양

맹자의 말은 여기에서 방향 전환을 한 번 합니다. 북궁유와 맹시사 두 사람의 양용(養勇) 수련에 대해 소결(小結)을 내리는데, 물론 그것이 총결(總結)은 아닙니다. 이 소결에서 방향을 바꾸어 다시 한층 깊은 이론을 이끌어 냅니다. 맹자는 두 사람이 용기를 기르는 모습을 소개한 후 둘에 대해 결론을 내리지만, 직접적인 비평을 하기보다는 비유를 사용해 설명합니다.

맹자는 맹시사의 양용 수련이 공자의 학생인 증자와 비슷하다고 말합니다. 『논어』에 말하기를 "증삼은 노둔하다[參也魯]"[17] 하였는데, 겉으로 보기에 증자는 우둔한 것 같았지만 공자의 도통(道統)은 결국 그에 의해 후대에 전해졌습니다. 그렇다면 북궁유는 어떨까요? 자하와 비슷합니다. 공자 사후에 자하는 하서(河西)에서 강학 활동을 했는데 그 기상이 다른 동문들보다 훨씬 활달했습니다. 그런데 맹자는 또다시 이렇게 말합니다. "북궁유와 맹시사 이 두 사람의 양용 수련 가운데 도대체 누구의 경지가 더 높은가 하고 묻는다면 단언하기 어렵다. 하지만 그래도 맹시사의 그 노선이 더 낫다. 왜냐하면 그가 '요점을 지키기〔守約〕'[18] 때문이다." 다시 말해 겸허할 줄 알고 간략함을 추구할 줄 알고 가장 중요하고 가장 높은 원칙을 지킬 줄 알기 때문이라는 것입니다. 북궁유는 자유분방하고 기백이 넘치지만 방종으로 흐르기 쉽기 때문에 맹시사의 "요점을 지킴"만 못합니다. 이는 뜻을 오로지하여 하나를 지킨다는 의미이기도 합니다.

맹자는 이어서 말했습니다. "예전에 증자가 그의 학생인 자양에게 묻기를 너는 용기를 좋아하느냐 하고는 이렇게 말했다. 내 스승인 공자께서는 패기, 기백, 의를 위해 뒤돌아보지 않음, 호연지기 등의 진정한 큰 용기를 수양하는 원칙에 관해 나에게 말씀해 주셨다. 공자께서 말씀하시길, 진정한 큰 용기란 스스로 반성하여 자기 자신이 분명 이치에 맞고 천지와 귀신에 떳떳하다면, 설령 자신이 일개 보잘것없는 백성에 지나지 않는다 할지라도 그 어떤 사람을 마주하더라도 결코 심중에 두려워하는 마음이 생기지 않고 어떤 상대라도 찾아가서 이치를 따질 수 있는 그런 것이다 하셨다. 그러나 스스로 반성하여 자신에게 정말 잘못이 있다면, 천만 명의 사람들이 내 목숨을 노리며 기다리고 있는 곳이라 할지라도 큰 용기를 내어 그곳으로 나아가 자기 잘못을 인정하고 그로 인한 모든 결과를 책임지며

---

17 『논어』 「선진(先進)」 편에 나온다. 원서엔 "曾也魯"로 되어 있으나 "參也魯"의 오기인 듯하다.

18 우리나라에서는 "守約"을 "지킴이 간략하다" 혹은 "지킴이 요령을 터득하였다"로 해석하는 것이 일반적이지만, 저자의 해석은 "요점을 지키다" 혹은 "요령을 지키다"에 가깝다.

어떠한 처분이라도 달게 받는다."『논어』에 이르기를, "군자의 허물은 일식이나 월식과 같다[君子之過, 如日月之蝕焉]"[19]고 하였는데, 이처럼 자신의 잘못을 어깨에 짊어질 수 있는 책임감 있는 태도가 바로 진정한 큰 용기입니다.

흔히 어떤 사람이 잘못을 범했을 때 한두 명의 친구 앞에서 잘못을 인정하는 것도 쉬운 일은 아닙니다. 만약 수많은 사람들 앞에서 자신의 잘못을 인정할 수 있으려면 거기에는 참으로 '큰 용기'의 기백이 필요할 것입니다.

여기까지는 제 해석으로 저는 '축(縮)'을 글자 그대로 '어지럽다' '거둬들이다'의 의미로 풀이했습니다. 그렇게 보면 축(縮)은 부직(不直), 불축(不縮)은 직(直)이 됩니다.

옛사람은 다르게 해석해서 "축, 직야(縮, 直也)"라고 했는데 그렇게 봐도 됩니다.[20] 그렇게 해석해도 대의는 변하지 않지만 구법(句法)이 다소 달라집니다. 여러분께서 비교해 보십시오.

"스스로 반성해서 만약 내가 잘못되었다면 상대방이 헐렁하고 거친 베옷을 입은 일개 평민이라 해서 설마하니 내가 두려워하지 않을 수 있겠는가? 반성해서 자신이 옳다면 비록 천군만마를 마주하고 있다 한들 나는 용감하게 앞으로 나아가 최후까지 싸울 것이다."

이제 공자가 증자에게 말해 준 큰 용기의 내용을 이해하고 나면 맹자가 그 대목을 인용한 의도를 알 수 있습니다. 맹자는 공자가 증자에게 말해

---

19 『논어』「자장(子張)」편에 "군자의 허물은 일식이나 월식과 같아서, 허물이 있으면 사람들이 다 그것을 바라보고, 허물을 고치면 사람들이 다 그것을 우러러본다[君子之過也, 如日月之食焉, 過也人皆見之, 更也人皆仰之]"라고 하였다.

20 옛사람의 해석 방식에 따르면 다음과 같다. "스스로 돌이켜서 곧지 못하면 비록 천한 자일지라도 내가 두려워하지 않겠는가? 스스로 돌이켜서 곧다면 비록 천만 명이 있더라도 나는 갈 것이다." 우리나라에서는 이 해석 방식을 따르고 있다.

준 큰 용기의 원리를 인용함으로써 공자의 설법을 근거로, 맹시사의 "요점을 지킴"이 과연 훌륭하기는 하지만 증자의 "요점을 지킴"만 못하니, 증자는 이런 수양에 있어 한층 높은 성취를 이루었다고 한 것입니다.

앞에서 맹자는 "맹시사는 증자와 비슷하다〔孟施舍似曾子〕"고 말하고서 다시 "그러나 맹시사는 요점을 지킨다〔然而, 孟施舍守約也〕"고 했습니다. 맹시사가 지킨 것은 어떤 '요점〔約〕'일까요? 간략하게 말하면 그는 "적을 헤아린 뒤에 전진하고 승리를 생각한 뒤에 교전하며〔量敵而後進, 慮勝而後會〕" 어떤 적도 가벼이 보지 않았습니다. 실제로 이런 것은 기(氣)를 기르는 수련입니다. 하지만 공자가 증자에게 말해 준 것은 수련이 아니라 사람 노릇 하고 처세하는 수양에 관한 것이었습니다. 승패가 어떠한지를 묻지 않을 뿐 아니라 거기에서 더 나아가 자기 자신이 이치에 합당한지 합당하지 않은지만을 묻습니다. 이치에 합당하면 이(理)가 곧아지고 기(氣)가 왕성해지지만, 이치에 합당하지 않으면 편안한 마음으로 벌을 받습니다. 이처럼 설사 손으로 닭을 잡을 힘조차 없다 할지라도 의연히 큰 용기를 지니고 있다면, 하늘을 떠받치고 우뚝 선 대장부라 하겠습니다. 증자가 지킨 것은 이런 '요점'이었기 때문에 맹시사와는 좀 다릅니다. 증자는 참된 학문을 한 인물로서, 인생에서 큰 지혜, 큰 어짊, 큰 용기의 중심을 수양하였습니다. 반면에 맹시사가 지킨 요점은 그저 다른 사람과 싸울 때에 신(神)을 연마하고 기(氣)를 연마하는 최고 원칙에 지나지 않았습니다. 그렇기 때문에 맹시사의 "요점을 지킴"을 증자의 "요점을 지킴"과 비교해 보면 단지 "기를 지키는〔守氣〕" 수준이라고 말할 수 있을 따름입니다.

여기에서 맹자는 "요점을 지킴"의 문제를 이야기하다가 동시에 "기를 지킴"도 제기하였습니다. 사마천은 「유협열전」을 쓰면서 협객의 개성을 종합하여 '임협상기(任俠尙氣)'라는 정의를 내렸습니다. 바꾸어 말하면 호협한 사람들은 대부분 기를 사용합니다. '협(俠)'의 고자는 '𠈉'라고 쓰는

데, 우변의 '㣙'는 사람의 어깨를 강조합니다. 그래서 '협'은 친구를 위해 일을 도모할 때면 마음과 힘을 다 바칩니다. '기(氣)'란 바로 의기(意氣)이니, 어려운 일을 만났을 때 너는 도무지 해낼 수 없다고 여기지만 내가 해서 너에게 보여 주겠다는 기개입니다. 후세에 무공을 배우는 사람들은 제법 배운 다음에도 도무지 다른 사람의 일을 자신의 일처럼 여기며 전력을 기울이려 하지 않습니다. 그저 망상에 사로잡혀 스스로 무협임을 자처하지만 '임협상기'의 고귀한 정신은 일찌감치 망각했습니다. '무도(武道)'의 쇠락을 바라보면 씁쓸함을 감출 수가 없습니다.

우리는 중화 민족의 또 다른 고귀한 일면이 이러한 '임협상기'의 정신에 있음을 알아야 합니다. 이런 종류의 정신은 묵가의 사상에 체현되어 있습니다. 묵가 사상은 중국 문화에서도 아주 중요한 분량을 차지합니다. 일찍이 춘추 전국 시기에 중국 문화는 이미 유·묵·도 삼 가의 요소를 포함하고 있었습니다. 몇천 년 동안 중국 문화에는 줄곧 묵가의 정신이 전해 내려왔습니다. 이것은 아주 중요한 문제임에도 불구하고 사람들의 홀시를 받았습니다. 지금 우리는 중국 문화가 유불도 삼 가를 주류로 삼는다고 생각하지만, 사실 그것은 당송 이후 문화의 새 구조입니다. 비록 그러하더라도 묵가의 의협 정신은 시종 중국인의 마음속에 전해져서 중국 문화의 내면에 융합되어 있습니다.

"감히 묻겠습니다. 선생님의 부동심과 고자의 부동심에 대해 들을 수 있겠습니까?" 맹자께서 말씀하셨다. "고자가 말하기를 '말에서 이해하지 못하면 마음에서 구하지 말며, 마음에서 얻지 못하면 기에서 구하지 말라' 하였다. 마음에서 얻지 못하면 기에서 구하지 말라는 것은 가하거니와, 말에서 이해하지 못하면 마음에서 구하지 말라는 것은 불가하다. 지는 기의 장수요, 기는 몸에 가득 차 있는 것이다. 지는 지극한 것이요 기는 그다음이다.

그러므로 말하기를 '그 지를 잘 잡고 그 기를 포악하게 하지 말라'고 한 것이다."

曰: "敢問, 夫子之不動心, 與告子之不動心, 可得聞與?"

"告子曰: '不得於言, 勿求於心; 不得於心, 勿求於氣.' 不得於心, 勿求於氣,
可; 不得於言, 勿求於心, 不可. 夫志, 氣之帥也; 氣, 體之充也. 夫志至焉,
氣次焉. 故曰: '持其志, 無暴其氣.'"

수양 철학상의 변증

공손추는 맹자의 이론을 들은 후 실제 문제를 건드리는데, 맹자에게 재차 이렇게 묻습니다. "스승님, 제가 외람되이 묻겠는데요. 당신께서 방금 말씀하시기를 고자가 스승님보다 더 일찍 마음이 동요되지 않았다고 하셨는데, 그렇다면 스승님의 부동심과 고자의 부동심은 수양이라는 측면에서 서로 다릅니까?"

맹자가 말합니다. "고자가 말하기를, 이치에 맞지 않는 말은 마음에 담아두고 연구해서는 안 되고, 마음에 타당하지 않다고 여겨지는 일은 의기(意氣)상으로 다투어 구해서는 안 된다고 하였다." 이것을 통해 우리는 아주 분명히 알 수 있습니다. 중국 문화에서 심기합일(心氣合一)의 수양을 이야기할 때면 맹자를 반드시 언급합니다. 후세 도가의 심기합일 역시 이 맥락에서 나왔습니다. 만일 심기합일설만 가지고 말한다면 맹자 훨씬 이전에 이미 있었다는 것도 사실입니다.

여기에서 맹자는 오로지 그와 고자가 수양한 부동심의 원칙을 이야기합니다. 하지만 맹자가 여기에서 이야기하는 부동심은 앞에서 말했던, 외부적인 공적과 명성의 유혹이나 위험과 어려움의 자극을 통해 이끌어 내는 부동심과는 다릅니다. 이 단락에 이르면 맹자가 말하는 부동심은 이미 내재적 수양의 부동심으로 전환되었습니다. 하지만 맹자의 부동심은 후세에 오직 내재적 수양의 부동심 수련만 하는 것과는 달리 안팎이 통하고 서로 합치됩니다.

이어서 맹자는 고자가 주장한 부동심의 수양 원칙을 비판하며 말했습니다. 고자가 말하기를 "마음에서 얻지 못하면 기에서 구하지 말라[不得於心, 勿求於氣]" 하였는데, 마음속으로 편안하지 못해 그냥 넘어가지 못할 때 의기를 움직여서는 절대 안 된다는 이 말은 맞습니다. 가령 믿었던 친구에게 큰 손해를 입게 되면, 이에는 이라는 식으로 그의 큰돈을 뺏어 옴으로써 마음의 원한을 풀고 싶어지기 마련입니다. 하지만 잘 생각해 보면 원한으로 원한을 갚는 것은 결코 타당하지 않습니다. 비록 마음으로는 그냥 넘어갈 수 없을 것 같지만, 의기로 일을 처리하고 억지로 목적을 달성하려고 고집부려서는 안 됩니다. 또 "말에서 이해하지 못하면 마음에서 구하지 말라[不得於言, 勿求於心]" 하였는데, 이치상으로 말이 통하지 않는 것이라면 마음으로도 더 이상 고집하지 말라는 말입니다. 하지만 맹자는 고자의 이 말에는 찬성하지 않았습니다. 이치를 잘 모르는 일인지라 덤벼들어서는 안 된다는 것을 알면서도 자꾸만 마음이 동요된다면, 마땅히 다시 깊이 들어가 연구하고 원인을 찾아내야 옳다는 것입니다.

맹자는 고자의 득실을 비판한 다음에 자신의 의견을 내놓았습니다. 그는 말합니다. "'지(志)'는 기를 주재하고 영도하고 지시하는 사령관이다." 여기에서 우리는 지가 무엇인지를 이해해야 합니다. 맹자는 '지(志)'를 의식 형태, 의식 관념으로 여깁니다. 가령 "시먼딩(西門町, 지명)으로 가자" 고 할 때 이것은 하나의 사상입니다. 시먼딩으로 가려고 하는 이 결정은 하나의 의식 형태를 형성하게 되는데, 하나의 관념이 되어 힘을 지니게 되고 우리에게 앞으로 가라고 독촉합니다. 이것이 바로 '지'입니다.

다음은 '기(氣)' 문제인데, 내부적인 기는 바로 "몸에 가득 차 있는 것〔體之充也〕"입니다. 우리 몸 안에는 본래 기가 가득 차 있는데, 두 콧구멍을 통해 체내로 들어오는 공기만이 기가 아닙니다. 몸이 살아 있는 동안에는 내부에 기가 가득 차 있습니다. 그렇다면 기는 어디에서 오는 것일까요? 의지와 심력이 하나로 합쳐진 '동원(動元)' 즉 움직임의 근본입니다.

"지는 지극한 것이요 기는 그다음이다〔夫志至焉, 氣次焉〕"라고 하였는데, 기는 어떻게 움직입니까? 맹자는 심리와 생리가 상호 영향을 미칠 수는 있지만 심리가 주(主)가 된다고 강조하였습니다. "지는 지극한 것이다"라는 말이 곧 심리가 주가 된다는 뜻입니다. "기는 그다음이다"라는 말은, 기는 심리를 보조하는 역할을 한다는 뜻입니다. 심리적으로 두려운 일이 생각나면 식은땀이 흐르는데, 이것이 바로 심리가 생리에 영향을 미치는 것입니다. 뜻이 나약해지면 기가 허해져서 스스로 창피한 일이 생각나고 얼굴이 붉어지는데, 이것은 원기가 허해졌기 때문입니다. 지가 소멸되면 기도 따라서 부족해지므로, 칼을 대려는 생각만 해도 안색이 변합니다. '암을 두려워하는' 심리적인 병이 생기면 사람은 말라 갑니다. 그러므로 기는 지의 부속품이며, 기를 생산하는 원동력은 의지입니다.

맹자는 끝으로 "그 지를 잘 잡고 그 기를 포악하게 하지 말라〔持其志, 無暴其氣〕"고 말합니다. 진정한 수양은 역시 내심으로부터 이루어져야 합니다. 즉 심리 의지에서 시작한 후에 천천히 기를 가득 채워야 합니다. 그래야 여러분의 심리와 생리가 자연스럽게 협조하고 융합해서 일을 처리합니다. 그렇게 되면 다른 사람을 대하거나 처세를 함에 있어서 비할 수 없는 진정(鎭定)과 용기와 결심이 저절로 생겨나므로 당연히 일을 잘 처리할 수 있습니다.

후세 이학가들이 수양을 이야기한 것을 보면 일종의 심기이원론(心氣二

元論)이라 할 수 있습니다. 도가에도 심기합일의 설법이 있습니다. 가령 송대의 대유학자 장횡거(張橫渠)는 양기(養氣)를 강조했는데,「동명(東銘)」과「서명(西銘)」두 편의 저작이 바로 양기에 관해 이야기하고 있습니다. 이정(二程, 정이程頤와 정호程顯) 선생은 양심(養心)에 관해 이야기하기 좋아했습니다. 하지만 송명 이학은 심기이원론 혹은 심기합일설에 관해 어느 부분에서는 그들 스스로 모순을 드러내고 있습니다. 심이라고 했다가 기라고 했다가 확실치가 않습니다. 그런데 그 모두가 아성(亞聖)인 맹 선생님의 가산에서 빼내 온 것들입니다. 훗날 도가의 양기(養氣)와 선종의 양심(養心)을 자신들의 이학 속에 가져다 넣고서도 남의 것이라고 인정하지 않습니다. 그러면서 자신들은 옛 조상을 계승했노라고 표방합니다. 누구를 표방했을까요? 당연히 맹 선생님입니다. 맹자와는 이미 천여 년이나 떨어져 있던 송유들이, 맹자 사후에 실전(失傳)되었던 공맹지학을 중간에 천여 년을 건너뛰어 자신들이 맡았노라 공언했던 것입니다.

주원장은 황제가 되고 나서 당 태종이 성인 이담(李耼, 노자)을 찾아내 제 조상으로 삼았던 것을 알고는, 자신도 이름깨나 유명한 고인을 찾아서 조상으로 삼으려다가 마침내 주희를 찾아냈습니다. 어쩌면 송에서 명까지는 왕조가 너무 가깝고 연대가 그다지 멀지 않기 때문에 곧바로 주희를 끌어다 자신의 조상으로 삼기가 좀 겸연쩍었는지도 모르겠습니다. 그저 시험 볼 때는 반드시 주희의 주해를 사용해야 한다고만 규정했습니다. 그 결과 주원장이 중국을 몇백 년간 통치한 것처럼 주희 역시 중국 문화를 몇백 년간 통치하게 되었습니다. 그건 아마 주희 생전에는 꿈에도 생각하지 못했던 행운이었을 겁니다. 신해혁명 원로인 오치휘(吳稚暉)는 젊은 시절에 송명 이학가들을 사납게 욕했는데, 그가 말하기를 만약 송명 이학가들을 죽여서 그 살을 잘게 다져 만두를 만들어 개에게 주면 개도 먹지 않을 거라 했습니다. 왜냐하면 그 고기 소가 너무 시기 때문이라는 것입니다.

그들 이학가들은 중국에 천여 년이나 해를 끼쳤습니다. 물론 오 원로가 다소 지나치게 욕을 한 감은 있지만, 혁명 당시 지사들의 기백이 얼마나 분방했는지는 이를 통해서도 알 수 있습니다.

주원장이 자신의 조상을 찾으려고 했던 것에 관한 이야기가 또 있습니다. 명대 사람의 필기(筆記)[21]에 따르면 한번은 주원장이 미복 차림으로 순시에 나갔다가 이발사를 만났다고 합니다. 당시 이발사는 사람들이 업신여기던 직업이었습니다. 그는 별 생각 없이 이발사에게 이름을 물었는데, 그가 말하기를 자신의 성이 주씨라는 것이었습니다. 주원장은 얼른 그에게 주희의 후손이 아니냐고 물었습니다. 하지만 그 노형은 이렇게 말했습니다. "나는 주희의 후손이 아니오! 주희는 주희일 뿐 나와는 아무런 상관이 없소이다. 나는 나대로 우리 조상이 있단 말이오." 겨우 머리나 깎는 이발사에게서 그런 당당한 말을 들은 주원장은 마음속으로 부끄러웠습니다. 이런 사람도 자신의 조상을 잊어버리지 않고 자신을 미화하지 않거늘, 자신은 일국의 군주의 몸으로서 근본을 잊어버리고 괜한 자격지심에 아무런 관계도 없는 사람을 끌어다가 자기 조상으로 삼으려 했으니 참으로 부끄러운 노릇이었습니다. 그리하여 주희를 조상으로 삼으려 했던 생각을 지워 버렸습니다. 이 이야기는 야사(野史)인 필기에 전해지는 것이기는 하지만 날조된 것이라고만 단언할 수 없는 것은, 어쩌면 세상 인정을 교화하고 바로잡는 작용을 했을 수도 있기 때문입니다.

송명 이학가의 심기이원론 혹은 심기합일설이 어떻게 『맹자』 이 부분의 내용과 연결될 수 있을까요? 고서를 읽어 본 사람들은 대개 알고 있는데 공자는 '기(氣)'의 문제를 언급한 적이 없습니다. 맹자보다 시기적으로 조

---

21 필기는 산문 문체의 일종으로, 명대 청대 문인들이 견문을 자유로이 기록한 수필 기록을 일반적으로 이르는 말이다.

금 앞섰던 장자가 처음으로 기를 언급했습니다. 맹자 당시의 연나라, 제나라의 도가 인물과 방사(方士)들은 양기(養氣) 혹은 연기(煉氣)를 중시했습니다. 그러므로 맹자가 양기를 이야기한 것은 도가의 영향을 받았다고도 할 수 있습니다. 엄격히 말한다면 시대의 영향을 받은 것입니다. 만약 맹자의 양기가 공자를 계승한 것이라고 말한다면 그야말로 불필요한 일입니다. 공자는 양기를 언급한 적이 없으며 증자와 자사도 이야기한 적이 없습니다. 심지어 『역경(易經)』에서도 공자는 양기를 언급하지 않았습니다. 이것을 통해 우리는 어떤 성인, 어떤 학자라 할지라도 시대의 영향에서 벗어나지 못한다는 사실을 알 수 있습니다. 공자가 양기를 언급한 적이 없기 때문에 맹자도 그에 관해 이야기해서는 안 된다는 말이 결코 아닙니다. 여기에서는 다만 양기에 관한 맹자의 학설이 공자에게서 나온 것이 아니라 맹자 당시의 시대 영향에서 비롯되었음을 지적하고자 한 것입니다.

후세의 송명 이학가들은 '심'과 '기'라는 두 근본을 유가의 법보로 삼아 토론했습니다. 수양의 방법론으로 삼았다면 괜찮지만 형이상적 도의 본체(本體)로 삼아 논의를 진행했다면 그건 실제와 너무도 동떨어집니다. 노자도 "기를 오로지하여 부드러움에 이른다〔專氣致柔〕"고 하며 양기에 관해 말했습니다. 동시에 이런 말도 했습니다. "이 둘은 같은 데서 나왔으나 이름이 다르니 모두 오묘하다 이른다. 오묘하고 또 오묘하니 만물의 오묘함의 문이로다〔此二者, 同出而異名, 同謂之玄, 玄之又玄, 衆妙之門〕." 같은 데서 나왔으나 이름이 다르다면 이는 바로 한 몸의 양면이라는 말입니다. 의지가 기를 통제할 수 있을 뿐 아니라 기 역시 의지에 영향을 미칠 수 있음을 말합니다. 가령 설사를 심하게 해서 기가 모두 끊어졌는데도 의지는 여전히 강하다면, 그렇다면 방법이 없습니다.

지가 한결같으면 기를 움직인다

　다시 수양에 대한 이야기로 돌아가겠습니다. 지금도 도를 배우고 불학을 배우고 선을 배우는 사람들 가운데 어떤 이들은 수양이 일정 경지에 도달해서 심지가 청명해지면 자신이 도를 실증하고 심(心)을 깨우쳤다고 생각합니다. 사실 그것은 기를 오로지하여 부드러움에 도달함으로써 약간 온화해진 것이니, 신체 감각에 오는 약간의 반응에 불과합니다. 자신이 이미 도를 깨달았다고 생각해서는 안 됩니다. 오늘날 사회에서 도에 관한 서적들이 말하고 있는 일부 경지와 현상들을 살펴보면, 천리안 같은 작은 성취를 가지고 마치 도를 이룬 것처럼 말하고 있으니 참으로 황당무계하기 짝이 없습니다. 사실 이런 수작들은 모두 기 혹은 신경 차원에서 빚어진 일입니다. 맹자가 말한 것은 결코 잘못된 것이 없습니다. 그는 뜻을 길러 용기를 지녀야 하고 도량이 넓어야 한다고 말했습니다. 그런데 후세 사람들이 그 대목을 가져다가 토론한 것이 오묘하고 또 오묘하니, 아무래도 맹자의 본의를 크게 거스르고 주제에서 너무 멀리 벗어난 듯합니다!

　후세의 시인들은 도가의 관념을 인용하여 "오고 감이 오로지 한 호흡에 달렸음을 깨닫고 나니, 오와 월이 무덤을 나란히 한들 거리낄 게 있으랴〔悟到往來唯一氣, 不妨吳越與同丘〕"와 같은 감상을 남겼습니다. 사람이 살아 있는 것은 한 호흡 덕이니, 숨이 들고 나면 살아 있고 숨이 들고 나지 않으면 죽은 것입니다. 무슨 원수니 친족이니 할 것 없이 죽은 후에는 뼈만 남고 묻어 버리면 아무런 구분도 없습니다. 이것은 "원수와 친지가 평등하다〔冤親平等〕"는 불가의 관념과 명칭만 다를 뿐 의미는 같습니다. 불가는 '진공묘유(眞空妙有)'에 착안하였고 도가는 '기화만물(氣化萬物)'이라는 관점에서 이론을 펼쳤습니다.

　맹자 역시 똑같이 생각하였습니다. 생명이 살아 있는 것은 모두 한 가닥

기(氣)에 의지함이니 "기는 몸에 가득 차 있어서" 즉 기는 신체 내부에 충만하여 몸의 도처에 존재합니다. 많은 사람들이 기공을 수련하면서 떠들기를, 기를 들이마셔서 단전에 머물게 해야 한다고 말합니다. 그 바람에 저에게 이렇게 묻는 사람들이 종종 있습니다. 도대체 기를 신체의 어느 부위에 머물러 있게 해야 기를 단전에 가라앉혔다고 말할 수 있는 겁니까? 사실 인체는 하나의 가죽 부대에 비유할 수 있습니다. 생각해 보십시오. 기가 들어가서 과연 어느 부분에 머물러 있을 수 있겠습니까? 또 타이어에 공기를 집어넣는 것으로도 비유할 수 있습니다. 도대체 공기가 타이어의 어느 구석에 머물러 있을 수 있겠습니까? 그것이 가능할까요? 그러므로 우리가 기공을 수련하면서 기를 단전에 머물게 해야 한다고 말하지만 그건 당연히 안 되는 일입니다. 그런데 "기를 단전에 가라앉히는[氣沈丹田]" 그런 일이 확실히 있기는 합니다. 단전이라는 부분은 분명 발딱거리며 움직이고 있습니다. 그렇다면 이것은 또 어떻게 설명해야 할까요? "지는 기의 장수이니", 즉 그것은 의식 감각의 작용입니다. 마음이 고요해지고 난 다음에는 기가 단전을 지나는 움직임을 비교적 예민하게 느낄 수 있습니다. 그렇다고 해서 그것이 기가 단전에 모여들어 고정되는 것은 결코 아닙니다. 만약 그렇다면 우리의 손발과 신체 다른 부분에는 기가 몽땅 없어져 버린다는 말입니까?

우리는 맹자의 "기는 몸에 가득 차 있어서"라는 구절을 통해서, 맹자가 확실히 진실한 수양을 했으며 이것이 자신의 수련에서 나온 경험담임을 알 수 있습니다. 그는 "지는 기의 장수요 기는 몸에 가득 차 있다"고 말한 다음에 또 "지는 지극한 것이요 기는 그다음이다"라고 말함으로써, 우리가 연기(煉氣)를 지나치게 맹신하지 않도록 했습니다. 기공이 결코 궁극적인 것은 아닙니다. 그것은 단지 하나의 부속품에 해당하며, '의지' 사상의 심리 작용에 따라 변화를 일으킬 뿐입니다. 생명 기능의 궁극은 여전히

'심지(心志)'의 작용에 달려 있으니, 마음이 움직인 후에야 비로소 기의 움직임이 일어납니다.

그리하여 맹자는 "지기지 무포기기(持其志, 無暴其氣)"라는 일곱 글자의 수양 원리를 제시하였습니다. 이것은 단지 유가에서 마음을 수양하는 요령에 그치지 않고 불가와 도가의 수련 원칙을 포괄하고 있습니다. 맹자는 우리에게 심지의 전일(專一)함과 안정을 유지하고 의기가 마구 날뛰게 하지 말라고 말합니다.

"이미 '지는 지극한 것이요 기는 그다음이다'라고 말하셨는데, 또 '그 지를 잘 잡고 그 기를 포악하게 하지 말라'고 말씀하신 것은 어찌하여 그런 것입니까?"

"지가 한결같으면 기를 움직이고, 기가 한결같으면 지를 움직인다. 지금 저 넘어지는 자와 달리는 자는 기이지만, 도리어 그 마음을 움직인다."

"旣曰: '志至焉, 氣次焉', 又曰: '持其志, 無暴其氣' 者, 何也?"

曰: "志壹則動氣, 氣壹則動志也. 今夫蹶者, 趨者, 是氣也; 而反動其心."

맹자가 제기한 수양의 원리는 "그 지를 잘 잡고 그 기를 포악하게 하지 말라〔持其志, 無暴其氣〕"는 것이었는데, 공손추는 여전히 이해하지 못했습니다. 맹자의 말이 앞뒤가 모순된다고 생각하여 다시 물었습니다. "이미 스승님께서는 '지는 지극한 것이요 기는 그다음이다'라고 말씀하심으로써 심리 작용이 중요하며 기의 변화는 부차적이라고 해서 놓고, 왜 이제 또다시 '그 지를 잘 잡고 그 기를 포악하게 하지 말라'고 말씀하십니까? 마음과 생각의 전일함을 유지하면서 기가 함부로 날뛰지 못하게 하라니 이것은 또 무슨 이치입니까?"

만약 우리가 맹자의 대변인이라면 공손추에게 이렇게 말했을 겁니다. "지는 지극한 것이요 기는 그다음이다"는 이론상의 대원칙이고, "그 지를 잘 잡고 그 기를 포악하게 하지 말라"는 실제적인 수양 방법의 단계라고 말입니다. 하지만 맹자는 더 상세하게 대답해 줍니다. "지가 한결같으면 기를 움직이고, 기가 한결같으면 지를 움직인다." 의지가 전일해지면 생명 내부의 기의 작용을 이끌어 내고 지휘할 수 있습니다. 이는 마음과 생각이 움직이면 기도 따라서 움직인다는 뜻이기도 하니, 바로 "지가 한결같으면 기를 움직인다"는 것입니다. 요즘 사람들은 잘 먹는 데다 생활이 긴장의 연속이다 보니 중년 이후에는 태반이 고혈압이 생깁니다. 만약 지나치게 신경 쓰지 않고 심리적으로도 느슨해지면 혈압은 자연히 떨어집니다. 반대로 자신의 혈압에 지나치게 신경 쓰고 심리적으로도 긴장하면 그럴수록 혈압은 높아집니다. 이것이 바로 "지가 한결같으면 기를 움직이는" 이치입니다.

　청대에 어떤 명의가 있었습니다. 그런데 자기 딸이 목의 대동맥 옆에 난 큰 종기 때문에 날마다 고통을 호소하며 괴로워하는 것이었습니다. 약을 먹어도 낫지 않고 칼을 대자니 위험하기 짝이 없습니다. 그는 딸의 다리에 붉은 붓으로 동그라미를 하나 그리더니 딸에게 이렇게 말했습니다. "목에 난 종기는 별것 아니니 그냥 좋아질 게다. 다만 이레 후 다리에 동그라미를 그려 놓은 곳에 더 크고 더 아픈 종기가 돋아난다면 그거야말로 골칫거리다." 그 말을 들은 딸은 너무나 두렵고 초조한 나머지 날마다 다리의 붉은 동그라미를 살펴보았습니다. 이레 후에 과연 그곳에 종기 하나가 돋아나왔지만 목의 종기는 오히려 나았습니다. 명의는 그런 식으로 목의 종기를 다리로 옮긴 다음에 비로소 다리에 칼을 대었습니다. 이는 서양 의학에서 심리 치료라고 부르는 것인데, 바로 "지가 한결같으면 기를 움직인다"를 활용한 하나의 실례인 셈입니다.

마찬가지로 생리 역시 심리에 영향을 미칩니다. 맹자는 바로 이어서 말했습니다. "지금 저 넘어지는 자와 달리는 자는 기이지만, 도리어 그 마음을 움직인다〔今夫蹶者, 趨者, 是氣也: 而反動其心〕." 보십시오. 빨리 달려가고 있는 저 사람들이 걸음을 내딛자마자 앞으로 돌진한 것은 우승컵을 손에 넣고자 해서입니다. 처음에는 기의 충동에서 말미암았지만 나중에는 그 영향으로 마음까지 흔들리고 말았습니다. 태어난 지 백일 이내의 아기는 바닥에 떨어져도 중상을 입지 않습니다. 왜냐하면 아기의 마음속에는 별다른 일이 일어나지 않기 때문인데, 자신이 떨어졌는지 안 떨어졌는지조차 몰라서 조금도 기의 영향을 받지 않는다고 합니다. 장자도 "취한 사람은 신이 온전하다〔醉者神全〕"고 말했습니다. 술에 취한 사람은 정신이 몽롱해져서 걸려 넘어져도 스스로 알지 못합니다. 설사 상처를 입는다 하더라도 가벼운 상처에 그치는데, 그것 역시 심지가 기의 영향을 받지 않았기 때문입니다. 반대로 정신이 또렷한 사람은 걸려 넘어지면 중상을 입기 쉽습니다. 생리가 심리에 영향을 주었기 때문이니, 이런 것들이 "기가 한결같으면 지를 움직인다"는 이치를 설명해 줍니다.

「공손추」편을 아직 다 끝내지는 않았지만, 우리는 잠시 책을 내려놓고 앞에서 제기했던 문제를 먼저 연구하고 토론해야 합니다.

사실 『맹자』 전서(全書)의 편집에서 가장 중요한 부분이 바로 이 「공손추」편입니다. 이 편의 요점을 우리가 오래된 관념으로 표현한다면 바로 '내성외왕(內聖外王)'의 수양 방법이라고 할 수 있습니다. 하지만 우리가 과거에 『맹자』를 읽을 때는 물론이고 현대인들이 『맹자』를 읽을 때에도 이 점을 소홀히 하기가 쉽습니다. 『맹자』 전서의 사상은 서로 연관되어 있는데, 후대 유학자들이 낱낱으로 경계를 그어 버린 데다가 우리 자신의 부주의까지 더해져서 우리는 전서를 일관되게 읽지 않습니다. 그리하여 마침내 '내성외왕'의 수양 방법을 잊어버리고 말았습니다. '내성외왕'은 요즘 말로 하면 '내양외용(內養外用)'의 학문이라고 할 수 있습니다. 즉 어떻게 자신의 내적 학문과 수양을 충실히 해서 성현의 길을 걸어갈 것인지, 그리고 어떻게 세상 사람들을 구제하는 대업에 종사할 것인지의 학문이라고 할 수 있습니다. 이것이 바로 고대에 표방하던 '성현지로(聖賢之路)'이니, 인격의 완성이라고도 말할 수 있습니다. 내적 학문과 사상의 수양에서 말미암되 나아가 세상을 이롭게 하는 외적인 사업에까지 능력을 발휘하는, 그것이 바로 성현의 이치인 것입니다. 고대에는 '성현'이라는 두 글자만 덧붙이면 훨씬 엄숙해 보였습니다. 마치 공묘(孔廟) 곁채에 세워 놓은 성현의 형상처럼 종교적 색채가 덧입혀져서 하나하나 '신(神)' 기가 넘치고 '사람' 맛은 없어져 버렸습니다. 사실 그렇게까지 할 필요는 없습니다. 이른바 '성현'이란 단지 내적 수양이 승화되어 외적 운용과 잘 융화된 사람일 뿐입니다.

오직 큰 영웅만이 본래 모습을 지닐 수 있다

지금 우리가 공부하는 「공손추」 편은 절묘한 문장입니다. 글의 서두에서부터 공손추는 맹자에게 질문을 하는데, 그 질문이라는 것이 공을 이루고 명성을 얻었을 때 과연 마음이 동요되는지 동요되지 않는지를 묻는 것입니다. 이것은 우리가 평소에 상대방이 기쁜지 기쁘지 않은지를 물어보는 것과는 다릅니다. 마음이 동요되는 것과 기쁜 것은 그 정도가 다릅니다. 공손추가 여기에서 질문한 것은 마음이 동요되는지 동요되지 않는지에 관해서이며 이것은 중요한 문제입니다.

사람이라면 어느 누가 마음이 동요되지 않겠습니까? 더욱이 부귀공명을 눈앞에 두면 어떻게 마음이 동요되지 않을 수 있겠습니까? 맹자는 여기에서 "사십에 마음이 동요되지 않았노라[四十不動心]"고 말했습니다. 이것은 하나의 주제이니 사람이 어떻게 마음이 동요되지 않을 수 있을까요? 사람이라는 존재는 날마다 수시로 마음이 동요되는데, 그렇다면 어떻게 마음이 동요되는 것일까요? 『중용(中庸)』에서는 '희로애락'을 이야기합니다. 맹자의 스승인 자사(子思)는 사람의 심리 상태를 이 네 가지 정서로 종합했는데, 이것이 훗날 중국 문화에서 늘 언급되는 '칠정육욕(七情六慾)'으로 변했습니다. 육욕(六慾)은 한 왕조 이후로 불학이 들여온 사상이니, 사람이 색(色)·성(聲)·향(香)·미(味)·촉(觸)·법(法)에 대해 가지는 욕구를 말합니다. 그렇다면 칠정은 뭘까요? 중국 고유의 문화는 『예기(禮記)』에서 나왔는데 '희로애락' 외에 '애(愛)·오(惡)·욕(欲)'을 더 보탭니다. 칠정이든 팔정이든 어떻게 분류하든지 간에 우리는 매일 다양한 일로 인해 마음이 동요되지 않는 때가 없습니다. 사람이 진정으로 수양을 통해 '부동심'에 이를 수 있다면 그것은 바로 '내성(內聖)'의 경지이니, 부귀공명에 대해서만 마음이 동요되지 않을 뿐 아니라 일체에 대해 마음이 동요되지 않습니다. 그렇다면 여러분은 이렇게 말할지도 모르겠습니다. 마음이 동요되지 않는다면 죽은 사람이나 마찬가지이며 얼이 빠진 것이 아니냐고요. 그렇기 때문에 우리는 부동심에 대해 토론해 봐야 합니다.

그다음에 부동심으로 인해 공손추의 다음 말이 나오게 됩니다. "스승님, 당신의 부동심은 그처럼 높은 수양을 지니고 있군요! 진나라에는 진무왕 당시에 맹분이라는 용사가 유명했는데 스승님께서는 그 사람보다 훨씬 대단하십니다!"

공손추의 이 질문을 통해 우리는 이 학생이 아직도 깨닫지 못했음을 알 수 있습니다. 공손추는 끝내 무공을 가지고 맹자의 부동심에 견주어 보려고 하고 있습니다. 그런데 무공에는 부동심이 존재하지 않습니까? 존재합니다. 재미있는 사실은 좀 전에도 언급했던 권법이니 무술이니 하는 것들을 중국인들이 국술(國術)이라고 부른다는 점입니다. 무슨 '국술'이니 '국기(國技)'니 하는 것들은 민국 초 이후로 서양 문화의 영향을 받아 사용하기 시작한 명칭입니다. 고대의 책을 보면 우리는 "무예가 뛰어나다"고 말하지 "무공이 뛰어나다"고 말하지 않았습니다. "무술이 뛰어나다"는 말은 더더욱 쓰지 않았습니다. 용자(用字)의 차이라고 말하기도 하지만, 용자는 한 국가의 문화 사상적 배경에까지 연관되는 문제입니다. 무공이 최고의 경지에 이르면 문학과 마찬가지로 예술의 경지로 들어가게 됩니다. 과거의 무예는 확실히 수양으로 부동심에 이를 것을 먼저 요구했습니다. 맹자는 이 문제로 말미암아 두 사람을 언급합니다. 한 사람은 북궁유이고 한 사람은 맹시사인데, 이 두 사람에 대해 설명을 덧붙인 다음 수양의 측면으로 이야기를 전환합니다. 그는 말하기를 북궁유가 무공을 수양하는 원칙은 자하와 닮았고 맹시사의 무공 수양은 증자를 닮았다고 했습니다. 맹시사의 무공의 원칙은 "적을 헤아린 후에 나아가는" 것으로 북궁유보다 높다고 말했습니다. 여기에서 두 번째 중요한 점이 제기되었는데, 맹자는 증자가 "요점을 지킨다(守約)"고 말함으로써 수양의 방법에 대해 언급하였습니다. 그렇다면 무엇을 일러 "요점을 지킨다"고 했을까요?

교파 다툼의 동심

우리는 먼저 '부동심'이라는 세 글자를 연구해 보겠습니다. 자리에 계신 많은 분들이 '부동심'에 마음이 동요되어 강연이 끝난 뒤에도 토론이 분분하기 때문에 다시 한 번 '부동심'에 관해 이야기하도록 하겠습니다. 앞에서 언급했다시피 이천 년 중국 문화는 크게 둘로 나누어 볼 수 있습니다. 춘추 전국 이후로 중국 문화는 유·묵·도 삼 가의 천하였습니다. 엄격하게 말하면 도가가 가장 오래된 것입니다. 그러다가 한 왕조 때 불교가 들어온 후로 문화의 구조가 유불도 삼 대 주류로 바뀌었습니다. 그뿐 아니라 삼 대 '가(家)'가 삼 대 '교(敎)'로 변해 버렸습니다. 유가는 당말(唐末)까지도 아직 정식으로 유교로 변하지 않았지만, 당과 오대를 합한 사오백 년 동안의 온양(醞釀)과 전화(轉化)를 거치고 송 왕조에 이르러 비로소 진정한 유교의 전형(典型)을 갖추었습니다. 이는 모두 이학가들에게 원인이 있었습니다. 송 초의 다섯 대유(大儒)인 정이(程頤)·정호(程顥) 형제, 장재(張載), 주희(朱熹), 육상산(陸象山)은 모두 유명한 이학가였습니다. 그러므로 우리는 중국 문화가 송 왕조 초기였던 그 단계에 새로운 조류의 학술 사상인 이학(理學)으로 진입하였다고 말할 수 있습니다. 이학은 불가와 도가에 반대하였습니다. 하지만 수·당·오대 시기의 전반적인 사상 학술계는 모두 선종의 천하였습니다.

작년에 동해 대학에서 당대(唐代) 문화를 주제로 강연을 했는데 그 자리에서 저는 이렇게 말했습니다. 당대 삼백 년은 중국 문화 사상사에서 거의 공백에 가깝다고 말이지요. '의리지학(義理之學)'은 아예 말할 거리가 없지만 '사장지학(辭章之學)'의 경우에 당 왕조는 문학이 뛰어났습니다. 저 유명한 당시(唐詩)들이 마멸되지 않을 빛을 남겼으니까요. 하지만 학술 사상을 이야기할 것 같으면 거의 없습니다. 사실은 있다고 말해야 하지만 모두가 불학과 선종의 영역으로 걸어 들어가 버렸습니다. 이러한 학술 사상계의 괴현상은 오대까지 지속되었습니다. 그러므로 삼사백 년의 문화 사상이 전부 선종의 천하였다고 말할 수 있습니다. 이러한 정세 하에서 도가가 다시 그 절반쯤을 나누어 가졌으므로 그 외에 다른 것은 없었습니다. 그렇다면 유가는요? 오직 "문장화려 기문박아(文章華麗, 記聞博雅)"[22]의 여

---

22 문장이 화려하고 견문을 적은 것이 넓고 아름답다.

덟 글자에 지나지 않았습니다. 물론 이 자리에서 밝히지만 이것은 단지 제 개인의 관점일 뿐입니다. 만약 불학과 철학의 각도에서 본다면 당대는 문화 사상의 전성기였습니다.

이런 상황이 송 왕조까지 지속되었으니 자연히 변할 수밖에 없었고 새로운 조류의 학술 사상이 일어날 수밖에 없었습니다. 그 결과 송 왕조의 다섯 대유가 앞서거니 뒤서거니 하면서 일어나게 되었습니다. 그러나 사실상 송명의 이학가들은 '외유내선(外儒內禪)'이라고 말해야 합니다. 겉으로는 유가의 간판을 내걸고 유가의 구호를 외쳤지만 내재적인 수양과 수련은 선(禪) 아니면 도(道)였습니다. 그렇기 때문에 저는 송명 이학가들에 대해 논의할 때면 늘 그들의 품격이 너무나도 형편없다는 생각을 하게 됩니다. 명백히 선종과 도가에서 빌려 왔으면서, 게다가 한편으로 빌리면서 다른 한편으로는 훔쳐오기까지 해 놓고서 오히려 양쪽을 욕합니다. 그런데도 선종과 도가에서는 내민 손을 거두어들이지 않고 네가 욕하고 싶으면 욕해라 하는 식입니다. 그런 모양새를 보고 있노라면 더더욱 이학가들의 태도가 대범하지 못하고 배포도 넓지 못하다는 생각이 듭니다. 말로는 성현의 학술을 이야기하지만 오히려 성현의 풍모를 조금도 찾아볼 수 없으니 실로 유감스러운 일이 아닐 수 없습니다.

그럼에도 불구하고 송유(宋儒)들이 수양했던 경지는 '부동심'을 표방하고 있었습니다. 왜 '부동심'을 외쳤을까요? 이것은 생각해 볼 만한 문제입니다. 사람이라면 과연 그 어느 누가 마음이 동요되지 않을 수 있을까요? 알다시피 불학에서는 사람의 사상(思想)[23]을 망상이라고 부르는데, 망상은 곧 번뇌이기도 합니다. 일체의 중생이 망상에서 왔기 때문에 중생은 태

---

23 여기에서 사상은 우리말의 '생각'에 가깝다. 하지만 이어지는 본문에서 '사상'이라는 글자를 사용해서 논의를 전개하기 때문에 생각으로 옮기지 않았다.

어나면서부터 번뇌를 지닙니다. 늘 느끼는 바이지만 불학에서 번뇌라는 이 명사는 정말 훌륭한 번역입니다. 번뇌는 고통이 아닙니다. 우리 머릿속에는 끊임없이 계속되는 망상의 실타래가 있어서 영원히 우리를 끌어당기고 성가시게 합니다. 이것이 바로 번뇌이니, 번뇌는 망상에서 나옵니다. 그렇다면 왜 그것을 사상이라고 부르지 않은 걸까요? '사(思)'와 '상(想)'을 붙여서 사상이라는 명사를 사용하기 시작한 것은 당 이후였는데, 근대에 와서 비로소 유행하게 되었습니다. 근원을 캐 보면 그것 역시 불학에서 왔습니다. 하지만 불학에서는 사(思)는 사이고 상(想)은 상이므로 한데 묶어서 논해서는 안 됩니다. 사상(생각)이 반드시 망상인 것은 아니지만 우리 같은 보통 사람들에게 사상(생각)은 모두 망상입니다. 왜냐하면 이 '상(想)'들은 실재하지 않고 안정적이지 않으며, 머무르게 할 수도 유지시킬 수도 없기 때문입니다. 외물, 생리, 기후, 환경 등의 변화에 따라 수시로 변화하므로 그것을 망상이라고 부릅니다. 망상이 일어나는데도 마음이 동요되지 않기란 참으로 말처럼 쉬운 일이 아닙니다.

도가는 당 이후에 도교로 변하면서 불교와 마찬가지로 '망상'이라는 이 명사를 사용하게 되었습니다. 당 왕조 이후로 실상 도교는 불교와 이미 나눌 수 없게 되었기 때문입니다. 만약 비교종교학이라는 관점에서 본다면 그런 현상은 하나의 새로운 학문이라 하겠습니다. 실제로 미국의 일부 대학 및 대학원에서는 비교종교학이라는 과정을 개설해서, 각 종교의 내용과 형식 및 철학적 기초를 비교 연구하고 있습니다. 불교와 도교 사이의 관계는 대단히 미묘한데, 우리가 알다시피 불교에서는 사람과 사람이 만나면 "아미타불(阿彌陀佛)" 하고 말합니다. 이 말은 아주 재미있는 말인데 나중에는 중국 문화 안에서 상용어가 되어 버렸습니다. 평소에 싫어하던 사람이 넘어지는 걸 보면 속이 시원하고 기분이 좋아져서 자신도 모르게 "아미타불" 하고 말합니다. 친한 친구가 병이 나면 마음이 괴롭고 슬퍼져서 또 "아미타불"이라고 합니다. 좋은 일에도 "아미타불"이고 나쁜 일에도 "아미타불"이니, 이 "아미타불"이라는 말은 정말 대단합니다. 과거 대륙에서는 절에 갔다가 스님을 만나서 "식사는 하셨는지요?"라고 물으면 스님은 "아미타불" 합니다. "안녕하십니까?" 해도 "아미타불" 하고, "무슨 일 있으십니까?" 해도 "아미타불" 합니다. 어쨌든 밑도 끝도 없으니 정말로 훌륭한 말입니다. 그럼 도사들은 서로 만나면 어떻게 할까요? "아미타불"이라고 하지 않고 "무량수불(無量壽佛)"이라고 말합니다. '아미타불'을 중국어로 번역하면 그 뜻이 바로 '무량수불'이니 결국은 불교에서 가져온 셈입니다. 불교에는 『관무량수불경(觀無量壽佛經)』이라는 것도 있습니다. 그러니 과연 그것이 도교입니까, 아니면 불교입니까? 애매하기 짝이 없지만 저는 참 재미있다고 생각됩니다.

엄격히 말하면 이학가들 역시 선(禪)과 도(道)를 거의 나눌 수 없습니다. 지금부터 예를 하나 들어서 '부동심'을 설명해 보겠습니다. 어떻게 하는 것이 '부동심'입니까? 대북(臺北)의 도교 사원인 지남궁(指南宮)에 모셔진 저 유명한 여순양(呂純陽)의 시를 한 수 봅시다.

하루를 맑고 한가로이 보내니 편안한 신선이라　一日淸閒自在仙
육신도 화합하여 평안으로 보답하는구나　六神和合報平安
단전에 보배가 있으니 도 찾기를 그만두고　丹田有寶休尋道
외물을 대하여 무심하니 선을 묻지 마시게　對境無心莫問禪

이 시는 여순양이 아직 도를 깨닫지 못했을 때의 것이라고 합니다만 그의 수련은 이미 훌륭한 수준에 이르렀습니다. 당시 그는 자신이 제작한 헬리콥터인 비검(飛劍)에 앉아서 공중을 이리저리 날아다녔다고 합니다. 물론 날아다녔다고는 해도 그건 단지 수련에 불과할 뿐 아직 도를 깨닫지는 못했습니다. 하지만 그의 이 시는 수양에 관해 이야기하는 것이라고 말할 수 있습니다. 보십시오. 그가 말한 "하루를 맑고 한가로이 보내니 편안한 신선이라"고 하는 경지는 참으로 좋습니다. 우리가 만약 어느 날 바쁘지 않아서 집에 있는데 특별한 일도 없고 번뇌도 없다면 그건 신선에 비유할 수 있겠지요. 어쩌다 하루 정도 일이 없어 집에서 쉴 수는 있을 겁니다. 하지만 아무리 맑고 한가롭더라도 편안하지는 못합니다. 모처럼 휴가를 내서 집에 있으면 이 일 처리하랴 저 일 처리하랴 분주한 데다, 마누라의 야단치는 소리에다 자식 우는 소리까지 정말 편안하지가 않습니다. "소인은 한가로이 있으면 나쁜 일을 저지른다[小人閒居爲不善]"는 말처럼, 맑고 한가로우면 위험합니다. 그러니 맑고 한가로우면서 편안할 수 있다는 것은 그리 간단하지가 않습니다.

두 번째 구절인 "육신도 화합하여 평안으로 보답하는구나"[24]도 어렵습니다. 몸에 견디기 힘든 병고가 조금도 없다니, "육신이 화합한다"는 신체적인 것이지만 정신도 건강하고 왕성하기란 말처럼 쉬운 일이 아닙니다! 그러한 때에 "단전에 보배가 있으니 도 찾기를 그만둔다"고 하였습니다. 도가에서는 연단(煉丹)에 성공하면 신선이 된다고 말합니다. 모든 사람의 내부에는 '단'이 있어서 그것이 바로 불로장생의 약이지만 보통 사람들은 찾아내지 못한다고 합니다. 지금 여순양은 자신이 그 단을 찾아냈다고 말하는데 허풍도 참 셉니다. 네 번째 구절이 지금 우리가 이야기하는 것과 연관이 있습니다. "외물을 대하여 무심하니 선을 묻지 말라"는 이 경지는 참으로 대단합니다! 만약 정말로 "외물을 대하여 무심할 수" 있다면 확실히

---

24 일반적으로 육신(六神)은 풍수지리설에서 적용하는 오방(五方)을 지키는 여섯 신을 가리키는데 동은 청룡(靑龍), 서는 백호(白虎), 남은 주작(朱雀), 북은 현무(玄武), 중앙은 구진(句陳)과 등사(螣蛇)라 부른다. 하지만 도교에서 말하는 육신은 흔히 육갑(六甲)과 육정(六丁)을 말한다. 육갑과 육정은 도교의 신(神) 이름으로, 천제가 부리는 양신(陽神)을 육갑이라 하고, 음신(陰神)을 육정이라고 한다.

성불할 수 있습니다. 그렇다면 참선할 필요도 없고 불학을 배울 필요도 없으며 수도할 필요도 없습니다. 이미 경지에 도달했으니까요.

이제 문제가 드러났습니다. 여순양의 "외물을 대하여 무심함[對境無心]"과 맹 선생님이 말한 '부동심'은 똑같은 것일까요?

"외물을 대하여 무심함"도 좋고 '부동심'도 좋지만, 잠시 고개를 돌려 일반적으로 불학을 배우고 수도하는 사람들을 보면 그들은 정좌하면서 "망상이 없어지기[無妄想]"를 희망합니다. 저 명성도 대단한 선종의 육조(六祖)들도 일찍이 선종은 '무념(無念)'을 종지로 삼는다고 표방했습니다. 무엇을 '무념'이라고 할까요? 바로 잡념이 없고 망상이 없음을 말합니다. 그렇다면 맹자의 '부동심'과 똑같지 않습니까? 그들의 함의는 서로 같아 보이지만 그렇다고 꼭 같지는 않습니다. 맹자의 '부동심'은 사람이 세상을 살아가면서 타인을 대하고 외물을 접함에 그 중심이 있습니다. 굳이 말한다면 불학에서 '사리무애(事理無礙)'[25]의 초기 단계라 하겠습니다. 불학에서 진정한 '무념'은 '사리무애' 외에도 '이무애(理無礙)'[26] '사무애(事無礙)'[27] '사사무애(事事無礙)'[28]까지 건드리게 되는데, 형이상적 본체의 실상 및 형이하적 수양의 원칙을 모두 포괄합니다. 상세히 말하려고 하면 이것만으로도 하나의 큰 주제가 되므로 이쯤에서 생략하겠습니다.

비록 둘 사이에 정도와 단계의 차이는 존재하지만 이것을 통해 우리는 다음의 사실을 알 수 있습니다. 이런 심성 수양의 도는 훗날 불교가 전래된 이후에 비로소 생겨난 것이 아니라, 일찍이 맹자가 '부동심'을 언급하

---

25 현상[事]과 진리[理] 사이에 거리낌이 없음을 말하는데, 현상과 진리가 일치한다고 보는 것이다.

26 우주의 온갖 진리[理]에 대해 거리낌이 없음을 말한다.

27 천하의 온갖 현상[事]에 대해 거리낌이 없음을 말한다.

28 개별 현상들[事事] 사이에 거리낌이 없음을 말하는데, 현상의 개별적 차이를 부정하여 만사를 평등하게 보는 것이다. 궁극적인 단계에 해당한다.

기 이전에 중국 문화에 이미 존재했습니다. 이러한 '내성외왕'의 수양은 동양 문화의 정화라고 말할 수 있는데, 서양 문화와 비교해서 확실히 차이가 있을 뿐 아니라 독특한 점이기도 합니다.

마음이 원하는 바를 좇는 부동심

이제 되돌아와서 『논어』를 연구해 봅시다. 공자는 '부동심'의 문제를 언급하지는 않았지만 유사한 수양에 대해 말한 적이 있습니다. 우리는 그 어르신의 "사십에 미혹되지 않았다"는 보고서를 보았지만 미혹되지 않음이 부동심에 해당합니다. 하지만 진정으로 마음이 동요되지 않는 성인의 경지에 도달한 것은 그의 나이 칠십 세 때입니다. "칠십에는 마음이 원하는 바를 좇아도 규범에 어긋나지 않았다" 하니, 이때에 공자는 비로소 성인 경지의 수양을 완성하였습니다. 우리는 공자의 자아 보고서를 통해서도 '부동심' 감별의 어려움을 엿볼 수 있습니다.

지금 '부동심'이라는 이 명칭이 포괄하는 것에 대해 우리와 관련 있는 것만을 한번 살펴보는데도 이처럼 많았는데, 상세히 설명하려면 몇 년이 걸려도 다 끝내지 못할 것입니다. 도가, 유가, 불가에서 어떻게 부동심을 수양하는지 그 이론 및 방법을 소개하자면 너무 많기 때문에 지금은 맹자의 '부동심'에만 국한시켜 이야기하겠습니다. 진정한 '부동심'은 어떤 모양일까요? 그는 두 종류의 전형을 들었습니다. 하나는 외형적 '부동심'에 속합니다. 마치 무술가가 갑자기 여러 겹의 포위에 둘러싸여 수백 수천의 무기와 대치하게 되었으면서도 눈도 깜박이지 않고 죽음 앞에서도 담담하게 조금도 마음이 동요되지 않는 것과 비슷합니다. 보통 사람이라면 결코 그렇게 할 수 없습니다. 특히 젊은 여성들이나 부인들은 작은 일에도 날카로운 비명을 곧잘 지르는데 그 소리는 십 리 밖에서도 잘 들립니다. 실제로 여성들이 날카로운 비명을 지르는 것은 과연 그녀들이 정말로 무서워해서일까요? 꼭 그런 것 같지는 않습니다. 그들은 소리 지르기를 좋아할 뿐입니다. 그 비명 소리가 말이지요, 남성들의 '부동심'을 흔들어 놓습니다.

지금도 생각이 나는데 예전에 대륙에서 여산(廬山)에 간 적이 있었습니다. 그곳에 천지사(天池寺)라는 절이 있는데 바로 옆은 깊은 골짜기였습니다. 그야말로 만 길 낭떠러지라 내려다보면 머리가 어질어질하고 눈앞이 아찔해지는 것이, 관광객들도 별로 찾지 않는 그런 장소였습니다. 거기에 꼭 사람의 혀같이 생긴 돌이 절벽에서 튀어나와 있는데, 그 크기가 공교롭게도 사람이 두 발로 디디고 서 있기에 딱 맞습니다. 전하는 말로는 그 돌을 밟고 서 본 사람은 오직 두 사람뿐이라고 합니다. 하나는 왕양명이었는데, 그는 그 튀어나온 돌 위에 서서 만 길의 심연을 내려다보면서 자신이 두려워하는지 두려워하지 않는지를 시험해 보았다고 합니다. 또 하나는 누구였을까요? 바로 장개석입니다. 그는 한평생 왕학을 연구했는데 여산에 가자 자신도 그 돌 위에 서 보았습니다. 자신이 그런 위험한 처지에 맞닥뜨리게 되면 마음이 동요되는지 안 되는지를 보려고 했던 것이지요.

하루아침에 자신이 위험천만한 곤경에 처하게 되었는데 무섭지도 두렵지도 않다면 부동심이라고 할 수 있을까요? 그렇더라도 그것은 맹자가 말한 진정한 '부동심'이라고는 할 수 없습니다. 그건 단지 맹자가 열거했던 두 명의 무사 북궁유와 맹시사의 수양처럼 외물(外物)에 대한 부동심일 뿐입니다. 그렇다면 맹자가 생각한 진정한 '부동심'은 어떤 것일까요? 그는 증자처럼 마음 중심에 주(主)로 삼는 바가 있어야 한다고 생각했습니다. 바로 이른바 "요점을 지킴[守約]"이니, 내심에 지키는 바가 있어야 합니다. 부동심은 결코 죽은 것이 아닙니다. 만약 어느 날 갑자기 부모가 죽었는데 여전히 그 자리에서 성인을 배우고 마음이 동요되지 않는다면 그게 말이 됩니까? 만약 부동심이 그런 무정함이라고 한다면, 부모 자녀도 내팽개치고 국가 천하도 상관하지 않는 것이라면 과연 그런 '부동심'을 배울 수 있겠습니까? 옛날부터 불학을 배우고 도를 수양하는 사람들 가운데 많은 이들이 "망상을 없애는 것〔莫妄想〕"에 대해 오해하기를, 그것은 생각을 일으키지 않는 것이요 궁극적 진리라고 여겨 왔습니다. 그 결과 일종의 대단히 이기적인 심리가 나타나게 되었는데 수련과 공부에 방해가 되는 것은 뭐든지 싫어하고 하지 않으려고 합니다. 하루 온종일 아무 일도 하기 싫어하고 하려고도 안 합니다. 그저 눈을 감고 마음이 동요되지 않으려고만 합니다. 사실 신선이 되고자 하고 성불하고 싶어 하는 사람이라면 그의 욕망은 보통 사람보다 훨씬 큽니다. 생각해 보십시오. 그 마음이 얼마나 엄청나게 동요되었습니까! 그런데도 도를 수양하는 사람들은 그것이야말로 동심이라는 사실을 소홀히 여기며 자신이 부동심하고 있다고 득의양양 즐거워합니다.

어제 한 친구가 왔는데 그와 마침 부동심에 대해 이야기하다가 제가 최근에 쓴 두 구의 시를 언급하게 되었습니다. "일이 지나간 후에 비로소 꿈인 줄 알고, 물결은 파도 중심에 있을 때 평온함을 느낀다네〔事於過後方知夢, 浪在波心翻覺平〕." 우리는 중국 문학에서 '인생여몽(人生如夢)'이라는 네 글자를 자주 봅니다. 경지만 놓고 보면 얼마나 아름답고 소탈한지 모릅니다. 하지만 제가 볼 때는 꼭 그렇지만은 않습니다. 그 친구도 저와 마찬가지로 매사에 사후(事後) 제갈량[29]이라 지나간 후에 비로소 알게 됩니다. 사람은 자신이 그 지경에 놓여 있을 때에는 결코 알지 못합니다. 마치 바닷속으로 떨어져서 큰 파도의 중심점까지 빠져들었을 때 혹은 태풍의 눈

---

29 "사후 제갈량"은 일이 이미 다 끝난 다음에는 설령 제갈량이 와도 소용없다는 뜻이다.

에 갇혔을 때에는 오히려 바람 한 점 없고 물결도 잔잔한 것과 똑같습니다. 또 비행기나 쾌속 열차에 앉아 있으면 자신은 오히려 움직이고 있음을 느끼지 못합니다. 그러므로 유가의 수양을 이야기하는 사람 및 불학을 배우거나 도를 수양하는 수많은 사람들이 가부좌한 채 눈을 감고 수련을 하다가 정신이 맑고 고요해지면 스스로 '부동심'에 이르렀다거나 '무망상'에 이르렀다고 착각하는데, 사실은 바로 "물결은 파도 중심에 있을 때 평온함을 느낀다"는 것에 지나지 않습니다. 왜 그럴까요? 도를 수양하겠다는 큰 망상을 품고 있어서 마음이 마구 동요되고 있기 때문입니다. 이는 불경에서 묘사했던 것과 같습니다. "구름이 움직이니 달이 질주하는 듯하고, 언덕이 움직임은 배가 흘러감이네〔雲馳月駛, 岸動舟移〕."

만약 우리가 부동심을 하나의 죽은 사물처럼 여긴다면 그것은 완전히 잘못된 것입니다. 만약 수양으로 '무념(無念)'의 경지에 이르렀으니 도를 깨우쳤다고 여긴다면 그건 더더욱 큰 잘못입니다. 이제 반대로 보통 사람들을 살펴보면 생각이 아무튼 끊임없이 이어지는 것이, 마치 바다가 잠시도 잔잔할 때가 없고 수많은 파도가 계속해서 일어나고 있는 것 같습니다. 정좌 수련을 하면서 줄곧 자기 자신에게 "망상을 없애라"고 말하지만 그래도 어떻게 할 수가 없습니다! 우리는 대부분 솔직한 말을 하는 것에 익숙하지 않습니다. 만약 솔직하게 말하겠다고만 한다면 몇십 년간 도를 배우고 정좌 수련을 했던 사람들 천 명을 초청해서 "고요히 앉아 있으면 망념(妄念)이 없어집니까?"라고 물어본다고 합시다. 저는 그 가운데 구백구십구 명과 반 명이 모두 "망념이 그냥 있습니다"라고 할 것이라 봅니다. 누구도 망상이 사라지게 할 수는 없습니다. 만약 수양으로 망념이 없어졌다고 말하는 사람이 있다면, 그 사람은 아마도 제가 앞에서 말했던 "물결은 파도 중심에 있을 때 평온함을 느낀다"는 상태일 가능성이 큽니다. 그저 스스로 청정 무념하다고 착각하고 있을 따름입니다.

그렇기 때문에 우리는 주의를 기울여야 합니다. 맹자의 말은 틀리지 않았습니다. 그는 자신의 대 스승 증자를 부동심의 전형적인 모범으로 여겼습니다. 증자의 부동심의 원칙은 바로 "요점을 지킴〔守約〕"입니다. 이른바 "요점을 지킴"은 중심에 스스로 지키는 바가 있음을 말합니다. 스스로 정해 놓은 하나의 경지, 그 어떤 것 하나가 있습니다. 그렇기 때문에 '요약〔約〕'시켜야 합니다. 하나의 사물로 요약하고 하나의 생각으로 단속하고 하나의 영명(靈明)에 정신을 쏟아야 합니다. 우리의 평소 생각과 정서는 모두 산만하기 짝이 없어서 마치 먼지처럼 어지러이 마구 날아다니고 떠다닙니다. 저만치 네온사인을 보면 우리는 얼른 유흥가가 연상되고 이어서 춤추는 광경이 떠오릅니다. 그러다가 또 이따 끝나면 얼른 집에 가서 마누라한테 말해야지라는 생각을 합니다. 아침부터 밤까지 심지어 잠을 잘 때에도 생각은 계속해서 마구 일어납니다. 정신과 의지를 통일하고 집중한다는 것은 전혀 실행 불가능합니다. 그러므로 반드시 "요점을 지켜야" 합니다. 어떤 것 하나를 지켜야 합니다.

하나를 오로지하면 만사가 끝난다

이것을 통해 우리는 송명 이학가들이 '주경(主敬)'과 '존성(存誠)'을 표방하는 이치를 이해할 수 있습니다. 이 부분은 그들의 훌륭한 점이라고도 말할 수 있는데, 종교적인 냄새라고는 없이 오로지 '주경'과 '존성'을 종지(宗旨)로 내세웠습니다. 그렇다면 무엇을 '주경'과 '존성'이라고 할까요? 본편 뒷부분에 나오겠지만 맹자가 제기한 "반드시 섬기는 바가 있다〔必有事焉〕"는 것의 이치이기도 합니다. 비유하자면 어떤 사람이 돈을 빌렸는데 내일 반드시 갚아야 한다고 합시다. 만약 갚지 못하면 감옥에 들어

가야 합니다. 그런데 아무리 찾아도 그 돈뭉치가 어디에 있는지 알 수 없다면 오늘은 어떤 일을 하더라도 제대로 될 리가 없습니다. 다른 사람이 재미있는 이야기를 해도 웃음이 나오지 않고, 식사 초대를 받아도 맛있는 음식이 목으로 넘어가지 않습니다. 이런 심경이 바로 "반드시 섬기는 바가 있다"는 것입니다. 또 다른 비유를 들자면 젊은 사람이 실연을 당했다고 합시다. 여기 계신 젊은 분들은 실연의 경험이 있는지 모르겠지만, 만약 있었다면 그때는 틀림없이 마음을 크게 먹을 수 없었을 것입니다. 하지만 연애할 때에는 또 다른 재미가 마음에 있으니, 마치 『서상기(西廂記)』에 나오는 "찻잔 속에도 그 사람이요 밥그릇 속에도 그 사람이라"는 말처럼 도처에 그 사람의 그림자뿐입니다. 이것이 바로 맹자가 말한 "반드시 섬기는 바가 있다"는 것입니다. 이 말은 절대 농담이 아닙니다. 우리가 수양을 할 때에도 만약 마음속으로 줄곧 하나의 원칙을 지키면서 열심히 한다면 이미 궤도에 오른 셈입니다.

　모든 종교는 심성의 수양에 있어서 제각기 "요점을 지키는" 방법을 지니고 있습니다. 예를 들어 불교에서 '아미타불'을 외라고 하는 것도 바로 "반드시 섬기는 바가 있다"의 원칙입니다. 밀종의 이런저런 손짓이나 여러 가지 주문도 마찬가지로 "반드시 섬기는 바가 있다"는 것입니다. 또 천주교나 개신교에서 늘 '주님', '하느님'에 대한 믿음을 기르고 손으로 십자를 그리는 관습도 모두 "반드시 섬기는 바가 있다"의 원칙입니다. 손으로 십자를 그리는 관습 이야기가 나와서 하는 말인데, 흥미로운 사실은 밀종에도 꼭 그렇게 십자를 그리는 손짓이 있다는 겁니다. 다만 천주교에서 그리는 것과 순서만 다를 뿐입니다. 이 두 종교의 손짓은 도대체 누가 먼저이고 누가 나중인 걸까요? 정말 어려운 문제입니다. 하지만 그런 부분은 내버려 두고 우리는 오직 학리(學理)에 대해서만 연구하고 종교적 겉옷은 벗겨 버릴 것입니다. 모든 종교에서 가르치는 수양의 방법은 "반드시 섬기는 바가 있다"의 원리를 운용한 것으로서, 맹자가 말한 "요점을 지키는" 길이기도 합니다.

우리는 현대인이니만큼 먼저 심리 상태로부터 연구해 보도록 하겠습니다. 우리는 매일 뒤죽박죽 마음이 어지러운 상태에 처해 있으면서, 수양을 통해 단번에 침착하고 평화로우며 안정되고 초월적인 경지에 도달하려고 하니 어려울 수밖에 없습니다. 먼저 반드시 자기 자신을 훈련하여 심리를 어느 한곳에 집중시켜야 합니다. 요즘 말로 하면 그렇습니다. 불교의 '아미타불'과 맹자의 "요점을 지킴" 및 현대의 "심리를 한곳에 집중시킴"은 모두 별개의 것이 아니라 그 의미가 서로 통합니다. 이른바 "사람들의 느낌과 생각은 크게 다를 바 없다"는 말처럼, 이치나 원리는 똑같은데 단지 사용하는 용어가 다를 뿐입니다. 옛사람이건 현대인이건 중국인이건 외국인이건 진실로 수양을 하고자 한다면 반드시 먼저 "요점을 지킴"을 실행해야 합니다. 불교의 이른바 '입정(入定)'[30]은 바로 "요점을 지킴"의 첫 기초이기도 합니다. 그렇기 때문에 맹자는 부동심의 수양을 이야기하면서 첫걸음으로 반드시 "요점을 지킴"을 행하라고 했습니다. 만약 불학을 가지고 이야기한다면, 수양으로 부동심에 이르고자 한다면 첫걸음으로 반드시 먼저 '정(定)'을 행해야 합니다. '정'을 행하는 방법은 어떤 것일까요? 불학의 원리에 비추어 말한다면 "마음을 하나의 연에 묶어야(繫心一緣)" 합니다. 모든 어지러운 생각과 감정을 한곳으로 집중해야 하는데, 이것이 바로 "요점을 지킴"입니다. 상세하게 설명하려고 들면 내용이 너무 많아집니다. 한마디로 요약하자면 맹자는 수양을 통해 부동심에 이르고자 한다면 반드시 먼저 마음속에 주(主)로 삼는 바가 있어야 한다고 생각했습니다.

---

30 선정(禪定)에 드는 일. 곧 마음을 한 경계에 정하고 고요히 하는 것을 말한다.

지금 이 자리에는 선을 배우는 분도 있고 염불을 하는 분도 있으며 수도를 하는 분도 있고 또 다른 종교를 믿는 분도 있지만, 어쩌면 이렇게 질문하는 분이 있을 수도 있습니다. 저는 앉아서 아무것도 지키지 않는데도 텅비어 있다면 좋은 것입니까, 안 좋은 것입니까? 물론 좋은 것입니다. 그런데 당신이 만약 자기 자신은 아무것도 지키지 않았다고 여긴다면 그것은 잘못된 생각입니다. 그 텅 비어 있음도 마찬가지로 하나의 경계이니, 당신이 텅 비어 있다고 느낀다면 그것이 바로 "요점을 지킴"입니다. 염불, 주문, 기도 등과 마찬가지로 "마음을 하나의 연에 묶는" 것인데 단지 현상, 경계, 용어가 다를 뿐입니다.

　만약 진정으로 부동심을 해냈다고 한다면 동요되어도 동요되지 않고 또 동요되지 않아도 동요될 것입니다. 그러고 보니 명대 반유룡(潘游龍)의 『소선록(笑禪錄)』이 생각납니다. 거기에 한 수재(秀才)가 등장하는데 하루는 절에 어느 선사를 만나러 찾아갔습니다. 그런데 그 선사는 움직이기 귀찮아서 그냥 앉은 채로 그를 상대하지 않았습니다. 수재는 성격이 시원스럽고 솔직한 데다 입바른 소리를 잘하는 사람이었던지라 선사에게 왜 앉은 채로 일어나지 않느냐고 물었습니다. 그러자 그 선사가 이렇게 말했습니다. "일어나지 않은 것이 곧 일어난 것이다." 그 말을 들은 수재는 부채를 들어 선사의 맨머리를 한 대 쳤습니다. 화가 난 선사가 왜 사람을 때리느냐고 묻자 수재는 이렇게 말했습니다. "때린 것이 곧 때리지 않은 것입니다." 반유룡은 이 『소선록』에서 선종의 수법을 사용하여 고대의 공안(公案)들을 열거하고 새로이 참증(參證)하였습니다. 그는 가볍고 재미있는 제재를 이용해 사람들로 하여금 웃다가 어느새 진리를 깨닫도록 했습니다. 하지만 안타깝게도 호적지(胡適之) 선생은 끝내 『소선록』을 선종을 경멸하는 책으로 오해하였습니다. 그래서 "때린 것이 곧 때리지 않은 것이요, 때리지 않은 것이 곧 때린 것이다[打卽不打, 不打卽打]"라는 말을 인용하여 선종을 비방했다가 오히려 사람들의 비웃음을 샀습니다.

만약 정말로 수양을 통해 부동심에 이르렀다면, "동요되지 않음이 곧 동요됨이요, 동요됨이 곧 동요되지 않음〔不動卽動, 動卽不動〕"일 것인데 이 말은 어떻게 설명할까요? 일체의 외물(外物)에 대해 잘 알고 있어서 마땅히 어떻게 응대해야 하는지에 대해서도 대단히 영민하지만, 내심(內心)은 결코 외물을 좇아 정서에 통제받거나 하지 않는다는 말입니다. 이것은 장자가 말한 "슬픔과 즐거움이 가슴속에 들어오지 않는〔哀樂不入於胸次〕" 경지이기도 합니다. 하지만 주의해야 합니다. 부동심은 결코 무정(無情)이 아니라 일반적인 사정(私情)이나 감정에 얽매이지 않아서 심경이 차분하고 이지(理智)가 청명한 것입니다. 그래야만 비로소 '내성외왕'의 길에 들어설 수 있고 공의를 위해 또 국가를 위해 천하를 위해 자기 자신을 바칠 수 있습니다.

중국은 몇천 년에 걸친 풍부한 문화 사상과 다채로운 역사 경험을 지니고 있는데, 이는 다른 민족에게서는 찾아볼 수 없는 것으로서 확실히 자부할 만한 부분입니다. 그런데 우리가 역사 경험을 통해 자주 보게 되는 것이 있습니다. 평소에는 인품이 아주 훌륭한 사람이지만 어느 정도의 지위에 이르게 되면 환경의 유혹을 견뎌 내지 못하고 크게 마음이 동요되고 맙니다. 또 상반된 경우로 뜻을 잃으면 실패의 타격을 이겨 내지 못하고 역시 크게 마음이 동요되고 맙니다. 지금 이 자리에 앉아 있는 청년들도 보기에는 한 사람 한 사람이 다 순박하고 사랑스럽습니다만, 어느 날 "흠! 흠!" 하는 높은 지위에 오른다거나 대부호가 된다면 주위 사람들이 온통 치켜세울 텐데, 그때 만약 "요점을 지키는" 수양이 되어 있지 않다면 여러분은 마음이 동요될 뿐 아니라 평소 지니고 있던 평상심마저 잃어버릴 것입니다. 그러면 머리가 멍해지고 자연히 외물을 따라 이리저리 움직이게 될 것입니다.

시간과 환경의 시련을 겪어 보지 않고서 한 사람의 인품과 수양을 단언하기란 참 어렵습니다. 이는 공자도 말한 바가 있습니다. "함께 배울 수는 있어도 함께 도에 나아갈 수는 없고, 함께 도에 나아갈 수는 있어도 함께 설 수는 없고, 함께 설 수는 있어도 함께 권력을 가질 수는 없다〔可與共學, 未可與適道; 可與適道, 未可與立; 可與立, 未可與權〕." 제 일생의 경험만 가지고 보더라도 공자의 이 말에 대해 체득하는 바가 깊습니다. 많은 사람들을 친구로 삼을 수는 있어도 한발 나아가서 함께 사업을 한다거나 함께 도를 배운다거나 하는 일은 어렵습니다.

또 "함께 설 수는 있어도 함께 권력을 가질 수는 없다"고 했습니다. 함께 배울 수도 있고 함께 도에 나아갈 수도 있고 함께 사업을 할 수도 있습니다. 하지만 성공을 함께할 수는 없습니다. 그와 함께 임기응변할 수도 없고 그에게 권력을 줄 수도 없습니다. 가령 공동으로 장사를 한다고 합시다. 만약 실패했다 하더라도 어쩌면 싸우지 않을 수도 있습니다. 가장 두려운 것은 장사를 해서 돈을 벌었는데 이익을 나눈 것이 공평하지 않은 경우입니다. 그렇게 되면 마음이 동요되고 서로 원수 사이로 변해 버립니다. 저는 항상 친구에게 이렇게 말합니다. "자네의 수양은 참 훌륭해. 내가 볼 때는 거의 부동심에 이른 것 같아. 하지만 안타깝게도 자네를 시험해 볼 기회가 없군. 어느 날 갑자기 권력과 지위가 생긴다면 그래도 부동심할 수 있는지 볼 텐데 말이야." 호령 한마디에 백 사람이 "네" 하는 그런 권세가 생긴다면 그 사람은 입술을 움직일 필요도 없습니다. 말이 입에서 나가기도 전에 주변 사람들이 이미 알아서 주도면밀하게 모셔 줄 테니, 그 재미가 당연히 사람을 미혹하고 사람의 마음을 동요하게 만들 것입니다. 그러므로 수양을 해서 "요점을 지킨다"거나 "마음이 동요되지 않는다"에 이르고자 한다면 이는 분명 성인(聖人)의 학문입니다. 만약 이 부분을 상세히 토론한다면 그 내용이 너무 많을 것입니다. 동서고금 유불도 삼 가의 각종 수양을 다 언급하게 될 것이기 때문입니다.

기를 기르는 수련

곧이어 중요한 내용이 나옵니다. 맹자가 이야기해 준 부동심에 관한 이치를 공손추가 이해했는지 못 했는지는 알 수 없습니다. 어쨌든 우리는 공손추에게 감사해야 합니다. 그가 질문하지 않았다면 우리도 맹자의 부동심의 이치를 듣지 못했을 것이기 때문입니다. 그는 맹 선생님에게 또다시 묻습니다. "스승님의 부동심과 고자의 부동심은 그 차이가 어디에 있습니까?" 왜냐하면 맹자가 말하기를 고자가 자신보다 조금 일찍 부동심하였노라고 했기 때문입니다. 이 대목에서 약간 보충할 것이 있습니다. 이 자리에 계신 나이 드신 분들은 유의해야 합니다. 만약 생사에 대해 부동심할 수 있다면 생사를 이해하고 도를 깨달을 수 있습니다. 부귀나 공명은 생사에 비하면 오히려 아무것도 아닙니다. 참으로 생과 사가 똑같을 수 있고 생사에 대해 부동심하다면 그것은 정말로 대단합니다. 이제 다시 맹자가 "고자의 이론은 말이 되지 않는다"고 말합니다. 고자는 "마음에서 얻지 못하면〔不得於心〕" "기에서 구하지 말라〔勿求於氣〕"고 했습니다. 즉 수양하느라 애쓰지 말라는 것입니다. 원리를 이해하지 못하면 노력해도 아무런 효과를 보지 못하기 때문입니다. 마음에 의문이 남아 있어서 침착할 수 없다면 기도 평온해질 수 없고 안정도 얻지 못합니다. 그렇기 때문에 맹자는 이렇게 말했습니다. "마음이 침착하지 않으면 기도 안정되지 못한다는 말은 맞다. 하지만 '말에서 이해하지 못하면 마음에서 구하지 말라'는 것은, 이를테면 이치를 알지 못하면 더 이상 연구하지 말라는 것인데 이는 잘못되었으며 문제가 있는 말이다." 맹자는 이 부분에 대한 고자의 이해가 철저하지 못하다고 말합니다.

그렇다고 지금 맹자를 도와서 고자를 비판하려는 것은 아니고 그저 몇 마디만 하겠습니다. 실제로 고자의 말도 틀린 것은 아닙니다. 두 사람의 관점을 보면서 어떤 비유가 적절할지 생각했는데, 선종을 예로 들어 보겠습니다. 고자가 말한 바는 신수(神秀)[31]의 게송에 비유해 볼 수 있습니다.

몸은 보리수요	身是菩提樹
마음은 명경대라	心如明鏡台
수시로 부지런히 털고 닦음은	時時勤拂拭
먼지가 끼지 못하게 함이라네	勿使惹塵埃

맹자가 말한 바는 육조(六祖)의 게송에 비유해 볼 수 있습니다.

보리는 본시 나무가 아니요	菩提本無樹
명경 또한 누대가 아니로다	明鏡亦非台
본시 하나의 물건이 아니거늘	本來無一物
어디에 먼지가 낀단 말인가	何處惹塵埃

물론 이것이 그들 두 사람의 수련 정도가 육조나 신수와 같다는 의미는 결코 아닙니다. 그저 억지로 비유해 본 것일 뿐입니다.

다행인 것은 우리가 현재 시점에서 유가를 연구하고 있다는 사실입니다. 만약 송대에 태어났더라면 그것으로 끝입니다. 송명 몇백 년 동안은

---

31 당의 승려. 선종의 오조(五祖)인 홍인(弘忍)에게 사사하였고 육조 혜능(慧能)의 사형(師兄)이다. 훗날 혜능의 남종선(南宗禪)에 대비되는 북종선(北宗禪)의 개조가 되었다.

자신이 불학을 배우고 도를 수양한다고 조심스레 밝히기만 해도 그걸로 앞길이 끝나 버렸습니다. 소동파처럼 명성이 대단한 학자조차 그런 손해를 당했습니다. 특히 명대에는 저처럼 내키는 대로 선유(先儒)를 논평했다가는 머리가 몇 개라도 모자랐을 것입니다. 지금은 어쨌든 민주 시대라 괜찮습니다. 과거에 『맹자』를 강연하면서 이런 비유를 사용했다면 당장 대역무도 내지는 사도(邪道)라 하여 큰 문제가 되었을 것입니다. 역사를 읽다 보면 항상 옛사람들이 참 가련했다는 생각이 듭니다. 물론 일이백 년이 지나면 그때 사람들이 또 우리를 참 가련하다고 여길지도 모르지요. 이런 쓸데없는 이야기는 이제 그만하겠습니다.

　이어서 맹자는 '지(志)'와 '기(氣)'라는 두 가지 문제를 언급했습니다. 이른바 부동심은 사상과 의지가 동요되지 않는 것입니다. 그런데 부동심에 이르려면 반드시 기를 길러야 합니다. 이제 또다시 내부에서 문제가 드러납니다. 맹자는 기를 기르는 문제에 있어서 '심(心)'과 '기'가 한 몸의 양면임을 제시하였습니다. 그래서 심리와 생리는 상호 영향을 미친다고 했습니다. 그가 공손추에게 말해 준 결론은 "호연지기를 잘 기른다〔善養浩然之氣〕"는 것이었는데 그것이 맹자의 진짜 수련이었습니다. 그러고 보니 잘됐습니다. 이 호연지기라는 것은 도대체 얼마나 큰지 알 수가 없습니다. '호(浩)'는 크다는 의미이니 큰 기가 충만하다는 말입니다. 이제 또 하나의 문제가 등장했습니다.

이기불이론

　이제 '호연지기'에 관해 토론해야겠군요. 호연지기 역시 중국 문화에서 큰 문제 가운데 하나입니다. 이 문제는 대단히 중요하기 때문에 『맹자』 본문에서 '호연지기'를 언급하게 된 연원부터 먼저 개략적으로 돌이켜 보겠습니다. 그렇게 함으로써 여러분은 맹자가 '호연지기'를 언급하게 된 까닭과 공손추와의 토론의 전후 맥락에 대해 더 깊은 인상을 받게 될 것입니다. 그래야만 볼 수도 없고 들을 수도 없고 만질 수도 없는 이 '호연지기'를 더 분명히 인식할 수 있고 더 나아가 몸소 체득할 수 있을 것입니다.

처음에 공손추가 그의 스승 맹자에게 가르침을 청한 것은 공을 이루고 명성을 얻었을 때 마음이 동요되는지 동요되지 않는지였습니다. 맹자는 그런 공손추에게 자신은 사십 세가 되었을 때 이미 부동심하게 되었노라고 말해 주었습니다. 맹자가 '부동심'이라는 이 세 글자를 언급함으로써 후세의 도가, 불가 및 송명의 이학가들까지도 모두 그것을 내심의 수양에 인용하여 "분별이 일어나지 않다〔不起分別〕" "망념이 없다〔無妄念〕"의 동의어가 되어 버렸습니다. 그 결과 부동심을 심신이 '도'의 최고 경계에 도달하는 수양으로 여길 뿐 아니라 생각이 추호도 흔들리지 않는 형이상적 수련인 것처럼 생각하게 되었습니다.

하지만 제가 감히 말씀드릴 수 있는 것은 이런 논의들이 모두 맹자의 본의에서 아주 많이 벗어나 있다는 사실입니다. 맹자는 여기에서 공손추가 말한 '부동심'을 대답한 것이기 때문에 단지 일과 공적의 성취에 대한 부동심이었습니다. 말하자면 인류 사회에 존재하는 명리, 영예, 권세 및 물질에 대한 부동심이었을 뿐입니다.

그래서 공손추는, 명성을 천하에 드날리고 공적을 만고에 남기는 인생의 경지에 대해 부동심할 수 있다면 맹자는 틀림없이 큰 지혜와 큰 용기를 지니고 있으리라 여겼습니다. 그렇지 않다면 해낼 수 없기 때문입니다. 그래서 용기의 문제를 토론하게 되었고 북궁유와 맹시사 등 무공이 아주 뛰어난 몇 사람을 언급했습니다. 그들의 무공을 예로 들어 비유하면 훨씬 구체적으로 토론할 수 있으니까요. 하지만 맹자가 '용(勇)'이라는 과제에 대해 내린 결론은 뜻밖에도 무용(武勇)의 용은 진정으로 큰 용기가 아니라는 것이었습니다. 진정으로 큰 용기는 개인의 고도의 수양과 조화가 되어야 합니다. 증자처럼 혹은 자하처럼 되어야 진정한 큰 용기라 할 수 있다고 했습니다. 그것은 공자가 증자를 가르친 것과도 일치합니다. 스스로가 이치에 맞으면 자신이 비록 평범하기 짝이 없는 일반 백성이라 할지라도 왕후장상 앞에서 추호의 두려움도 느끼지 않고 또 물러서지도 않습니다. 반대로 만약 자신에게 잘못이 있다면 천만 사람의 면전이라 할지라도 잘못을 인정하고 책임을 지려고 해야 합니다. 이것이 바로 진정으로 큰 용기입니다.

부동심에서부터 큰 용기에 이르기까지 이런 것이 바로 한 사람의 참된 학문이며 진정한 수양입니다. 뇌물을 탐하고 이익을 추구하는 마음은 누구에게나 있는데 천만 원, 일억 원의 뇌물이 눈앞에 놓여 있어도 손을 뻗지 않을 뿐 아니라 "적지 않은 돈이잖아" 하는 생각조차 하지 않는다면, 그건 큰 용기를 지닌 사람만이 해낼 수 있습니다.

한대(漢代)의 양진(楊震)이 벼슬을 할 때의 일이었습니다. 어떤 사람이 밤중에 살그머니 한 무더기의 은을 가지고 찾아왔습니다. 양진이 받으려 하지 않자 그 사람이 말했습니다. "지금 이 방 안에는 당신과 나 두 사람밖에 없으니 받으신다고 해도 아무도 모를 겁니다." 그러자 양진이 그에게 말했습니다. "어떻게 아무도 모른다고 하는가? 자네가 알고 내가 알고 하늘이 알고 땅이 알잖나." 이 말을 듣자 양심에 찔린 그 사람은 매우 부끄러워하면서 은 보따리를 끼고 돌아갔습니다.

처지를 바꿔서 한번 생각해 봅시다. 그렇게 많은 돈은 자신의 녹봉으로 계산해 보면 한평생을 벌어도 꿈도 꿀 수 없는 것입니다. 게다가 깊은 밤중에 제삼자도 없이 달랑 두 사람만 마주 앉았으니 얼마나 큰 유혹입니까! 만약 큰 용기가 없다면 거절하려고 마음먹기 쉽지 않을 것입니다. 상대방을 감동시키고 깨우칠 만한 명언을 이야기하기란 더 어렵습니다. 우리는 그 말을 할 때 양진의 마음이 얼마나 밝고 공명정대했을지 상상할 수 있습니다. 부드러운 말에는 천 근의 힘이 실리고 기백은 또 얼마나 장엄했을까요! 이런 것이 바로 진정으로 큰 용기의 구체적 표현입니다.

다시 본론으로 돌아가면 큰 용기는 어떻게 수양하는 것이냐고 공손추가 다시 물었습니다. 맹자는 의지를 굳게 정하는 데서 나오는 것이라고 말합니다. "의지를 굳게 정한다〔堅定意志〕"는 이 말은 입으로 뱉기는 아주 쉽습니다. 하지만 상당한 수양이 없다면 해낼 수 없는 것입니다. 공손추는 한 걸음 더 나아가 물었습니다. 의지를 굳게 정하는 데는 무슨 방법이 있습니까? 맹자는 "지기지 무포기기(持其志, 無暴其氣)"라는 일곱 글자를 말해 줍니다. 만약 결심을 했다면 굳세게 밀고 나가고 절대 바꾸어서는 안 됩니다. 마치 경건한 신도(信徒)가 결코 자신의 신앙을 바꾸지 않는 것처럼 말입니다. 선을 배우는 사람이 화두를 꽉 붙잡는다든지 밀종을 배우는 사람이 주문을 외우거나 염불을 하는 것들이 모두 "그 지를 잘 잡고〔持其志〕"에 해당합니다. 그런데 단순히 "그 지를 잘 잡는" 것만으로는 충분하지 않기 때문에 그것만 해서는 성공하지 못합니다. "그 기를 포악하게 하지 말아야〔無暴其氣〕" 하는 것도 똑같이 중요합니다.

맹자가 여기에서 말하는 기는 감정을 포함하는 것입니다. 여러분은 어떤 일에 대해 그것을 해야 하는지 해서는 안 되는지 평소에는 너무도 잘 알고 있고 또 원칙도 잘 지킵니다. 하지만 마음이 들뜨고 조급해지면 영향을 받기 마련입니다. 가령 화가 나면 이성은 우리에게 욕설을 내뱉지 말라고 하지만 기가 올라오면 입이 통제되지 않아서 그만 욕설이 튀어나와 버립니다. '지'와 '기'가 별개의 것이기 때문입니다. 그런데 맹자는 "그 지를 잘 잡을" 뿐 아니라 동시에 "그 기를 포악하게 하지 말라"고 말합니다. 기가 거칠어지고 조급해지게 하지 말라는 말입니다. 왜냐하면 심리와 생리는 상호 영향을 주고받기 때문입니다. 마음과 생각을 하나로 모으면 신체에 영향을 미쳐 생리 기능이 영향을 받게 됩니다. 우리가 마음을 쏟아 책을 볼 때면 다른 사람이 말하는 것이 들리지 않을 때가 많습니다. 반대로 생리 역시 심리에 영향을 미칩니다. 사람은 병이 나면 정서가 불안해지고 생각도 더 예민해지거나 혹은 둔해집니다. 그러므로 기를 수양해서 하나로 모으면 의지를 변화시킬 수도 있습니다. 부딪혀서 기절한 사람은 기의 작용이 영향을 미쳐서 의식이 혼미해진 것입니다. 정좌 수련을 몇십 년 배운 사람은 불가가 됐든 도가가 됐든 수양 방법에 대해서는 훤히 알고 있습니다. 하지만 끝내 선정에 들지 못하는 것은 기의 조절이 좋지 못하기 때문입니다. 전문적으로 기공을 한 사람들은 기의 단련은 잘하지만 마음으로 이치를 깨우치지 못했기 때문에 마찬가지로 성공하지 못합니다. "지가 한결같으면 기를 움직이고, 기가 한결같으면 지를 움직이니" 두 가지 중에 어느 하나라도 버려서는 안 됩니다.

"감히 묻겠습니다. 선생님께서는 어디에 뛰어나십니까?"

맹자께서 말씀하셨다. "나는 말을 알며, 나는 내 호연지기를 잘 기르노라."

"감히 묻겠습니다. 무엇을 호연지기라 합니까?"

맹자께서 말씀하셨다. "말하기 어렵다. 그 기 됨이 지극히 크고 지극히 강하니, 곧음으로써 잘 기르고 해침이 없으면 천지 사이에 꽉 차게 된다. 그 기 됨이 의와 도에 조화되니, 이것이 없으면 굶주리게 된다. 이 호연지기는 의를 쌓아서 생겨나는 것이지 의를 엄습하여 취하는 것이 아니다. 행하고서 마음에 부족하게 여기는 바가 있으면 굶주리게 된다. 내 그러므로 '고자는 일찍이 의를 알지 못한다'고 말한 것이니, 의를 밖이라고 하기 때문이다."

"敢問夫子惡乎長?"

曰: "我知言, 我善養吾浩然之氣."

"敢問: 何謂浩然之氣?"

曰: "難言也. 其爲氣也, 至大至剛, 以直養而無害, 則塞於天地之間. 其爲氣

也, 配義與道; 無是, 餒也. 是集義所生者, 非義襲而取之也; 行有不慊於心,

則餒矣. 我故曰: 告子未嘗知義, 以其外之也."

그때 공손추가 맹자에게 묻습니다. "스승님께서 방금 말씀하셨듯이 지와 기가 서로 영향을 미치며 똑같이 중요하다면, 외람되지만 한마디만 여쭙겠습니다. 스승님의 수양 공부는 '지'와 '기' 둘 중에 어느 방면이 더 훌륭하십니까?"

맹자가 말했습니다. "나는 지의 방면 즉 심리 방면에 있어서도 지고무상(至高無上)의 진리에 대해 이미 깨달았으니, 즉사즉리(卽事卽理)와 사리불이(事理不二)의 경지에 도달했다." 여기에서 "말하기 어렵다(難言也)"는 말은 분명하게 말하기 어렵다는 의미입니다. 맹자는, 나는 "내 호연지기를 잘 기르는"데 뛰어나다고 말합니다. 이 '호연지기'가 바로 이 단락의 중심입니다. 먼저 문자상으로 해설한 후에 깊이 들어가서 토론하도록 하겠습니다.

"나는 내 호연지기를 잘 기른다(我善養吾浩然之氣)"라는 맹자의 말 속에 들어 있는 '아(我)'와 '오(吾)' 두 글자는 평소에는 동의자(同義字)입니다. 하지만 여기에서는 그 의미가 서로 다릅니다. 그렇지 않다면 맹자가 왜 "아선양아호연지기(我善養我浩然之氣)" 혹은 "오선양오호연지기(吾善養吾浩然之氣)"라고 말하지 않았겠습니까. 여기에서 '아(我)'는 오로지 맹자 자신을 가리키는 말이지만 '오(吾)'는 넓게 우리 인류를 가리킵니다. 만약 오늘날의 구어로 번역한다면 "나는 우리 인류가 지닌 호연지기를 기르는

데 뛰어나다"가 될 것입니다. 우리는 이 구절을 통해서 '호연지기'는 모든 사람이 지니고 있으며 개개인이 기를 수 있다는 사실을 알 수 있습니다. 하지만 그것을 알고 있는 사람은 아주 적습니다. 맹자는 그냥 단순히 기를 길렀던 것이 아니라 '호연지기'를 기르는 데 아주 뛰어났습니다.

다음으로 '호(浩)'는 거대함, 충만함, 넓고 아득함 등을 뜻하는 형용사입니다.

가장 중요한 것은 이 '양(養)' 자입니다. '연(煉)'이 아니고 '양(養)'을 쓴 것이 매우 적절하고 또 오묘합니다. 이것이 바로 우리가 특별히 주의를 기울여야 할 핵심입니다.

호연지기

공손추가 또다시 물었습니다. "무엇이 호연지기입니까?"

맹자는 설명하기가 아주 어렵다고 말합니다. 맹자가 여기에서 말한 "난언야(難言也)"라는 글자의 함의는, 석가모니가 말한 "멈추라! 멈추라! 마땅히 말하지 말라. 내 법은 오묘하여 생각하기 어렵다〔止! 止! 不須說, 我法妙難思〕"라는 의미와 비슷합니다. 맹자가 기를 잘 기르지 못한다는 의미가 결코 아닙니다. 그렇다고 그가 말을 잘 못한다는 뜻도 아닙니다. '호연지기'는 말로 설명하기가 정말 어렵다는 뜻입니다. 우리도 알다시피 세상의 어떤 일들은 이른바 "의미는 알 수 있지만 말로 전할 수는 없어서" 아무리 해도 언어 문자를 사용하여 표현할 방법이 없습니다.

비록 그렇기는 해도 맹자는 결국 설명해 줍니다. 왜냐하면 스승이 된 사람의 책임은 도를 전해 주고 학업을 깨우치게 하며 의혹을 풀어 주는 데 있기 때문에, 학생이 문제를 제기하면 그에게 가르쳐 주어야 합니다. 그래서 그는 공손추에게 호연지기에 대해 말해 주었습니다. 이 호연지기라는 것은 비할 바 없이 크며 양명지기(陽明之氣)로서 강하고 힘이 있어 흔들거나 변경시킬 수 없습니다. 또 밝게 빛나고 생기발랄합니다. 불학의 용어로 말한다면 무량무변(無量無邊)하며 원명청정(圓明淸淨)합니다. 물론 맹자가 살던 시대는 아직 불학이 중국에 전해지지 않았기 때문에 우리는 그저 비유를 사용해서 설명할 수 있을 따름입니다. 맹자는 단지 그 기가 지극히 크고 지극히 강하다고만 설명했습니다. 이것이 그가 잘 기른다는 그 '호연지기'의 원칙과 정의입니다.

다음으로 그가 설명해 준 기를 기르는 방법은 "곧음으로써 잘 기른다〔直養〕"는 것입니다. 그 말의 의미가 설마하니 가로로 길러서는 안 된다는 말은 아니겠지요? 누워서 길러서는 안 된다는 말도 아니겠지요? 물론 그렇게 해석해서는 안 됩니다. 이른바 곧음으로써 잘 기른다는 말은 바로 다음에 나오는 "해침이 없다〔無害〕"와 연결해서 읽어야 합니다. 마치 우리가 어린아이를 양육할 때 아이의 자연스러운 심리적 생리적 성장 발육 상태에 맞춰서 양육하는 것과 같습니다. 우유가 부족해서도 안 되지만 칼슘이 너무 많아도 안 됩니다. 만약 영양이 부족하거나 영양이 과다하면 틀림없이 병이 나고 맙니다.

기를 기르는 방법에서 비교적 추상적인 원칙이 또 하나 있는데, 바로 '기'는 '의(義)'와 '도(道)'에 부합해야 한다는 것입니다. '의'는 의리이고, '도'는 형이상적 도리를 가리키지만 동시에 형이하적 길이나 궤도를 비유하기도 합니다. 그 말은 방법이 있어야 하고 궤도를 벗어나서는 안 된다는 뜻이기도 합니다. 만약 의와 도에 부합하지 않으면 그 기는 '굶주리게〔餒〕' 되어 잘 길러지지 않으며 천지 사이에 꽉 찰 수가 없습니다.

맹자는 다시 한층 더 깊이 들어갑니다. 그 기는 "의를 쌓아서 생겨나는 것〔集義所生者〕"이니, 모든 '의리'(원리)를 꿰뚫어 알고 거기다 철저히 실행한 이후에야 호연지기를 기를 수 있다고 말합니다. 스스로 수련한답시고 떠들어 대면서 일체의 의리에 대해 철저히 깨닫고 체득하지 않고 그저 전해 들은 도리를 그대로 따라하거나 억지로 끌어다 붙인다고 해서 호연지기를 얻을 수 있는 것이 아닙니다. 게다가 아무리 다른 사람의 정확한 의리를 빌려 왔다 할지라도 직접 실천하지 않으면 마찬가지로 안 됩니다. 여기에 채소 한 무더기를 놓아두었는데 김씨는 무청이라고 하고 이씨는 시금치라고 하고 박씨는 갓이라고 한다면 도대체 누구 말이 맞는 걸까요? 여러분이 직접 열어 봐야만 이 채소를 어떻게 요리할지 결정할 수 있습니다. 그것은 마치 불가에서 수행을 이야기하면서 먼저 이치를 잘 알고 난 후에 수행하라고 하는 것과 같습니다.

더욱이 심(心)과 기(氣)는 서로 연결되어 있습니다. 심리적으로 옳지 않다고 느낄 때나 죄책감을 지니고 있을 때 혹은 괴로움을 느낄 때면 기가 약해지거나 소멸되어 제대로 작용하지 못합니다. 도둑질하는 사람들은 한번 도둑질하고 또다시 도둑질하면 어느덧 습관이 되어 감옥에서 나온 다음에도 여전히 도둑질을 합니다. 그냥 보기에는 조금도 기가 굶주린 것처럼 보이지 않습니다. 하지만 그가 도둑질을 하는 순간에 근처에서 약간의 소리가 나거나 그림자만 스쳐 가도 겁에 질려 두려워합니다. 선하지 못하고 의롭지 못한 일을 할 때면 사람의 기는 자연히 굶주리게 된다는 가장 간단한 이치입니다.

마지막으로 맹자는 말합니다. "내가 고자는 이 이치를 철저히 알지 못한다고 말한 까닭은 그가 심과 기를 별개의 것으로 분리시켰기 때문이다. 고자는 심은 내재적 정신에 속하지만 기는 외재적 물질에 속한다고 여긴다. 이는 정확한 것이 아니다. 기라는 것은 마땅히 유심무형(有心無形)으로서 심과 기는 서로 연결되어 있다."

호연지기와 정기가

'호연지기'에 대해 더 토론해 보도록 하겠습니다.

제가 늘 하는 말이지만 공맹의 형이상적 도(道)와 형이하적 용(用)에 대해, 특히 맹자의 '호연지기'에 대해 가장 깊이 이해하고 행위상으로도 가장 철저하게 표현한 사람으로는 남송 말의 문천상(文天祥)[32]이 일인자입니다. 천고에 명성을 드리운 그의 「정기가(正氣歌)」는 호연지기에 대한 훌륭한 설명이라 할 수 있는데, 공맹의 심법(心法)을 설명했을 뿐 아니라 불가와 도가의 정신도 표현해 냈습니다. 송대에 이학이 창시된 이래 수양에서 가장 성공을 거둔 인물이 바로 문천상이라고 할 수 있습니다. 그는 중국 이학가의 영광이며 그의 학문과 수양은 송명 이학의 정신입니다. 역대로 『맹자』의 호연지기에 대한 해석 가운데 "곧음으로써 잘 기르고 해침이 없으면 천지 사이에 꽉 차게 된다〔直養而無害, 則塞於天地之間〕"에 대한 가장 훌륭한 해석으로 저는 문천상의 「정기가」 앞부분을 꼽습니다. 가장 간략하면서도 핵심을 찌른다고 생각합니다. 나머지 뒷부분도 물론 훌륭하지만 거기까지는 거론하지 않겠습니다. 문천상의 학술 사상은 가끔 스스로 모순을 드러내었던 송명 이학가들의 '심기이원(心氣二元)'을 단순명쾌하게 '심기일원(心氣一元)'으로 통일시켰습니다. 그는 우주 생명의 근원이 기에 있다고 여겼습니다. 그가 말하는 기는 우리가 호흡하는 숨을 가리키는 말이 아닙니다. '기'라는 글자는 단지 하나의 대명사요 하나의 부호에 불과합니다.

「정기가」는 시작 부분에서 바로 이렇게 말합니다. "천지 사이에 정기가

---

32 13세기 중국 남송의 정치가이자 시인. 송나라가 원나라에 항복하자 저항하다 체포되었고, 쿠빌라이 칸이 그의 재능을 아껴 몽고에 전향할 것을 권유하였지만 끝내 거절하고 죽음을 택했다. 충절을 지킨 애국 시인으로 옥중에서 지은 「정기가」가 유명하다.

있으니, 뒤얽혀 온갖 형상을 만들었네〔天地有正氣, 雜然賦流形〕." 우리는 여기에서 '잡(雜)' 자에 주의해야 합니다. '잡(雜)'은 바로 '총(叢)'의 의미입니다. 고인들의 학문과 저작에는 모두 근거가 있었는데, 그들이 시(詩)를 짓거나 사(詞)를 지을 때는 글자 선택에서 의지하는 바가 있었습니다. 여기에서 '잡' 자는 『역경』의 관념으로부터 나온 것으로, 『역경』은 우주 만유의 관계가 복잡하게 뒤얽혀 있다고 말합니다. 여기에서 조심할 것이 있습니다! 복잡하게 뒤얽혀 있다는 말은 결코 아무렇게나 되어 어지럽다는 의미가 아니라 조리가 빈틈이 없고 피차간에 겹겹이 연관되어 있다는 뜻입니다. 우리는 평소에 복잡하게 뒤얽혀 있다는 말을 들으면 곧바로 어지럽다는 의미가 생각나는데 그것은 후세에 와전된 것입니다. 문천상이 「정기가」에서 "뒤얽혀 온갖 형상을 만들었네"라고 말했듯이 만물은 모두 기의 변화에서 나왔습니다. 형이하적 만유는 형이상적 본체의 기능이 투영된 것인데, '정기(正氣)'라고 부름으로써 유가·불가·도가의 최고 철리를 포괄해 집어넣었습니다.

  그런 다음 이어서 말합니다. "아래로는 강과 산이 되었고, 위로는 해와 별이 되었네〔下則爲河嶽, 上則爲日星〕." 그는 우주를 두 층으로 나누었는데 이 역시 『역경』의 "하늘은 높고 땅은 낮아, 건과 곤이 정해졌다〔天尊地卑, 乾坤定矣〕"는 관념을 근거로 한 것입니다. 그는 기 역시 두 종류로 나누었는데, 하나는 음기(陰氣)요 또 하나는 양기(陽氣)입니다. 우리는 '음양'이라는 단어만 보면 어렵고 오묘하다고 느끼는데, 사실 '음양'은 비유하자면 우리가 수학에서 사용하는 더하기와 빼기 부호 같은 것입니다. 음양이라는 두 기의 변화로 말미암아 우리의 이 물리 세계가 형성되었습니다. "아래로는 강과 산이 되었고"는 무겁고 탁한 기는 음기에 속하는 것인데, 아래로 응결되어 형이하적인 지구의 물리 세계가 되었다는 말입니다. 가령 산천초목과 만물이 그러합니다. "위로는 해와 별이 되었네"는 가볍고 맑은 기는 양기에 속하는데, 상승하여 허공과 일월성신 등의 만상이 되었다는 얘기입니다.

다음 구절은 이렇습니다. "사람에게서는 그것을 호연이라 하는데, 온 천지를 가득 채우는구나〔於人曰浩然, 沛乎塞蒼冥〕." 그 기를 천지 만물에 대해 말한다면 정기라 부르고 사람에 대해 말한다면 호연지기라 하니, 우주 만유에서 인류에 이르는 모든 것이 다 그것이 변한 것입니다. 이 또한 중국 문화의 특색입니다. 중국 문화에서는 사람이 아주 중요한 부분을 차지합니다. 그 때문에 이른바 '천지인'을 삼재(三才)라 말하는 견해도 있습니다. 사람은 하늘과 땅과 평등한 지위에 있으며 똑같이 위대합니다. 하늘과 땅도 결함을 지니고 있기 때문에 반드시 완벽하지만은 않습니다. 하지만 천지 사이에 태어난 사람은 지혜를 사용할 수 있어서 천지의 결함을 메워 천지를 돕고 화육(化育)에 참여할 수 있습니다. 하늘이 부여받은 특징은 땅이 구비하고 있는 기능이 아니고, 땅이 부여받은 특징은 또 하늘이 구비하고 있는 기능이 아닌 경우가 종종 있습니다. 그러나 사람은 지혜를 사용할 수 있기 때문에 그때그때 필요에 따라 긴 것을 잘라 짧은 것을 보충함으로써 양자(兩者)가 서로 소통하고 조화를 이룰 수 있게 합니다. 그렇기 때문에 사람이 천지를 도울 수 있다고 말하는 것입니다. 문천상이 "사람에게서는 그것을 호연이라 한다"고 말했는데, 그 정기가 사람의 신체와 생명 속에서도 우주에서와 마찬가지로 이원일체(二元一體)의 원리를 좇아 두 부분으로 나뉩니다. 하나는 물리적 생리적 부분이며, 또 하나는 정신적 심리적 부분입니다. 정기가 사람의 생명 속으로 들어오면 비로소 '호연지기'라 부릅니다. 만약 우리가 나면서부터 지니고 있던 이 호연지기를 잘 수련하고 배양하면 생명의 기능을 발휘하고 우주와 소통할 수 있기 때문에 "온 천지를 가득 채운다"고 말했습니다.

인류를 포함한 온 우주는 '정기(正氣)'와 동체이며 모두 정기가 변화한 것인데, 사람의 몸에 있으면 특별히 호연지기라고 부릅니다. 두 가지 기는 그 명칭은 다르지만 한 몸의 두 활용을 나타냅니다.

이처럼 문천상의 「정기가」 몇 구절은 '호연지기'에 대해 그 어떤 것보다 훌륭하게 해석해 놓았습니다. 송명 이학가들의 저작을 들춰 보더라도 그가 말한 것만큼 명쾌하고 간단명료한 것이 없습니다. 우리는 문천상의 이 걸작을 통해서도 맹자의 "아선양오호연지기(我善養吾浩然之氣)"의 '아(我)'와 '오(吾)' 두 글자의 의미를 더욱 명확하게 알 수 있습니다.

그렇다면 우리는 문천상에게 이렇게 질문해야 하지 않을까요? "문 선생! 기왕에 당신이 호연지기를 지니고 있다면 원나라 적군에게 포로로 잡혀서 감옥에 들어가지 않아야 옳은 게 아닙니까!"

사실 그는 갇혀 있다가 살해됐지만 그것이 바로 호연지기의 발휘였습니다. 이어지는 그의 「정기가」에는 역사상 수많은 충신과 열사들이 열거되어 있는데, 그 또한 맹자가 말한 "곧음으로써 잘 기르고 해침이 없음"이라 하겠습니다. 의리상 마땅히 해야 한다면 끓는 물과 타는 불에 뛰어드는 것도 마다하지 않습니다. 해야 할 일이라면 생사쯤은 일찌감치 안중에도 두지 않습니다. 그러하기에 그의 「정기가」는 이렇게 끝을 맺습니다. "돌아보니 밝은 빛 내 속에 있고, 우러르니 흰 구름 떠도네. 가없어라 내 마음의 슬픔이여, 푸른 하늘은 어느 때에 다함이 있으려나. 어진 이들 가신 날 이미 멀어도, 모범은 예부터 있구나. 바람 부는 처마 아래 책 펴서 읽으니, 옛 성현의 도가 내 얼굴을 비추는구나〔顧此耿耿在, 仰視浮雲白. 悠悠我心悲, 蒼天曷有極. 哲人日已遠, 典刑在夙昔. 風簷展書讀, 古道照顔色〕."'"이 기의 충만함이여, 늠름함이 만고에 영원하네〔是氣所磅礡, 凜烈萬古存〕"라 하겠으니 그 속에 내포된 최고의 이치가 사람으로 하여금 깊은 생각에 잠기게 합니다. 동시에 지자(智者) 한 명이 홀로 외로이 걸어가는 심경을 잘 묘사하였으니 참으로 슬프고 비장하며 숭고하고 위대합니다.

하지만 중점은 여전히 앞의 몇 구절에 있습니다. 특히 "사람에게서는 그것을 호연이라 하는데, 온 천지를 가득 채우는구나"라는 대목입니다. 여러분은 반드시 명심해야 합니다. 우리 각자는 살아 있기만 하면 모두 다 이 호연지기를 지니고 있습니다. 이것은 생명이 본래부터 지니고 있는 것으로서 단지 노력만 하면 모든 사람이 수양을 통해 범부(凡夫)에서 천인합일의 경지에 이를 수 있습니다.

그것은 문천상이 고난 중에서 몸소 체험한 진리였습니다. 그가 감옥에서 보낸 삼 년은 간단치가 않았습니다. 그가 그저 머리를 끄덕이기만 했으면 원 조정에서는 틀림없이 그에게 재상을 맡겼을 것입니다. 송 왕조가 파국을 맞이함으로써 망국에 맞닥뜨리게 되자 그는 도처에서 분주히 저항 운동을 벌였습니다. 권세도 없고 누릴 만한 부귀도 없는, 이름뿐인 재상의 신분으로 말이지요. 그는 원나라 사람에게 고개 숙여 복종하지 않았습니다. 그 대신 감옥에 갇혀 소똥과 말 오줌, 파리와 모기를 마주 대해야 했지만 끝끝내 고개를 숙이지 않았습니다. 쿠빌라이가 마지막으로 다시 한 번 이야기했을 때, 그는 쿠빌라이가 자신의 인품과 재질을 알아주고 지기로 삼으려 하는 것에 감사를 표했습니다. 하지만 여전히 머리를 끄덕이지 않았고 쿠빌라이에게 자신이 원하는 바를 들어줄 것을 요구했습니다. 그러자 그를 아끼던 쿠빌라이도 마침내 화를 내며 다음 날 처형하겠노라 대답했습니다. 문천상은 그때서야 비로소 일어서더니 쿠빌라이에게 읍하며 자신의 요구를 들어준 데 대해 감사의 인사를 했습니다. 보십시오. 이것이 어떠한 수양입니까! 어떠한 기상입니까! 이것이 바로 "온 천지를 가득 채우는" 호연지기인 것입니다.

원래 문천상은 포로로 잡혀가는 도중에 독을 마시기도 하고 물에 빠지기도 하면서 자살을 시도했지만 성공하지 못했습니다. 후에 어떤 기인(奇人)을 만났는데 그 사람이 문천상에게 대광명법(大光明法)을 전해 주었고 곧바로 깨우쳐 생사의 이치를 깨달았습니다. 따라서 삼 년을 감옥에 있으면서 모기에 뜯기고 해충에 물려 가면서도 아랑곳하지 않고 정좌 수련을 할 수 있었습니다. 그러했기에 마음을 붙잡고 기를 바로하기만 하면 모든 고난을 견딜 수 있고 전염병도 옮지 않을 수 있다고 그가 말했던 것입니다. 그런 그에게 원 조정의 재상 자리가 무슨 대수였겠습니까. 불학을 배우고 도를 배우는 이들 가운데는 어떤 경을 외우고 무슨 주문을 외워야 재난을 면하고 귀신을 쫓을 수 있는지 묻는 사람이 종종 있습니다. 저는 문천상의 「정기가」를 외우는 것이 제일 좋다고 말해 주었습니다. 애석하게도 사람들은 제 말을 그다지 믿지 않았습니다. 하지만 저도 어떻게 할 수가 없었습니다! 후세 도가의 주문 가운데 근본적인 주문의 하나인 「금광주(金光呪)」의 첫머리가 "천지의 현종은 온갖 기운의 근본이다〔天地玄宗, 萬炁本根〕"인데, 「정기가」에서 따온 것이라고도 말할 수 있습니다.

심과 기를 하나로 꿰뚫다

계속해서 '호연지기'와 현재 우리의 수양과의 관계에 대해 토론해 보겠습니다.

제가 젊어서 선을 배울 때의 일입니다. 하루는 제 스승이신 원 선생님께서 이렇게 말씀하셨습니다. "맞은편 정원은 지금껏 문이 열리지 않았는데 안에 계신 분이 누구신지 너는 아느냐? 그분은 바로 너의 큰 스승님이시며 도가의 단법(丹法)을 수련하시는 분이다." 원 선생님께서는 일찍이 도를 배운 적도 있었는데, 그 양반이 나중에 자신을 가르쳐 준 스승을 반평생 공양해 왔던 것입니다. 정말 수십 년을 하루처럼 말이지요. 그날은 원 선생님께서 저에게 그 큰 스승님을 찾아뵙고 인사를 드리라는 것이었습니다. 그런데 저에게 "큰 스승님을 뵙기 전에 내가 너에게 물어볼 것이 있으니, 너는 먼저 대답부터 하고 가거라. 자, 말해 보아라. 도대체 생각이 먼저 움직이느냐, 아니면 기가 먼저 움직이느냐?"라고 물으셨습니다. 당시 저는 입에서 나오는 대로 생각이 먼저 움직인다고 대답했고, 선생님께서는 제 대답을 들은 후에야 저를 보내 주셨습니다. 사실 그 큰 스승님은 도가의 신선 단도법(神仙丹道法)을 수련하신 분인지라 기가 먼저 움직인다는 견해를 시종 견지하셨고, 원 선생님께서는 생각이 먼저 움직인다고 여기셨습니다. 하지만 선생님께서는 스승을 반박하는 것을 원하지 않으셨습니다. 그렇다고 억지로 동조하지도 않았습니다.

그런데 훗날 제가 더욱더 연구해 본 결과, 기가 먼저 움직인다는 견해가 옳지 않을 뿐 아니라 생각이 먼저 움직인다는 견해도 옳지 않다는 것을 알았습니다. 근본적으로 선후를 나누는 것이 옳지 않습니다. 엄격히 말한다면 선후를 나눌 수 없습니다. 생각이 움직이면 기도 곧바로 움직이고, 기가 움직이면 생각도 곧바로 움직입니다. 이른바 노자가 말한 "이 둘은 같은 데서 나왔으나 이름이 다르다(此二者, 同出而異名)"는 것입니다. 그러므로 심(心)과 물(物)은 일원(一元)이며 심(心)과 기(氣)도 일원으로 한 몸의 양면입니다. 마치 한 손에 손등도 있고 손바닥도 있는 것과 똑같습니다. 한 손을 쭉 뻗으면 손등이 먼저 움직입니까, 아니면 손바닥이 먼저 움직입니까? 형태상으로는 동시에 움직입니다. 형이상적으로 보면 마치 선종의 이치와도 같으니, 손등이 움직인 것도 아니요 손바닥이 움직인 것도 아닌 손을 뻗은 사람의 마음이 움직인 것입니다. 다시 말해 마음, 손등, 손바닥 이 삼자가 합일된 것입니다. 그래서 후세의 선사들은 동그라미를 그리고 중간에 세 점을 찍기도 합니다. 이것은 "태극이 삼을 품는(太極含三)" 이치와 똑같습니다.

노자가 말했습니다. "하나가 둘을 낳고, 둘이 셋을 낳고, 셋이 만물을 낳았다〔一生二, 二生三, 三生萬物〕." 이 방면의 학리는 솔직히 말하면 불가와 도가는 서로 비슷비슷합니다. 불가는 심(心)을 이야기하는 형이상학으로서는 단연 최고라서 어느 누구도 넘어설 수 없습니다. 하지만 기(氣)의 방면에서는 이야기가 달라집니다.

다시 호연지기의 '기(氣)' 자를 토론하도록 하겠습니다.

중국 문화에서 이 '기' 자는 해석하기가 아주 어렵습니다. 십여 년 전에 어떤 미국인 학생이 저에게 묻기를 이 '기' 자를 영어로 번역하려면 어떤 글자가 좋겠냐고 했습니다. 저는 의역(義譯)을 하지 말고 음역(音譯)을 하는 것이 좋겠다고 말했습니다. 음역을 한 다음에 주석을 붙이는 것이 훨씬 타당하다고 생각합니다. 맹자는 여기에서 이 기에 대해 여러 층의 해석을 해 주었습니다. 첫째, "지극히 크고 지극히 강하다"는 형용사입니다. 둘째, "의와 도에 부합한다"는 해석은 이 기가 정신과 합일됨을 설명해 줍니다. 즉 심물일원(心物一元)적이며 '의'와 연관이 있다는 말입니다. 셋째, 형이상적 지리(至理)와 합일되며 논리상의 지리(至理)와도 합일됩니다. 말하자면 사상적으로 무사무려(無思無慮)의 최고 경지와 합일되며 '도'에 속한다는 뜻입니다.

이 부분을 읽다 보면 도무지 무슨 소린지 알 수가 없습니다. 맹자는 좀 전에 "말하기 어렵다"고 했는데, 우리는 맹자에게 "이해하기 어렵다"고 말해야겠습니다. 확실히 이해하기 어렵습니다. 실제 수양을 하지 않고 그저 언어 문자만 쫓아가다 보니 이 기의 세밀한 의미를 이해하기란 확실히 어렵습니다.

이것은 맹자가 말한 양기(養氣)입니다. 이제 고개를 돌려 문화 역사를 바라보면 공자는 오히려 기에 대해 말하지 않았습니다! 그는 정말로 연기(煉氣)나 양기(養氣)의 방법을 증자에게 전해 주지 않았을까요? 무슨 구절불풍(九節佛風)이니 보병기(寶瓶氣)[33]니 육묘문(六妙門)의 수식(數息),

수식(隨息), 지식(止息)[34] 등 기를 수양하는 방법이 없었을까요? 증자가 쓴 『대학』에도 기에 대해서는 언급하지 않았습니다! 증자가 도를 전해 준 그의 학생은 바로 공자의 손자인 자사(子思)였는데, 자사가 쓴 『중용』에도 양기에 대해서 언급하지 않았습니다! 그런데 어떻게 전국 시대 말기에 이르러 맹자가 양기를 언급하게 되었을까요? 그것도 아주 훌륭한 양기의 방법에 대해서 말입니다. 뒤편의 「진심」 장에서는 맹자가 양기의 수련에 대해 써 놓았는데 도가의 임독이맥(任督二脈)[35], 기경팔맥(奇經八脈)[36] 내지는 후세 밀종에서 중요시하는 무슨 수기(修氣)니 수맥(修脈)이니 하는 것과도 비슷합니다. 다만 맹자는 그런 명사를 사용하지 않았을 뿐입니다.

맹자가 「진심」 장에서 말하기를 "하고자 하는 것을 선이라 한다〔可欲之 謂善〕"하였는데, 수양을 하기만 하면 그저 조금만 힘써도 생각이 하나에 집중되고 생각이 서로 호응하는 것이 마치 보통 사람에게 욕구가 있는 것처럼 그렇게 자연스럽습니다. 그렇게 될 수 있다면 선의 경지에 도달했다고 할 수 있습니다. "선을 자기에게 소유함을 신이라 한다〔有諸己之謂信〕" 하였으니 수양하기만 하면 자연스럽게 조예가 깊어집니다. 수양의 조예에 치중하는 사람들은 평소 정좌 수련을 할 때면 비결을 찾아내는 데만 마음을 쓰고 조예의 변화를 기다립니다. 참으로 일정 수준에 이르기만 하면 조예는 저절로 당신을 찾아올 것입니다. 이는 사람이 물을 마셔 보면 그

---

33 구절불풍이나 보병기는 호흡을 통해 번뇌를 없애려는 밀종의 호흡법이다.

34 육묘문은 천태종에서 열반에 이르는 여섯 수행문을 말하는데 수식문(數息門), 수식문(隨息門), 지문(止門), 관문(觀門), 환문(還門), 정문(淨門)을 가리킨다. 수식, 수식, 지식은 호흡을 통해 마음을 평온하게 하는 수련이다.

35 임맥은 복부 정중선을 따라 흘러가고 독맥은 등줄기를 따라 흘러간다. 임맥과 독맥은 몸통 정중선에 위치함으로써 자연히 몸통 좌우에 뻗어 있는 경락들과 연결되며, 그 때문에 다른 모든 경락들의 흐름을 조정하고 통제하는 구실을 한다.

36 정경(正經)이라 불리는 십이경맥과는 별개의 것으로 임맥(任脈), 독맥(督脈), 충맥(衝脈), 대맥(帶脈), 음교맥(陰蹻脈), 양교맥(陽蹻脈), 음유맥(陰維脈), 양유맥(陽維脈)의 여덟 개 경맥을 말한다.

물이 차가운지 따뜻한지 저절로 아는 것처럼 아주 오묘합니다. 그렇다면 과연 어떤 상태를 가리켜 조예가 저절로 당신을 찾아왔다고 말할까요? 그 것은 경험한 사람만이 알 수 있기 때문에 여기에서는 이 정도로 끝내겠습니다. 여순양이 "단전에 보배가 있으니 도를 찾지 말라"고 했던 것과 같은 의미입니다. "충실함을 미라 한다〔充實之謂美〕"하였는데, 그런 연후에 그 것을 확충시키면 됩니다. 무슨 기경팔맥이니 삼맥사륜(三脈四輪)이니 하는 것들이 모두 통하게 됨은 물론입니다. 그때의 경지는 지극히 아름답습니다. "충실하여 밝은 빛을 지님을 대라 한다〔充實而有光輝之謂大〕"하였습니다. 거기에서 한 걸음 더 나아가면 본성의 밝은 빛이 저절로 드러납니다. "크고도 조화되는 것을 성이라 한다〔大而化之之謂聖〕"하였는데, 계속해서 도광양회(韜光養晦)[37]하면 성(聖)의 경지에 도달하게 됩니다. "성스러워 알 수 없는 것을 신이라 한다〔聖而不可知之之謂神〕"하였습니다. 천지 정신과 서로 왕래하고 조화의 기미에 훤히 통하며 다른 사람은 알 수 없는 신묘한 경지에 이르게 됩니다.

맹자는 이처럼 수양의 순서를 상세히 설명해 놓았는데, 참으로 불가의 『보리도차제론(菩提道次第論)』에 비견할 수 있습니다. 하지만 맹자는 이런 것들을 본장에 넣어 두지 않고 「진심」장에서 언급했습니다. 맹자는 참으로 기를 수양하고 마음을 수양하는 분야에서 터득한 바가 있었습니다. 그렇다면 공자는 어떠했습니까? 유사한 말을 언급한 적이 결코 없습니다.

우리가 알다시피 유가에서는 『서경(書經)』을 위주로 도를 전했습니다. 『서경』은 요순이 심(心)의 법칙을 전해 준 것으로 "사람의 마음은 오로지 위태롭고 도의 마음은 오로지 은미하니, 오직 정밀함과 한결같음으로써 진실로 그 가운데를 잡아야 한다〔人心惟危, 道心惟微, 惟精惟一, 允執厥中〕"

---

37 빛을 감추어 밖으로 비치지 않도록 한 뒤에 어둠 속에서 은밀히 힘을 기른다는 의미이다.

고 하였는데, 기에 대해서는 조금도 언급하지 않았습니다. 요·순·우·탕·문·무·주공이라는 노선을 거쳐 공자에 이르기까지 아무도 기에 대해 말하지 않았습니다. 하지만 중국 문화 속에서 양기(養氣)를 이야기한 학문을 찾아서 그 뿌리를 찾아보면 요순의 심법(心法)보다 훨씬 이른 시기인 황제(黃帝) 시대로 거슬러 올라갑니다.

『황제내경(黃帝內經)』이라는 책은 후세에 밝혀진 바에 따르면 후인의 위조라고 합니다. 하지만 도가에서는 옛날부터 황제의 학설을 존중해 왔고 양기의 수련을 중시했습니다. 맹자가 살았던 시기는 전국 시대였지만 양대 강국이었던 북방의 연나라와 제나라에는 수도(修道)를 중시하는 방사들이 특별히 많았습니다. 당시는 마치 오늘날 과학을 연구하는 것처럼 신선 단약(丹藥)을 정련하는 것에 관심이 많았습니다. 만약 중국 문화에서 과학 발전을 이야기할 것 같으면 전국 시대 제나라와 연나라의 과학 발전을 들어야 할 것입니다. 남방의 도가로 말하자면 시기적으로 공자보다 조금 일렀던 노자 및 조금 늦은 장자가 모두 초나라 사람이었는데 두 사람 모두 양기에 대해 언급했습니다. 사실 현재의 우리는 아무리 보수적으로 전통 문화를 이야기한다 해도 현대적 명사와 과학적 지식이 섞여 들어가는 것을 피할 수 없습니다. 그러니 전국 시대의 맹자 역시 양기의 수양을 이야기하면서 도가 방술의 영향을 받지 않았으리라고 말할 수 없습니다. 유가에서는 맹자가 처음으로 양기를 언급했는데, 그것도 아주 솔직한 태도로 양기의 중요성을 강조했으며 근거 또한 확실하고 명확했습니다. 만약 수양에 대해 말하면서 자기 자신이 훌륭하게 "기를 기르지〔養氣〕"못했더라면 제대로 이야기할 수도 없었을 것입니다.

도가의 연기

이제 다시 돌아와서 도가의 양기지학(養氣之學)을 살펴보도록 하겠습니다. 황하 연안의 남북 지역은 중국 고대에 과학이 가장 발달된 곳입니다. 현대의 이론 과학자에 해당하는 사람들이 모두 당시 연(북경 하북 일대), 제(산동의 교동膠東 일대) 출신이었습니다. 이 부분은 우리가 특별히 주의를 기울여야 하는데, 특히 젊은 친구들은 이 방면의 자료들에 대해 어쩌면 책 이름조차 들어 본 적이 없을지도 모릅니다. 사실 이 방면에서 중국은 대단히 풍부한 역사 문헌을 지니고 있습니다.

영국인 조지프 니덤이 『중국의 과학과 문명』이라는 책을 썼는데, 십여 년 전 어떤 학생이 원서를 사서 제게 보내 주었습니다. 당시 제가 책을 펼쳐 도가 관련 서적 이름들을 가리키면서 학생들에게 물어보았는데 뜻밖에도 아는 사람이 한 명도 없었습니다. 부끄러운 노릇이 아닐 수 없습니다. 중국 사람이면서 책 이름조차 모르다니, 그러면서 중화 문화의 부흥을 외친다면 참으로 웃기는 일이 아닙니까?

당시 북방의 연과 제의 도가는 전통적 도술(道術)을 수행의 근본으로 받들었습니다. 『황제내경』과 『난경(難經)』이라는 두 권의 책은, 비록 그것이 후인의 위작이라고 말하는 사람도 있지만 확실히 상고 시대 도가 사상의 총집이라고 할 수 있습니다. 또 남방의 도가 사상을 보더라도, 그때에는 도가 사상이 전 중국에 가득 찼기 때문에 당시 군사학가의 사상인 『손자병법』만 해도 도가 사상을 최고의 지도 원리로 삼고 있습니다. 손자의 후손인 손빈(孫臏)도 도가에 속하는 인물로, 전하는 바에 따르면 그의 스승은 귀곡자(鬼谷子)라고 합니다. 일이 일어나는 데는 모두 그 원인이 있지만 조사해 봐도 실질적인 근거는 없습니다. 그렇다 하더라도 우리는 병가(兵家)가 도가에서 나왔다고 말할 수 있습니다. 그 밖에도 의가(醫家), 농가(農家), 종횡가(縱橫家), 법가(法家) 역시 모두 도가에서 나왔습니다.

그저 앉아서 도를 논하고 오로지 인의만 강조했던 사람들이 유가였던 셈입니다. 나머지는 모두 도가의 천하였습니다.

남방의 초나라는 전국 시대의 신흥 강국이었습니다. 당시 감히 진나라에 대항할 수 있었던 나라는 제나라와 초나라 둘뿐이었습니다. 초나라는 결국 진나라에 의해 멸망했는데, 저와 마찬가지로 성이 남(南) 씨였던 초나라의 남공(南公)이라는 사람은 이렇게 말했습니다. "초나라가 비록 세 집만 남더라도 진나라를 멸망시킬 자는 반드시 초나라일 것이다[楚雖三戶, 亡秦必楚也]." 설사 초나라가 망해 버려서 어쩌면 최후로 세 가구만 남게 될 수도 있겠지만, 장차 진나라의 폭정을 뒤엎을 자는 틀림없이 초나라 사람일 것이라는 말입니다. 결국 항우와 유방이 일어났는데 바로 초나라 사람이었으니 그의 예언은 적중한 셈입니다.

이제 다시 초나라의 도가 사상을 살펴봅시다. 노자는 일찍이 "기를 오로지하고 부드러움에 이르러 어린아이 같을 수 있겠는가[專氣致柔, 能嬰兒乎]"라고 말함으로써 정식으로 양기를 언급했습니다. 태극권을 배우는 사람들은 대부분 노자의 이 구절을 표방하는데, 지금 태극권을 연마하든 하지 않든 상관없이 여러분은 과연 어린아이처럼 부드러울 수 있습니까? 좋습니다. 이제 문제가 생겼군요. 어린아이는 뼈조차 모두 부드러운데 우리가 그럴 수 있을까요? 부드러움이 극에 달한 것과 강함이 극에 달한 것은 그 경지가 똑같으니, 바로 맹자가 말한 적자지심(赤子之心)[38]과도 같습니다. 노자가 또 말했습니다. "골짜기의 신은 죽지 않으니 이를 일러 오묘한 암컷이라 한다. 오묘한 암컷의 문은, 이를 일러 하늘과 땅의 근본이라 한

---

38 갓난아이의 마음이라는 뜻으로, 세속에 물들지 않은 순결한 마음을 말한다. 「이루 하(離婁下)」에 나오는데, 보통 사람은 자라면서 갓난아이의 마음을 잃어버리지만 오직 군자만은 이 마음을 끝끝내 변치 않고 지니고 있다고 했다.

다. 끊임없이 존재하는 것 같고 아무리 써도 지치지 않는다〔谷神不死, 是謂
玄牝, 玄牝之門, 是謂天地根. 綿綿若存, 用之不勤〕."이것은 모두 기의 작용을
설명하고 있습니다. 우리는 평소 끙끙 앓는 소리를 내며 힘들게 기공을 연
마하는 것을 원하지 않는데, 『장자』제1편 「소요유(逍遙遊)」에서 "아지랑
이와 먼지는 여러 가지 생물이 숨을 서로 내뿜는 것이다〔野馬也, 塵埃也,
生物之以息相吹也〕"라고 말한 것이 바로 기에 대한 설명입니다. 「제물론(齊
物論)」에서도 우주의 발생은 대체로 바람에 의해서라고 했는데 그 역시
기입니다. 이런 것들은 모두 기화(氣化)의 원리와 경계를 서술한 것으로,
심지어 「양생주(養生主)」에서는 독맥(督脈)[39]의 중요성을 정식으로 언급
하여 "독을 따라서 경으로 삼는다〔緣督以爲經〕"라고 했습니다. 이것들은
모두 전국 시대의 수심(修心)과 양기(養氣)의 수련을 증명하고 있는데, 도
가 사상에서 아주 중요한 분량을 차지하고 있습니다. 이것들이 전해져
서 몇천 년 중국 문화에 영향을 미쳤습니다. 맹자보다 시기적으로 약간
늦은 순자 역시 기를 이야기하였는데, 그 모든 것이 시대의 영향이었습
니다.

우리가 안목을 좀 더 넓혀서 바라보면 이러한 연기(煉氣)의 수양은 동양
문화의 특색이라고 말할 수 있습니다. 인도에서도 마찬가지였습니다. 후
세의 어떤 사람이 인도의 학술을 연구한 결과 인도의 바라문교는 맹자가
살던 시기에 이미 중국에 전해졌다고 합니다. 중국 문화사에서는 확실한
자료를 찾아내지 못하고 있지만 이것은 사실 중요한 문제입니다. 제가 항
상 느끼는 것이지만 학문은 정말 해도 해도 끝이 없습니다. 과연 인도의
기공이 중국의 영향을 받은 걸까요, 아니면 중국의 기공이 인도의 영향을

---

39 기경팔맥의 하나로 '독(督)'은 인체를 총감독한다는 의미를 지니고 있다. 회음부에서 시작하
여 등의 척추 중앙선을 따라 위로 올라 목을 지나 머리 정수리를 넘어 윗잇몸의 중앙에 이르
는 경맥이다.

받은 걸까요? 실제로 인도의 바라문교는 진시황 때 중국에 전해졌습니다. 역사 기록에 따르면 진시황이 몇 명의 키 큰 사람들을 잡아들였는데 인도에서 온 사람들이라고 했습니다. 그들을 감옥에 가두었는데 결국 스스로의 힘으로 달아나 버렸다고 합니다. 진시황은 기이하다고 생각했지만 그들의 행방을 캐 보지 않았기 때문에 그것으로 끝나고 말았습니다. 전해지는 말로는 당시 인도의 바라문교도 신통력을 지니고 있었다고 합니다. 물론 기를 연마한 데에서 비롯된 것입니다. 중국의 경우에는 일찍이 진시황 이전에 이미 기공의 수련이 있었습니다. 그래서 어떤 사람은 이렇게 말합니다. 인도의 바라문교가 훗날 변해서 밀종의 기공이 되었는데, 그 또한 중국의 도가로부터 전해진 것이라고 말이지요.

결론을 말한다면 기공은 동양 문화의 특산물이라고 할 수 있습니다. 심지어는 동서양 문화가 본래는 하나의 근원에서 나왔다고 말할 수 있습니다. 빙하 시대의 변화를 거치면서 동서양 인류는 공간적인 환경의 영향을 받아 제각기 발전하게 되었습니다. 이것은 또 다른 문제이니만큼 여기에서는 토론하지 않겠습니다.

맹자가 호연지기를 기르는 문제를 언급한 이후로 중국 문화에서는 이러한 양기(養氣) 방면에 관한 수련이 많아졌습니다. 진한 이후의 도가에서는 복기(服氣)를 중시했는데 혹은 복기(伏氣)라고도 불렀습니다. 복기(服氣)의 '복(服)'은 오늘날 약물을 '내복(內服)'한다고 할 때의 복으로, 먹는다는 뜻을 나타냅니다. 복기(伏氣)의 '복(伏)'이 의미하는 바는 숨을 쉬는 경계입니다. 수양에 성공하면 기가 충만해져서 확실히 밥 먹을 필요가 없어지고 장수하여 신선이 될 수 있습니다. 장량(張良)이 "곡기를 끊었다〔辟穀〕"는 말이 결코 전부 거짓은 아니었습니다. 후에 복기(伏氣)의 수련이 구체적인 방법을 갖추게 되면서 후세 도가에서는 그런 방법을 연기(煉氣) 혹은 복기(服氣)라고 불렀습니다.

수심(修心)과 양성(養性)에 관한 도가의 주요 문헌으로 이른바 단경(丹經)의 비조라 불리는 『참동계(參同契)』는 한대의 위백양(魏伯陽)이 지은 것입니다. 후세에 신선 단법의 도를 수련하는 것의 대부분이 이 책에서 변화되어 나왔습니다. 중국 최초의 이론과학 특히 약물 화학, 연금술 같은 과학 기술 이론도 모두 이 책과 밀접한 관계가 있습니다. 이 책의 내용은 여기에서 토론하지 않겠지만 개요만 말씀드리자면, 이 책과 중국의 신선 단도(神仙丹道)의 주요 요지는 사람의 생명이 영원히 존재할 수 있다고 여기는 것입니다. 양기의 수련은 생명이 영원히 존재할 수 있는 비결입니다. 그 중심은 정(精)·기(氣)·신(神)이 합하여 하나가 된 선천적인 원기(元炁)를 수양하는 데 있습니다.

중국의 기(氣) 자는 글자 쓰는 방법이 여러 가지가 있습니다. '气(기)'는 공기를 가리키고 '氣(기)'는 사람의 몸에 음식이 들어간 후에 체내에서 생겨나는 생리적인 '氣'를 말합니다. '炁(기)'는 無(무)와 火(화) 두 글자의 합성으로 후천적인 气(기) 혹은 氣(기)가 없음을 의미하는데, 선천적인 '元炁(원기)'를 말합니다.

그것들이 변화하다가 후세에 이르러 연정화기(煉精化氣), 연기화신(煉氣化神), 연신환허(煉神還虛) 같은 수도의 체계를 낳게 되었습니다. 현재 우리가 지닌 생명 에너지는 수련을 거친 후에 하나의 새로운 생명 에너지를 재생산합니다. 이것은 이론상으로 실현 가능한 일입니다. 일반적으로 양성(兩性)의 교배로 새로운 생명을 생산하는데 이는 생명이 번식하고 자생하는 연속 기능입니다. 하지만 도가의 이론에 따르면 음양의 양성 교배를 거칠 필요가 없습니다. "끊임없이 생겨나게 하는〔生生不息〕" 기능을 거꾸로 자기 자신에게 되돌리고, 사람마다 지니고 있는 심신 수련을 이용하면 하나의 새로운 생명을 생산할 수 있습니다. 그리고 이 새로운 생명은 출신입화(出神入化)할 수 있어서 시공(時空)의 영향을 받지 않습니다. 천지와 근본을 함께하고 일월과 수명을 함께하며 만물과 일체가 되니, 신선이 되어 불로장생할 수 있습니다.

인류 문화 가운데 중국 문화의 이러한 연기(煉氣) 사상은 대단히 특수하여 오직 이 집 외에는 분점이 따로 없다고 말할 수 있습니다. 인류 각 민족 각 국가의 종교 문화는 현세의 고통에서 벗어나기를 원합니다. 그래서 또 다른 세계인 천당이나 불국 정토를 건립하고 사후에는 그곳으로 왕생하기를 희망합니다. 이것은 정신에 속하는 문제입니다. 그런데 중국 도가의 연기는 다릅니다. 또 다른 세계를 찾을 필요가 없으며 무슨 천당이니 불국 정토니 하는 것을 건립할 필요가 없습니다. 그냥 현재 있는 이 세계에서 실행할 수 있습니다.

다른 종교들은 비록 생사(生死) 양면을 모두 이야기하기는 하지만 최후의 결과를 들어 보면 사후의 일면에 더 치중합니다. 오직 중국 문화만이 생(生)의 일면을 중시하기 때문에, 끊임없이 생겨남에 대해 이야기합니다. 오직 사의 측면에 서서 바라보는 것과는 전혀 다릅니다. 마찬가지로 연기라는 학설 체계도 생의 일면에 서서 인생을 바라보는 것입니다. 여타 종교가 세상을 보는 것은 마치 쓸쓸한 비바람 속에서 석양빛을 받으며 골짜기로 들어가는 듯한, 무덤가에 서서 세상과 인생을 바라보는 맛을 지니고 있습니다. 그러나 중국 문화는 그렇지 않습니다. 세상을 보는 것이 마치 높은 산 정상에 서서 떠오르는 태양을 대면하는 듯하니, 빛 가운데서 세상을 바라보면 참으로 만물이 끊임없이 생겨납니다.

훗날 위진(魏晉) 시기에 이르러 도교의 『고상옥황심인묘경(高上玉皇心印妙經)』이 나와서 "최상의 약 세 가지는 신과 기와 정〔上藥三品, 神與氣精〕"이라 함으로써 연기(煉氣)만을 이야기하던 것에서 연정(煉精), 연기(煉氣), 연신(煉神)의 세 가지 법보를 이야기하게 되었습니다. 이 세 가지를 수련하면 생명을 장악하여 영원히 청춘에 머물러서 살아갈 수 있다고 했습니다. 이것이 후세의 수련(修煉) 삼부곡에 영향을 주었습니다. 어떤 사람은 불가의 수계(修戒), 수정(修定), 수혜(修慧)가 그와 똑같다고 말합니다. 하지만 여기에서 둘을 비교함으로써 양가의 다툼을 일으키는 일은 하지 않겠습니다.

그렇다면 불가는 양기설(養氣說)의 영향을 받았을까요, 받지 않았을까요? 수당(隋唐) 연간에 널리 성행했던 천태종은 지관(止觀)을 중시했는데, 위진 이래로 초기에 번역된 『달마선경(達摩禪經)』 등의 수양법을 채택하여 좌선과 조식(調息)이 가장 중요하다고 주장했습니다. 여기에서의 식(息)이 또한 바로 기(氣)입니다. 지의대사(智顗大師)가 쓴 『마하지관(摩訶止觀)』 법문에서는 상좌(上座)의 첫 단계가 바로 연기(煉氣)를 해야 하는 것이라고 주장했는데, 단지 명사 하나만 조식(調息)으로 바꾸었을 뿐입니다. 다만 그들이 나눈 단계는 비교적 세밀합니다. 종교는 내버려 두고 순수 학술적 관점에서 말한다면 천태종은 불교를 흡수하였지만 밀종 및 중국 도가의 장점도 융회시킨 다음에 기를 세 단계로 나누었습니다. 초기에 불학이 중국에 전해졌을 때 수증(修證)의 수련을 중시하는 경전으로 『대안반수의경(大安般守意經)』 등이 번역되었습니다. 이른바 '안반(安般)'은 범어 '안나반나(安那般那)'[40]를 줄여 놓은 것으로 들숨과 날숨을 의미합니다. '수의(守意)'는 맹자의 '양심(養心)'과 같은 것이니, 안반과 수의를 이어서 말한다면 마음을 기르고 기를 기르는 일종의 수증 방법이라고 하겠습니다. 수당 이전에 불학을 배운 사람 중에는 수행을 하는 사람이 비교적 많았는데, 대부분 이런 수련의 노선을 걸었습니다.

---

40 안나반나는 범어 아나파나[阿那波那, āna-apāna]의 음역이다. āna는 들숨, apāna는 날숨을 말하는데, 들숨과 날숨을 헤아리거나 거기에 집중하는 수행법을 가리킨다.

마음을 다스림과 기를 기름

현재 나이가 좀 있는 분들은 모두 수련을 해 봤을 것입니다. 그 중에는 도가를 공부한 이도 있을 것이고 불가의 현교(顯敎)[41]를 공부했거나 밀종을 공부한 사람도 있을 것입니다. 각양각색의 수련이 존재할 것이니 정말 각 노선의 신선이 다 모여 있다고 말할 수 있습니다. 어느 종파를 공부했든지 수련에서 기를 연마하지 않은 사람은 없습니다. 좀 전에 말했던 불가의 지관(止觀) 법문에서는 먼저 우리에게 조식(調息)을 하라고 하는데, 조식은 수양과 관련이 있습니다. 무엇을 조식이라고 할까요? 그들은 사람의 호흡을 세 단계로 나눕니다.

최초의 호흡은 '풍(風)'이라고 부르는데, 우리 보통 사람들은 호흡을 하면 미세한 소리가 납니다. 물론 우리가 이야기하는 동안에는 바깥에 차들이 오가는 소리가 너무 커서 자신의 호흡 소리를 듣지 못합니다. 하지만 만약 집으로 돌아가서 침대에 누워 있으면 자신의 거친 호흡 소리를 듣게 될 것입니다. 그런 호흡을 '풍'이라고 부릅니다. 바람이 심하게 요동할수록 우리 마음속의 생각도 더 번잡해지고 안정되지 못합니다. 그렇기 때문에 침대에 누워 잠을 이루지 못할 때면 호흡이 비교적 거칠어지는데, 잠이 들지 못할수록 호흡은 더 거칠어집니다. 잠자는 사람을 잘 관찰해 보면 정말로 깊이 잠들었을 때, 조금도 호흡하지 않는 그 시간은 정말 짧습니다. 몇 초 동안 이루어지는 그때가 진정한 휴식이며 정말로 잠이 든 것입니다. 잠시 후면 또다시 깊이 숨을 들이마십니다. 우리가 주의해서 관찰해 보면

---

41 진리를 말로 설명할 수 있는 교라는 뜻으로 밀교(密敎)에 대응되는 말이다. 밀종(密宗)인 진언종(眞言宗)에서는 모든 불교를 현교와 밀교로 구별하여 진언 밀교 이외의 법상종, 삼론종, 천태종, 화엄종 등의 여러 종과 성문(聲聞), 연각(緣覺)의 이승(二乘) 등을 모두 현교라고 부른다.

그의 안구가 미미하게 움직이는 것을 발견할 수 있는데, 그 순간 뇌신경이 또다시 활동하기 시작한 것입니다. 아마도 또다시 꿈이 펼쳐지기 시작했을 것입니다. 과학적 연구에 따르면 우리가 흔히 꾸는 꿈은 아무리 길어야 몇 초를 넘지 못한다고 합니다. 꿈속에서는 꽤 여러 날이 흘러간 것 같아도 사실은 몇 초에 불과할 뿐입니다.

두 번째 단계의 호흡은 '기(氣)'라고 부르는데, 호흡이 비교적 미세해서 아무런 소리도 없습니다. 호흡이 이 단계에 이르렀다고 해도 아직 멀었습니다.

최고 단계의 호흡은 '식(息)'입니다. 우리가 평소에 수련을 하는데도 선정(禪定)에 들지 못하고 마음이 고요해지지 않는 까닭은 호흡이 아직 '식'의 경지에 도달하지 못했기 때문입니다. 이른바 '식'은 바로 노자가 말했던 "끊임없이 존재하는 것 같아서, 아무리 써도 지치지 않는다〔縣縣若存, 用之不勤〕"의 경지입니다. 심경이 조용하고 편안한 경지에 이르러 어떠한 잡념도 거의 일어나지 않고 심신이 경쾌하고 안락할 때, 호흡은 "끊임없이 존재하는 것 같습니다." 마치 호흡이 있는 듯도 하고 또 없는 듯도 하기 때문에 노자는 "존재하는 것 같다"고 말했습니다. 그렇다면 그는 왜 "끊임없이 끊어지는 것 같다〔縣縣若絶〕"고 말하지 않았을까요? 만약 "끊임없이 끊어지는 것 같다"고 말했다면 마치 금방이라도 끊어질 것 같아서 "끊임없이 존재하는 것 같다"와는 완전히 다른 의미가 되어 버렸을 것입니다. 그렇기 때문에 우리는 글을 쓸 때 주의해야 합니다. 한 글자 차이로 의미상 천 리 만 리 멀어져 버리는 경우가 왕왕 있기 때문입니다.

뒤 구절인 "아무리 써도 지치지 않는다〔用之不勤〕"에서 이른바 '용(用)'은 작용을 말하며 '근(勤)'은 부지런하다는 의미입니다. 수련과 수양이 "끊임없이 존재하는 것 같은" 경지에 이르면 "아무리 써도 지치지 않는다"고 하였는데, 이 말은 무슨 의미일까요? 이것은 맹자가 말했던, 싹을 뽑아서 성장을 도와서는 안 되고 "곧음으로써 잘 기르고 해침이 없어야 〔直養而無害〕"한다는 말입니다. 그 사람이 더디게 혹은 빨리 자라도록 도와주려고 의도해서는 안 됩니다. 반드시 자연스럽게 발전하고 순서대로 진보하게 내버려 두어야지, 방법을 강구해서 그 사람이 더디게 혹은 빨리 자라게 만들어서는 안 됩니다.

수도하는 사람들은 모두 선정에 들기를 희망하는데, 참으로 선정에 들게 되면 '식'조차 정지합니다. 그런데 일반적으로 수련을 하는 사람들은 숨이 정지하는 것은 고사하고 '식'의 단계에도 이르지 못합니다. 정좌한 채 숨을 내쉬고 들이쉬는 모양이 마치 풀무질이라도 하는 것 같아서 '기'의 단계에도 이르지 못했으니 '식'은 더구나 말할 것도 없습니다. 그런 상태에서는 외기(外氣)조차 숨 쉬지 못하는데, 어떻게 『대학』에서 말한 "멈출 줄 안 뒤에 정함이 있고, 정한 뒤에 고요할 수 있고, 고요한 뒤에 편안할 수 있다〔知止而後有定, 定而後能靜, 靜而後能安〕"는 것에 도달할 수 있겠습니까? '고요함'과 '편안함'도 해내지 못하는데, 한 걸음 더 나아가서 "편안한 뒤에 생각할 수 있고, 생각한 뒤에 얻을 수 있다〔安而後能慮, 慮而後能得〕"는 지혜의 경지는 말할 것도 없습니다. 선정에 들지 못하니 지혜가 생겨날 수 없는 것은 당연합니다.

두서없이 늘어놓았지만 여러분은 어떻게 기를 기르는지, 어떻게 호연지기를 배양하는지에 관해 대략 이해하셨을 것입니다.

훗날 당송(唐宋) 육칠백 년 사이에 서장(西藏, 티벳)에서 전해진 밀종에서도 연기(煉氣)를 주장하였는데, 성불(成佛)의 초기 방법으로 반드시 연기를 해야 한다고 여겼습니다. 하지만 그들은 연기라 부르지 않고 수기(修氣), 수맥(修脈), 수명점(修明點)[42], 수졸화(修拙火)[43]라고 불렀습니다. 이

---

42 명점(明點)은 도교에서 말하는 정(精)과 비슷한데 정액, 혈액 혹은 내분비선을 말한다.

른바 삼맥칠륜(三脈七輪)[44]을 통하게 하는 것을 수행과 성불의 필수 과정으로 삼았습니다. 현재 인도의 요가 가운데 '몸의 요가[身瑜珈]'를 수양하는 일파는 근본적으로 연기를 중시합니다.

위에서 말한 것들은 물론이고 중국과 동양 더 나아가 전 세계에서 연기(煉氣)를 이야기하는 많은 학술과 방법들은 모두 맹자가 말한 호연지기와 직접 혹은 간접적으로 상호 연관을 지니고 있습니다.

마음을 평안하게 하고 기를 고요하게 함

중국의 지식인들은 하나같이 '양기(養氣)'에 대해 이야기하기를 좋아하였고, 때로는 다른 사람에게 "마음이 평안하고 기가 조화로우니 힘써 기를 기르시게"라고 권하기까지 했습니다. 하지만 기를 기르는 이 수련은 참으로 어렵습니다. 송말 원초의 방회(方回)의 시 한 수를 보더라도 기를 기르는 것이 얼마나 어려운지 알 수 있습니다.

만사에 마음이 텅 비니 입 또한 다물어지건만　　萬事心空口亦箝

마음에 감회가 생기면 기는 불꽃처럼 타오르네　　如何感事氣猶炎

떨어진 꽃잎이 벼루에 가득하니 먹 갈기 싫어지고　　落花滿硯慵磨墨

---

43 졸화는 범어 쿤달리니(Kundalini)를 번역한 말이다. 인도의 요가에서는 우주 에너지가 존재한다고 믿으며 우리 인간의 몸에도 선천적인 우주 에너지가 존재하고 있다고 하는데, 이를 쿤달리니라고 한다.

44 인체에는 칠만이천 갈래의 맥이 있고 그중에 특별히 중요한 것은 이십사 갈래이고 더 중요한 것은 중맥, 좌맥, 우맥의 삼맥이다. 칠륜은 요가의 일곱 차크라와 동일한 개념으로 해저륜, 생식륜, 제륜, 심륜, 후륜, 미조륜, 정륜을 말한다. 남 선생은 『불교수행법강의』에서 삼맥칠륜이 통해야 경안(輕安)에 이르고 정(定)에 들 수 있다고 했다.

제비 새끼 들보로 돌아오니 급히 주렴을 걷어 올린다	乳燕歸梁急卷簾
시구 다듬으며 가도 같은 시인이 되기를 희망해 보지만	詩句妄希敲月賈
벼슬하자니 물가에서 낚시하던 엄자릉에게 부끄럽구나	郡符深愧釣灘嚴
온갖 시름과 한을 다 녹여 버릴 곳이라	千愁萬恨都消處
옆 누각의 술집 깃발 웃으며 가리키네	笑指鄰樓一酒帘

　그는 첫째 구에서 "만사에 마음이 텅 비니 입 또한 다물어지건만"이라고 말했습니다. 본래부터 만사를 '공(空)'으로 여기고 세상사 일체를 꿰뚫어 보았기에 스스로 입을 봉한 채 사람에 대해서건 일에 대해서건 비평하거나 평론하려 들지 않았습니다. "마음에 감회가 생기면 기는 불꽃처럼 타오르네." 하지만 어떤 상황에 맞닥뜨리기만 하면 기가 올라옵니다. 마치 기를 기르는 사람이 정좌 수련을 하는 것과 같아서, 가만히 앉아 있으면 마음이 평안하고 기가 조화로워서 참 좋지만 못마땅한 일에 맞닥뜨리면 화를 내고 맙니다. "떨어진 꽃잎이 벼루에 가득하니 먹 갈기 싫어지고"라는 셋째 구는 문학적 맛이 농후합니다. 본래는 글씨를 쓰고 그림을 그리려고 했는데, 미풍이 한차례 지나간 곳에 꽃잎이 우수수 떨어지더니 때마침 바람에 실려 창으로 날아 들어온 꽃들이 공교롭게도 벼루 속으로 떨어졌습니다. 벼루에 떨어져 먹물이 묻은 꽃잎을 보자 문득 어떤 생각이 떠올라, 글씨 쓰고 그림 그리려던 마음이 사라져 버리고 먹을 갈기도 귀찮아집니다. 이것이 바로 외물(外物)의 영향을 받아 자신의 마음이 바뀌어 버린 것입니다. 비록 겉으로 보기에는 게을러진 것 같지만 내면의 마음은 부지런히 움직이고 기 역시 떠오릅니다. 단지 떨어진 꽃잎 몇 조각이 자기 자신에게 영향을 미친 것입니다. 맹자가 말한 "지기지 무포기기[持其志, 無暴其氣]"라는 '일곱 글자'와 서로 부합되지 않는 모습을 볼 수 있습니다.

"제비 새끼 들보로 돌아오니 급히 주렴을 걷어 올린다"는 넷째 구의 경치 묘사 역시 자못 아름답습니다. 대들보 위에 둥지를 튼 제비 한 쌍이 새끼를 낳았는데, 제비 새끼가 처음으로 둥지를 벗어나 시험 비행을 하다가 지쳐서 돌아왔습니다. 그런데 주렴이 그만 집으로 돌아오는 길을 막고 있어서 시인은 얼른 주렴을 걷어 올립니다. 선의에서 나온 행동이기는 하지만 어쨌든 마음이 움직이고 말았습니다.

다섯째 구인 "시구 다듬으며 가도 같은 시인이 되기를 희망해 보지만〔詩句妄希敲月賈〕"은 이기고 싶어 하는 시인의 마음을 묘사하고 있습니다. 이기고 싶어 하는〔好勝〕 마음 역시 기가 움직인 것입니다. 이 구의 "고월가(敲月賈)" 세 글자에는 다음과 같은 전고가 있습니다.

당대(唐代)에 가도(賈島)라는 저명한 시인이 있었습니다. 한번은 시를 지으면서 "스님이 달빛 아래 문을 삐걱 미네〔僧推月下門〕"라는 구절을 썼습니다. 그런데 나중에 생각해 보니 '퇴(推)' 자가 그다지 좋은 것 같지 않아 '고(敲)' 자로 바꾸어서 "스님이 달빛 아래 문을 똑똑 두드리네〔僧敲月下門〕"로 고쳤습니다. 하지만 끝내 '퇴' 자가 좋을지 '고' 자가 좋을지 결정을 내리지 못했습니다. 그리하여 길을 걸어가면서도 그 구절을 반복해서 읊조리다가 자기도 모르게 그만 한유(韓愈)의 행차와 부딪치고 말았습니다. 당시 높은 관직에 있었던 한유는 말을 타고 있었는데 호위하던 병사들이 가도를 잡아왔습니다. 한유는 한눈에 그가 수재(秀才)[45]임을 알아보고 가도에게, 너는 왜 그렇게 조심성 없이 함부로 길을 걸어가느냐고 물었습니다. 그러자 가도가 지금 오로지 일심으로 시를 짓느라 그만 주의하지 못

---

45 여기에서는 뛰어난 인재라는 의미가 아니라 수재과(秀才科) 출신을 말한다. 당대(唐代)에는 명경과(明經科), 진사과(進士科)와 나란히 수재과를 두었다. 송대(宋代)에는 과거에 응시하는 선비를 모두 수재라 칭했고, 명대와 청대에 이르러서는 현학(縣學)에 입학하는 생원(生員)까지도 수재라 칭하였다.

했다고 대답했습니다. 이 젊은이가 시를 지을 줄 안다는 말을 듣자 한유는 크게 흥미를 보였습니다. 가도가 시의 내용을 설명하자 한유는 크게 칭찬했을 뿐 아니라 '고(敲)' 자를 쓰라고까지 말해 주었습니다. 그 일로 가도의 명성은 장안에 두루 퍼졌습니다. 훗날 글을 다듬는 것을 일러 '퇴고(推敲)'라 한 것이 바로 이 고사에서 유래하였습니다.

퇴고의 고사를 알고 나면 방회의 이 시구의 의미도 알 수 있는데, 시를 지을 때면 자신의 작품이 훌륭하기를 바라는 마음이 간절해지고 남보다 뛰어나기를 바라는 마음도 커집니다.

"벼슬하자니 물가에서 낚시하던 엄자릉에게 부끄럽구나"라는 여섯째 구에서, 방회는 기를 기르는 자신의 수양이 아직도 부족해서 무슨 일만 생기면 여전히 마음이 동요됨을 솔직하게 털어놓았습니다. 엄자릉(嚴子陵)은 동한 광무제 유수(劉秀)의 오랜 친구였습니다. 광무제 유수는 황제가 된 후 엄자릉을 찾아 벼슬을 내리려 했지만, 엄자릉은 그에게 나아가기는커녕 오히려 부춘강(富春江) 가에 숨어서 도롱이 입고 삿갓 쓰고 강변에서 낚시를 했습니다. 이 시의 작가인 방회는 당시에 군수 임명장을 받아 들고 기뻐했는데, 돌이켜 엄자릉의 고아한 풍모를 떠올리고는 이내 부끄러움을 느꼈습니다.

우리는 공손추가 맹자에게 질문했던 내용을 기억하고 있습니다. 만약 제나라에서 요직을 맡아 공을 이루고 명성을 얻게 되면 마음이 동요되겠습니까, 동요되지 않겠습니까 하고 묻자 맹자는 마음이 동요되지 않노라고 말했습니다. 지금 방회는 한 장의 임명장에 마음이 동요되었으니, 이 또한 기를 기르는 어려움을 설명해 줍니다. 시를 가지고 시를 논하자면 이 시의 다섯째 여섯째 구는 그다지 훌륭하다고 할 수 없습니다. 인명(人名)을 사용해서 압운하기를 좋아하는 것은 소동파의 작시 기교를 배운 것입니다. 하지만 소동파 시의 그런 기교는 결코 본받을 만한 것이 못 됩니다.

마지막 두 구인 "온갖 시름과 한을 다 녹여 버릴 곳이라, 옆 누각의 술집 깃발 웃으며 가리키네"는 그의 결론입니다. 결국 아무리 생각해 봐도 인생은 역시 기를 움직여서는 안 되고 마음이 동요될 필요가 없습니다. 그런데 그의 부동심(不動心)과 부동기(不動氣)는 이웃집의 술에 의지하여 도움을 받아야 합니다. 그렇다면 그건 술 취함에 의지하여 스스로 자신의 기를 없애는 것이 아닐까요?

저는 늘 중국의 철학 사상을 연구하기가 아주 어렵다고 말하는데, 대부분이 시사(詩詞)와 문학 작품 속에 포함되어 있기 때문입니다. 우리는「봄도 반이나 지났건만 오래도록 비가 내려 붓을 놀리다〔春半久雨走筆〕」라는 제목을 단 방회의 칠언율시를 살펴보았는데, 여덟 구의 시가 매 구절마다 철학 사상을 품고 있습니다.

사실 당송 이후의 사대부들 가운데는 정좌(靜坐)를 중시하거나 호흡법을 배우거나 연기(煉氣)를 하거나 양기(養氣)를 하는 사람들이 대단히 많았습니다. 여러분 귀에도 익숙한 몇 사람을 들어볼 텐데 그들 모두 일찍이 이 방면의 수련을 했습니다. 당대의 백거이(白居易)는 이런 시를 지었습니다.

기가 일어남이 정에서 말미암음을 내 알거늘	自知氣發每因情
정이 있으니 어찌 기가 평안할 수 있으랴	情在何由氣得平
병의 뿌리가 깊은지 얕은지 묻는다면	若問病根深與淺
이 몸은 병과 나란히 살아갈 수밖에	此身應與病齊生

이 시는 완전히 양기 수련에 대한 시인의 보고서라고 할 수 있습니다. 시인은 말합니다. 자신은 기가 움직이는 것이 틀림없이 감정의 영향을 받는 것임을 잘 알고 있다고 말이지요. 마음이 움직이면 동시에 기가 움직이는

법입니다. 마음을 없애는 수양을 하지 않는 한 나의 이 마음은 항상 지니고 있을 것이고, 정 때문에 마음이 움직이고 마음이 움직이면 기가 움직일 수밖에 없습니다. 그래서 기 역시 평안한 상태를 유지할 수가 없습니다. 만약 기가 쉽사리 움직이는 병이 얼마나 심각한가를 물어 온다면, 솔직히 말해서 여러분은 태어나서 이 생명을 소유하는 순간부터 마음이 움직이고 기가 움직이는 병을 지니게 됩니다. 그래서 그는 이런 시도 지었습니다.

병이 드니 도사는 기를 고르라 하고	病來道士教調氣
늙어 가니 산승은 좌선을 권하는구나	老去山僧勸坐禪
홀로 봄바람 맞으며 양류곡 타노라니	孤負春風楊柳曲
작년에 술 끊어 올해까지 그러했구나	去年斷酒到今年

한편으로는 마음과 기를 수양하고 있지만 또 한편으로는 마음이 움직이고 기가 일어나고 있으니, 보고 있노라면 정말 우습기 짝이 없습니다. 송대 소동파의 시도 있습니다.

티끌처럼 쪼개면 오묘한 재질도 본래는 비었나니	析塵妙質本來空
세미한 양기를 다시 쌓아 한 가닥 공을 이루네	更積微陽一線功
밤에 등불 밝히고 앉아 오래도록 깜빡거리며	照夜一燈長耿耿
문 닫아걸고 호흡을 고르노라니 절로 몽롱해지네	閉門千息自濛濛

시인은 말합니다. 하나의 물리 세계를 우리가 층층이 분석하여 먼지처럼 미세하게 분석하고 또다시 층층이 쪼개 보면 최후에는 그 내부의 중심이 텅 비어 있습니다. 현대의 자연 과학에서도 이미 소동파가 인용한 이러한 불가 이론의 진실성을 증명하였습니다. 이른바 원자, 핵, 중성자 등을

쪼개어 보면 최후의 중심은 텅 비어 있습니다. 그런데 이 본래의 허공을 가지고 또다시 "세미한 양기를 다시 쌓아 한 가닥 공을 이루는" 것입니다. 이것은 중국 전통 문화인 『역경』의 이치이기도 합니다. 본래 세계는 허공이지만 조금 조금씩 양 에너지를 지속적으로 회복시키는 작용을 통해 효과가 나타나면, 허공으로부터 만물과 만유가 생겨납니다. 이러한 진리를 알고 나서 밤에 외로운 등잔불 아래에서 정좌 수련을 합니다. 생각의 문을 걸어 잠그고 천 가지 만 가지 생각을 마음 문 바깥에 묶어 두면 마침내 기식(氣息)이 평안하고 고요해지는데, 오랜 시간을 일종의 몽롱하고 어슴푸레한 상태에 있다 보면 스스로 자유로움을 느끼고 편안하고 안정됨을 느낄 수 있습니다. 본래 소동파는 불가와 도가의 학문과 수양에 대해 연구하기를 좋아했고, 그뿐 아니라 몸소 수련을 하기도 했습니다. 따라서 이 시를 보면 그는 양기 수련에 있어서 어느 정도 진보한 것처럼 보입니다. 하지만 그가 옥중에서 지은 시 "꿈속 구름 덮인 산에서 내 마음은 사슴 같았거늘, 뜨거운 물과 불에 혼이 놀라니 내 운명이 닭 같구나〔夢繞雲山心似鹿, 魂驚湯火命如雞〕"라는 구절을 보면, 또다시 마음이 움직이고 기가 일어나서 불안한 상태를 벗어나지 못했음을 알 수 있습니다.

육방옹(陸放翁)의 사(詞)에서도 이렇게 말했습니다. "마음이 바람 한 점 없이 고요한 못물 같으니, 앉아서 천 번 호흡을 세노라〔心如潭水靜無風, 一坐數千息〕." 이른바 못〔潭〕이라는 것은 산골짜기 사이로 작은 시냇물이 흘러가는 곳에 비교적 넓으면서 깊은 물이 모인 곳을 가리키는데, 시냇물의 수위를 천연적으로 조절하는 역할을 합니다. 대만의 일월담(日月潭), 벽담(碧潭), 노사담(鷺鷥潭) 같은 것이 그러합니다. 하천 가운데 호(湖)라고 불리는 것들은 면적이 훨씬 넓고 물도 더 깊은데 대륙의 태호(太湖), 파양호(鄱陽湖), 동정호(洞庭湖) 등이 그러합니다. 육방옹은 사에서 말합니다. 마음과 기를 수양하여 마치 바람이 조금도 불지 않는 못물과 같이 되었으니,

수면에 한 오라기의 물결도 일지 않고 고요하기가 거울과 같습니다. 그런 상태로 앉아서 연속하여 천 번 호흡을 셉니다. 한 번 내뱉고 한 번 들이마시는 것을 일식(一息) 즉 한 호흡이라 합니다. 평소 사람들이 정좌 수련을 할 때 마음이 평안하고 고요해지면 호흡이 대단히 느리고 가늘어지는데 심지어는 호흡을 하지 않는 것처럼 보이기도 합니다. 억지로 재 보면 한 호흡에 적어도 삼사 초는 걸립니다. 물결이 일지 않는 물처럼 마음이 평안하고 고요한 가운데, 앉아서 호흡을 천 번씩이나 센다는 것은 쉬운 일이 아닙니다. 육방옹의 "앉아서 천 번 호흡을 세노라"는 정좌하고서 수식관(數息觀)[46]을 해 본 사람만의 솔직한 말입니다.

들숨과 날숨을 세는 데 심리를 집중시키는 것은 바로 불가에서 강조하는 수양 방법인 전주일연(專注一緣), 계심일연(繫心一緣)이니, 맹자가 말한 이른바 "그 지를 잘 잡고 그 기를 포악하게 하지 말라"는 원칙과도 서로 같습니다. 우리가 육방옹의 이 사를 읽어 보면 그가 만년에 양기 수련을 중요하게 생각했다는 것을 알 수 있습니다. 그가 자신의 소년 시절을 묘사했던 "어린 시절에 세상사의 험난함을 어찌 알랴, 북으로 중원 땅 바라보며 기개가 산 같았네〔早歲那知世事艱, 中原北望氣如山〕"에서의 기개와 비교해 본다면, 비록 똑같은 기라고는 해도 만년에 호흡을 세 가며 수양한 기는 당연히 소년 시절의 원대하면서도 거친 그것과는 다릅니다. 만약 인생의 경력과 심정으로 말한다면, 그가 쓴 "앉아서 천 번 호흡을 세노라"는 구절은 분명 아래의 「심씨네 정원을 다시 지나가며〔再過沈園時〕」[47]라는 시 다음에 썼

---

46 산란한 마음을 집중시키기 위해 들숨과 날숨을 헤아리는 명상법을 말하는데 초기 불교의 예비적 수행법이다.

47 심원은 고유 명사가 아니라 그냥 심씨네 정원 정도이며, 육방옹과 옛 정인 당완(唐婉)과의 추억이 남아 있는 장소이다. 두 사람은 외사촌 간이라 서로 좋아하면서도 결혼하지 못했고, 당완이 일찍 세상을 떴지만 육방옹은 늙어서도 옛 정인을 잊지 못해 심원을 다시 찾았다.

을 것입니다.

> 못다 한 꿈 향기 되어 사라진 지도 사십 년　　　夢斷香銷四十年
> 심원에 버들도 늙어 솜털조차 날리지 않네　　　沈園柳老不飛綿
> 이내 몸은 죽어서 회계산의 흙이 되어　　　此身行作稽山土
> 그대 남은 자취에 눈물만 흘리리라　　　猶弔遺踪一泫然

이렇게 논단하는 것도 생각해 보면 당연한 일이지만, 육방옹 필생의 의기는 죽음에 이르러서도 쇠하지 않았습니다. 그러했기에 아래의 시에서처럼 늙어서도 장엄한 기세를 드러낼 수 있었던 것입니다.

> 죽으면 만사가 헛되다는 것 원래 알았지만　　　死去原知萬事空
> 다만 구주의 화합을 보지 못함이 서글프네　　　但悲不見九州同
> 왕의 군대가 북으로 중원을 평정하는 날　　　王師北定中原日
> 제사로 이 늙은이에게도 잊지 말고 알리시오　　　家祭無忘告乃翁

비록 문학상의 기개라고는 하지만, 문자 언어와 의기(意氣) 사이에는 긴밀한 연관이 있어서 떼어 낼 수가 없습니다.

이처럼 당송의 뛰어난 문학가들의 작품을 통해서도 양기(養氣)의 어려움을 알 수 있습니다. 이 양기는 맹자도 말했듯이 부동심과 서로 어우러진 양기로서 큰 용기를 필요로 합니다. 문천상 같은 사람이라야 정기(正氣)를 논할 수 있기 때문에 "말하기 어렵다"고 한 것입니다.

맹자의 기를 기르는 심법

맹자가 말한 기는 결코 물질세계의 기, 공기의 기가 아닙니다. 공기의 기를 가지고 설명하려고 해도 불가의 이론을 빌려서 해석해야 합니다.

불가에서는 공기를 기(氣)라고 부르지 않고 풍(風)이라고 부르는데, 사대(四大)인 지수화풍(地水火風) 가운데 하나입니다. 불가 『능엄경』에서는 '풍대(風大)'와 본체의 관계를 언급하면서 "바람의 본성은 실체가 없어서, 움직이고 고요함이 일정하지 아니하다[風性無體, 動靜不常]"라고 하였습니다. 또 "바람은 본디 공이며 공은 본디 바람이니, 청정하여 법계에 두루 퍼져 있다[性風眞空, 性空眞風, 淸淨本然, 周遍法界]"라고 하였는데, 이는 맹자가 말한 "천지 사이에 꽉 차 있다"와 전혀 차이가 없습니다. 맹자가 말한 기 역시 형이하적 기로서, 형이상적 본체로 돌아갑니다. 게다가 한편으로는 동태(動態)적이고 또 한편으로는 정태(靜態)적입니다. 정태 방면에서는 마음의 생각[心念]과 합하여 하나가 되니, 마음의 고요함이 극에 달하면 기 역시 충만함이 극에 달합니다. 그렇기 때문에 정좌 수련을 하면 병을 없애고 수명을 연장할 수 있습니다. 마음의 생각을 비우는 만큼 기도 충만해지기 때문에 마음의 생각이 온통 공(空)이 되면 기는 가득 찹니다. 이것이 바로 '호연지기'입니다. 동태 방면에서 이 '호연지기'는 지극히 크고 지극히 강해서, 작용을 발휘하게 되면 부동심의 대용(大勇), 대지(大智), 대인(大仁)과 잘 어우러집니다. 인의예지신의 진리에 대해 인식하고 확정한 후에는 절대 동요하지 않으며 심지어 목숨을 희생하더라도 결코 바꾸지 않습니다. 만약 방회의 시에서 "마음에 감회가 생기면 기가 불꽃처럼 타오르네"라고 한 것처럼 무슨 일을 만날 때마다 기가 움직인다면 그건 조금도 경지에 이르지 못한 것입니다.

아래에서 맹자는 양기를 이야기하면서 수련하는 사람에 대해 언급했는데, 우리가 특별히 주의를 기울여야 할 부분입니다. 맹자의 이 이야기는 대단히 훌륭합니다.

"반드시 어떤 일이 있어야 하지만 바로잡으려 하지 말고, 마음에 잊지도 말며 자라도록 돕지도 말아야 한다. 송나라 사람과 같이 하지는 말아라. 송나라 사람 중에 싹이 자라지 못함을 안타깝게 여겨 뽑아 놓은 사람이 있었는데, 아무것도 모르는 듯이 돌아와서 식구들에게 말했다. '오늘은 참으로 피곤하구나! 내가 싹이 자라도록 도왔다.' 그 아들이 달려가서 보았더니 싹은 말라 있었다. 천하에 싹이 자라도록 돕지 않는 사람이 적다. 유익함이 없다 해서 버려두는 사람은 싹을 김매지 않는 사람이다. 자라도록 돕는 사람은 싹을 뽑아 놓은 사람이다. 비단 유익함이 없을 뿐만 아니라 도리어 그것을 해치는 것이다."

"必有事焉而勿正, 心勿忘, 勿助長也. 無若宋人然. 宋人有閔其苗之不長而揠之者, 芒芒然歸, 謂其人曰: '今日病矣! 予助苗長矣!' 其子趨而往視之, 苗則槁矣. 天下之不助苗長者寡矣. 以爲無益而舍之者, 不耘苗者也. 助之長者, 揠苗者也. 非徒無益, 而又害之."

여기에서 맹자가 이야기한 양기의 방법은 앞에서 말했던 "곧음으로써 기른다[直養]"를 해석한 것입니다. 그렇다면 어떻게 하는 것이 곧음으로써 기르는 것일까요?

우리는 그의 첫마디에 유의해야 합니다. "반드시 어떤 일이 있어야 한다[必有事焉]"고 말했는데, 이는 마음속에 어떤 것이 있어야 하고 중심으로 지키는 바가 있어야 한다는 말입니다. 가령 불가의 정토종을 보면 언제 어디서든 항상 염불을 하며 그 마음에 늘 부처가 있으니, 이것이 바로 "반드시 어떤 일이 있어야 한다"는 겁니다. 선종의 참선을 보면 행(行)·주(住)·좌(坐)·와(臥)가 한 덩어리가 되는데, 이것이 또한 "반드시 어떤 일이 있어야 한다"는 것입니다. 마음을 기르고 기를 기르는 수련에 있어서도, 선종 대사 대혜고(大慧杲)가 말한 것처럼 마음속에 다급함이 있어야 합니다. 마치 다른 사람에게 몇백만 원을 빌렸는데 내일 갚지 않으면 감옥에 가야 하기 때문에 마음이 초조해서 잠도 못 자는 것 같은 그런 다급함입니다. 손님을 초대해서 함께 술을 마시면서 권하는 술을 받아 마시기는 해도, 마음속으로 생각하고 되뇌는 것은 여전히 그 몇백만 원의 채무를 어떻게 처리하나 하는 걱정뿐입니다. 상사병을 앓는 사람이 매분 매초마다 애인을 잊지 못하는 것과도 비슷합니다.

우리가 평소에도 마음이 평온해지는 것은 매우 어려운 일입니다. 수양을 할 때에도 정(定)이나 정(靜)에 도달하는 것은 아주 어렵습니다. 증자가 쓴 『대학』에서도 "멈출 줄 안 뒤에 정함이 있다〔知止而後有定〕"고 말했습니다. '지(止)'의 방법을 알아야 비로소 정(定)할 수 있습니다. "정한 뒤에 고요할 수 있고, 고요한 뒤에 편안할 수 있고, 편안한 뒤에 생각할 수 있고, 생각한 뒤에 얻을 수 있다〔定而後能靜, 靜而後能安, 安而後能慮, 慮而後能得〕"고 했습니다. 『대학』에서는 여기까지만 말하고 화제를 바꾸어서 다른 이야기를 합니다. 그렇다면 무엇을 '얻는다〔得〕'는 말입니까? '밝은 덕〔明德〕'을 얻는다는 말입니다. "대학의 도는 밝은 덕을 밝히는 데 있다〔大學之道, 在明明德〕"고 하겠습니다.

"밝은 덕을 밝힌다"는 것은 불가의 돈오(頓悟)에 비유할 수 있습니다. 그리고 이어지는 "백성과 친하게 함에 있으며, 지극히 선한 데 머무르게 하는 데 있다〔在親民, 在止於至善〕"는 것은 돈오 이후의 작용입니다. 이어서 "멈출 줄 안 뒤에 정함이 있고, 정한 뒤에 고요할 수 있고, 고요한 뒤에 편안할 수 있고, 편안한 뒤에 생각할 수 있고, 생각한 뒤에 얻을 수 있다"

고 한 것은 바로 점수(漸修)를 이야기한 것입니다. 점수를 통해 '밝은 덕'을 얻었으니 돈오했습니다. 만약 선종을 들어서 비유하자면 그렇다는 말입니다.

'지(止)'에서 '정(定)'에 이르는 이 단계의 수련은 아주 어렵습니다. 그래서 맹자는 우리에게 "반드시 어떤 일이 있어야 한다"고 말했던 것입니다. 맹자가 한 이 말의 오묘한 뜻을 깨달으면 우리는 진일보하여 발견할 수 있습니다. 각 종파의 수양 방법들 예를 들어 염불, 주문, 기 수양, 빛 보기, 관상(觀想), 기도 같은 각종 법문은 실제로는 모두 이 마음이라는 것을 정(定)할 수 없어서 그것을 붙잡아 둘 방법으로 생각해 낸 것들입니다. 각자의 기호와 습관에 따라 하나의 방법을 찾아내서 자기 자신을 붙잡아두는 것이지요. 그래서 『대학』에서도 "멈출 줄 알아야〔知止〕" 한다고 말했던 것입니다. 먼저 '멈춤〔止〕'을 구해서 하나의 생각에 머무르고 하나의 사물에 머물러야 합니다. 이런 원리가 바로 "반드시 어떤 일이 있어야 한다"는 것입니다. 그렇지 않으면 마음이 고요해질 수가 없습니다. 물론 뛰어난 사람은 하느님에게 구하거나 보살에게 구할 필요가 없습니다. 염불을 안 해도 주문을 안 외워도 관상을 안 해도 금방 고요해질 수 있습니다. 간혹 어떤 사람은 자신은 앉아 있기만 하면 바로 공(空)이 된다고 말합니다. 하지만 그런 경우에는 조심해야 합니다. 그것은 진짜 '공'이 아니라 그냥 텅 빈 것 같은 상태를 유지하고 있을 뿐입니다. 그런데 '공'을 소유했다고 한다면 그것 역시 '있음〔有〕'이지 않습니까! 무엇이 있느냐고요? '공'이 있습니다. 그것 역시 "반드시 어떤 일이 있어야 한다"라고 하겠습니다.

만약 우리가 그저 유가의 노선만 걸어가고 오로지 공맹의 학문만 따른다면, 후세의 종교적 색채를 덧입히지 않고 신비한 분위기를 더하지 않는다면, 이 마음을 어떻게 수양해야 할까요? 이 마음은 반드시 어떤 일이 있어야 합니다. 어떻게 "반드시 어떤 일이 있게" 합니까? 우리가 마음을 고요히 하고 기를 안정시키고자 한다면, 한 가지 일을 시종 마음에 걸어 두고 그 일을 잊지 말아야 합니다.

그런데 "반드시 어떤 일이 있어야 하지만" 그렇다고 붙잡아 주려고 해서는 안 됩니다. "바로잡으려 하지 말고〔勿正〕" 즉 자신이 옆에서 뭔가를 해 주려고 해서는 안 됩니다. 어떤 사람들은 정좌 수련을 할 때 자리에 앉으면 곧바로 마음속으로 생각합니다. 내가 수련을 시작했으니까 떠들지 마라! 마치 꼿꼿이 서 있는 장대가 원래는 똑발랐는데 "떠들지 말라"는 이 생각이 힘을 가해서 오히려 구부러져 버리는 식입니다. 하지만 완전히 내버려 두라고 말해서도 안 됩니다. 만약 그냥 내버려 둔다면 쓰러져 버릴 것입니다. 그렇기 때문에 맹자의 세 번째 요령은 "마음에 잊지도 말라〔心勿忘〕"는 것입니다. 한편으로는 "바로잡으려 하지 말고" 또 한편으로는 "잊지도 말아야" 합니다. 불가의 『심경(心經)』에 나오는 "더하지 말라〔不增〕" "덜지 말라〔不減〕" 두 마디와 비슷합니다. 네 번째 요령은 "자라도록 돕지도 말라〔勿助長也〕"는 것입니다. 왜냐하면 당신의 심지(心志)가 이미 고요해지고 있고, 정(定)해지고 있고, 기를 기르고 있고, 마음을 기르고 있기 때문입니다. 이미 어떤 일이 일어나고 있기 때문에 또 다른 일을 더 할 필요가 없습니다. 만약 또 다른 방법을 강구해서 그것을 도와주려고 했다가는 오히려 해롭습니다. 맹자는 "자라도록 돕지도 말라"는 이 요령에 대해서는 특별히 고사를 들려주면서 구체적으로 설명했습니다.

송나라에 어떤 농부가 모를 심은 후에 날마다 논으로 가서 살펴보았는데, 아무래도 모가 너무 더디게 자라는 것 같았습니다. 마치 우리가 아이를 키우면서 매일 지켜보면 하루하루 자라나는 것이 보이지 않는 것과 같습니다. 이 농부는 모가 빨리 쑥쑥 자라기를 바랐습니다. 그래서 밤에 몰래 논으로 가서 모를 한 포기 한 포기 뽑아 올렸습니다. 밤새 바쁘게 일하고 너무 피곤한 나머지 정신이 혼미한 상태로 집으로 돌아와서 농부는 식구들에게 말했습니다. "오늘은 너무 피곤하구나. 논에서 밤새도록 바빠 일해서 모가 쑥쑥 자라도록 도와주었단다." 이 말을 들은 그의 아들이 얼른 논으로 달려가 보았더니, 뿌리가 흔들린 모는 벌써 말라 버렸습니다.

맹자는 이 고사에 대해 결론을 내리며 말합니다. "천하에 수양을 하는 사람들을 보면 이렇게 '싹을 뽑아서 자라도록 도와주는' 것을 하지 않는 사람이 거의 없다." 다시 말해 모든 사람이 싹을 뽑아서 자라도록 도와주고 있다고 할 수 있습니다.

반대로 어떤 사람은 기를 기르는 데는 이러이러한 방법이 있다는 말을 듣고서도 도무지 수련을 하려 들지 않습니다. 수련을 하지 않으면, 수양이 무익하다고 생각하여 거들떠보지도 않는 사람들과 똑같은 결과를 얻게 됩니다. 농사를 예로 든다면 모를 심은 이후에 잡초를 제거하지 않는 것과 똑같습니다. 잡초를 뽑는 것은 불가에서 수련을 하는 것과 똑같아서, 올바른 생각만 하고 다른 번뇌와 망상이 자라나지 못하게 합니다.

그러므로 양기의 수련에 대해 귀납시켜 보면 맹자는 여전히 앞에서 말했던 그 원칙 "곧음으로써 잘 기르고 해침이 없다"를 굳건히 고수하고 있습니다.

쑥이 마 속에서 자라면
붙잡아 주지 않아도 스스로 곧아진다

도대체 어떻게 하는 것이 곧음으로 기르는 것인지 선종의 고사로 비유해 보겠습니다.

전하는 말에 따르면 오대산(五臺山)에 한 할머니가 살았는데, 거사(居士)이며 이미 도를 깨달은 분이었다고 합니다. 당시 오대산으로 가는 선종의 화상들이 그 할머니에게 오대산 가는 길을 물어보곤 했는데, 그때마다 할머니는 늘 이렇게 말했습니다. "곧장 가!〔驀直去〕" 현대어로 하면 곧바로 가라 혹은 똑바로 가라 정도의 의미입니다. 이 한마디만 하고는 다른 말은 하지 않았습니다. 마침내 어떤 사람이 대선사 조주화상(趙州和尙)에게 그 할머니가 도를 깨달은 사람 같다는 말을 했습니다. 조주화상은 그다지 믿기지 않아서 직접 가서 할머니에게 물었습니다. "오대산은 어떻게 갑니까?" 할머니는 여전히 "곧장 가!"라는 세 글자만 말했습니다. 조주화상은 단번에 할머니가 정말로 도를 깨달은 사람이라는 사실을 알았습니다. "오대산 가는 길, 곧장 가라〔臺山路, 驀直去〕"는 유명한 선종의 공안 가운데 하나가 되었습니다. 이 이치가 바로 맹자의 "곧음으로써 잘 기르고 해침이 없다"의 원칙입니다. 이 대목은 단지 양기에 관한 것만이 아니라 양생의 방법이기도 합니다.

그다음으로, 심성(心性)의 법문이건 연기(煉氣)의 법문이건 모든 수련에 있어서 맹자의 이 '양(養)' 자는 그 쓰임이 지극히 절묘합니다. '양' 자의 의미가 아주 자연스럽습니다. 마치 어린아이를 기르는 것처럼 배고프면 우유를 먹이고 오줌을 싸면 기저귀를 갈아 주면 됩니다. 그렇게 기르면 어린아이는 자연스럽게 자랍니다. 사흘간 고기를 잡고 이틀간 그물을 말리는 식으로 하다 말다 해서는 안 됩니다. 도가의 설법에 비춰 본다면, 외연(外緣)을 끊어 버리고 수양에 전념하며 어떤 일에도 상관하지 않으려면 십삼 년이 필요합니다. 그들에게는 계산의 표준이 있습니다. "백 일 동안 기초를 쌓고〔百日築基〕" 즉 백 일 동안은 기초를 닦아야 합니다. "열 달 동안 태아를 품고〔十月懷胎〕" 즉 초보적인 단계에서 십 개월을 보내야 합니다. 이 십 개월 동안은 마치 임산부처럼 함부로 움직이거나 함부로 먹어서는 안 되며 매사에 조심해야 합니다. 그런 다음에 "삼 년 동안 젖을 먹이는〔三年哺乳〕" 단계에 들어가는데, 이것이 바로 '양(養)'입니다. 가장 마지막으로 "구 년 동안 면벽(九年面壁)"을 해야 합니다. 더하면 모두 십삼 년하고도 사십 일입니다. 만약 정말로 성공할 수 있다면 물론 좋겠지만 말처럼 그렇게 쉽지는 않습니다! 십삼 년이라는 시간은 고사하고 "백 일 동안 기초를 쌓는" 약 삼 개월의 시간도 끝까지 지속하기가 대단히 어렵습니다.

그러고 보니 몇몇 친구들의 이야기가 생각나는군요.

한 친구는 성질이 아주 거칠고 급했는데 대만으로 온 후에 제가 물어보았습니다. "자네 성질은 많이 좋아졌나?" 그 친구 말이 성질이 더 나빠졌는데 무슨 방법이 없겠냐는 것입니다. 제가 말했습니다. "아주 간단한 방법이 한 가지 있는데 자네가 실천해 본다면 틀림없이 쓸모가 있을 걸세. 막 화가 나려고 할 때 얼른 기공을 해 보게. 입을 벌리고 먼저 숨을 내뱉은 후에 코로 숨을 들이마셔서 꿀꺽 삼키는 거야. 그런 다음에도 화가 나는지 안 나는지 말해 주게." 그 친구는 제 말대로 했고 약 한 달이 지난 후에 저를 찾아왔습니다. "와! 자네 말이 정말 효과가 있었어. 내가 막 화가 나려고 할 때 입을 벌리고 숨을 내뱉었더니 화가 가라앉았네." 이것은 아주 좋은 방법입니다. 화가 나려고 하면 여러분은 스스로에게 일 초만 멈추고 참아 보라고 말하십시오. 그래도 참을 수 없으면 아예 기공을 하는데, 입을 벌리고 숨을 내뱉으십시오. 그러면 그 속에 정말 기가 있습니다! 사람이 화가 나면 정말로 그 속에 기가 있습니다.[48] 이것은 거짓이 아닙니다.

사람은 화가 나면 기기(氣機)가 변하고 경맥도 어지러워집니다. 저는 젊은 사람들이 계단을 올라가다가 몇 층 못 가고 주저앉아서 숨을 헐떡거리는 모습을 자주 봅니다. 그건 입을 벌리고 숨을 내뱉는 이 비결을 모르기 때문입니다. 높은 곳에 올라갈 때는 입을 다물 것이 아니라 입을 살짝 벌리고 숨을 내쉬어야 지치지 않습니다. 이 비결은 무예를 배울 당시에 스승

---

48 '화를 내다'의 중국어가 '生氣'이다.

님께서 전수해 주신 것입니다. 산을 올라갈 때에 우리는 스승님을 바짝 뒤쫓아 가지 못하고 뒤에 처져서 죽어라 뛰었습니다. 저 앞에서 날아갈 듯 경공(輕功)으로 걸어가시는 스승님을 바라보면서 아무리 뛰어도 따라잡을 수가 없었습니다. 스승님은 고개를 돌려 우리를 보시며 말씀하셨습니다. "입을 벌려라!" 와! 입을 벌렸더니 과연 몸이 가뿐해졌습니다. 물론 이것은 진정한 양기와는 그다지 큰 관계가 없습니다.

양기(養氣) 수련을 참으로 잘 해내면 자연스럽게 망상이 없어져서 정말로 득정(得定)하고 정말로 부동심할 수 있습니다. 그렇기 때문에 불가의 수양 방법 가운데 '조식(調息)'의 방법이 있는 것입니다. 특히 신체가 쇠약하거나 연로한 사람들은 확실히 양기에 치중해야 합니다. 양기를 하게 되면 병을 없애고 수명을 늘리는 것은 문제가 되지 않습니다. 허리와 다리를 민첩하게 만들고 두뇌를 맑고 시원하게 만들고자 한다면 양기가 확실히 좋은 방법입니다. '호연지기'를 기르면 심(心)과 기(氣)가 합일되어 한층 더 깊은 이치도 깨우치게 됩니다. 맹자는 여기에서 우리에게 "그 지를 잘 잡고 그 기를 포악하게 하지 말라"고만 말했지만, 그렇다고 해서 그가 우리에게 전수해 주려 하지 않았던 것은 아닙니다. 왜냐하면 고인들은 지혜가 높아서 "말을 알아들었기[知言]" 때문에, 하나의 원칙만 지니고 있으면 한마디만으로도 곧바로 깨달았습니다. 현대인들은 아무리 말해도 깨닫지 못합니다. 가르치는 사람이 아무리 분명하게 말해 주어도 배우는 사람은 한편으로 그대로 따라 하면서 한편으로는 이렇게 묻습니다. "이렇게 하는 것이 맞습니까?" 자기 자신에 대해 약간의 믿음도 없으니, 이것은 바로 '지(志)'가 부족해서 믿음이 없는 것입니다. 이런 사람을 만나면 저는 가끔 당대(唐代)의 조주화상이 말한 것이 생각납니다. "차나 마시고 가거라." 차나 마시고 가거라는 그래도 점잖은 편입니다. 저 같으면 "얼음이나 먹고 가거라" 했을 겁니다. 정말로 나가서 얼음으로 머리를 식혀야 합니다. 마음을 다해서 그렇게나 말했는데 정말로 깨닫지 못한다면, 머리가 뜨거워서 멍해지지 않겠습니까! 그렇기 때문에 "그 지를 잘 잡고 그 기를 포악하게 하지 말라"는 말을 체험으로 많이 깨닫고 많이 연구하다 보면 자연스럽게 마음으로 터득하게 될 것입니다.

양기에 관한 한담

　맹자가 제기한 양기는 확실히 일리가 있습니다. 동시에 아주 간단해서 여러분이 하고자 하느냐 하지 않느냐에 달렸습니다. 한번은 당대(當代)의 명 화가인 모(某) 선생이 저를 찾아왔는데, 그는 대북에 올 때마다 늘 예의를 갖추어 방문하곤 했습니다. 그의 사람 됨과 처세에 대해 평소 저는 대단히 감탄하고 존경해 마지않았습니다. 그는 어려서부터 부처를 믿었으며 오랫동안 소식(素食)을 해 왔고 평생 결혼하지 않은 채 독신으로 살았습니다. 단정하고 성실해서 편지를 써서 보내오더라도 글자에 조금도 거침이 없었는데, 그 편지들은 표구를 해서 한 글자 한 글자 감상할 만했습니다. 이번에 만났을 때 제가 물었습니다. "듣자 하니 출국하신다고요." 그가 말했습니다. "그렇습니다! 사람들이 두 번이나 저더러 나가라고 했는데 매번 나가지 못했습니다." "어쩌다 못 나가신 겁니까?" "아팠어요, 중풍으로요." "아니! 중풍이요? 중풍이었는데 어떻게 이렇게 빨리 좋아지셨습니까?" 그러자 그가 말했습니다. "사월의 어느 날, 한 친구가 저희 집에 왔습니다. 응접실에서 손님과 함께 수박을 먹었는데, 먹은 후에 목 아래 이 부분에 뭔가가 느껴지더군요. 그래서 곧바로 소파에 앉아서 움직이지 않고 가만히 있었습니다. 잠시 후 마치 기(氣) 같은 어떤 것이 찌르르 하더니 혀에 이르렀습니다. 그러고 나서 얼굴 반쪽이 마비가 되면서 말을 할 수 없게 되었습니다. 하지만 손은 여전히 움직일 수 있었습니다." 그는 결혼을 하지 않은 독신이었기 때문에 평소에는 친구가 그와 함께 살면서 돌봐 주고 있었습니다. 당시 그 친구가 그의 모습을 보고 얼른 의사를 부르려고 했는데, 그는 친구에게 손을 흔들어 거부의 뜻을 나타냈습니다. 왜냐하면 의사가 와도 이미 늦었기 때문이지요. 다행히 그는 한평생 수양을 하고 소식을 먹고 염불을 했던 사람이었습니다. "저는 그때 마음이 대단히 평온하고 고요했습니다. 걱정되거나 슬프지 않았고 무섭지도 않았습니다. 미움도 사랑도 가라앉고 홀가분해지면서 이렇게 가는구나 싶었지만, 마음에 걸리는 것은 아무것도 없었습니다. 어차피 가야 하는 것이니까요. 마음이 그 어떤 것에도 연연하지 않았기 때문에 더더욱 고요하고 평안해지면서 모든 것을 내려놓았습니다. 그렇게 내려놓았더니, 와! 그 '마비'가 아래쪽으로 가라앉으면서 잠시 후 다시 말을 할 수 있게 되었습니다. 그때 시간을 봤더니 그런 상황이 전개되는데 대략 두세 시간이 소요되었더군요." 제가 말했습니다. "그래요! 그런 일이 있었군요." 그는 감개무량한 듯이 말했습니다. "아! 그 시간은 정말 평소에 해 왔던 수양을 점검하는 시간이었습니다."

제가 말했습니다. "정말입니다! 노형, 제게는 당신보다 연배가 위인 친구가 있는데, 그 사람도 여러 해 불학을 배우고 정좌 수련을 한 사람입니다. 어느 날 갑자기 전신에 식은땀이 나면서 괴롭더니 참을 수가 없어서 화장실로 가서 변기에 앉았더랍니다. 그러고는 변기에 온통 피를 쌌는데 뒤이어 또 구토가 올라와서 타구[49]에 반이나 차게 피를 토했습니다. 그 사람도 생각했다고 합니다. 그래! 이번에는 정말로 가는구나. 평소에 불학을 배우고 수련을 했으니 이참에 테스트를 해 봐야지! 생사의 기로에서

---

49 가래침을 뱉는 통을 타구라고 한다.

조금이라도 깨닫는 바가 있는지 봐야겠다. 그때 그는 조금도 두렵지 않고, 마음이 대단히 침착하고 편안했다고 합니다. 그냥 변기에 앉은 채 가부좌도 하지 않고 수련을 시작했습니다. 그랬더니 마음이 고요해지면서 아무 생각도 나지 않았는데, 그 결과 더는 토하지도 않고 싸지도 않았다고 합니다. 그 친구는 당시 그렇게 해서 위 출혈이 멎었습니다." 이 두 가지 사례는 모두 사실입니다.

저는 이 일을 이야기해 주고서 그 화가에게 말했습니다. "노형! 이제는 그만 뛰세요. 나이도 이렇게 많고 머리도 온통 백발이 되었는데, 지금부터는 다 내려놓고 수양에만 전념하세요." 그러자 그가 말했습니다. "저야 뭐 그리 뛰고 싶겠습니까! 각 방면에서 저를 끌어다가 경연을 시키니 어쩔 수가 없습니다. 제가 아무리 초청장을 거절해도 사람들이 억지로 쑤셔 넣더군요." 제가 말했습니다. "당신은 한평생 이 '정(情)'이라는 글자에 묶여서 끊어 버리지 못하는군요." "맞습니다! 맞아요! 저는 평생 홍일대사(弘一大士)[50]를 가장 존경해 왔습니다. 홍일대사 그 분은 혜검(慧劍)을 지니고 있어서 혜검으로 정사(情絲)를 끊어 버리셨는데, 저는 그 혜검을 지니지 못했습니다." "아닙니다! 당신도 혜검을 지니고 있어요. 다만 당신은 한평생 그 검을 등에 지고만 있었습니다." "아! 맞습니다! 맞아요!" 제가 또 말했습니다. "홍일대사는 수련을 해서 검을 뽑았습니다. 그런데 노형은 검을 지니고만 있고 차마 칼집에서 뽑지를 못했습니다." "그러게요." "노형, 당신은 말입니다! 재가승(在家僧)이라고 불리고는 있지만 저는 아예 전승(全僧)이 되기를 권합니다. 그렇다고 머리 깎고 스님이 될 필요는 없고요, 그저 마음으로 출가하면 됩니다. 수행의 가장 중요한 부분도 바로 수심(修心)이니 말입니다."

---

[50] 근세 중국 불교계의 고승으로 알려진 인물이다.

수심양성(修心養性)이란 말이 나왔으니 하는 말이지만, '심'과 '기'는 한 몸의 양면입니다! 젊은 학생들 가운데는 이것을 배우려는 사람도 있지만, 젊은이는 이것을 배운다 해도 아무 소용이 없습니다. 왜냐하면 이치는 배워서 되는 것이 아니기 때문입니다. 배운답시고 눈썹과 눈을 모로 치켜세우고 아침부터 밤까지 거기 앉아 있으면서 두 눈이 온통 뻣뻣해진다면 오히려 폐인이 되지 않겠습니까? 그런 것을 두고 어떻게 도를 배운다고 하겠습니까! '호연지기'를 수련하면 천지 사이에 가득 차게 됩니다! 하지만 그런 사람은 눈썹과 눈 사이에 가득 차게 될 겁니다. 수심양성의 이치를 진정으로 깨달으면 천기(天機)가 활발해져 영원히 생기발랄합니다. 진정으로 '호연지기'의 이치를 터득하면 생명이 영원히 젊어지기 때문에, 설사 겉으로 드러난 형체는 늙어 가고 육체의 생명은 죽을지라도 그 마음과 그 기는 영원히 청춘에다가 근심 걱정이 없습니다.

이번에 저는 모 선생과 반나절을 이야기했는데, 우리의 대화는 그의 병에서 시작해 수양의 문제까지 이어졌습니다. 제가 그에게 물었습니다. "매일 몇 번씩 정좌와 염불을 하십니까?" "매일 아침에 한 번 합니다." 제가 말했습니다. "부족합니다! 그것만으로는 충분치가 않아요! 매일 적어도 세 번은 정좌 수련을 해야 합니다. 당신은 이제 검을 뽑을 수 있게 되었는데, 기껏 뽑았다가 인정 따위에 연연해서 도로 칼집에 집어넣어서는 안 됩니다. 뛰어넘지 못했던 것이 다 그렇게 해서 된 일이니, 뛰어넘게 된다면 마찬가지로 그 때문일 겁니다." 뜻을 오로지하여 수양하는 것은 가장 중요한 문제인 동시에 인생에서 가장 현실적인 문제입니다.

제가 이렇게 두서없이 늘어놓는 와중에도 두 가지 사실을 언급한 것은, 기를 수양하는 것이 신체 건강에 절대적으로 유리하다는 것을 설명하기 위해서였습니다. 그러면 여러분은 틀림없이 제게 물을 겁니다. 어떻게 기를 수양합니까? 사실은 아주 간단합니다. 무슨 희귀하고 기괴한 기공을 배울 필요 없이 그저 내심의 평정을 유지하면 됩니다. 장소에 얽매이지 말고 사무실이든 아니면 큰길에서든 혹은 길을 가다가 피곤하면 멈춰 서서 양기(養氣) 수련을 두 차례 하면 정신이 맑아집니다. 그 양기 수련은 어떻게 하는 겁니까? 코로 공기를 들이마시며 기공을 해서는 안 됩니다. 큰길은 먼지가 너무 많고 공기가 더럽습니다. 그렇기 때문에 도시에서는 절대 코로 호흡하며 기공을 해서는 안 됩니다. 그저 마음을 안정시키고 귀로 들을 필요도 없이 호흡의 왕래를 느끼기만 하면 됩니다. 우리는 본래 호흡을 하고 있기 때문에 군이 애써서 연습한다거나 혹은 호흡을 통제하고 관리할 필요는 없습니다. 그저 우리가 원래부터 지니고 있는 호흡의 상태를 느끼기만 하면 됩니다. 만약 어느 부분이 순조롭지 못하고 막힌 곳이 있다고 느껴지면 계속해서 생각을 안정시켜야 합니다. 잠시 동안 조용히 있으면 자연히 조화롭고 막힘이 없게 됩니다. 이것이 가장 좋은 방법이니 다시 무슨 특별한 수련을 하지는 마십시오.

수련을 이야기하자면 초보적 방법은 아주 간단합니다. 새벽에 일어나서 숨을 깊이 들이마시면서 두 코가 뚫려 있는지를 시험해 보십시오. 만약 왼쪽 코가 막힌다면 신체에 문제가 있다는 표시입니다. 특히 중년의 친구들은 더 조심해야 합니다. 만약 오른쪽 코가 막힌다면 몸에 비록 문제가 있더라도 그다지 심각하지는 않습니다. 감기에 걸려서 두 코가 모두 막힌다면 당연히 문제가 더 커집니다. 이 대목에서 유의해야 합니다! 두 코의 학문은 정말 대단합니다! 이런! 꼭 이비인후과에 온 것 같군요. (청중들 웃음) 아무튼 새벽에는 왼쪽 코가 쉽게 뚫리고, 정오 이후에는 오른쪽 코가 쉽게 뚫립니다. 예전에 우리가 대륙에서 군인 생활을 하고 있었을 때의 일입니다. 시계가 없어서 몇 시인지 알 수 없을 때에도 어떤 노병(老兵)들 혹은 시골 사람들은 시간을 알아냈습니다. "지금 때가 얼마나 됐습니까?" 하고 물으면 그들은 마치 냄새를 맡는 것처럼 코를 킁킁거렸습니다. 그런 다음에 "아마 정오가 지났을 겁니다"라고 말했습니다. 와! 그들의 코가 시간에 대해 민감한 정도는 고양이의 눈보다 더 영험했습니다.

어떻게 코가 시간을 냄새 맡을 수 있을까요? 나중에 알게 됐는데 우리의 이 코는 하루 열두 시진(時辰) 동안에도 시시각각 공기가 통하는 상황이 다르다고 합니다. 그렇기 때문에 우리가 호흡을 해 보면 시간마다 그 느낌이 다릅니다. 가령 고대에 혈을 짚는 수련에서도 매 시진마다 우리 몸의 혈도(穴道)의 작용이 달라진다고 합니다. 만약 다른 사람과 싸움을 할 것 같으면 한편으로는 싸우면서 다른 한편으로는 호흡을 합니다. 그러면 지금이 대략 무슨 시진이며 그렇기 때문에 어느 혈도를 짚어야 하는지를 곧바로 알아낼 수가 있습니다. 우리 코에는 이렇게 큰 학문이 들어 있습니다!

지금부터 요가의 방법을 하나 말씀드리겠는데, 여러분은 한쪽 코로 호흡하는 훈련을 하는 것이 가장 좋습니다. 특히 사무실 책상에 앉아서 두뇌를 사용하는 사람들은 정신을 많이 소모합니다. 정오 이전에는 항상 왼쪽 코로 호흡하는 연습을 하는 것이 좋습니다. 바쁜 일이 없을 때 손으로 자연스럽게 오른쪽 빰을 받치면서 집게손가락으로 표 안 나게 오른쪽 콧구멍을 막으면, 동료들도 당신이 기공을 하고 있는지 눈치 채지 못할 것입니다. 정오가 지나면 반대로 오른쪽 코로 호흡을 많이 하십시오. 저는 여러분에게 많이 해 보라고만 했지 계속해서 하라는 것은 아닙니다! 그럴 것 같으면 여러분은 차라리 솜으로 코를 틀어막는 편이 훨씬 덜 번거롭지 않겠습니까? 이 방법을 한번 시도해 보시면 여러분의 몸은 건강해질 것입니다. 이것은 일반적인 도가나 밀종에서 전수해 주지 않는 비법 가운데 초보적인 방법입니다. 어떤 사람들은 이렇게 말해 버리는 것에 반대합니다만, 인류의 건강에 유익한 일이라면 비밀을 지킬 것이 아니라 공개해야 한다고 저는 생각합니다. 게다가 저는 원래 다른 사람을 도와줄 수 있는 도가 바로 천하의 공도(公道)라고 생각해 왔습니다. 한 개인이 소유할 것이 아니며 어느 일문 어느 일파에 속한 것도 아닙니다. 도가 이미 천하의 공도인데 무엇 때문에 이런 종(宗), 저런 교(敎)를 나누어서 이것은 우리 것이고 그것은 당신네 것이라고 합니까? 그런 걸 무슨 종교라고 부릅니까! 게다가 코는 그 사람 것이고 당신이 그 사람에게 코를 줄 수 있는 것도 아닙니다. 다른 사람에게 하나의 경험을 말해 주는 것에 불과한데도 많은 사람들은 그런 것을 비결로 여깁니다.

제가 이렇게 가볍게 이야기했다고 해서 대수롭지 않게 여기고 체험해 보지 않는다면 소용이 없습니다. 만약 평소에 이렇게 호흡에 유념한다면 성격도 좋게 변하고 심정도 밝아집니다. 게다가 몸의 어디가 불편한지 어디가 고통스러운지 어디가 붓고 시큰거리는지 어디가 마비되고 가려운지를 서서히 몸으로 알아낼 수 있게 됩니다. 자기 몸의 문제를 쉽게 발견할 수 있게 됩니다. 그럴 때는 한편으로는 의사를 찾아가고 또 한편으로는 코로 기공을 해서 천천히 코를 통하게 하는 것이 가장 좋은 방법입니다. 주의하십시오! 이것은 맹자의 양기(養氣)가 아니라 그저 보통의 기공일 뿐입니다. 만약에 맹자가 호연지기를 길렀던 것이 바로 이런 방법이었다고 말한다면, 정말로 맹자를 억울하게 만드는 것이며 또 저를 억울하게 만드는 것입니다.

한 가지 더 여러분의 주의를 환기시킬 것이 있는데, 그것은 바로 마음을 기르고 기를 수양할 때 반드시 가부좌를 해야만 하는 것은 아니라는 사실입니다. 여러분이 지금 이렇게 앉아 있는 것처럼 해도 됩니다. 만약 가부좌를 해야만 도가 있다고 말할 것 같으면, "넓적다리가 있다〔有腿〕"라고 부르지 "도가 있다〔有道〕"라고 부르지 않았을 것입니다. 이런 이치를 우리는 분명히 알아야 합니다. 그리고 앉을 때 등뼈를 의자 등받이에 기대서는 안 됩니다. 우리 신체의 등은 의자와 약간의 거리를 두는 것이 가장 좋으니까 바싹 기대지 마십시오.

기를 기르는 수련은 대략 위에서 말씀드린 것과 같습니다. 물론 이것들이 충분히 상세하거나 충분히 구체적이지는 않습니다. 지금 우리의 주제는 맹자의 학리를 연구하는 것이라서 아래에서 토론해야 할 요점이 더 있습니다. 결론적으로 말하면 우리는 기를 기르는 것이 바로 마음을 기르는 것이라는 사실에 주의해야 합니다. 그렇기 때문에 유불도 삼 가를 귀납시켜 보면, 유가는 '존심양성(存心養性)'을 표방하였고 불가는 '명심견성(明心見性)'을 주장하였으며 도가는 '수심연성(修心煉性)'을 제창하였습니다. 모두 '심(心)'이고 '성(性)'입니다! 심과 성 두 글자를 가지고 이리 바꾸고 저리 바꾸었으니, 표현 방법은 다르지만 실제 목적은 하나입니다. 모두가 마음을 기르는 수련입니다.

요컨대 어떻게 수양해야 할까요? '길러야[養]' 합니다. 서둘러서 될 일이 아닙니다. 급하게 나아가도 안 되고 너무 지나치게 힘을 써도 안 됩니다. 그랬다가는 싹을 뽑아서 자라도록 도와주는 결과가 될 것입니다. 유가·불가·도가를 막론하고 입세(入世)든 출세(出世)든 심성(心性)의 학문이 되었든 기맥(氣脈)의 학문이 되었든 모두 그러합니다.

개인의 학문이나 사업도 마찬가지로 천천히 길러야지 급히 서둘러서는 안 됩니다.

언어로 사람을 판단하는 방법

"무엇을 지언이라 합니까?" 맹자께서 말씀하셨다. "편벽된 말에 그 가리운 바를 알며, 방탕한 말에 그 빠져 있는 바를 알며, 부정한 말에 그 괴리된 바를 알며, 도피하는 말에 그 궁한 바를 알 수 있다. 마음에서 생겨나 정사에 해를 끼치며, 정사에서 발로되어 일에 해를 끼친다. 성인이 다시 일어나도 반드시 내 말을 따를 것이다."

"何謂知言?" 曰: "詖辭知其所蔽, 淫辭知其所陷, 邪辭知其所離, 遁辭知其
所窮. 生於其心, 害於其政; 發於其政, 害於其事. 聖人復起, 必從吾言矣."

여기에서는 또 '지언(知言)'에 대해 이야기합니다. 우리가 잊어서는 안
되는 것이 있는데, 이것이 여전히 맹자와 공손추 사이의 대화라는 사실입
니다. 위에서 맹자는 스스로 말하고 스스로 풀이해 주는 과정을 통해 많은
문제를 이끌어 냈습니다. 그런데 이 문제들은 실제로는 전체 문제의 일부
분이기 때문에 나누어서는 안 됩니다. 만약 작은 단락들을 하나의 독립된
의미로 간주했다가는 지리멸렬하게 되어 버려, 맹자의 총체적인 정신 및
그 사상 체계를 이해할 수 없게 됩니다.

중국 사람들이 자주 쓰는 말 중에, 어떤 한 사람에 대해 아주 정확하게
알고 있고 아주 깊이 이해하고 있다는 의미로 "나는 그 사람이 어려서부
터 클 때까지 봐 왔다"라는 말이 있습니다. 이 말은 그냥 들어서는 뭐 그
리 놀랄 만한 구석이 없고 글자상으로 봐도 아주 평범하지만, 상당히 깊은
철학적 이치를 포함하고 있습니다.

여러분도 다 읽어 보셨겠지만 『홍루몽』에는 가보옥(賈寶玉)이 첫돌이
되었을 때를 묘사한 대목이 있습니다. 오래된 전통 풍속을 좇아 돌잡이를
거행하는 장면인데, 한 살이 된 아이 앞에 종이, 먹, 붓, 벼루, 주판, 칼,
자, 먹줄, 도장, 베, 연지, 분 등 많은 물건을 늘어놓습니다. 그런 다음 그
아이가 손을 뻗어 어떤 물건을 집는지를 보면 장차 어느 방향으로 발전할
지 예측할 수 있습니다. 듣자 하니 이런 테스트가 상당히 영험하다고 합니
다. 그런데 가보옥은 당시 눈앞의 많은 물건을 보자 손을 뻗어 연지와 분
을 잡았습니다. 옆에 있던 사람이 뺏어서 내려놓았지만 그는 또다시 연지

와 분을 잡았습니다. 훗날 이 부잣집 도련님은 과연 연지 무리 속에서 그의 청춘을 보냈습니다.

이 이야기도 "어려서부터 클 때까지 봐 왔다"에 대한 일종의 설명입니다. 유아 시기의 많은 습성은 그 사람이 성장한 후 생활의 윤곽을 보여 줍니다. 이것은 바로 현대인이 말하는 '성향'의 문제이기도 합니다.

어린아이만 그런 것이 아니라 어른도 마찬가지입니다. 제갈량이 융중(隆中)에 은거하고 있을 때 그는 자신을 관(管), 악(樂)에 견주었습니다. 자신의 능력과 재학(才學)으로 성취할 수 있는 공적이 관중(管仲)과 악의(樂毅)에 못지않을 것이라 여겼던 것입니다. 그런데 맹자는 공손추가 관중과 안영을 들어 자신에 견주자 그다지 달가워하지 않았습니다. 맹자가 끌어다 스스로에 견주었던 인물은 그가 평생에 가장 존경해 왔던 공자였습니다.

옛사람이 말하기를 "위를 본받으면 가운데를 겨우 얻는다[取法乎上, 僅得乎中]"고 했습니다. 한 사람이 본받고자 하는 이가 가장 숭고하고 위대한 성인이라면, 반드시 성(聖)을 이룬다고는 할 수 없지만 그다음은 갈 수 있으니 어쩌면 현인이 될 수도 있습니다. 가령 어떤 사람이 부처가 되기를 원한다면, 부처가 되지 못했을 때 아라한만 되어도 훌륭합니다. 한 사람이 돈독한 인품을 갖추고 뜻을 세우도록 하려면 반드시 위를 본받게 해야 합니다. 그렇기 때문에 맹자의 이 대목은 청년들이 뜻을 세움에 있어 자못 시사하는 바가 있습니다. 뜻을 세우려면 큰 뜻을 세우고 큰일을 해야 합니다. 안타깝게도 현대의 청년들은 대다수가 좋은 직장을 잡기만 바라는데, 그것은 단지 조수 노릇에 불과합니다. 지식인이라면 성현이 되겠다는 뜻을 세워야 성현은 못 되어도 교육자라도 됩니다. 공손추가 관중과 안영을 들어 맹자에 견주려 하자 맹자가 썩 내켜 하지 않았던 것이 생각나서 약간의 감상을 보충해 보았습니다.

여기에서 공손추는 다시 맹자에게 묻습니다. 무엇을 지언(知言)이라고 합니까? 이 말에서 '언(言)' 자는 맹자가 인용했던 고자의 말 "말에서 이 해하지 못하면 마음에서 구하지 말라(不得於言, 勿求於心)"에서 언급된 바 있습니다. 맹자는 앞에서 말하기를 고자의 그런 수양과 학문 태도에 자신은 결코 동의하지 않노라고 했습니다. 그런 다음에 비로소 '지(志)'와 '기(氣)'의 수양을 이야기했습니다. 그러자 공손추가 맹자에게 스승님께서는 그 두 가지 중 어느 쪽에 비교적 뛰어나냐고 물었습니다. 맹자가 말했습니다. "나는 말을 알며, 나는 내 호연지기를 잘 기르노라(我知言, 我善養吾浩然之氣)." 그런 다음 맹자는 먼저 호연지기에 대해 많이 서술하였습니다. 하지만 "나는 말을 안다"에 대해서는 상세한 해석을 하지 않았습니다. 그래서 이제 공손추가 스승이 말하는 중간에 끼어들 기회를 잡아서 맹자에게 이 문제를 제기한 것입니다.

'지언(知言)'을 문자 그대로 해석하면 말할 줄 안다는 것이 되지만, 그렇게 문자 그대로 풀이하면 틀립니다. 여기에서 '언(言)'은 이치를 말하며 '지언(知言)'은 이치를 안다는 말입니다. 그런데 '지언'에서 '지(知)' 자를 '지(智)' 자로 해석해도 되므로, '지언(知言)'은 바로 '지언(智言)' 즉 언어에 대한 지혜가 됩니다. 중국에는 "마음속의 일을 알고자 하면 입에서 나오는 말을 들어라"는 말이 있습니다.

그래서 맹자는 공손추가 제기한 이 문제에 대해 그에게 이렇게 말합니다. "어떤 사람이 말하는 것을 들어 보면 그의 사상이 어떠한지를 알 수 있다." 보통 사람들의 말은 결국 몇 가지 형태를 벗어나지 않습니다. 공자가 『주역(周易)』「계사전(繫辭傳)」 하편에서도 일찍이 언급한 바 있는데, "장차 배반하려는 사람은 그 말에 부끄러운 기색이 있다. 마음에 의혹이 있는 사람은 그 말에 가지가 많다. 길한 사람의 말은 적다. 조급한 사람의 말은 많다. 선을 모함하는 사람은 그 말이 애매하다. 지키던 것을 잃어버린 사람은 그 말이 비굴하다[將叛者其辭慙. 中心疑者其辭枝. 吉人之辭寡. 躁人之辭多. 誣善之人其辭游. 失其守者其辭屈]고 하였습니다. 공자의 이 말은 더 이상 해석을 달지 않을 터이니 여러분 스스로 깊이 연구해 보시기 바랍니다. 지금은 맹자의 말만 설명하도록 하겠습니다.

맹자는 여기에서 말했습니다. 말을 하는데 치우친 바가 있는 사람은 반드시 가려진 바가 있고 명확하지 않은 곳이 있습니다. 그렇기 때문에 한쪽으로 치우친 말을 들어 보면 말하는 사람의 생각이 뭔가에 가려졌음을 알수 있습니다. 재물과 같은 욕망이나 혹은 다른 무슨 문제에 가려져 머리가 총명하지 못합니다. 이것이 바로 "편벽된 말에 그 가리운 바를 안다[詖辭知其所蔽]"는 것입니다. 바꾸어 말하면 생각에 편견이나 선입견이 있으면 그가 하는 말에도 편향된 바가 있습니다.

"방탕한 말에 그 빠져 있는 바를 안다[淫辭知其所陷]"는 말에서 이른바 '음(淫)'은 지나침, 수다스러움, 군더더기를 의미합니다. 어떤 사람들은 너무 수다스러운 나머지 정도에 지나치게 혹은 너무 많이 말하는데, 그런 사람들은 어딘가에 빠져 있어서 심리가 건전하지 못함을 알 수 있습니다. 두뇌가 건전한 사람은 말을 할 때에도 분명하고 간결합니다. 예를 들어 지나치게 과장해서 형용하는 것 역시 "방탕한 말"의 표현입니다.

"부정한 말에 그 괴리된 바를 안다[邪辭知其所離]"고 하였는데, 많은 사람들이 올바른 도리에 의거해서 말을 하지 않습니다. 하지만 그런 사람들도 자기 나름의 삐뚤어진 도리를 지니고 있습니다. 세상에는 삐뚤어진 도리가 천 가지라면 올바른 도리는 오직 하나밖에 없습니다. 이런 삐뚤어진 도리를 말하는 사람은 그 생각이 정상 궤도에서 벗어나 있습니다. 동시에 '리(離)' 자에는 이간질한다는 의미도 있는데, 이간질하는 사람은 모두 반드시 삐뚤어진 도리를 지니고 있습니다.

"도피하는 말에 그 궁한 바를 안다[遁辭知其所窮]"에서, 이른바 '둔사(遁

辭)'는 도피하는 말입니다. 예를 들어 어떤 사람에게 어떤 일을 처리했느냐고 물었는데 그 사람이 처리했다 혹은 처리하지 못했다는 말은 하지 않고 그 일이 어쩌고저쩌고하다는 말만 한다면, 그건 바로 그가 그 일을 처리할 것을 잊어버렸다는 뜻입니다. 그가 늘어놓은 어쩌고저쩌고하는 말은 모두 도피하는 말에 지나지 않습니다. 도피하는 말을 한다면 그가 이미할 말이 없고 이치도 궁해졌음을 알 수 있습니다.

여러분도 다 이런 상황을 겪어 보았을 것입니다. 스스로 타당한 이유가 없어서 할 말이 궁해지면 적당한 말을 찾아 말함으로써 도피하려고 합니다. 이른바 "좌우를 돌아보며 다른 것을 말하다〔顧左右而言他〕"입니다. 자신의 잘못을 인정하고 싶지 않기 때문에, 잘못을 인정하려면 용기가 필요한데 그런 용기가 없어서 무의식적으로 도피하는 말을 찾아 늘어놓는 것입니다.

사람들이 하는 말에서 발견할 수 있는 문제를 맹자는 대략 이 네 가지 유형으로 귀납시켰습니다. 어떤 사람은 한 가지만 지니고 있고 어떤 사람은 네 가지를 모두 지니고 있습니다. 맹자가 여기에서 개괄해 놓은 것에는 사람이 말을 하는 데 있어서 문제점들이 거의 모두 포함되어 있습니다.

이것 역시 관상을 보는 방법에 속하는데 언어, 심리 상태는 사람을 감정하는 학문에서 내오행(內五行)에 속합니다. 눈으로 알아낼 수 있는 것은 아니지만 관계가 대단히 큽니다. 신해혁명 당시에 지도자형(型) 인물에 속하던 혁명 선배들이 입을 열어 연설을 하면 지도자의 그 도량, 조리 정연함, 깔끔함에 그만 "바로 그렇게"라는 한마디가 떨어지기 무섭게 듣는 사람들이 마치 혼이 나간 것처럼 그의 말을 좇아 움직였습니다. 특히 손중산 선생의 경우에는 원래 그를 반대하던 사람조차 그의 강연을 들으면 마음이 변해서 그를 믿고 옹호했습니다.

많은 사람들이 자기를 변호하기 좋아하지만, 변호하다가 마지막에 논리가 궁해지면 도피하는 말이 나오게 됩니다. 기타 몇 가지 말하는 태도 역시 마찬가지입니다. 그 사람의 말을 들어 보기만 해도 그의 생각 및 행위가 어떠한지 알 수 있습니다. 그래서 맹자는 이렇게 말했습니다. "마음에서 생겨나 정사에 해를 끼치며, 정사에서 발로되어 일에 해를 끼친다〔生於其心, 害於其政; 發於其政, 害於其事〕." 표면의 언어를 통해 그 사람의 생각의 조리를 미루어 알 수 있습니다. 어떤 사람은 말은 아주 정확하게 잘하지만 글쓰기가 형편없고, 어떤 사람은 글은 아주 잘 쓰지만 말하는 것이 지리멸렬하기도 합니다. 맹자는 이 네 가지의 언어 형태로부터 사상의 조리를 추론해 낼 수 있다고 말했지만, 언어 사상은 모두 마음에서 생겨나고 마음이 만들어 낸 것입니다. 귀결시켜 보면 마음〔心〕과 말〔言〕 즉 심리와 언어는 대단히 밀접하게 연관되어 있습니다. 언어는 생각이 겉으로 표현된 형태의 하나이고, 행위 역시 생각이 겉으로 표현된 형태의 하나입니다. 생각은 아직 표현되지 않은 언어 행위이므로, 심리적 생각이 움직이기만 하면 곧바로 행위에 드러나고 또 정치에까지 영향을 끼칩니다. 만약 생각이 옳지 못하고 잘못되었다면 정치적 행동에 대해 해로움을 끼칩니다. 그런 유해한 생각과 행위가 정치를 투과하여 발휘되면 문제가 커집니다. 그렇기 때문에 법률을 확립하고 정책을 실시함에 있어 만약 사전에 명확히 생각하지 않고 신중하게 심사숙고하지 않는다면, 그저 목전의 문제를 해결하기에만 급급해서 먼 나중의 결과를 고려하지 않는다면 결국에는 문제가 터집니다. 역대의 정치 제도를 수시로 개혁해야만 했던 이유도 바로 당초에 충분히 고려하지 못했기 때문입니다. 결함을 발견할 때마다 다시 개혁을 해야만 했습니다. 이것을 통해 우리는 생각과 언어의 중요성을 알 수 있으며 '지언'의 중요성도 이해하게 되었습니다. 그래서 맹자는 맨 마지막에 강한 어조로 말했습니다. "설사 문왕, 주공, 공자 같은 성인들이 오늘 다시 살아난다고 해도 나의 이 말에 틀림없이 동의할 것이다."

맹자가 이렇게 말한 것은 앞에서 이야기하면서 제기되었던 많은 문제들에 대해 작은 결론을 하나 내려 준 것과 같습니다. 부동심을 수양하는 양심(養心) 혹은 큰 용기, 큰 지혜를 배양하는 문제에서 양기(養氣)에 이르기까지 모두 먼저 이(理)에서부터 착수해야 합니다. 이치가 통하지 않으면 해 놓고도 좋은 결과가 나올 수 없고 성취를 얻을 수 없습니다. 여러분이 오늘 제『맹자』강의를 듣는 것도 마찬가지입니다. 강의 전과 강의 후에 원서를 펼쳐서 읽어 보고 생각을 해 봐야 합니다. 강연을 끝내고 돌아서서 여러분에게 질문을 했는데 아무도 대답을 못 한다면 그래서야 되겠습니까. 방금 전에 제가 몇 사람에게 책을 읽었는지, 또 위에서 말한 "편벽된 말, 방탕한 말, 부정한 말, 도피하는 말"의 네 가지 문제점이 자신에게는 나타나지 않았는지 물어보았습니다. 그런데 대답이 조금 솔직하지 않았습니다. 여러분에게 물었을 때 씩 웃기만 하고 아무런 말도 하지 않는데, 그건 책을 보지 않았다는 뜻입니다. 만약 성실하고 솔직하다면 용기를 내서 자신의 잘못을 시인하며 말할 겁니다. "저는 책을 보지 않았습니다." 안 봤으면 그만이지 숨길 필요는 없습니다. 그건 좋지 않습니다.

학행의 전형에 관한 토론

"재아와 자공은 말을 잘하였습니다. 염우와 민자와 안연은 덕행을 잘 말했습니다. 공자께서는 이것을 겸하였으되 말씀하시기를 '나는 사명에 있어서는 능하지 못하다' 하셨습니다. 그렇다면 선생님께서는 이미 성인이시겠습니다." 맹자께서 말씀하셨다. "아! 이것이 무슨 말이냐! 옛적에 자공이 공자께 묻기를 '선생님께서는 성인이십니다' 하자 공자께서 말씀하시기를 '성인은 내가 능하지 못하다. 나는 배우기를 싫어하지 않고 가르치기를 게을리 하지 않았다' 하셨다. 자공이 말하기를 '배우기를 싫어하지 않음은 지요, 가르치기를 게을리 하지 않음은 인입니다. 인하고 또 지하시니, 선생님께서는 이미 성인이십니다' 하였다. 무릇 성인은 공자께서도 자처하지 않으셨다. 이것이 무슨 말이냐!"

"宰我, 子貢, 善爲說辭. 冉牛, 閔子, 顔淵, 善言德行. 孔子兼之, 曰: '我於辭命, 則不能也.' 然則夫子旣聖矣乎?" 曰: "惡! 是何言也! 昔者子貢問於孔子曰: '夫子聖矣乎?' 孔子曰: '聖, 則吾不能. 我學不厭, 而敎不倦也.' 子貢曰: '學不厭, 智也; 敎不倦, 仁也. 仁且智, 夫子旣聖矣.' 夫聖, 孔子不居. 是何言也!"

맹자는 공자를 가장 존경하고 흠모했으며 공자 문하의 제자들에 대해서도 상당히 존경하고 있었습니다. 그는 공손추가 질문했던 "무엇을 지언이라 하는가"에 대해 대답하면서, 동시에 네 가지 서로 다른 언어 유형을 예로 들어 언어가 생각에서 나온다는 사실을 지적하였습니다. 합당하지 못한 언어는 불합리한 생각에서 나온 것으로서 "정사에 해를 끼치고" "일에 해를 끼친다"고 했습니다. 이제 공손추는 공자 문하의 제자인 칠십이 현인 가운데 몇 사람을 들어서 질문합니다. 그들은 모두 맹자가 평소에 상당히 존경하던 사람들입니다. 공손추가 말했습니다. 재아와 자공은 가장 말을 잘했던 사람입니다. "말을 잘했다〔善爲說辭〕"의 의미는 그들 두 사람의 두뇌가 명석하고 조리가 분명했음을 가리키기도 합니다. 그것은 사실입니다. 우리가 늘 봐서 알지만, 생각에 조리가 있는 사람들이 말을 하면 순서가 분명하고 논리 정연합니다. 어떤 사람은 반나절을 말했는데도 말하고자 하는 주제가 뭔지 알 수 없는 경우도 있습니다. 도대체 무슨 의미냐고 다시 물어봐도 자기 자신도 정확히 알지 못합니다.

공손추는 계속해서 염우, 민자, 안연 세 사람을 거론하며 그들은 덕행의 실천을 가장 중시했다고 말합니다. 공자는 일찍이 염우라면 "남쪽을 바라보며 왕 노릇 할 수 있다〔南面而王〕" 즉 한 국가의 영수가 될 수 있다고 했습니다. 민자는 효도가 가장 훌륭했던 표본이며, 안연은 "잘못을 두 번 되풀이하지 않을〔不二過〕" 수 있는 데다 또 예지(睿智)와 호학(好學)으로 공자의 칭찬을 받았던 제자였습니다. 하지만 그들은 훌륭한 도덕 행위를 행하기는 했지만 언어와 문자를 사용해 표현하는 데는 능하지 못했으니 참으로 유감스러운 일이라 하겠습니다. 반대로 언어와 문자의 표현 능력은 뛰어나지만 덕행이 충분치 못하다면 그 역시 옥에 티라 할 수 있습니다.

오직 공자만이 이러한 장점들을 겸하여 지니고 있었습니다. 그는 모든 것을 두루 갖추고 있었습니다. 요즘 말로 하면 붓을 들면 뭐든지 잘 쓰고 손을 대면 뭐든지 잘했습니다. 잘한다는 말은 무리하게 밀어붙이거나 아무렇게나 마구 해치운다는 의미가 아니라 재(才), 덕(德), 학(學)을 두루 겸비했다는 뜻입니다. 하지만 그런 공자도 겸손하게 "나는 사명에 있어서는 능하지 못하다〔我於辭命, 則不能也〕"고 말했습니다. 말을 하고 글을 쓰는 데 있어서는 아직 부족하고 일가를 이루지 못했다는 뜻입니다. 방금 맹 선생님께서는 자신이 이미 말을 잘 안다〔知言〕고 말했는데, 그렇다면 스승님께서는 이미 성인의 경지에 도달한 것이 아닙니까?

성인은 스스로를 옳다 여기지 않는다

맹자는 공손추의 이 질문을 듣자 먼저 꾸짖는 어조로 '아' 하고 한마디 합니다. 우리가 요즘 쓰는 어투로 바꾼다면 "이 사람이 무슨 소리를 하고 있나"와 비슷할 겁니다. 옛날에 한번은 자공이 공자에게 말했습니다. "스승님! 당신은 당대의 성인이십니다." 당시 공자는 자공에게 이렇게 말했습니다. "성인의 경지에 대해서는 내가 감히 자처하지 못한다. 다만 나는 평생토록 끊임없이 학습하고 끊임없이 진보를 추구하면서 영원히 만족하지 않았다. 또 교화하는 일에 있어서도 나는 영원히 피로함을 느끼지 않았고 영원히 실망하지 않을 것이다. 단지 이와 같을 따름이다!"

공자의 이 두 가지 일은 솔직히 말해서 우리는 해낼 수 없습니다. "배우기를 싫어하지 않다"는 것은 어쩌면 조금 비슷한 부분이 있을 수도 있습니다. 하지만 "가르치기를 게을리하지 않다"는 것은 우리가 해낼 수 없습니다. 아마도 가르치다가 일찌감치 지쳐 버릴 겁니다. 다른 사람을 가르치다 보면 곧바로 화가 올라옵니다. 만약 공자 같은 성인이 되려고 한다면 다른 사람을 가르칠 때 화를 내서는 안 됩니다. 이른바 "가르침에는 차별을 두지 않는다〔有敎無類〕"는 말처럼, 총명한 사람만 가르치려고 할 것이 아니라 멍청한 사람도 똑같이 가르치려 해야 합니다.

자공은 자기 자신은 그저 "배우기를 싫어하지 않고" "가르치기를 게을리하지 않을" 뿐이라는 공자의 말을 듣자 곧바로 공자에게 말했습니다. "'배우기를 싫어하지 않음'은 바로 대지(大智)가 아닙니까! 또 '가르치기를 게을리하지 않음'은 바로 대인(大仁)이 아닙니까! 지금 스승님께서는 인자하시고 또 크게 지혜로우신데, 이는 저희들이 해낼 수 없는 일입니다. 그러므로 스승님 당신께서는 당연히 당대의 성인이십니다." 이 대목은 『논어』에도 기재되어 있습니다.

맹자는 이어서 공손추에게 말합니다. "네가 공자와 자공의 이 대화를 들어 보면 공자께서는 진정한 성인임에도 불구하고 성인으로 자처하지 않으셨음을 알 것이다. 그런데 네가 어떻게 나를 성인이라고 말할 수 있느냐?"

"옛적에 제가 들으니, 자하와 자유와 자장은 모두 성인의 일부분만 지니고 있었고, 염우와 민자와 안연은 전체를 갖추고 있었으나 미약하다 하였습니다. 감히 묻건대, 선생님께서 편안히 자처하시는 바는 어느 쪽입니까?"

맹자께서 말씀하셨다. "잠시 이것을 버려두어라."

"昔者竊聞之: 子夏, 子游, 子張, 皆有聖人之一體; 冉牛, 閔子, 顏淵, 則具體而微. 敢問所安?"

曰: "姑舍是."

공손추가 또 말했습니다. "제가 일찍이 사사로이 듣기로는 자하, 자유, 자장 세 사람은 각기 학문이 공자의 훌륭한 점의 일부분에 도달했다고 합니다. 염우, 민자, 안연의 경우는 '전체를 갖추고 있었으나 미약하다〔則具體而微〕' 하였으니, 그 학문이 성인이 지녔던 훌륭한 점에 도달하기는 했으나 다만 공자보다 훨씬 빈약하고 수련도 일가를 이루지 못했다고 합니다."

염우를 비롯한 세 사람은 덕성에 치중하였고 자하를 비롯한 세 사람은 문학에 치중하였습니다. 고대의 이른바 문학은 주로 학술 사상을 전술(傳述)하는 것을 가리키는 말입니다. 고대의 '문학'이라는 두 글자를 현대의 문학이라는 의미로 이해해서는 안 됩니다. 그랬다가는 틀립니다. 그들 세 사람은 공자의 학술 사상을 전술하는 데 치중했기 때문입니다. 공자가 세상을 뜬 후에도 그들은 공자의 학술을 계승해 곳곳에서 강학(講學) 활동을 했습니다. 자하의 학생 가운데는 양 혜왕(梁惠王)의 조부였으며 위나라를 세운 위 문후(魏文侯)도 포함되어 있습니다. 당시 자하는 하서(河西) 지방에서 강학하고 있었는데 그 명성이 상당했습니다.

염우를 비롯한 세 사람이 치중했던 덕성 역시 현대의 관념과는 다릅니다. 전하는 바로는 그들 세 학생은 춤도 추지 않고 도박도 하지 않고 싸움도 하지 않았다고 합니다. 만약 그렇다면 그것은 덕성이 훌륭한 것이 아니라 그저 규범을 잘 준수했을 뿐입니다. 그런 학생에게는 높은 품행 점수를 줄 수는 있겠지만, 마음속으로는 사람 됨이 너무 용렬해서 장차 큰 그릇은 되지 못할 것이라 여겼을 수도 있습니다.

진정한 덕성은 대단히 높은 수양입니다. 공자는 자기의 학생 가운데 오직 염우만이 큰일을 담당할 수 있다고 여겼습니다. 민자는 효행이 가장 뛰어났고 안연은 도덕이 가장 뛰어나서 흠잡을 데가 없는 사람이었습니다. 마치 석가모니의 십대 제자 가운데 사리불(舍利弗)은 지혜가 가장 뛰어났고 목건련(目犍連)은 신통력이 가장 뛰어났고 부루나(富樓那)는 설법이 가장 뛰어났고 수보리(須菩提)는 공(空)을 풀이하는 것이 가장 뛰어났고 가전연(迦旃延)은 논의가 가장 뛰어났고 대가섭(大迦葉)은 두타(頭陀)[51]가 가장 뛰어났고 아나율(阿那律)은 천안이 가장 뛰어났고 우바리(優波離)는 계율을 지키는 데 가장 뛰어났고 아난다(阿難多)는 설법을 듣는 데 가장 뛰어났고 나후라(羅睺羅)는 밀행(密行)[52]에 가장 뛰어났던 것과 비슷합니다. 염우는 정치가 가장 뛰어났고 민자는 효순(孝順)이 가장 뛰어났고 안연은 덕행이 가장 뛰어났다고 합니다. 이 세 사람은 "전체를 갖추고 있었으나 미약하였으니〔則具體而微〕" 전체적으로는 공자와 비슷했지만 그릇이 그에 미치지 못했습니다. 만약 덕성을 무게로 달 수 있다면 공자의 덕성은 일 톤이고 그들은 아마도 몇백 근 혹은 몇십 근 정도에 불과했을 것입니다.

여기까지 말했을 때 공손추는 장난꾸러기 학생 같은 모습에 히죽거리는 어조로 다시 맹자에게 묻습니다. "감히 묻건대 스승님께서 편히 자처하는

---

51 번뇌를 없애고 불도 수행에 성의를 다하는 것을 두타라 한다.

52 밀행의 본뜻은 비밀스럽게 다니는 것을 말하지만, 비밀스럽게 다니는 것처럼 남모르게 수행을 열심히 하였다는 뜻이다.

바는 어느 쪽입니까?" 앞에서 열거한 사람들 가운데 스승님께서는 누구를 배우고 싶으십니까? 자하를 배우고 싶으십니까 아니면 안연 같은 사람을 배우고 싶으십니까? 맹자는 이런 질문을 받자 얼른 말했습니다. "잠시 이 것을 버려두어라[姑舍是]." 여기서 '고(姑)'자는 '잠시'라는 의미인데, 맹 자는 그저 이렇게 말했을 따름입니다. 잠시 이 문제는 이야기하지 말거라!

그런데 우리가 이 장을 읽어 보면 제일 먼저 나오는 대목이, 공손추가 자신을 관중이나 안자와 비교하는 것에 대해 맹자가 불쾌해하는 내용이 었습니다. 그러자 공손추는 또다시 증자 등 공자의 우수한 제자를 들어서 비교하면서 맹자를 계속 압박했습니다. 그러는 중에 공손추는 마치 맹자 의 심사를 간파하기라도 한 듯이 빙빙 돌려서 간접적으로 묻는데, 일부러 "그렇다면 스승님께서는 이미 성인이시겠습니다"라는 쌍관어(雙關語)를 던졌습니다. 그 말은 이런 뜻입니다. 그렇다면 맹 선생님 당신이야말로 당 대의 성인이시군요! 하지만 맹자는 즉시 말합니다. "너는 이것이 무슨 소 리냐!" 그러면서 예전에 공자가 성인을 자처하지 않았던 고사를 들어서, 공손추가 건네준 그 높은 모자를 사양하였습니다. 좋습니다. 예전에 공자 는 학생들의 면전에서 스스로 성인을 자처하지 않았습니다. 하지만 결국 공자는 성인입니다. 이제 맹자가 마찬가지로 학생의 면전에서 스스로 성 인을 자처하지 않고, 동시에 스스로 성인을 자처하지 않았던 공자의 고사 를 이야기하기까지 했습니다. 그렇다면 결국 맹자는 내심 스스로를 누구 에 견주려고 했던 걸까요? 이것은 깊이 음미해 볼 만한 문제입니다. 그는 입으로는 자신이 성인임을 부인하였고, 또 공자가 스스로 성인을 자처하 지 않았던 고사까지 인용하면서 공손추 스스로 생각하게끔 만들었습니 다. 하지만 공손추 역시 장난기가 다분한 학생이었던지라 질문을 계속합 니다. 스승님 당신께서는 자신이 성인임을 분명하게 인정하려 들지 않으 시니 그렇다면 한 단계 낮춰서 묻겠습니다. 맹 선생님 당신은 도대체 공자의 어느 학생과 견주기를 원하시는 겁니까! 이렇게 맹자에게 들이댔던 것입니다. 맹자는 사실 내심으로는 자신이 공자를 본받았으며, 자신은 염우 등이 "전체를 갖추고 있었으나 미약했던" 정도에서 그치지 않는다고 자인했습니다. 그렇다고 해서 거만하게 "내가 바로 성인이다"라고 말할 수도 없으니, 결국은 이렇게 말할 수밖에 없었습니다. "우리 잠시 이 문제는 이야기하지 말기로 하자. 더 이상 성현들의 고하(高下)는 논하지 말자." 이 또한 맹자의 '도피하는 말'이라고 하겠습니다.

그런데 공손추라는 이 사람은 그쯤에서 그만두려고 하지 않고 계속해서 한 걸음 한 걸음 조여들어 갑니다. 그는 또다시 질문을 합니다.

크도다 공자여

공손추가 말하였다. "백이와 이윤은 어떻습니까?"

맹자께서 말씀하셨다. "도가 같지 않다. 섬길 만한 군주가 아니면 섬기지 않고 부릴 만한 백성이 아니면 부리지 않아서, 다스려지면 나아가고 어지러워지면 물러났던 이가 백이다. 누구를 섬긴들 내 군주가 아니며 누구를 부린들 내 백성이 아니랴 하여, 다스려져도 나아가고 어지러워져도 나아갔던 이가 이윤이다. 벼슬할 만하면 벼슬하고 그만둘 만하면 그만두며, 오래 머무를 만하면 오래 머물고 빨리 떠날 만하면 빨리 떠났던 이는 공자이다. 모두 옛 성인이지만 나는 행하지 못하였다. 내가 원하는 바는 공자를 배우는 것이다."

"백이와 이윤이 공자에 대해서 이와 같이 동등합니까?"

맹자께서 말씀하셨다. "아니다! 사람이 생겨난 이래로 공자 같은 분은 계시지 않다."

曰: "伯夷, 伊尹何如?"

曰: "不同道. 非其君不事, 非其民不使, 治則進, 亂則退, 伯夷也. 何事非君, 何使非民, 治亦進, 亂亦進, 伊尹也. 可以仕則仕, 可以止則止, 可以久則久, 可以速則速, 孔子也. 皆古聖人也, 吾未能有行焉. 乃所願, 則學孔子也."

"伯夷, 伊尹於孔子, 若是班乎?"

曰: "否! 自有生民以來, 未有孔子也."

공손추가 또 말했습니다. "스승님께서는 염우 그 사람들에 대해 이야기하기를 원하지 않는데, 그렇다면 백이와 이윤 이 두 사람은 어떻습니까?" 이 두 사람은 서로 다른 전형입니다. 백이는 제왕의 자리를 가벼이 여겨마다했는데 황제가 되는 것도 원하지 않았습니다. 그뿐 아니라 주 무왕이하는 바를 우습게 여겼기 때문에 주나라 곡식을 먹지 않고 차라리 수양산에서 굶어 죽겠노라 고집했습니다. 그는 한마디로 고사(高士)였습니다. 이윤의 경우는 세상에 나와서 일할 기회가 없을까 봐 두려워했던 사람입니다. 그는 오로지 평천하의 포부를 펼치기만을 희망했기 때문에 솥단지하나를 짊어지고 상탕(商湯)을 찾아가 그의 요리사가 되었습니다. 그는 자신의 뛰어난 요리 솜씨를 이용해 상탕의 칭찬을 얻어 냈습니다. 후에 상탕은 이윤을 불러 이야기를 나누어 본 다음에 더욱 그의 재능을 칭찬하였는데, 결국은 그에게 재상의 자리를 맡겼습니다. 재상의 권한을 쥐는 것을일러 "음식을 적절히 잘 배합한다〔調和鼎鼐〕"라는 아름다운 단어로 부르게 된 것도 이윤의 이 역사적 전고에서 비롯된 것입니다.

공손추는 마치 당랑권 권법을 쓰는 것처럼 한 번 또 한 번 연속해서 갈고리를 휘두릅니다. 이번에는 전혀 다른 전형의 두 사람을 들어서 맹자의뜻을 탐색해 볼 요량으로 그의 견해를 묻습니다.

맹자 사제 간의 이 대화에 우리가 특별히 주목해야 하는 이유는 이 주제가 인생관을 확정하는 문제까지 건드리기 때문입니다. 인생은 도대체 무엇을 해야 합니까? 지금도 수많은 사람들이 이렇게 배우고 저렇게 배우고 있습니다. 심지어는 출세법(出世法)을 배우느라 부처를 배우고 도를 배우고 정좌 수련을 배우고 있습니다. 하지만 아무리 배워도 인생관조차 아직 확정하지 못했습니다. 장래에 어떤 사람이 될 거냐고 물어보면 자신도 모른다고 대답합니다. 사람은 먼저 자신의 인생관을 확정해야 합니다. 자신이 어떤 인물을 목표로 삼을 것인지를 정해야 노력의 방향과 노선이 생겨납니다. 가장 좋은 것은 세계 최고가 되겠다고 생각하는 것입니다. 자신이 최고가 되지 못할 줄 알지만, 설사 꼴찌가 된다 하더라도 하나의 목표가 있어야 합니다. 여러분은 정치에 종사하고 싶다, 외교관이 되고 싶다, 혹은 사장이 되고 싶다고 말할 수도 있습니다. 하지만 이런 것은 그저 직업일 뿐 인생관이 아닙니다. 인생관을 확정한다는 것은 성인 혹은 영웅 혹은 호걸 혹은 부자 혹은 범부가 되겠다고 말하는 것입니다. 여성으로 말하면 현처(賢妻)가 되겠다거나 양모(良母)가 되겠다거나 혹은 여자 영웅, 여자 성인이 되겠다는 이런 것이 인생관입니다. 이 단락은 바로 그런 것을 주제로 삼고 있습니다.

맹자가 공손추의 이 질문에 대답한 것을 보면, 그 두 사람은 도가 서로 다르고 인생관의 노선도 다르다고 했습니다. 백이라는 사람의 관념은, 자기가 생각할 때 수준이 괜찮은 훌륭한 사장이 아니면 모시지 않았습니다. 설사 자신을 불러도 가지 않았습니다. 자신이 옹호할 만하고 자신이 가서 가마를 멜 만하다고 여겨야 비로소 그에게로 가서 일했습니다. 이상적인 사회가 못 되고 이상적인 군중이 못 된다고 여겨지면 그들을 이끌어 가거나 일을 맡고 싶어 하지 않았습니다. 시대의 전반적인 환경이 안정적인 상태에 있어야만 비로소 자신의 역량을 바치고 자신의 포부를 펼치려 했습

니다. 만약 시대 환경이 전반적으로 혼란스러워 관리는 위에서 다투고 백
성은 아래에서 어지러우면, 세상을 버리고 홀로 서서 보지도 않고 관여하
지도 않았습니다.

이윤의 경우는 달랐습니다. 그의 관념은 "누구를 섬긴들 내 군주가 아니
랴[何事非君]"는 것이었는데, 어떤 사람이라도 자신의 주인으로 삼을 수
있었습니다. 오직 그 사람이 하려고만 들면 가서 도와주고 변화시킬 수 있
었습니다. 후세에 한 고조와 장량 간의 군신(君臣) 관계와 비슷했습니다.
한 고조는 원래 거칠고 경솔한 성격이었습니다. 한신이 한 고조에게 자신
을 가왕(假王)에 봉해 줄 것을 요구했을 때, 한 고조는 그 말을 듣자마자 불
같이 화가 나서 그만 욕설이 입에서 튀어나오려고 했습니다. 거친 말이 막
입 밖으로 튀어나오려는 순간 장량은 얼른 한 고조의 한쪽 발을 슬그머니
툭 찼습니다. 한 고조는 장량의 의도를 알아차리고 얼른 어조를 바꾸어 이
렇게 말했습니다. "봉하려면 진짜 왕에 봉해야지 무슨 가왕이란 말인가?
원하는 대로 해 주어라!" 그렇게 해서 모르는 사이에 한차례 중대한 위기
가 조용히 사라졌습니다. 한 고조는 발로 툭 차이는 것만으로도 말투를 바
꿀 수 있는 사람이었기 때문에 장량은 이렇게 말했습니다. "내가 다른 사
람들에게 말을 하면 그들은 모두 이해하지 못했고 들으려고 하지도 않았
다. 오직 한 고조만이 내 말을 얼른 깨달았으니 이는 하늘이 내려 준 것으
로서 나는 그를 도와줄 수밖에 없었다." 유방 외에는 그렇게 할 수 있는 사
람이 아무도 없었습니다. 한 고조 같은 사람은 그다지 이상적인 군주는 아
니었지만 장량은 그래도 그를 보좌했습니다. 그래서 이윤이 "누구를 섬긴
들 내 군주가 아니랴?"라고 말했던 것입니다. 주인이 훌륭하고 훌륭하지
않고는 아무런 상관이 없습니다. 오로지 우리가 어떻게 그를 돕고 보좌하
느냐에 달렸습니다.

만약 오늘날 이윤 같은 부하가 있다면 그가 어디에 소속되어 있든지 책

임자는 정말 편합니다. 그런 부하는 당신의 일을 마치 자기 일처럼 생각하고 처리합니다. 어떤 일이든 잘 처리하기 때문에 책임자는 오히려 한가롭게 지낼 수 있습니다. 물론 책임자도 그를 잘 알아주고 신임해야만 됩니다. 이윤은 부하들을 이끌어 가는 데 있어서도 마찬가지였습니다. 어떤 군중이든지 불문하고 그는 어김없이 잘 보살펴 주었습니다. 군대를 잘 인솔하는 사람은 이런 이치를 알고 있기 때문에 그 부대의 평소 자질이 어떠한지는 상관하지 않습니다. 훌륭한 인솔관은 어떤 모습의 부대이든지 잘 거느릴 수 있습니다. 그뿐 아니라 부대를 잘 거느릴 수 있는 자신만의 방법이 있습니다. 설사 어리석은 군중이라 할지라도 훌륭한 장관이 이끌어 나간다면 그들은 자신의 역량을 발휘하게 됩니다. 만약 지도자가 조금 부족하면 그들은 여전히 어리석은 군중으로 남게 되지만, 지도자가 훌륭하면 어리석은 사람도 쓸모 있는 사람으로 변하게 됩니다. 이윤은 바로 그런 재능을 가지고 있었습니다. 그런 까닭에 그는 "누구를 부린들 내 백성이 아니랴?"라고 말했던 것입니다. 이끌어 가지 못할 군중이 어디에 있느냐는 말입니다. 사회 형태에 있어서도 그 사회가 궤도에 올랐어도 벼슬을 하고 궤도에 오르지 못했어도 벼슬을 했습니다. 이것이 그의 처세의 원칙이었으니, 마치 불가의 대승도(大乘道) 정신과 흡사합니다. 반면에 백이는 불가 소승(小乘)의 기상에 불과합니다.

이어서 맹자는 세 번째 전형에 대해 언급했습니다. 자신의 포부를 펼칠 수 있는 기회가 생기면 세상에 나와서 큰일을 담당하고, 자신이 나설 차례가 오지 않으면 숨어서 수양하고 조용히 교화합니다. 오래 머무를 만하면 머무르고 빨리 떠나야 되면 떠납니다. 환경이야 어떠하든지 간에 운에 맡기고 자유로웠던 사람이 바로 공자입니다. 가(可)한 것도 없고 불가(不可)한 것도 없으며 출세(出世)하든 입세(入世)하든 담담하게 대처하면서 원망 없이 임무를 감당하였습니다. 이것은 바로 불가의 이른바 '원통자재(圓

通自在)'[53]이며 공자가 일찍이 자공에게 말했던 바이기도 합니다.

한번은 자공이 공자에게 물었습니다. "스승님, 당신이 보시기에 저는 도대체 어떻습니까?" 공자가 말했습니다. "호련(瑚璉)이다." 이 말은 이런 뜻입니다. 너는 진귀한 것을 담아 두기에 적당한 귀한 제기 호련과 같아서, 국가에 중대한 제전(祭典)이 있을 때에야 비로소 조심스럽게 꺼내어 제단 위에 정중하게 놓아두겠지만 평상시에는 그다지 크게 쓸모가 있지 않으니 그것이 바로 호련이라는 것입니다. 공자는 또 말했습니다. "군자는 그릇이 아니다〔君子不器〕." 군자는 한 가지 모양의 물건이 아닙니다. 만약 한 가지 모양의 물건이 된다면 형태가 정해져 버리고 용도가 한정됩니다. 그렇기 때문에 군자는 자기 자신을 어떤 한 가지 형태로 고정시키지 않습니다. 어떠한 시간 어떠한 환경에서도 자신이 해 볼 만하다고 여겨지거나 해야 한다고 생각하면 곧바로 가서 하는, 공자는 바로 그런 사람이었습니다.

맹자는 말합니다. "이 세 부류의 사람은 모두 고대의 성인으로서, 이 세 가지 전형의 성인에 대해서 나는 한 가지도 제대로 해낼 수 없다. 하지만 만약 배운다고 한다면 나는 공자를 배우기 원한다. 그러니 관중, 안자는 애초에 말할 필요가 없다. 백이를 배워서 출세간의 길을 걷는 것도 원하지 않고 그렇다고 이윤처럼 '수단을 가리지 않고 최고의 도덕을 완성하는' 길을 걷는 것도 원하지 않는다."

공손추가 또다시 맹자에게 묻습니다. "백이, 이윤, 공자는 서로 다른 세 부류의 옛 성인입니다. 그런데 스승님께서는 어떻게 그들 세 사람을 마치 하나의 등급인 것처럼 나란히 배열하십니까?"

---

53 그 본질이 원만하여 널리 모든 존재에 두루 통하고, 그 작용이 자재(自在)하여 거리낌이 없이 모든 존재에 작용한다.

맹자가 즉시 말했습니다. "아니다! 아니야! 백이, 이윤이 비록 옛 성인이기는 하지만 공자라는 성인은 결코 무리와 같을 수가 없다. '사람이 생겨난 이래로 공자와 같은 분은 계시지 않다〔自有生民以來, 未有孔子也〕.' 인류가 생겨난 이래로 공자와 견줄 수 있는 사람은 아무도 없었다." 맹자의 이 말은 공자를 최고 지점까지 추앙하는 것입니다.

여기까지 이야기한 다음 잠시 원문을 내려놓고 토론해 보겠습니다.

맹자는 인류가 생겨난 이래로 공자처럼 숭고한 사람은 아무도 없었다고 말했습니다. 이것을 보더라도 맹자야말로 공자의 진정한 지기(知己)이자 진정한 문인(門人)임을 알 수 있습니다. 역대로 공자를 떠받들었던 사람들은 모두 부족한 감이 있었습니다. 오직 맹자의 "사람이 생겨난 이래로 공자와 같은 분은 계시지 않다"는 이 말이야말로 유감없이 공자를 떠받들고 있습니다. 가장 성실하고 간절한 말이라고도 할 수 있습니다. 그러나 그는 신도들이 자신의 교주를 비인적(非人的), 초인적(超人的)으로 여기는 것같이 하지는 않았습니다. 유가의 교화는 시종일관 '인(人)' 본위를 떠나지 않았습니다. 인 본위를 초월하는 말을 하지 않는 이 부분이 유가의 소박한 점입니다.

역대로 공자에 대한 존칭은 원대(元代)의 것이 최고라 하겠습니다. 공자에게 "대성지성문선왕(大成至聖文宣王)"이라는 존호를 붙여 준 것이 바로 원대였습니다. 원 왕조를 깊고 두터운 문화적 기초가 없는 몽고 민족의 정권으로만 여겨서는 안 됩니다. 원 왕조 구십 년 동안 정치상으로 뛰어난 부분이 아주 많았습니다. 특히 공자를 높인 이 일은 가장 잘한 부분으로서, 원 성종(成宗) 대덕(大德) 11년 칠월에 공자에게 대성(大成)이라는 시호를 내렸던 것으로부터 알 수 있습니다.

조서는 다음과 같이 이르고 있습니다.

들으니 공자보다 앞선 성인은 공자가 아니었으면 그 뜻을 밝히지 못했고, 공자보다 나중에 나온 성인은 공자가 아니었으면 본받을 수 없었다고 한다. 이른바 요순의 도를 이어받아 서술하고 문무의 법도를 밝히시어, 백왕의 모범과 만세의 사표가 되었다. 짐이 왕위를 이어받고 그 풍모를 우러러 존경하여, 옛날의 훌륭한 규범을 좇아 추봉의 성전을 들어서 대성지성문선왕의 시호를 내리고, 공자의 고향인 궐리에 사신을 파견하여 태뢰로써 제사를 드리노라. 아!부자간의 친함과 군신간의 의, 성인의 가르침을 영원히 따르네. 천지의 큼과 일월의 밝음이 어찌 명언의 오묘함을 다하랴. 신의 조화를 힘입어 우리 원 황실에 복이 있도다.

蓋聞先孔子而聖者, 非孔子無以明; 後孔子而聖者, 非孔子無以法. 所謂祖述堯舜, 憲章文武, 儀範百王, 師表萬世者也. 朕纂承丕緒, 敬仰體風, 循治古之良規, 擧追封之盛典, 加號大成至聖文宣王. 遣使闕里, 祀以太牢. 於戲! 父子之親, 君臣之義, 永惟聖敎之遵. 天地之大, 日月之明, 奚罄名言之妙. 尙資神化, 祚我皇元.

이 글은 천고에 명문입니다. 비록 기초한 사람은 한인(漢人)이었지만 그 공은 마땅히 원 조정에 돌려야 할 것입니다. 역대로 공자에 대한 송찬(頌讚)이 이보다 훌륭한 것은 없었습니다. "공자보다 앞선 성인은 공자가 아니었으면 그 뜻을 밝히지 못했고, 공자보다 나중에 나온 성인은 공자가 아니었으면 본받을 수 없었다"라는 두 구절을 공자에게 갖다 붙인 것은 정말로 추앙의 극치인 동시에 딱 들어맞는 표현이라 하겠습니다. 게다가 참으로 오묘하게도 어느 곳의 문화 어느 곳의 종교를 표현하더라도 이 구절을 그대로 인용할 수 있습니다. 가령 서양 문화에서 종교를 이야기할 것 같으면 이렇게 말할 수 있습니다. "예수보다 앞선 성인은 예수가 아니었으면 그 뜻을 밝히지 못했고, 예수보다 나중에 나온 성인은 예수가 아니었

으면 본받을 수 없었다." 동양 문화에서 불가를 예로 든다면 마찬가지로
이렇게 말할 수 있습니다. "석가모니보다 앞선 성인은 석가모니가 아니었
으면 그 뜻을 밝히지 못했고, 석가모니보다 나중에 나온 성인은 석가모니
가 아니었으면 본받을 수 없었다." 우리가 보는 모든 불경은 "부처님께서
말씀하시기를, 부처님께서 말씀하시기를〔佛說, 佛說〕"이라고 되어 있고, 후
세의 유가 저서들 역시 "공자께서 말씀하시기를, 공자께서 말씀하시기를
〔子曰, 子曰〕"이 아닌 것이 없습니다. "공자께서 말씀하시기를"이라고 말하
지 않으면 안 됩니다. 우리가 만약 천 년 정도 일찍 태어났더라면 아니 적
어도 오백 년 일찍 태어났더라면, 공자의 사상과 말을 인용하지 않고서는
글을 쓸 때 "그 뜻을 밝힐 수 없었을〔無以明〕" 것입니다.

　물론 어떤 사람이 쓴 글은 공자를 추켜세우는 것이 걸맞지 않은 경우도
있었습니다. 후대에 어떤 도학자는 이렇게 말했습니다. "하늘이 중니를
낳지 않았다면 만고의 시간이 긴 밤 같았으리라〔天不生仲尼, 萬古如長夜〕."
만약 공자가 태어나지 않았다면 우리는 영원히 암흑 속에 있었을 것이라
는 말입니다. 그의 이 말은 마치 공자 이전의 역사 문화는 모조리 말살시
켜 버리는 것처럼 보입니다. 당시 유해(劉諧)라는 이름의 한림(翰林)은 그
도학자를 풍자하여 이렇게 말했습니다. "어쩐지, 그래서 복희 이전의 성
인들은 하루 종일 지촉(紙燭)을 태우면서 길을 갔구나." 어쩐지, 그래서
복희 이전의 성인들은 온종일 양초를 밝히고 길을 걸어갔구나 하는 말입
니다. 하지만 이 또한 빈정대는 것이 너무 지나친 나머지, 어떤 사람은 유
해라는 사람이 천성적으로 각박하다고 비판하기도 합니다. 물론 그 도학
자가 공자를 추켜세운 말이 도를 넘어 버려서 맹자의 말처럼 사실과 맞아
떨어지지는 못했지만, 그렇다고 해도 유해의 풍자 역시 돈후함을 잃어버
리고 말았습니다.

　유해는 개성이 각박하기는 해도 말주변이 대단히 좋았습니다. 형과 분

가할 때 그는 부친 유거당(劉巨塘)에게 일 잘하는 하인을 자신에게 줄 것을 요구했습니다. 하지만 부친은 이미 그 하인을 형에게 주었습니다. 그러고는 그를 훈계하며 이렇게 말했습니다. "형제는 왼손 오른손과 똑같으니, 그 하인을 네 형에게 준 것이 너에게 준 것과 다를 바가 없는데 어찌하여 다투느냐?" 그런 일이 있은 뒤 어느 날 그가 부친의 병문안을 갔는데, 그의 부친이 오른손을 내밀며 가려운 곳을 긁어 달라고 했습니다. 그런데 그는 일부러 부친의 왼손을 긁었습니다. 부친이 말했습니다. "네가 잘못 긁었다. 나는 오른손이 가려운 것이지 왼손이 가려운 게 아니다." 그러자 그가 말했습니다. "아버지께서 예전에 왼손 오른손은 똑같은 것이라 차이가 없다고 말씀하시지 않으셨습니까." 이처럼 자기 아버지에게도 보복하려 들었으니 각박한 정도를 가히 짐작할 수 있습니다.

당 명황과 공자

역대로 공자를 칭송한 시는 대단히 많습니다. 제 개인적인 생각에는 그 중에서 가장 훌륭한 시는 당 명황(唐明皇)[54]의 「노 땅을 지나다 공자에게 제사 지내며 탄식하다〔經魯祭孔子而歎之〕」라는 오언율시입니다.

선생님께서는 무엇을 위하여	夫子何爲者
한 세대를 바삐 서두르셨나	栖栖一代中
땅은 추씨의 마을이요	地猶鄹氏邑
집은 노왕의 왕궁이었네	宅卽魯王宮

---

54 당 현종을 가리킨다.

봉황을 한탄하며 자신의 형통치 못함을 탄식하고　歎鳳嗟身否

기린을 가슴 아파하며 도의 궁함을 원망하였지　傷麟怨道窮

이제 두 기둥 사이로 제사 지내는 모습을 보노라니　今看兩楹奠

당시 주공에게 제사 지내는 꿈꾸던 때와 같구려　當與夢時同

　이 시는 당대(唐代)의 시 중에서 가장 규범에 맞는 시입니다. 시 역시 문
장이지만 다른 점이 있다면 노래할 수 있는 운문(韻文)으로 변했다는 것
입니다. 소리의 높낮이와 곡절을 생성하는 평측(平仄)을 잘 배합함으로써
노래할 때 음운의 미감을 만들어 냅니다. 만약 평측의 배합이 규범에 맞지
않으면 그 글자는 사용할 수 없습니다. 그다음으로는 이 짧은 몇 구의 아름
다운 어휘들 속에 심원한 함의를 내포함으로써, 읽는 사람으로 하여금 깊
이 생각하고 그 맛을 음미할 수 있게 해야 합니다. 그 속에 사상이 있고 정
감이 있고 의경(意境)[55]이 있어야 하나의 완미한 문학예술 작품이 됩니다.

　당 명황의 시 첫 구절인 "선생님께서는 무엇을 위하여"는 시작부터 아
주 교묘하게 질문을 던지고 있습니다. 공자는 고금 일치로 칭송받는 성인
으로서 소왕(素王)이라 불리기도 합니다. 그는 모든 사람의 스승이니 사
람들은 다 그를 선생님이라 부릅니다. 하지만 모든 사람의 스승이었던 그
분의 일생은 도대체 무엇을 위한 것이었습니까? 둘째 구인 "한 세대를 바
삐 서두르셨나"는 그의 일생의 모습을 서술하는 동시에 앞 구의 답이기도
합니다. '서서(栖栖)' 두 글자는 『논어』의 전고를 인용한 것입니다. 「헌문
(憲問)」편을 보면 미생무(微生畝)라는 은사가 일찍이 공자에게 이렇게 물
었습니다. "그대는 무엇 때문에 바쁘게 서두르는가? 말재주나 팔아먹으

---

[55] 중국 고대의 전통적 문예 이론에서 '의경'은 작자의 주관적인 사상과 감정이 객관적인 사물이
나 대상을 만나 융합하면서 생성되는 의미 또는 형상을 말하는 비평 용어이다.

려는 게 아닌가[丘, 何爲是栖栖者與? 無乃爲佞乎]." 공자가 말했습니다. "감히 말재주를 팔아먹으려는 것이 아니라 고루한 것을 싫어하기 때문입니다[非敢爲佞也, 疾固也]." 그 의미는 이렇습니다. 내가 도처에서 입을 놀려 큰소리치는 것은 그저 세상 사람들의 고집불통을 병으로 여기기 때문에 사람들을 설득해서 사리를 깨닫게 하고 싶어서일 따름입니다.

또 한번은 공자가 정나라에 갔을 때의 일입니다. 그만 제자들과 헤어져 버려서 자공이 도처에 수소문을 했는데, 나중에 어떤 정나라 사람이 자공에게 동문에 급히 서두르는 모습이 마치 상갓집 개 같은 늙은이가 한 사람 있다고 말했습니다. 정나라 사람이 말해 준 이가 바로 공자였습니다. '서서(栖栖)'는 바쁘게 서두르는 모습인데, 세상을 구하려는 공자의 마음이 너무도 간절한 나머지 하루 종일 근심 걱정에 싸여 있는 모습을 형용하기도 합니다.

우리는 이런 해석을 통해서도 독서를 많이 해야 한다는 사실을 알 수 있습니다. 이 시구는 겨우 다섯 글자로서 아주 간단하지만 공자에 관한 고사들을 포괄하고 있기 때문에 그렇게나 많은 의미를 품고 있습니다. 그 시대에 공자가 오로지 한마음 한뜻으로 세상을 구하고 백성을 구하고자 그토록 바쁘게 서둘렀던 모습이, 사람들에게는 오히려 말재주나 뽐내고 밥 먹여 줄 땅이나 구하기 위해서 그런 것이라고 오해받았습니다. 심지어는 거두어 줄 사람이 없는 들개로 취급받기까지 했습니다. 이 얼마나 가련한 일입니까! 하지만 그런 상황에서도 공자는 세상을 바로잡으려던 맨 처음 뜻을 조금도 굽히지 않았습니다. 그 또한 얼마나 위대합니까! 그 속의 의미와 정감, 칭찬과 탄식이 이 쓸쓸한 다섯 글자에 다 표현되었습니다. 그것도 온유돈후(溫柔敦厚)하게 말입니다.

셋째 구는 "땅은 추씨의 마을이요"입니다. 공자는 추 땅에서 출생하였는데 당 명황이 추 땅을 지나가다가 공자에게 제사를 올리게 되었습니다.

이 부분은 눈앞의 광경을 써내려 간 것으로서, 현장의 정황을 보게 되자 천여 년 전의 성인을 그리워하고 존경하는 "옛날을 생각하는 그윽한 정" 이 일어났습니다. 그래서 그 깊은 정회를 표현하였습니다.

넷째 구는 "집은 노왕의 왕궁이었네"입니다. 공자의 옛집은 한 왕조 때 에 이르러 노 공왕(魯恭王)에 봉해진 한 고조의 후손이 차지하게 되었습니다. 그런데 이 녀석이 공자의 옛집을 허물어 버리고 자신의 왕궁을 지을 준비를 했던 것입니다. 막 집을 허물려고 할 때 그가 집안으로 걸어 들어 가서 한바탕 시찰했는데 갑자기 거문고 가락이 들려오는 것이었습니다. 마치 공자가 예전 그대로 제자들을 거느리고 안에서 책을 읽고 거문고를 타고 시를 읊조리는 듯했습니다. 그는 그만 겁을 집어먹고 말았습니다. 성 인은 역시 성인인지라 그만 한 위력과 신통력을 지니고 있었던 것입니다. 종교로 설명하자면 신령스런 힘이 보호해 준 것입니다. 그는 얼른 공사를 중지하라는 명을 내렸고, 다시는 성인의 유산을 힘으로 차지하려 들지 않 았습니다. 그런데 이미 허물어 버린 한쪽 벽 속에서 고문(古文)으로 된 경 서(經書)들을 발견하게 되었습니다. 전해지는 바에 따르면 진시황이 분서 한 이후로 공자의 집 벽 속에 감추어져 있다가 다시금 발굴된 최초의 경문 (經文)이라고 합니다. 하지만 후인들 가운데는 그것이 위조된 것이라고 의심하는 사람도 있습니다.

이 두 구는 열 글자에 불과하지만 그 속에서 흘러나오는 정감은 참으로 감개무량합니다. 당 명황의 이 시는 황제의 지위를 떠나서 완전히 시인의 신분으로 쓴 것인데, 대단히 잘 썼고 또 대단히 감동적입니다. 공자 같은 위대한 성인이 천 년 후에 고적(古蹟)마저 권력자에 의해 파괴된다는 것 이 정말 말이 되는 소리입니까!

"봉황을 한탄하며 자신의 형통치 못함을 탄식하고, 기린을 가슴 아파하 며 도의 궁함을 원망하였네"라는 두 구는 공자의 일생을 한탄한 것입니다. 『논어』「미자(微子)」편을 보면, 초나라에 접여(接輿)라는 은사가 있었는데 도가 인물이었습니다. 그가 공자를 보고 다가와서는 미친 척하면서 노래를 부르기 시작했습니다. "봉황이여! 봉황이여! 어찌하여 덕이 그리 쇠하였나. 지난 일은 탓할 수 없지만, 앞일은 그래도 쫓아갈 수 있다네. 아서라! 아서라! 지금 정치에 종사하는 것은 위태롭다네〔鳳兮! 鳳兮! 何德之衰. 往者不可諫, 來者猶可追. 已而! 已而! 今之從政者殆而〕." 봉황이여! 봉황이여! 네가 온 것이 참으로 때가 아니로구나! 지금 이 시대는 인심이 옛날과 같지 않도다! 네가 지금 세상에 나온 것은 가시덤불 속으로 뛰어든 것이나 마찬가지이니, 사람들이 너를 꿩으로 여기고 잡아다가 죽여서 요리해 먹을 것이다! 지나간 것은 말할 필요 없고 지금부터라도 몸을 돌이키면 늦지는 않을 것이다. 됐다! 됐어! 지금 정치에 종사하고 관리가 되는 것은 위험하기 짝이 없다! 이것은 초나라 미치광이 접여가 공자에게 준 경고였습니다.

공자 자신도 유사한 한탄을 한 적이 있는데, 「자한(子罕)」편에서 공자가 말했습니다. "봉황새도 날아오지 않고, 황하에서는 하도도 나오지 않으니, 나도 이제 끝났구나!〔鳳鳥不至, 河不出圖, 吾已矣夫〕." 이는 공자가 당시의 시대 상황을 한탄한 말입니다. 봉황이 출현했던 순임금 시대 같지도 않고 낙서(洛書)가 나왔던 복희 시대도 아니라서, 자신이 보필할 만한 현명한 군주가 없으니 자신의 도가 세상에 행해질 수 없음을 슬퍼한 것입니다.

공자가 『춘추(春秋)』를 저술하고 있을 때의 일이었습니다. 어떤 사람이 사냥을 나갔다가 괴이한 짐승 한 마리를 때려 죽였습니다. 무슨 짐승인지 몰라서 떠메고 와서 공자에게 물었는데, 그가 보니 기린이었습니다. 전하는 말로는 태평성세가 되어야 비로소 기린이 세상에 출현한다고 하는데, 이제 세상에 나왔다가 오히려 맞아 죽고 말았습니다. 그 일로 공자는 세상이 장차 더욱 어지러워질 것과 자신의 운명도 기린과 마찬가지로 곧 끝이 날 것을 알았습니다. 그래서 공자는 "기린을 포획한 일로 붓을 꺾어〔獲麟 而絶筆〕" 버렸습니다. 당시 공자는 『춘추』를 저술하고 있었는데 기린을 본 후로는 더 이상 쓰지 않았습니다. 당 명황은 이 두 구를 이용해서 공자가 한평생 도를 행하려 했으나 끝내 뜻을 이루지 못했음을 묘사했는데, 공자 를 향한 무한한 감개가 담겨 있기도 합니다.

"이제 두 기둥 사이로 제사 지내는 모습을 보노라니, 주공에게 제사 지 내는 꿈꾸던 때와 같구려." 이것은 공자에 대한 당 명황의 축문입니다. 내 이제 몸소 와서 앞뒤로 두 채인 당신의 고택을 보고 또 당신을 향해 머리 숙여 제사 지낸다는 뜻입니다. "주공에게 제사 지내는 꿈꾸던 때와 같구 려"라는 구절은, 공자가 죽음이 임박하자 자주 주공의 꿈을 꾸었으며 죽 기 직전에는 꿈에서 자신이 주공의 제전(祭殿) 두 기둥 사이에 있는 모습 을 보고 자신이 곧 죽으리라는 사실을 알았던 것을 가리킵니다. 당 명황이 "주공에게 제사 지내는 꿈꾸던 때와 같구려"라고 말한 것은, 내가 오늘에 야 인간 세상을 이미 오래전에 떠난 당신에게 제사를 지내노라니, 당신이 그때 두 기둥 사이에서 주공에게 절하는 꿈을 꾸던 때의 심정과 마찬가지 로 무겁기만 하구려라는 의미입니다.

당 명황은 지존인 제왕의 신분으로 공자에 대해 이처럼 읊었으니 그만 이 지닌 풍류와 너그러움을 알 수 있습니다. 그렇기 때문에 제가 보기에 그의 이 시는 당시(唐詩)의 정종(正宗)인 동시에 공자에 대한 일반 고문(詁 文)이나 제문에 비해 훨씬 더 훌륭합니다. 비록 맹자의 "사람이 생겨난 이 래로 공자 같은 분은 계시지 않다"는 말처럼 그렇게 간단하고 힘 있지는 않지만 다른 시문들에 비한다면 정말로 훨씬 훌륭합니다. 문학예술의 관 점에서 보면 그의 이 오언율시는 겨우 사십 글자로 그렇게 많은 감명과 그 렇게 많은 역사 사적을 표현했는데, 이것이 바로 작시(作詩)입니다. 잘 모 르는 사람들은 작시를 가리켜 무병 신음(無病呻吟)한다고 말하지만, 사실은 무병이 아니라 유병(有病)입니다! 게다가 아주 심도 있는 신음입니다.

지금은 우리가 이것을 고시(古詩)라고 말하지만 당시에는 백화(白話)였습니다. 앞으로 백화시가 어떻게 발전할지는 "잠시 이것을 버려두고〔姑舍是〕" 더 이상 토론하지 않겠습니다. 하지만 이 시를 통해서 볼 때 작시에는 반드시 심도가 있어야 합니다. 당 명황은 입을 열자마자 바로 "선생님께서는 무엇을 위하여 한 세대를 바삐 서두르셨나"라고 말했는데, 이 구절은 거의 모든 실의한 서생이나 지식인들에게 사용할 수 있습니다. 오늘날 뜻을 펴지 못한 어떤 지식인이든지 다 이 두 구를 읊어 볼 수 있습니다. 그렇게 해도 맛이 느껴집니다. 현대의 문학 비평 용어를 사용해서 말한다면 그것이 바로 이른바 '공명'입니다. 한 수의 시가 천 년이 지난 후에도 그 문학적 가치와 경계가 기나긴 시간에 의해 옅어지지 않고 여전히 신선하고 강렬하게 공명을 일으킬 수 있다면 불후의 작품이라고 불릴 만합니다. 훌륭한 시라고 인정할 수 있음은 물론입니다.

방금 전에 말했듯이 시는 운문의 일종입니다. 하지만 고대의 산문에도 운율이 얼마쯤 포함되어 있습니다. 고문에는 '지(之), 호(乎), 자(者), 야(也), 연(然), 언(焉), 재(哉)' 등의 어조사가 왜 그렇게 많을까요? 낭송을 해 보면 어조사를 이용해 소리를 누르고〔抑〕 올리고〔揚〕 멈추고〔頓〕 꺾음〔挫〕으로써 문장을 길고 천천히 읊조릴 수 있게 해 줍니다. 그뿐 아니라 어기(語氣)를 가중시키고 인상을 깊게 함으로써 기억하기 쉽도록 해 줍니다. 제 생각에는 고대의 독서법이 현대보다 더 좋았습니다. 상술한 장점을 지니고 있을 뿐 아니라 높은 소리로 읊조리고 낭송하다 보면 자신의 감정이 들어가서 책 속의 사람과 하나가 될 수 있습니다. 가령 『논어』를 읽으면 때로는 자신이 공 선생님인 것처럼 생각될 때가 있습니다. 자기도 모르는 사이에 도덕 교육에 감화되기도 합니다. 생리적 측면에서 보더라도 심호흡을 하고 기공을 연마하는 것과 같은 효과가 있습니다. 현대인들이 고개를 숙인 채 소리 내지 않고 몰두하여 책을 읽는 것과는 달랐습니다. 책을 읽으며 지식을 뇌 속에 억지로 쑤셔 넣고 암기할 것을 강요하고 있으니 이 얼마나 고통스런 노릇입니까! 요즘 젊은 사람들이 근시가 그렇게 많은 것은 독서 방법과 관련이 큽니다. 우리 유년 시절의 독서는 지식을 노래 부르듯이 불러서 뇌 속으로 집어넣었습니다. 물론 그 시대를 다시 되돌릴 수는 없습니다. 지금과 옛날을 서로 비교해 보면 문학적 구성 방법도 이미 크게 달라져 버렸습니다. 현재의 구어문은 말하는 것과 똑같아서 "장씨네 셋째가 조금 빨리 길을 걸어갑니다〔張三走路快一點〕" 같은 문장은 말로 할 수도 있고 글로 쓸 수도 있습니다. 그런데 만약 고문을 낭송하던 방법으로 낭송하면 '조금 빨리〔快一點〕'가 아니라 '열세 시〔十三點〕'[56] 즉 얼간이라는 의미가 되어 버립니다.

재미있는 이야기가 있습니다. 어떤 사람이 말을 더듬었는데, 한마디 하려면 반나절도 모자랄 정도였습니다. 그런데 그런 사람이 노래를 하면 조금도 더듬지 않았습니다. 한번은 집에 불이 나서 전화를 걸어 신고하려는데, 본래도 말을 더듬었지만 마음이 급해지자 수화기를 들고도 말이 나오지가 않는 것이었습니다. 하지만 다급한 와중에도 노래를 부르면 말을 더듬지 않을 것이라는 생각이 퍼뜩 들었습니다. 그래서 화재 신고를 하는 말을 노래로 바꾸어 불렀습니다. 그러나 그가 "화재 신고의 노래"를 부르는 동안 집안은 거의 다 타 버렸습니다. 그런데도 소방서의 전화 받는 사람은 그가 장난하는 줄로 생각했습니다.

---

56 '열세 시'는 남쪽 지방의 사투리로, '바보, 멍청이, 얼간이'라는 뜻이다. 같은 뜻을 가진 말 중에 '二百五' '三八' 등 숫자를 이용한 표현들이 더 있다.

공자 외전

그 밖에 공자와 당말 오대 시대의 풍도(馮道)라는 인물과 관련된 고사도 남아 있습니다. 풍도가 아직 재상이 되기 전에 동주(同州)의 진수(鎭守)를 지냈는데, 요즘으로 치면 대략 성(省)의 주석 혹은 행정 전문가의 지위와 비슷합니다. 당시 그곳의 공묘(孔廟)는 오랫동안 수리를 하지 않아서 허물어져 가는데도 불구하고 아무도 돌아보지 않았습니다. 풍도 아래에서 주세(酒稅)를 관장하던 과장 격의 일개 관리는 그런 상황을 더 두고 볼 수가 없었습니다. 공묘가 이토록 쇠락해 버린 것이 말도 안 된다고 여긴 나머지, 풍도에게 보고서를 올려 자신이 돈을 내서 공묘를 복구할 테니 허락해 줄 것을 요구했습니다. 풍도는 그의 보고서를 받고서도, 그것이 일개 보잘것없는 과장이 제출한 것이라 곧바로 판관에게 보냈습니다. 판관은 오늘날의 비서장 겸 사법을 관장하여 처리하는 사람과 비슷합니다. 그 판관은 성격이 아주 익살스러웠는데, 풍도가 건네준 공문을 읽어 본 후 공문 위쪽에 다음과 같은 시를 썼습니다.

홰나무 그림자가 삐죽삐죽 행단을 뒤덮었건만	槐影參差覆杏壇
유가 출신 자제들은 모두 높은 관직 차지하였네	儒門子弟盡高官
주세 걷는 관리에게 공묘를 중수하게 한다니	卻教酒戶重修廟
나를 부끄럽게 하는 일 찾기도 어렵지 않구나	覓我慚惶也不難

시의 의미는 이렇습니다. 공 선생께서 제자들을 가르치시던 곳인 행단(杏壇)은 사방에 가시나무 덤불이 무성해졌는데, 입으로 공맹의 학문을 떠드는 자칭 유가 출신의 지식인들은 고위 관직에 앉아 있으면서도 자신의 안락만 도모할 뿐 공 선생 주변 환경의 청소에는 관심도 두지 않는다는

것입니다. 만약 주세를 관장하는 일개 관리에게 돈을 내서 공묘를 수리하게 한다면, 내가 보더라도 얼굴이 빨개지고 황공할 노릇이니 이 공문에 무슨 의견을 적는 것이 참으로 어렵다는 뜻입니다.

그런 다음 그는 그 공문을 풍도에게 돌려보냈습니다. 풍도는 그 시를 보자마자 정말로 부끄러워서 얼굴이 온통 빨개졌습니다. 얼른 자기 주머니를 열고 돈을 내어 공묘를 수리했습니다.

거의 동일한 시기의 일인데 진주(陳州)의 위사사(衛士使) 이곡(李穀)은 요즘의 경비 사령관에 해당하는 인물이었습니다. 그는 부임하고 석 달 만에 당시의 규정대로 공묘를 참배했습니다. 당시 진주의 공묘는 세 칸짜리 낡은 집에다 안에는 공자상 하나밖에 없이 아주 간소하고 누추했습니다. 당대(唐代)의 제왕들이 가극을 애호했기 때문에 당시에는 학문을 한 배우들도 적잖이 있었는데 그 유풍은 오대 시대까지 쭉 계승되었습니다. 당시 진주의 저명한 배우 이화개(李花開)는 공묘의 이런 낡고 누추한 모습을 보고 다음과 같은 시를 읊었습니다.

몰락해 버린 세 칸짜리 집	破落三間屋
쓸쓸하구나 외로운 나그네	蕭條一旅人
알 수 없나니 무슨 일을 했기에	不知負何事
생사 간에 진에서 횡액이란 말인가	生死厄於陳

공자는 생전에 진(陳)과 채(蔡) 사이에서 양식이 떨어진 일이 있었습니다. 살아서는 진주에서 어려운 지경에 처해 먹을 밥이 없었는데, 죽어서 진주의 사당은 이 지경까지 퇴락했습니다. 그래서 시인은 이렇게 말했습니다. 공자는 진주라는 땅에 대해 말하자면 지나가는 여행객에 불과했는데, 도대체 그가 진주라는 이곳에 무슨 미안한 일을 했길래 생전이고 사후

고 간에 여기에서 이토록 재수 없는 일을 당하는지 모르겠노라고요. 이화 개의 시는 일종의 여론이나 마찬가지였으니, 이 시를 들은 이곡은 놀라는 한편 감탄하면서 얼른 자기 주머니를 털어 공묘를 수리했습니다.

이런 고사들을 통해 우리는 공자가 천고의 성인이 되었던 것이 확실히 쉽지 않은 일임을 알 수 있습니다. 성인은 영원히 적막합니다. 명대 홍자 성(洪自誠)이 쓴 『채근담(菜根譚)』에서 말하기를 "도덕을 지키는 자는 한 때 적막하다. 권세에 빌붙는 자는 만고에 처량하다. 달관한 사람은 사물 바깥의 사물을 관찰하고 몸이 죽은 후의 명예를 생각하므로, 한때의 적막 함을 받아들일지언정 만고의 처량함을 취하지 않는다〔棲守道德者, 寂寞一 時. 依阿權勢者, 凄凉萬古. 達人觀物外之物, 思身後之身, 寧受一時之寂寞, 毋取 萬古之凄凉〕"하였습니다. 끝으로 이 말을 빌려서 맹자의 "사람이 생겨난 이래로 공자 같은 분은 계시지 않다"에 관한 토론의 결론을 삼겠습니다.

그러므로 사람은 반드시 먼저 자세히 연구하고 자신의 인생관을 확정 지어야 합니다. 수많은 사업은 다 한때의 성공이고 잠깐의 광영이니 겨우 삼십 년, 오십 년을 유지할 수 있을 뿐입니다. 최고로 길어야 백 년이면 지 나가 버립니다. 그런 까닭에 공자나 저들 종교의 교주들처럼 소수의 사람 들만이 천추의 사업을 해냅니다. 인류가 존재하는 한 그리고 태양이 다시 떠오르는 한 그는 영원히 존재합니다. 이것이 바로 천추의 사업이며 바로 인생의 가치를 확정 짓는 문제입니다. 여러분이 하고 있는 것이 도대체 천 추의 사업인지 아니면 일생일대의 사업인지는 여러분 스스로가 생각해 봐야 합니다.

"그렇다면 같은 점이 있습니까?"

맹자께서 말씀하셨다. "있다. 백 리의 땅을 얻어서 군주 노릇을 하면 모두 제후들에게 조회 받고 천하를 소유할 수 있거니와, 한 가지라도 불의를 행하며 한 사람이라도 죄 없는 이를 죽이고 천하를 얻음은 모두 하지 않을 것이다. 이것은 같은 점이다."

曰: "然則有同與?"

曰: "有. 得百里之地而君之, 皆能以朝諸侯, 有天下; 行一不義, 殺一不辜, 而得天下, 皆不爲也. 是則同."

앞에서 맹자는 공손추의 말에 답하면서 백이, 이윤이 옛 성인이기는 하지만 공자와 동일시해서는 안 된다고 했습니다. 공자는 인류가 생겨난 이래 누구와도 비교할 수 없는 성인이기 때문입니다. 그러자 공손추는 이어서 맹자에게 이렇게 묻습니다. "그렇다면 백이, 이윤, 공자 세 사람에게는 서로 같은 점이 없습니까?" 맹자가 말했습니다. "있지! 백 리라는 넓은 영토를 그들에게 주어 다스리게 하면 세 사람 모두 그 나라를 부강하고 안락하게 만들 수 있다. 그러면 각국의 제후들이 진심으로 기뻐하며 와서 의탁할 것이고 그렇게 되면 천하를 통일할 수 있을 것이다. 하지만 만약 그들에게 수단을 써서 불의한 일을 하나라도 행하거나 무고한 사람을 한 명이라도 죽여서 천하를 얻으라고 하면, 그들은 틀림없이 그렇게 하려고 하지 않을 것이다. 이것이 바로 그들의 서로 같은 부분이다."

"감히 그 다른 점을 묻겠습니다."

맹자께서 말씀하셨다. "재아와 자공과 유약은 지혜가 족히 성인을 알 만하니, 지혜가 낮다 하더라도 좋아하는 사람에게 아첨하는 데에 이르지는 않았을 것이다. 재아가 말하였다. '나로서 선생님을 관찰하건대 요순보다 훨씬 나으시다.' 자공이 말하였다. '예를 보면 그 나라의 정사를 알 수 있고, 음악을 들으면 그 군주의 덕을 알 수 있다. 백세의 뒤에서 백세의 왕들을 차등해 보건대 이것을 피할 수 있는 자가 없다. 사람이 생겨난 이래로 선생님 같은 분은 계시지 않았다.' 유약이 말하였다. '어찌 단지 사람뿐이겠는가. 달리는 짐승 중에 기린과 나는 새 중에 봉황과 언덕, 개밋둑 중에 태산과 길바닥에 고인 빗물 중에 하해와 똑같은 것이다. 일반 백성 중에 성인도 이와 같다. 같은 종류 중에서 빼어나며 모인 것에서 높이 솟았으니, 사람이 생겨난 이래로 공자보다 훌륭한 분은 계시지 않았다.' "

曰: "敢問其所以異?"

曰: "宰我, 子貢, 有若, 智足以知聖人; 汙不至阿其所好. 宰我曰: '以予觀於夫子, 賢於堯舜遠矣.' 子貢曰: '見其禮而知其政, 聞其樂而知其德. 由百世之後, 等百世之王, 莫之能違也. 自生民以來, 未有夫子也.' 有若曰: '豈惟民哉? 麒麟之於走獸, 鳳凰之於飛鳥, 太山之於丘垤, 河海之於行潦, 類也. 聖人之於民, 亦類也; 出於其類, 拔乎其萃, 自生民以來, 未有盛於孔子也.'"

공손추가 또 맹자에게 묻습니다. "그들의 다른 점은 어디에 있습니까?"

맹자는 「공손추」편에서 학생과의 토론을 빌려 중국 문화의 정수인 '내성외왕(內聖外王)'의 중심 사상을 표현했습니다. 맹자는 '내성'의 수양 측면에서는 양심(養心), 양기(養氣)의 요점을 언급했습니다. '외용(外用)'의 공적 측면에서는 앞에서도 말했듯이 맹자는 백이, 이윤, 공자라는 서로 다른 세 종류의 전형을 차용하여 입신 처세의 모범을 그려 냈습니다. 전편(全篇)의 정신은 실로 후인들이 마음으로 체득하고 본받을 만합니다. 문체(文體) 방면에서 보자면, 만약 맹자의 시대로부터 백 년만 거슬러 올라가서 『논어』의 필법으로 바꾼다면 훨씬 단순해져서 단 몇 마디로 그 의미를 표현해 냈을 것입니다. 분명 맹자처럼 장편의 대론(大論)을 펼치지는 않았을 것입니다. 맹자는 사실 당시 문풍(文風)의 영향을 받았습니다. 시대가 후대로 발전할수록 문장의 필법은 더욱 상세하고 빠짐없어지고, 시대가 옛날로 거슬러 올라갈수록 문장의 필법은 더욱 간결하고 세련됩니다. 다른 한편으로 맹자 개인의 문학적 소양이 훌륭했던 것도 있습니다. 맹자의 글은 기승전결의 구조를 갖추고 있으면서 서술이 통쾌하기 그지없습니다.

'내양(內養)'의 측면에 대한 서술은 『맹자』가 『대학』, 『중용』, 『논어』에 비해 훨씬 상세하고 구체적입니다. 맹자가 언급한 양심, 양기의 방법은 후세 유가의 '양심(養心), 양기(養氣)'의 학설과 체계를 이끌어 냈는데, 중국 문화에서 도가의 '연심(煉心), 연기(煉氣)', 불가의 '수심(修心), 수기(修氣)'와 서로 비추어 그 성대함이 장관을 이룹니다. '외용(外用)'의 측면에서는 백이, 이윤, 공자 세 사람을 열거하여 만세의 사표(師表)인 공자라는 모범을 돋보이게 하는 동시에 그 길의 어려움을 은연중에 일깨웠습니다.

어려움이 어디에 있는 걸까요? 바로 장자가 말했던 것이기도 한데, "성인의 자질은 지니고 있어도 성인의 도가 없으면[有聖人之才, 無聖人之道]" 성인이 될 수 없습니다. "성인의 도는 지니고 있어도 성인의 자질이 없으면" 마찬가지로 성인이 될 수 없습니다. 진정한 대성인은 반드시 성인의 자질을 지니고 있어야 하며 성인의 도 역시 지니고 있어야 합니다. 만약 장자의 이 관점에서 본다면, 도가는 성인의 자질을 지니고 있으면서 성인의 도도 지니고 있습니다. 다만 성인의 자질에 비교적 치중할 뿐입니다. 그런데 불가는 성인의 도를 지니고 있으면서 성인의 자질도 지니고 있지만, 성인의 도에 비교적 치중합니다. 자질과 도를 두루 갖추기란 확실히 쉬운 일이 아닙니다. 이것은 불가에서 말하는 '근기(根器)'[57]이기도 합니다.

---

57 사람이 누구나 가지고 있는 종교적 자질이나 능력을 말한다. 범어로는 인드리야(indriya)이며, 근기(根器) 또는 줄여서 기(機)라고도 한다. 사람이 지니고 있는 근본적인 바탕 즉 본성을 나무의 뿌리(根)에 비유하고 그것의 작용을 기(機)라고 한 것이다. 불교에서는 특히 부처의 가르침을 받아들이고 교화될 수 있는 능력 또는 그 대상을 가리킨다.

자리에 계신 여러분은 모두 성인의 도를 배우는 데 뜻을 두고 있습니다. 그 점은 훌륭하지만 여러분은 자기 자신이 성인의 자질을 지니고 있는지 스스로 점검해 봐야 합니다. 아마도 여러분은 이 부분을 더욱 충실히 해야 할 것입니다. 재(才)·덕(德)·학(學) 세 가지는 서로 밀접한 연관이 있으며 상부상조합니다. 불가에서는 공덕(功德)을 중시하는데, 주요한 목적이 '기식지재(器識之才)'[58]의 배양에 있습니다. 만약 재기(才器)가 부족하면 '역학(力學)'에 의지해야 하는데, 힘써 많이 배워서 보충해야 한다는 뜻입니다. 만약 재와 덕이 모두 훌륭하다면 더더욱 '박학(博學)'에 힘써서 정(精)으로써 더욱 정(精)을 구해야 합니다. 왜냐하면 임무는 무겁고 갈 길은 멀기 때문입니다. 때를 얻고 얻지 못하고는 별개의 문제입니다. 마치 당대(唐代) 두목(杜牧)의 시에서 "예부터 재주와 운명은 서로를 방해하거늘〔由來才命兩相妨〕"이라고 말한 것과 같습니다.

「공손추」편 절반의 요점이 바로 여기에 있습니다. 만약 이 관건을 파악했다면 계속 읽다 보면 그 맛이 느껴질 겁니다. 그때서야 비로소 『맹자』를 왜 이렇게 기록했는지, 왜 이렇게 배열했는지 알게 될 것입니다. 그렇게 하지 않고 옛사람들과 마찬가지로 그것을 한 단락씩 떼어서 따로따로 읽으면, 전편에 연관된 정신을 파악할 방법이 없습니다.

이제 계속해서 『맹자』의 원문을 살펴보도록 하겠습니다. 맹자는 공문의 세 제자 재아, 자공, 유약이 공자를 칭찬한 말을 빌려 공자에 대한 결론을 내렸습니다. 동시에 공자를 본받아 성인의 도에 뜻을 두겠다는 자신의 태도와 입장을 표명하였습니다. 하지만 이 부분을 맹자는 자세히 설명하지 않고 독자 스스로 깨닫도록 했습니다. 이런 종류의 글쓰기는 '헐후어(歇後語)'[59]에 비교할 수 있습니다. 예를 들어 "장님이 탕원(湯圓)을 먹는다"라

---

58 기량과 식견을 가리킨다.

는 헐후어의 의미는 바로 "뱃속에 속셈이 있다"는 것입니다. 말하고자 하는 뜻은 "뱃속에 속셈이 있다"는 것에 있지만, 그 말을 하지 않고 그저 "장님이 탕원을 먹는다"고만 말합니다. 맹자는 여기에서 재아, 자공, 유약 세 사람의 공자에 대한 찬양과 그 속에 숨겨진 우의(寓意)를 인용함으로써, 자세히 설명하지 않고 우리 스스로가 깨닫도록 합니다.

재아가 말했습니다. "나로서 선생님을 관찰하건대 요순보다 훨씬 나으시다[以予觀於夫子, 賢於堯舜遠矣]." 재아는 자신의 스승인 공자가 요순보다 훨씬 더 위대하다고 생각했습니다. 겉으로만 보면 학생이 자기 스승에게 투표하는 것은 당연한 도리이고 사적인 정에 치우친 감이 있습니다. 그러나 사실은 그렇지 않습니다. 우리가 상세히 연구해 보면 재아의 이런 논점은 공평무사한 것이라고 말할 수 있습니다. 요순은 과연 성인의 자질과 성인의 도를 지니고 천하에 군림했지만, 만세의 사표로서 정신세계를 건립하지는 못했습니다. 하지만 공자는 당시에 천하를 통일할 수도 있었지만 자신의 본분을 지켜서 평민의 신분으로 누구에게나 차별 없이 교육을 실시하는 전통을 열고 백대 천추(百代千秋)의 대업에 힘썼습니다. 만약 더 깊이 들어가 연구한다면 그 속에 더 많은 이치가 숨어 있지만 이쯤에서 그만하도록 하겠습니다.

재아와 자공, 이 두 학생의 생각은 서로 같지만 표현하는 방식과 내용은 차이가 있습니다. 자공은 여기에서 공자의 위대함을 거론하면서 먼저 "예를 보면 그 나라의 정사를 알 수 있다[見其禮而知其政]"라는 특성을 언급하였습니다.

춘추 전국 시대에는 각국의 언어, 문자, 정령(政令), 법규 등이 통일되지 않았는데 문자와 규범 등이 통일된 것은 진한 이후의 일입니다. 따라서

---

59 중국어의 관용적 표현을 헐후어라 칭한다.

당시 각 제후국의 정치, 경제, 법률 등을 포괄하는 예의와 문화는 제각기 달랐습니다. 그런데 공자의 지혜는 "예를 보면 그 나라의 정사를 알 수 있다"는 것이었습니다. 각지로 가서 그곳의 민속 풍정(風情)과 사회 상황을 보면 그 지역의 정치 조직의 성패를 단정 지을 수 있었습니다.

자공은 이어서 말합니다. 공자에게는 더욱 훌륭한 한 수가 있었는데 "음악을 들으면 그 군주의 덕을 알 수 있다〔聞其樂而知其德〕"는 것입니다. 당시에는 각 제후의 음악 역시 모두 달랐습니다. 마치 현재 세계 각지 음악의 악풍(樂風), 운미(韻味)가 서로 다른 것과 마찬가지입니다. 그런데 공자는 음악을 듣기만 하면 그곳의 사회 기풍, 국민 도덕이 어떠한지를 곧바로 알 수 있었습니다. 이 두 구절은 그냥 보기에 조금 허황되고 상궤를 벗어나기 때문에 흡사 학생이 스승에게 보내는 높은 고깔모자[60] 같지만 사실 그 모자는 조금도 높지 않습니다. 예를 들어 『사기』의 「오태백 세가(吳太伯世家)」를 보도록 하겠습니다. 오태백은 오나라의 선조인데 본래는 주 왕조의 세자 가운데 하나였습니다. 후에 가정 문제로 효도하기 위해서 집을 떠나 머나먼 남쪽의 오 땅에 숨었습니다. 바로 지금의 강소(江蘇) 지역이었는데 그곳에서 은사가 되었던 것입니다. 아주 오랫동안 그 일대 백성들은 자연스럽게 그의 감화를 받았습니다. 사람들은 만장일치로 그를 군주로 추대하였고, 그리하여 훗날의 오나라가 되었습니다. 어쩌면 오나라의 개국 선조인 오태백의 영향을 받아 오나라는 대대로 고상한 유풍이 남아 있었는지도 모릅니다.

또 예를 들면 오왕 부차의 작은할아버지인 오나라의 계찰(季札) 역시 왕위를 버리고 멀리 타향으로 떠난 기인(奇人)이었습니다. 「오태백 세가」에서는 그를 연릉 계자(延陵季子)라고 칭했습니다(연릉은 그의 봉읍封邑이었습

---

[60] '고깔모자를 씌운다'는 표현은 그 사람에게 '아첨한다, 비행기를 태운다'는 뜻이다.

니다). 훗날 그가 각 제후들에게 사신으로 갔을 때, 어느 지방이 되었든 가는 곳마다 한번 보기만 하면 그곳의 정치 문화의 흥망 득실에 대해 대략 알아차렸습니다. 그뿐 아니라 남다른 견해를 내놓았습니다. 가령 그가 제나라에 갔던 당시는 마침 안자가 재상을 지내고 있었고 제나라의 세력이 상당히 강대할 무렵이었습니다. 하지만 그는 사정을 미리 간파하고 안자에게 경고했습니다. 제나라는 머지않아 변고가 발생할 것이니 때를 놓치지 말고 퇴로를 마련해 놓아 생명을 보전하라고 안자에게 권했습니다. 과연 안자는 일대의 명재상이 되기에 부끄럽지 않게 계찰의 건의를 받아들였습니다. 후에 계찰은 정(鄭), 진(晉) 등에 이르러서도 정나라의 자산(子産), 진나라의 숙향(叔向)에게 귀한 의견을 내놓았습니다. 아무튼 그가 열국을 주유하는 동안 각국의 군주와 재상들 가운데 그에게 가르침을 청하지 않은 사람은 거의 없었습니다. 그래서 공자 역시 그에 대해 대단히 감탄하고 있었습니다.

계찰에 관해서는 천고에 전해지는 미담이 또 있으니 바로 '계자괘검(季子掛劍)'의 고사입니다. 예전의 교육은 문무(文武)가 합일된 것이었기 때문에 사대부들이 몸에 보검을 차고 있었습니다. 계찰이 사신의 임무를 띠고 지나가는 길에 잠시 서(徐)나라를 방문하였을 때의 일입니다. 당시 서나라는 일개 소국에 불과했습니다. 서나라 군주는 계찰이 찬 그 보검이 대단히 마음에 들어 그에게 달라고 하고 싶었지만 차마 그 말을 하지 못했습니다. 계찰도 서공의 마음을 알았지만 마찬가지로 별다른 말을 하지 않았습니다. 나중에 그가 대사의 임무를 완수하고 다시 서나라를 지나갈 때 그 보검을 서공에게 보내 주려고 했는데, 그때는 이미 서공이 세상을 뜬 후였습니다. 그러자 계찰은 몸소 서공의 무덤을 찾아가서 보검을 끌러 무덤 앞에 걸어 두었습니다. 수종하던 사람이 그것을 보고 물었습니다. "사람이 이미 죽었는데 무엇 때문에 그렇게 하십니까?" 계찰은 자기 나름의 도리를 지니고 있었습니다. "그렇지 않다. 처음부터 내 마음으로 이미 그것을 허락하였는데, 어찌 그가 죽었다고 하여 내 마음을 배반하겠는가." 이 말은 당시 서공이 마음속으로 갖고 싶어 하기에 나 역시 마음속으로 그에게 주고 싶었으나 쌍방이 서로 명확히 말하지 않았을 뿐이라는 겁니다. 이제 서공은 비록 세상을 떠났지만 대장부가 마음을 저버릴 수는 없는 법이니, 내 반드시 마음으로 스스로 허락했던 바를 실천할 것이라는 뜻입니다. 이 것이 바로 연릉 계자의 풍모였습니다.

여기에서 말하고자 하는 바는 기인의 숨겨진 일화를 소개하는 것이 아니라, 이 고사를 인용함으로써 연릉 계자가 "예를 보면 그 나라의 정사를 알고 음악을 들으면 그 군주의 덕을 아는" 재지(才智)를 지니고 있었음을 설명하려는 것입니다. 『사기』「오태백 세가」에도 그런 부분이 잘 기록되어 있습니다. 지금 우리가 『사기』를 펼쳐서 이 부분의 기록을 본다고 해도, 보통의 여느 문장을 보는 것과 똑같아 무슨 특별한 감회가 느껴지지는 않을 것입니다. 하지만 우리가 입장을 바꾸어 생각해 보고 당시의 역사 환경과 복잡한 시대 상황으로 되돌아가서 한 사람을 바라본다고 합시다. 오랜 세월 동안 다른 사람들은 보지 못했던 것을 보고서 한 국가와 사회의 흥망 성패를 예언할 수 있다는 것이 얼마나 큰 지혜이며 얼마나 높고 깊은 수양입니까!

자공은 여기에서 공자가 바로 그런 고명한 지혜를 지니고 있었다고 칭송했습니다. 어떤 일이 일어나기 전에 그 원인이 작동하자마자 공자는 이미 장래의 결과를 예측했습니다. 그것은 참으로 원대한 안목이며 남다른 식견입니다. 그래서 자공은 이어서 말했습니다. "백세의 뒤에서 백세의 왕들을 차등해 보건대 이것을 피할 수 있는 자가 없다. 사람이 생겨난 이래로 선생님 같은 분은 계시지 않았다[由百世之後, 等百世之王, 莫之能違也. 自生民以來, 未有夫子也]." 백 년 천 년이라는 시간을 검증해 본다 치더라도, 수

많은 영웅호걸이 역사 속에서 우뚝 일어섰지만 인류의 문화 역사상 공자의 지위를 흔들지는 못했습니다. "사람이 생겨난 이래로 선생님 같은 분은 계시지 않았다[自生民以來, 未有盛於孔子也]." 자공은 공자에 대해 정말로 더할 수 없이 탄복하였으며, 그래서 결론적으로 인류 세계가 시작된 이래 우리 스승처럼 그렇게 위대한 사람은 지금껏 아무도 없었다고 말합니다.

우리가 또 다른 각도에서 본다면 공자의 삼천 제자, 칠십이 현인 가운데 자공은 그 표현이 가장 두드러졌던 한 사람이라고 해야 할 것입니다. 심지어는 이렇게도 말할 수 있습니다. 공자가 역사상 천고의 명성을 남길 수 있었던 까닭은 그의 생전과 사후에 자공이 스승을 널리 알리기 위해 힘썼기 때문입니다. 자공은 당시 국제 사회에서 자못 명성이 높았고 게다가 아주 부자였습니다. 외교계의 고수로서 식견이 있고 수완이 좋았습니다. 재미있게 말하면 그는 관료이면서 자본가였기 때문에 무엇을 해도 그럴듯하게 했습니다. 공자의 만년 생활은 대개 그가 제공해 주는 것에 의지했습니다. 예를 들어 풍수 관련 서적에 기재된 바에 따르면, 공자 사후에 제자들 가운데는 『역경』을 많이 연구하여 음양이나 팔괘에 대해 터득한 사람이 다른 제자들과 의논과 토론을 거친 후에 무덤 자리를 골랐다고 합니다. 그런 후에 마지막으로 자공이 와서 결정해 주도록 청했습니다. 자공은 현장에 와서 보더니, 이 땅은 그저 제왕을 매장하기 족할 뿐이고 스승님을 매장하기에는 부족하다고 말했습니다. 일개 황제를 매장하기에는 그럭저럭 괜찮지만 우리의 스승을 어떻게 여기에 매장할 수 있겠는가 하는 말입니다. 결국 자공은 곡부(曲阜)라는 백대 제왕사(帝王師)의 명당을 선택했습니다.

공자를 안장한 후 삼백여 년의 빙하기가 지나고 한 무제 때에 이르러 마침내 때가 이르고 운이 바뀌었습니다. 동중서(董仲舒)가 유술(儒術)만을 높이자는 건의를 내었고 그로부터 '지성선사(至聖先師)'의 명성과 위엄을 다지게 되어 공자는 과연 백대 제왕의 스승이 되었습니다. 애초에 공자를 위해 준비했던 그 무덤 자리는 훗날 한 고조를 안장하는 장소가 되었습니다. 전하는 바에 따르면 그렇습니다. 그렇다면 풍수설은 맞는 걸까요, 틀린 걸까요? 그것과 관련된 논쟁은 매우 많지만 여기에서 길게 토론할 필요는 없을 것 같습니다. 공자 사후에 삼천 제자, 칠십이 현인 가운데 유독 자공만이 육 년 동안 시묘살이를 했습니다. 공자의 무덤 곁에 작은 초막을 짓고 육 년의 효를 지켰습니다. 나머지 제자들은 모두 삼 년의 '심상(心喪)'을 지냈습니다. 이것은 사실입니다. 공자에 대한 자공의 충심과 존경은 이것을 통해서도 볼 수 있습니다. 그러므로 우리가 여기에서 본 공자에 대한 자공의 찬탄은 정말로 유감없는 성원이라 하겠습니다.

셋째 대목에서 맹자는 공자에 대한 유약의 찬양을 인용하였습니다. 유약은 자공의 말을 그대로 좇아서 이야기하였는데, 사형과 사제 두 사람이 마치 서로 짜고 연기를 하는 것 같습니다. 유약이 말합니다. "어찌 단지 사람뿐이겠는가[豈惟民哉]." 어찌 단지 인류만 그렇겠습니까. 유약은 자공의 찬탄에 대해 다시 한 번 그 의미를 확대하여 강조하였습니다. 유약은 달리는 짐승 가운데 '기린', 나는 새 가운데 '봉황'을 들어서 비유하였습니다. 현재 일부 생물학자들은 기린이 남양(南洋) 일대에서 생장하였던 목이 긴 사슴[長頸鹿]이라고 합니다. 저는 이러한 관점에 대해 대단히 회의적입니다. 마치 현대 학자들이 우리 중국 문화 속의 용을 서양의 공룡과 똑같은 것으로 간주하는 황당무계함과 비슷합니다. 공룡은 공룡일 뿐 중국 문화의 용이 아닙니다. 서양의 공룡은 단지 중국 용의 자손에 불과합니다. 물론 도대체 '용'이 있는지 없는지는 별개의 문제입니다. 하지만 중국 문화의 전해지는 기록에 따르면, 용이 아홉 아들을 낳았는데 형상이 제각기 달랐다고 합니다. 그렇기 때문에 만약 군이 중국의 용을 서양의 공룡과 한데 묶으려고 한다면, 우리는 공룡이 중국 용의 자손 그것도 아주 멍청한 자손이라고밖에 말할 수 없습니다. 왜냐하면 중국의 용은 신룡(神龍)으로서, 머리는 보여도 꼬리는 보이지 않고 변화막측한 삼서(三棲)⁶¹의 신물(神物)이기 때문입니다. 하늘을 날 수도 있고 물속에서 헤엄칠 수도 있으며 땅위에서 달릴 수도 있습니다. 중국 문화에서 기린과 용은 동등한 지위에 있는데, 둘 다 중국 문화 내에서는 특유의 상징입니다. 우리가 그것을 함부로 목이 긴 사슴 혹은 공룡에 견준다면 실로 큰 문제가 됩니다. 적어도 전통문화를 옹호하는 편에 서 있는 저로서는 결코 동의할 수 없는 문제입니다. 중국 문화에서 기린은 달리는 짐승 가운데 가장 고귀하고 가장 대단한데 백 년 천 년에 한 번 볼까 말까 한 존재입니다. 조금 전에도 공자가 "기린을 포획한 일로 탄식했던" 전고를 언급했습니다. 그리고 '봉황'은 새들의 왕으로서, 나는 새 가운데 가장 진귀한 존재입니다.

유약은 기린과 봉황의 비유를 든 다음 이어서 '태산'을 들어 비유하였습니다. '태산'은 바로 노나라 사람들이 자주 인용하며 자랑하던 그 태산(泰山)입니다. 태산이 중국에서 가장 높은 산은 결코 아니지만, 태산이 중국 문화에서 특수한 지위를 차지하는 까닭은 상고 시대의 신화적 색채가 입혀졌기 때문입니다. '언덕, 개밋둑〔丘垤〕'은 보통의 흔한 작은 구릉이며 '길바닥에 고인 빗물〔行潦〕'은 작은 개울, 작은 시내인데, '똑같은 것이다〔類也〕'라는 말은 같은 종류〔同類〕란 뜻입니다. 기린이 달리는 짐승인 것처럼 고양이나 강아지도 달리는 짐승입니다. 아름다운 봉황이 나는 새인 것처럼 우리에게 날마다 달걀을 낳아 주는 닭도 나는 새입니다. 신비로운 태산이 산인 것처럼 공원 안에 꾸며 놓은 가짜 산도 산입니다. 끝없이 넓은 강과 바다가 물의 흐름인 것처럼 큰길가의 더러운 도랑물도 물의 흐름입니다. 우리가 무릎 꿇고 경배하는 성인, 선불(仙佛)이 사람인 것처럼 우리 같은 범부, 속인들도 사람입니다. 모두가 같은 종류입니다. 다른 점이라면

---

61 삼서(三棲)란 땅과 하늘과 물, 세 곳 모두에서 살 수 있다는 뜻이다.

기린, 봉황, 태산, 하해, 성인은 "같은 종류 중에서 **빼어나며** 모인 것에서 높이 솟았다〔出於其類, 拔乎其萃〕"는 사실입니다. 같은 종류 가운데서 가장 아름답고 특이하며, 평범한 것으로부터 승화하고 초월하여 숭고하고 위대한 경지에 이르렀습니다. "모인 것에서 높이 솟았다〔拔乎其萃〕"에서 '췌(萃)'는 수풀을 가리킵니다. 씨앗을 한 줌 뿌리면 오래지 않아 싹이 트고 얼마 후에는 장성하여 초목이 됩니다. 처음에는 옥석이 섞여 있지만 바람이 불고 비가 내리는 단련을 거치고 지리(地利)와 천시(天時)의 시험을 거친 후에는 결국 큰 열매만 겨우 남게 되고 하늘을 찌를 듯한 나무가 됩니다. 사람은 만물의 영장으로서 더더욱 "모인 것에서 높이 솟는" 정신을 본받아야 합니다. 자신의 학문과 수양을 착실하게 수련하다 보면 시간이 지날수록 공력이 깊어집니다. 정성이 지극하면 모든 어려움을 극복할 수 있기 마련이니, 언젠가는 평범함 가운데서 비범한 성과를 얻을 것입니다.

공자 역시 보통 사람에 불과했지만 그는 대단한 보통 사람이었습니다. 배움에 싫증 내지 않고 가르침에 게으르지 않는 평범함에서부터 승화하여 "마음에 원하는 바를 좇아도 규범을 넘지 않는〔從心所欲不踰矩〕" 성인의 경지에 이르렀습니다. 그렇기 때문에 유약은 결론적으로 이렇게 말했습니다. "사람이 생겨난 이래로 공자보다 훌륭한 분은 계시지 않았다." 인류가 생겨난 이래로 우리의 스승 공자보다 더 위대한 사람은 확실히 없었다는 것입니다. 유약의 이 말은 자공의 말보다 더 무게가 있습니다.

우리가 이 글을 보면 공손추의 그다지 상관없어 보이는 질문들로 시작해서 동심, 부동심의 수양을 이야기하였고, 쭉 이야기를 계속해 나가다가 여기에서 위와 같은 결론을 내렸습니다. 그런데 도대체 이 대목이 동심, 부동심과 연관이 있기나 한 겁니까? 절대적으로 연관이 있습니다. 그렇다면 어디에서 연관이 있습니까? 바로 맹자가 자신은 "성인의 도에 뜻과 마음을 두고 성인의 경지에 뜻과 마음을 둔다〔志心於聖人之道, 志心於聖人之

境]"고 설명한 데 있습니다. 이 두 구절은 제가 맹자의 생각을 비추어 보고 그를 대신해서 말한 것입니다. 그는 성인을 본받는 데 뜻을 두었기 때문에, 출세할 수도 있고 입세할 수도 있으며 평천하할 수도 있고 조용히 은거할 수도 있습니다. 맹자가 여기에서 공자의 수양을 인용한 것은 자신의 '지심(志心)'을 설명하기 위해서였습니다. 안으로 부동심을 기르고 아울러 '수신(修身)'—호연지기를 기르는 까닭은 그것으로 외용(外用)하여 천하 사람들을 구제—'제가(齊家), 치국(治國), 평천하(平天下)' 하고자 했던 것입니다. 하지만 이것은 헐후어입니다. 그는 결코 드러내 놓고 말하지 않았습니다. 그렇기 때문에 우리는 책을 읽어야 합니다! 스스로 많이 읽을 뿐 아니라 우리의 지혜를 활용해 문자 속에 내포된 의미를 깨닫고 그 진정한 정신을 이해할 수 있어야 합니다. 그렇게 하면『맹자』의 제맛을 느낄 수 있습니다.

맹자께서 말씀하셨다. "힘으로써 인을 빌린 자는 패자이니, 패자는 반드시 대국을 소유해야 한다. 덕으로써 인을 행한 자는 왕자이니, 왕자는 대국을 필요로 하지 않는다. 탕왕은 칠십 리를 가지고 하셨고, 문왕은 백 리를 가지고 하셨다. 힘으로써 남을 복종시키는 자는 상대방이 진심으로 복종하는 것이 아니라 힘이 부족해서이다. 덕으로써 남을 복종시키는 자는 중심으로 기뻐하여 진실로 복종함이니, 칠십 제자가 공자에게 심복하는 것과 같다. 시경에 이르기를 '서쪽에서 동쪽에서 남쪽에서 북쪽에서 복종하지 않는 이가 없다' 하였으니 이것을 말한 것이다."

孟子曰: "以力假仁者霸, 霸必有大國. 以德行仁者王, 王不待大. 湯以七十里, 文王以百里. 以力服人者, 非心服也, 力不贍也. 以德服人者, 中心悅而誠服也, 如七十子之服孔子也. 詩云: '自西自東, 自南自北, 無思不服.' 此之謂也."

맹자가 제시한 왕도 정신은 중국 정치 철학의 대원칙이기도 합니다. 맹자가 이 관념을 제시한 이후로 중국 역대의 정치사상은 모두 이것을 정치의 대원칙으로 삼았습니다.

맹자가 말하기를 "힘으로써 인을 빌린 자는 패자〔以力假仁者霸〕"라고 했습니다. 권력 및 무력을 수단으로 삼으면서 인의를 빌려 구호로 삼는 그런 정치를 '패도(霸道)'라고 합니다. 중국 역사상 요·순·우 삼대 이후로는 정치 노선이 변해서 대부분 패도가 행해졌습니다. 패도를 행할 수 있는 선결 조건은 먼저 자기 자신이 하나의 대국이 되어야 하는 것입니다. 즉 국가의 군사력이 강대하고 경제력이 두터워야 하며 백성은 많고 영토도 광활해야 한다는 것 등입니다. 먼저 이런 든든한 국력을 갖추어야 패도를 행할 수 있습니다. 그런 까닭에 공자와 맹자가 주 왕조 이래로는 왕도가 점차 쇠미해지기 시작했다고 여겼던 것입니다.

공자는 『예기』「예운(禮運)」편에서 인류 문화가 쇠미해져 가는 과정을 이야기하면서 후세에는 왕도가 사라져 버릴 것이라고 한탄하였습니다. 세계 대동(大同) 사상은 「예운」편의 한 단락에 지나지 않는데, 왕도 정치가 보편적으로 실시된 후의 이상적 사회 상황을 묘사하고 있습니다. 공자가 말했습니다. "상고 시대의 중국 사회는 이러한 대동 세계적인 '태평(太平)' 성세였지만, 그 후에 왕도 정신이 변하면서 왕도 정치 역시 사라졌다. 하지만 그렇더라도 '승평(昇平)'의 사회에는 이를 수 있었다. 그보다 더 후대로 내려가면 쇠란(衰亂)의 세상이 되어 버린다." 그런데 맹자는 여기에서 대동 세계의 이상을 잃어버리고 왕도 정신을 잃어버린 이후의 정치는 모두 그저 인의를 빌린 '패도'일 따름이라고 강조합니다. 그는 패업(霸業)에 대해 정의 내리기를, 패업을 이루기 위해서는 반드시 강대한 힘을 갖추고 통치 권력을 행사해야 한다고 했습니다. 그러나 아무리 강대한 힘을 지닌 정권이라 할지라도 패도를 칭하고자 한다면 그래도 인의의 명분을 빌리고 인의를 이용하여 호소해야 합니다. 바꾸어 말하면 패도의 정권, 패도의 군주, 패도의 대국이라도 인의를 빌려 명분을 삼지 않으면 정치를 펼수 없고 패자가 될 수 없다는 말입니다. 역사상 그런 유의 사례는 얼마든지 있습니다. 반드시 둘을 섞어서 사용해야 합니다. 정권을 소유하였고 실력을 지니고 있더라도 반드시 인의라는 간판을 내걸어야만 합니다.

가령 19세기 이후로 서양의 정치사상이 표방하는 '자유 민주주의'는 겉으로만 들어서는 비난할 만한 것이 없습니다. 사실 진정한 자유 민주주의는 중국 전통에서 이야기하는 바 '왕도' 정신을 실천하는 하나의 경로입니다. 하지만 그때부터 지금까지 전 세계의 국가와 민족 가운데 어느 누가 진정으로 자유 민주주의를 실행하였습니까? 설사 있다고 해도 자유 민주주의라는 이름만 빌려 왔을 뿐, 패권을 행사하는 실제 모습은 바로 맹자가 말한 "힘으로써 인을 빌린 자" 즉 패자가 아닙니까?

맹자는 왕도에 대해 다음과 같은 정의를 내렸습니다. "덕으로써 인을 행한 자는 왕자〔以德行仁者王〕"이니, 최고의 도덕 정치를 중심으로 삼아 인정(仁政)을 시행하는 것이 바로 '왕도'입니다. 그런데 도덕을 기초로 하는 인정은 토지가 광대한지 백성이 많은지 무력이 강대한지 경제가 튼튼한지 등의 문제는 염두에 두지 않습니다. 맹자는 아울러 역사적 예를 들어 설명하였습니다. 여기에서 우리가 유의할 점이 있는데, 맹자의 사상으로부터 유추해서 요·순·우 삼대는 상고 시대에 가장 순수한, 의도가 들어가지 않은, 자연스럽게 행해진 왕도 정치였다고 잠정적으로 판결을 내리도록 하겠습니다. 그가 여기에서 예로 든 것은 후세에 "백성을 위로하여 죄를 징벌하였다〔弔民伐罪〕"고 칭해지는, 즉 의도하는 바가 있어서 행한 왕도의 대표입니다. 하지만 이 유형은 후세에 어떤 의도를 위해 이용되는 일이 종종 있었습니다. 맹자가 말하기를 상탕이 처음 나라를 일으킬 때는 그 영토가 겨우 칠십 리였고 주 문왕이 처음 나라를 세웠을 때에도 영토는 백 리에 불과했을 따름이라 하였습니다. 규모가 이처럼 작았지만 그는 오히려 인정을 실행할 수 있었습니다. 왜냐하면 그는 실행 초기에 영토를 넓혀 대국 만들기를 도모하지 않았고 다른 야심도 지니지 않았습니다. 도덕적 정치사상을 원동력으로 삼았기 때문에 대국의 힘을 빌려 인정을 행사할 필요가 없었습니다.

　중국의 역사 철학에는 유가적 색채가 충만한데, 백성을 위로하여 죄를 징벌한 탕왕과 무왕의 혁명 사업을 최초로 언급한 사람이 공자였습니다. 공자는 평소 탕무의 혁명을 많이 이야기하지 않았지만, 맹자 때에 이르러는 탕무가 혁명을 통해 백성을 위로하고 죄를 징벌했다는 왕도 정신을 비교적 자주 언급하였습니다. 하지만 앞에서도 말한 적 있듯이 옛사람들 가운데는 탕무의 혁명에 대해 회의적인 태도를 지닌 사람이 많았습니다. 특히 사마천이 그러합니다. 그는 『사기』의 「제태공 세가(齊太公世家)」에서 탕무의 혁명에 대한 자신의 관점을 아주 교묘하게 표명했습니다. 『사기』를 이해하기 어려운 까닭이 바로 이런 고명(高明)한 처리 수법에 있습니다. 그가 주 문왕과 주 무왕이 어떻게 창업하고 어떻게 흥기했는지를 서술한 것을 보면, 전편이 모두 좋은 이야기뿐입니다. 하지만 그의 글 속에는 '뼈'가 있는데, 그 뼈를 여기에다 집어넣지 않고 「제태공 세가」 안에 넣어 놓았습니다. 제태공은 바로 강태공을 말합니다. 사마천은 '음모수덕(陰謀修德)'이라는 네 글자를 사용하여, 강태공이 문왕을 만나 그의 보좌관이 된 후에 문왕이 도덕 인의를 음모의 수단으로 삼았음을 지적하였습니다. 문왕과 무왕도 마찬가지로 인의를 빌려 왔을 뿐임을 설명한 것입니다. 문왕과 강태공 두 사람에게 붙인 '음모수덕'이라는 네 글자는 사마천의 관점을 드러내는 동시에 역사적 사실의 진상을 말해 줍니다. 그의 글은 정말로 지독한데, 마치 못 하나를 눈치채지 못하게 다른 곳에 박아 넣는 것 같습니다. 그 못을 찾아내지 못한다면 여러분은 전편의 관건과 전체 사상을 정확히 알아낼 수 없습니다.

하지만 이것은 역사 철학가 사마천의 관점입니다! 역사 철학가들에게 요구되는 바는 중국 문화의 입장에 서서 민족 문화의 정신에 대해 책임을 지는 것입니다. 그렇기 때문에 그는 아무것도 돌아보지 않고 오로지 정의를 발휘하기 위해 붓을 잡고 올곧게 기록했습니다. 그러나 역사에는 여전히 가려진 곳들이 많이 있습니다. 사마천은 사덕(私德)에 근거하여 노골적인 비판은 하지 않았지만, 공도(公道)에 근거하여 미언대의(微言大義)를 말하지 않을 수 없었습니다. 끝내 그는 고명한 지혜, 우미한 문자 및 교묘한 수법을 활용하여 『사기』라는 거작을 완성했습니다. 그랬기 때문에 사마천은 이 책을 전하면서 "명산에 감추어 두었다가 뜻을 같이하는 사람에게 전하노라〔藏諸名山, 傳之其人〕"며 큰소리쳤던 것입니다. 그러므로 우리는 『사기』를 읽을 때 반드시 세심하게 체득해야 합니다. 그렇게 하지 않으면 수많은 관건을 놓치게 되어 『사기』의 진의를 깨달을 수가 없습니다.

맹자는 왕도 정신의 이론을 진일보 확대하여 이렇게 말합니다. "힘으로써 남을 복종시키는 자는 상대방이 진심으로 복종하는 것이 아니라 힘이 부족해서이다〔以力服人者, 非心服也, 力不瞻也〕." 후세의 패도는 권력, 무력으로 위협하여 다른 사람을 정복하고 굴복시키는 것입니다. 겉으로는 정복당하고 굴복하는 것처럼 보이는 그 사람들이 내심으로는 결코 이런 정복자에게 진정으로 항복하거나 탄복하지 않습니다. 실제로 단지 자신들의 힘이 부족해서 대항할 방법이 없었기 때문에 어쩔 수 없이 투항하고 복종하겠노라 말했을 뿐입니다. 처세에 있어서도 그 이치가 똑같습니다. 만약 여러분이 다른 사람들보다 단호하고 능력 있고 또 돈과 권세가 있다면, 그 사람들은 여러분 말을 잘 듣고 당신에게 잘 대해 줄 것입니다. 예를 들어 여러분이 돈 많은 사장님이라면 여러분 회사의 직원은 여러분에게 월급을 받아야 하기 때문에 여러분 말을 잘 들을 수밖에 없습니다. 그렇지만

그 사람은 마음속으로는 복종하지 않으며 당신에게 반드시 탄복하는 것
도 아닙니다.

소왕의 도덕적 귀감

맹자는 또 다른 일면을 언급하였습니다. "덕으로써 남을 복종시키는 자
는 중심으로 기뻐하여 진실로 복종함이니, 칠십 제자가 공자에게 심복하
는 것과 같다〔以德服人者, 中心悅而誠服也, 如七十子之服孔子也〕." 도덕으로
남을 복종시키는 사람은 다른 사람으로 하여금 내심으로 기뻐하고 마음
으로 자원하여 자신에게 복종하게끔 만드는데 이것이 바로 왕도입니다.
공자는 그저 일개 평민에 지나지 않았으며 재산도 없고 세력도 없고 아무
것도 없었습니다. 한번은 곤궁해져서 먹을 양식조차 없었던 적도 있었습
니다. 하지만 삼천 제자 가운데 일흔두 명의 현인, 충직했던 그 학생들은
어떤 상황에서도 자신의 스승을 좇았습니다. 밥을 굶던 때에는 스승을 따
라 함께 굶었습니다. 왜냐하면 공자의 수양과 도덕이 그들로 하여금 충심
으로 존경하게 만들었기 때문에 복종했던 것입니다. 이것이 바로 덕으로
써 남을 복종시키는 도덕 정신입니다.

공자는 이로 인해 '소왕(素王)'이 되었습니다. 이 소왕은 대단히 숭고한
존칭으로서 천추만세의 왕을 의미하기도 합니다. 불교에서 석가모니불을
'공왕(空王)'이라고 존칭하는 것과 마찬가지입니다. 공왕의 함의는 보다
넓은데, 공왕은 아무것도 원하지 않습니다. 큰 전각에 앉아서 눈을 내리깔
고 왕이라 불리는 것을 그는 결코 원하지 않습니다. 여러분이 찾아와서 향
을 사른다고 해도 그럴 것이고 찾아오지 않는다고 해도 그럴 겁니다. 그러
므로 '공왕'이든 '소왕'이든 똑같이 고명함의 극치라 할 수 있습니다.

이 단락에서 맹자의 화룡점정은 바로 "칠십 제자가 공자에게 심복하는 것과 같다"라는 이 구절입니다. 공자가 "덕으로써 남을 복종시키고" 긴 세월 소왕의 업적을 성취하였음을 지적하는 말입니다. 소왕은 일시적인 부귀공명을 쟁취하는 것이 아닙니다. 사해(四海)를 소유하거나 혹은 천하를 보유하려는 일대의 왕업이 아닙니다. 바꾸어 말하면 진정한 왕도덕업(王道德業)에는 두 종류가 있습니다. 하나는 실제적인 행위를 지님으로써 제가, 치국, 평천하에 직접적으로 보여 나타내는 경우이니 요·순·우·탕·문·무가 그렇습니다. 또 하나는 공자처럼 소왕의 존칭을 지니고서 그 영향력을 만고에 영원히 드리우는 경우입니다. 서양 문화의 명사로 말한다면 그것은 정신문화의 왕국인데 영원히 공자의 소유입니다.

"시경에 이르기를 '서쪽에서 동쪽에서 남쪽에서 북쪽에서 복종하지 않는 이가 없다' 하였다[詩云: 自西自東, 自南自北, 無思不服]." 맹자는 이어서 『시경(詩經)』「대아(大雅)」편의 문왕을 칭송하는 말을 인용하였습니다. 동남서북 사방(四方)과 사경(四境)의 온 천하에서 생각을 지닌 사람 가운데 문왕을 마음으로 기뻐하여 진실로 복종하지 않는 사람이 없었습니다. 이런 종류의 시 구절을 읊는다는 것은 왕도 정신, 왕도 정치를 칭송한다는 의미입니다. 왕도란 바로 그렇게 누구든지 마음으로 기뻐하여 진실로 복종하는 것이기 때문입니다.

맹자의 시론

기억하고 계시겠지만 맹자는 이미 공손추에게 이렇게 말했습니다. "제나라를 왕자로 만드는 것은 손을 뒤집는 것과 같다[以齊王, 由反手也]." 만약 제나라가 왕도를 실행하고자 해서 내 의견을 듣고 따른다면, 제나라가 천하에서 왕자로 칭해지는 것은 자신의 손바닥을 뒤집는 것처럼 간단하고 쉽다는 말입니다. 하지만 안타깝게도 제 선왕(宣王)과 제 민왕(湣王)은 둘 다 맹자의 의견을 듣지 않았습니다. 지금 제 민왕의 정치 조짐을 보면, 연나라를 정벌하는 불의(不義)의 전쟁을 일으키려 하고 있습니다. 그래서 맹자는 그 일을 겨냥하여 먼저 왕도와 패도의 영역에 대해 밝혔습니다. 이는 제 민왕이 왕도를 행하지 않음을 논평한 한 편의 '사론(社論)'과도 같습니다. 맹자의 이 '사론'은 또한 후세에 정치 철학을 강론할 때 변하지 않는 원칙이 되었습니다. 맹자는 왕도와 패도의 영역을 구분 지은 다음 계속해서 논의를 펴 나갑니다.

맹자께서 말씀하셨다. "인하면 영화롭고, 인하지 못하면 치욕을 받는다. 지금 치욕을 싫어하면서도 불인에 처함은, 이는 마치 습한 것을 싫어하면서도 낮은 곳에 처함과 같은 것이다."

"만일 치욕을 싫어할진대, 덕을 귀히 여기고 선비를 높이는 것만 한 것이 없으니, 현명한 자가 지위에 있으며 능력 있는 자가 직책에 있어서, 국가가 한가하거든 이때에 미쳐 그 정사와 형벌을 밝힌다면, 비록 강대국이라도 반드시 그를 두려워할 것이다. 『시경』에 이르기를 '하늘이 흐리고 비가 오지 않았을 때에 저 뽕나무 뿌리를 거두어다가 창문을 칭칭 감는다면, 지금 이 아래에 있는 사람들이 혹시라도 감히 나를 업신여기겠는가' 하였다. 공자께서 말씀하시기를 '이 시를 지은 자는 도를 알 것이다! 자기 국가를 다스릴 수 있다면 누가 감히 업신여기겠는가' 하셨다."

"지금 국가가 한가하거든 이때에 미쳐 즐기고 태만하며 오만하니, 이는 스스로 화를 구하는 짓이다. 화와 복은 자기로부터 구하지 않는 것이 없다. 『시경』에 이르기를 '천고의 명언으로 운명론에 짝하고, 스스로 많은 복을 구한다' 하였다. 「태갑」에 이르기를 '하늘이 지은 재앙은 오히려 피할 수 있으나, 스스로 지은 재앙은 살 길이 없다' 하였으니 이것을 말한 것이다."

孟子曰: "仁則榮, 不仁則辱. 今惡辱而居不仁, 是猶惡濕而居下也."

"如惡之, 莫如貴德而尊士, 賢者在位, 能者在職. 國家閒暇, 及是時, 明其政刑, 雖大國, 必畏之矣. 詩云: '迨天之未陰雨, 徹彼桑土, 綢繆牖戶. 今此下民, 或敢侮予?' 孔子曰: '爲此詩者, 其知道乎! 能治其國家, 誰敢侮之?'"

"今國家閒暇, 及是時, 般樂怠敖, 是自求禍也. 禍福無不自己求之者. 詩云: '永言配命, 自求多福.' 太甲曰: '天作孽, 猶可違; 自作孽, 不可活.' 此之謂也."

여기에서 왜 또다시 "맹자께서 말씀하셨다"를 붙여 이 대목을 따로 나눈 것일까요? 작문에서 글의 기세를 살리기 위해서입니다. 앞에서 맹자가 "힘으로써 인을 빌린 자는 패자이다"라고 말하고서 쭉 설명했는데, 만약에 바로 이어서 "인하면 영화롭고 인하지 못하면 치욕을 받는다"라고 말하고서 또다시 쭉 설명을 이어 나간다면, 기복도 없고 돈좌(頓挫)[62]도 없고 전환도 없는 한 가닥 직선과 같아서 아무런 맛도 느껴지지 않을 것입니다. 그림을 그리는 이치도 마찬가지입니다. 곡선을 그리면서 구불구불 흘러가던 물이 때로는 산봉우리에 가려지기도 하고 뜬구름에 덮이기도 하면서 보일 듯 말 듯 굽이쳐 흐른다면, 또 다른 기상이 느껴지고 또 다른 운치가 생겨날 것입니다. 글의 흐름이 이쯤에 이르렀을 때 또다시 "맹자께서 말씀하셨다"를 붙인 것이 바로 그런 유의 수법인데, 문학적으로 새로운 단락이 시작되는 것같이 느껴집니다. 현대 백화문을 쓸 때에도 마찬가지로 한 단락이 너무 길어서는 안 됩니다. 현대인은 일이 번다하고 생활이

---

62 어조나 음률 따위가 멈추고 바뀌는 것을 가리킨다.

긴장되기 때문에 너무 긴 문장을 읽어 나갈 인내심이 없습니다. 설사 문장 속에 비교적 긴 설명이 들어가야 의미상 한 단락이 끝날 때에도, 몇 개의 작은 단락으로 나누는 방법을 생각해야 합니다. 적어도 배열하는 형식에 있어서라도 짧게 잘라야 합니다.

맹자가 말한 "인하면 영화롭고[仁則榮]"에서 영(榮)은 영광스러운 성공, 영원한 휘황찬란함이니, 문화 역사에 영원히 드러날 영예입니다. "인하지 못하면 치욕을 받는다[不仁則辱]"에서 욕(辱)은 치욕이니, 만약 인도(仁 道)를 행하지 않으면 치욕을 초래하게 될 것입니다. 이것은 역사 철학가의 관점에서 내린 일차 결론입니다.

세상 사람들 가운데 그 누가 영광스러운 성취를 좋아하지 않겠습니까? 맹자가 "지금 치욕을 싫어하면서도 불인에 처한다[今惡辱而居不仁]"고 말한 것이 의미하는 바는 이렇습니다. 전국 시대의 제후들은 실패를 싫어하면서도 인정(仁政)을 실행하여 성공의 길을 달려가기를 원하지 않았습니다. 역사상 빛나는 한 페이지를 차지하고 훌륭한 명성을 남기기 원하면서도, 실제로 내적인 본심과 외적인 행위는 '인정'과는 반대 방향으로 달렸습니다. 오로지 눈앞의 현실적인 이해만을 따지고, 무슨 인(仁) 혹은 불인 (不仁) 따위는 상관하지 않았습니다. 이는 마치 어떤 사람이 축축한 것을 싫어하면서도 굳이 저지대에 살려고 고집하며 높은 곳으로 옮기려 하지 않는 것처럼 매우 모순됩니다.

맹자는 전국 시대 당시의 제후 각국이 그러했다고 비판했지만 사실 인 생도 그렇습니다. 사람의 습관은 좀처럼 변하지 않습니다. 고치려고 할 때 쯤이면 이미 그 사람은 자신의 습관 때문에 너무도 많은 손실을 입었습니다. 학문의 도는 바로 그러한 기질을 변화시킵니다. 사람은 대부분 근시안적이고 현실에 안주하며 눈앞의 것만 아까워합니다. 거기에 물건이 놓여 있으면 장애가 된다는 것을 잘 알면서도 오랫동안 그대로 두고 치우려고 하지 않습니다. 과거 농업 사회에서는 근검절약을 강조했습니다. 망가진 걸상이라 할지라도 혹시 다음에 쓸 수도 있으니 그대로 둡니다. 현대 상공업 사회에서는 상품의 포장에 신경을 많이 쓰기 때문에, 물건을 사면 그것을 담아 둔 상자나 깡통이 정말 멋있고 아름답습니다. 하지만 버리기 아깝다고 쌓아 두다 보면 한 무더기의 아름다운 쓰레기가 되어 버립니다. 그런 것이 바로 농업 사회의 구습인데 여간해서는 고쳐지지 않습니다. 우리는 이런 것을 통해서도 사회·정치·문화가 얼마나 바뀌기 어려운지 알 수 있습니다. 때로는 지도자가 바꾸어야 한다고 결정해도 일반 사람들은 오래된 습관 때문에 바꾸려 들지 않기도 합니다. 좁은 진창길을 보다 넓은 아스팔트 길로 바꾸는 일조차 어떤 사람들은 싫어합니다. 왜냐하면 장씨네 아주머니가 맞은편 집에 놀러 가려면 그 아스팔트 길을 건너야 되는데 너무 넓어 번거로워 보이기 때문입니다. 이것을 보더라도 정치를 한다는 것이 얼마나 어려운 일인지 알 수 있습니다!

맹자는 당시의 제후들이 어떻게 변하기를 원했을까요? 맹자가 생각하기에 만약 그들이 역사상 부끄러움을 당하고 오명을 남기는 것을 원치 않는다면, 서둘러서 태도를 바꾸어야 했습니다. 그리고 바뀐 도는 "덕을 귀히 여기는〔貴德〕" 즉 정치적 도덕을 존중하고 도덕적 인정을 실행하는 것이어야 합니다. 그뿐 아니라 "선비를 높이는〔尊士〕" 것, 당시의 이른바 '사(士)'를 존중하는 것이어야 합니다. 왜냐하면 당시에는 교육이 보급되지 않아서 소수의 '사'가 바로 현명하고 뛰어난 독서인, 지식인이었기 때문입니다. 물론 상고 시대의 진정한 '사'는 결코 이처럼 간단치만은 않았습니다. 중국 문화에서 전형적인 '사'는 『예기』 중의 「사행(士行)」「유행(儒行)」편에 기술된 독서인처럼 사상, 언행, 학문, 도덕, 수양에 있어서 탁월한 성취를 지닌 지식인입니다. 현대에는 대학을 졸업하면 학사(學士)가 되고 더 나아가 석사(碩士)나 박사(博士)가 되는데 이런 것은 그저 학위의 명칭일 뿐입니다. 그 가운데 어떤 사람은 이런 직함을 받기는 했어도, 실제로는 '넓지〔博〕' 않고 '크지〔碩〕' 않고 '배우지〔學〕' 않고 심지어는 '선비〔士〕'가 아닐 수도 있습니다.

현능과 직위의 정의

　지도자는 "덕을 귀히 여기고 선비를 높이는〔貴德尊士〕" 외에도 동시에 "현명한 자가 지위에 있으며 능력 있는 자가 직책에 있도록〔賢者在位, 能者在職〕" 해야 합니다. "현명한 자가 지위에 있음"은 바로 현인(賢人)의 정치를 말합니다. 맹자뿐만 아니라 그와 의견이 상반되었던 묵자 역시 당시에 "현명한 자를 숭상하라〔尚賢〕"고 주장했습니다. 비록 맹자가 묵자 사상의 일부분에 반대하기는 했지만 이 부분에 있어서만큼은 둘의 견해가 일치했습니다.

　다음 구절인 "능력 있는 자가 직책에 있음"과 앞 구절인 "현명한 자가 지위에 있음"의 두 구절은 문자만으로 대충 보면 의미가 똑같은 것처럼 보입니다. 지위에 있는 것이 바로 직책에 있는 것이고 직책에 있는 것이 바로 지위에 있는 것처럼 생각될 것입니다. 또 현명한 자가 바로 능력 있는 자이고 능력 있는 자가 바로 현명한 자인 것처럼 생각될 것입니다. 하지만 이 두 구절은 큰 차이가 있습니다.

　고대의 정치 체제에서 위(位)는 지위이고 직(職)은 직책입니다. 현대의 개념으로 말하면 '직책'은 집행의 직무를 담당하며 정치적 권력을 지닌 행정 인원입니다. '지위'는 반드시 집행을 담당하는 것은 아니지만 지혜와 식견을 지닌 사람이 정책 결정, 정치적 논의, 논평과 심사, 감찰 등을 관장하는 것을 말합니다. 그들은 비록 지위가 높고 고귀했지만 정책을 집행하는 실권은 지니지 못했습니다. 가령 청대의 한림대학사(翰林大學士) 같은 지위가 바로 그러했습니다. 상고 시대의 관제(官制) 가운데 삼공(三公)이라는 지위가 있었는데, 그것 역시 일종의 "지위에 있음〔在位〕"이었습니다. "삼공이 앉아서 도를 논했다〔三公坐而論道〕"라는 말은 행동으로 사무를 집행했다는 의미가 아니라, 전문적으로 정치에 대해 계획하고 건의하고 간언했다는 말입니다. 제왕에게 하나라도 옳지 못한 부분이 있으면 그들은 엄숙하게 입을 열어 이야기했습니다. 정무(政務)의 집행은 재간 있고 능력 있는 사람에게 맡겨 직무를 실시하고 집행하게 했습니다.

예전에 동맹회(同盟會)[63]의 원로 한 분이 저에게 이런 말을 했습니다. "어떤 사람에게도, 설사 깊고 진지한 우정을 나누는 사이라 할지라도 인정(人情)을 베풀기 위해 국가의 관위(官位)를 내주어서는 안 됩니다. 돈을 보내거나 다른 물건을 보내 줄 수는 있어도 관위를 주어서는 안 됩니다." 그 말의 의미도 "현명한 자가 지위에 있으며 능력 있는 자가 직책에 있음"이라는 이치입니다.

국가의 정치는 마땅히 그러해야 하며 개인의 사업도 마찬가지입니다. 예를 들어 자본을 투자해서 회사를 차렸는데, 장인이라고 혹은 처남이라고 해서 그들이 현명한지 능력이 있는지 따져 보지도 않고 회사로 끌어다가 중요한 자리에 두었다고 합시다. 만약 그들이 현명하고 능력이 있다면 아무런 문제가 없겠지만, 현명하지도 않고 능력도 없다면 그 회사는 망할 수밖에 없습니다. 학교의 교장이 되거나 병원을 개업하거나 어떤 일을 해도 마찬가지입니다.

현재 우리가 민주 정치를 실시하는 것도 「예운」 편의 정신을 관철시키

---

63 중국 혁명 동맹회의 약칭이다. 1905년 8월 손문이 일본 동경에서 조직한 비밀결사로, 중국 혁명을 목표로 한 단체이다.

려는 것입니다. 그렇지만 이른바 "현명하고 능력 있는 자를 선택한다〔選賢與能〕"고 했을 때 우리가 유의해야 할 것이 있는데, 현(賢)과 능(能)은 나누어진다는 사실입니다. 물론 현명하면서도 능력 있는 사람이라면 더 좋겠지만, 그런 인재는 아마도 극소수일 것입니다. 우리가 역대 관직의 인사 제도를 깊이 연구해 보기만 해도 확실히 옛사람들이 간단치 않았음을 발견할 수 있습니다. 예를 들어 오락용인 '만한승관도(滿漢陞官圖)'를 보면, 거기에 표시된 청대 인사 관직의 인선 제도 역시 덕(德)이 첫째이고 재(才)가 둘째이며 공(功)은 셋째이고 양(良)이 넷째이며 유(柔, 복종)가 다섯째입니다. 이것이 승천(陞遷)의 표준 순서입니다. 많은 사람들이 서양 문화의 무슨 '인사 관리학'이니 하는 것을 보고서 대단한 것이나 되는 것처럼 여기지만, 사실 우리는 몇천 년 이래 자신의 조상이 남겨 준 훌륭한 것들이 정말 많은데도 불구하고 안타깝게 창고 속에 쌓아 둔 채 쓰레기로 여기고 그 지하자원을 발굴할 줄 모릅니다.

맹자는 또 말했습니다. "덕을 귀히 여기고 선비를 높이고, 현명한 자가 지위에 있으며 능력 있는 자가 직책에 있어야" 비로소 인정(仁政)을 펴고 왕도(王道)를 실행할 수 있습니다. 그다음에 "국가가 한가한〔國家閒暇〕"이라는 표현에서 우리는 '한가(閒暇)'라는 두 글자에 주의해야 합니다. 공직에 있는 사람들이 사무실에 앉아서 할 일 없이 신문 보고 차 마시고 뜨개질이나 하는 것은 결코 '한가'한 상황이 아닙니다. 사실은 사회가 안정되고 국가가 부강해지고 행정이 간소해지고 형벌이 투명해져서 천하가 무사태평해야 비로소 "국가가 한가한" 상황이라 할 수 있습니다. 온 나라의 상하가 모두 한가할 때 "정사와 형벌을 밝힌다면〔明其政刑〕", 즉 내정(內政)을 정리하고 정치와 법령을 수리한다면, 그런 정치 형태하에서는 다른 어떤 대국이라도 감히 당신을 침범하지 못할 것입니다!

현명하고 능력 있는 자를 선택함에 관한 또 다른 장

『맹자』의 이 단락은 공자가 「예운」 편에서 언급한 "현명하고 능력 있는 자를 선택한다〔選賢與能〕"는 말에 대한 가장 좋은 해설로 삼을 수 있습니다. 맹자는 이 단락에서 덕(德), 사(士), 현(賢), 능(能)이라는 네 가지 인재 분류 방법을 제기하였습니다. "덕을 귀히 여기고 선비를 높이고, 현명한 자가 지위에 있으며, 능력 있는 자가 직책에 있어야 한다〔貴德尊士, 賢者在位, 能者在職〕"라는 그의 명언은 역대 중국의 정치 철학과 용인(用人) 행정에서 불변의 원칙이 되었습니다. 과거 역사에서 역대의 명군 명재상들은 모두 이 이치를 깊이 이해하고 있었기 때문에 용인 행정의 방면에서 이 원칙을 시행했습니다. 물론 그것은 이른바 "밝은 군주와 훌륭한 재상〔明君良相〕"에 한해서만 가능했습니다. 가령 역대의 평범한 군주들은 이 이치를 그다지 잘 알지 못했습니다. 어리석은 군주는 더더욱 논할 필요도 없습니다.

맹자의 이 세 구절 가운데서도 "덕을 귀히 여기고 선비를 높인다〔貴德尊士〕"는 것이 대원칙입니다. 그런데 이 '사(士)' 자는 후세의 "재능과 학문〔才與學〕"이라는 이중의 함의를 다 포괄하고 있습니다. 이것이 대원칙이라고 말하는 이유는, 현명한 자이든 능력 있는 자이든 반드시 덕과 재능을 지고 무상의 표준으로 삼아야 하기 때문입니다. 현명하고 덕 있는 사람이라고 해서 반드시 재능을 지닌 것은 아니며, 재능 있는 사람이 전부 다 현명하고 덕을 지닌 선비인 것은 아닙니다. 이는 동서고금 인재들의 지력(智力)의 차등이니 절대로 똑같을 수가 없습니다. 그렇기 때문에 손중산 선생도 말하기를 지(智), 현(賢), 우(愚), 불초(不肖)는 등차(等差) 평등이라고 했습니다. 이른바 등차는 나란히 세워 두고 함께 논할 수 없음이고, 평등은 기본적 인권에 근거한 평등입니다. 맹자가 말한 요점을 잘 이해하면,

"현명하고 능력 있는 자를 선택한다"는 이치에 대해 명확한 인식을 가질 수 있습니다. 모든 사람을 똑같이 여겨서는 안 되며, 모든 사람이 현명하고 능력 있다고 함부로 생각해서는 더더욱 안 됩니다.

우리가 역사를 읽는 것은 역사를 잘 알고자 해서입니다. 과거 역대 제왕들의 전제 정권을 살펴보면, 개국의 수많은 명군과 명재상들은 이 원칙을 선천적으로 잘 운용했기 때문에 굳이 『맹자』를 읽을 필요가 없었습니다. 다만 안타까운 것은 그들에게는 맹자가 말한 왕도(王道)와 인자(仁者)의 사상이 결핍되어 있었다는 사실입니다. 근대의 역사를 들어 이야기한다면 청초의 강희, 옹정, 건륭 삼대의 부자(父子)는 이 통치술을 집대성한 제왕들이었습니다. 그들은 현명하고 단정하고 박학하고 시문이 뛰어난 현자들을 어떻게 적절히 배치해야 하는지 잘 알고 있었습니다. 그들의 위치를 맑고도 높은 곳에 배치함으로써 그들이 조금이라도 실제 권력에 물들지 않게 했습니다. 지방 행정 장관을 임명할 때에는 대체로 그들에게 다스리는 능력이 있는지가 중요했지, 덕과 행실의 결점 따위는 크게 따지지 않았습니다. 물론 현명하고 덕이 있고 능력 있는 인재, 청초의 탕빈(湯斌), 육롱기(陸隴其) 같은 명유들은 엄청난 환영을 받았습니다.

저도 늘 말하지만 여러분이 정치상 인사 제도를 연구하고자 한다면 『통전(通典)』,『통지(通志)』등 십통(十通)[64]을 완전히 통독하지 않으면 안 됩니다. 하지만 그 책들은 너무 어렵기 때문에 차라리 청말(淸末)의 오락용 '만한승관도'를 잘 연구해 보는 편이 낫습니다. 역대 제왕 정권의 용인(用人) 행정을 잘 볼 수가 있는데, 그들은 확실히 생각 없이 함부로 하지 않았습니다. 그들은 "덕(德), 재(才), 공(功), 량(良), 유(柔)"라는 다섯 글자의 원

---

64 십통(十通)은 당의 『통전』, 남송의 『통지』, 원의 『문헌통고』, 청의 『속통전』,『속통지』,『속문헌고』,『청조통전』,『청조통지』,『청조문헌통고』,『청조속문헌통고』등 열 부의 정서(政書)의 총칭이다.

칙을 사람 쓰는 표준으로 삼았습니다. 거기다 출신, 학력, 경력을 의미하는 '유(由)'자를 보조로 삼고 '장(贓)'을 받으면 처벌했습니다. '뇌물을 받아먹고 법을 어긴다〔貪贓枉法〕"의 '뇌물〔贓〕'을 근거로 삼은 것입니다. 이것을 기준으로 삼아 승진시키거나 강등시켰으니, 그들이 "현명한 자가 지위에 있고 능력 있는 자가 직책에 있어야 한다"는 맹자의 이상과 방법에 대해 참으로 감탄해 마지않았음을 알 수 있습니다. 이것은 중국 문화의 결정체이자 인사 행정 관리학의 훌륭한 모범입니다. 이 한 장의 도표와 해법에 관해서는 학자들의 전문적인 논문도 있지만 저는 그저 간단히 설명했습니다. 그 도표는 기효람(紀曉嵐)이 직접 만든 것은 아니고, 청조의 한림원에서 가난한 한림들이 모여서 재미 삼아 만든 걸작입니다. 다만 기효람의 명성이 높았기 때문에 훗날 그의 이름 아래에다 갖다 붙였을 따름입니다.

이어지는 구절은 "국가가 한가하거든"인데 국가한가(國家閒暇)라는 이 네 글자는 대단히 중요합니다. 우리가 몇천 년의 역사를 돌아보더라도 "국가가 한가한" 때가 얼마나 있었습니까? 중국 역사를 본 다음에는 외국의 역사를 펼쳐 보십시오. 그러면 이른바 사회 안정, 천하태평, 국가 한가라는 이 글자들이 "이 곡은 그저 천상에나 있을 뿐 인간 세상에서는 몇 번 듣기도 어렵네"라는 것임을 깊이 느끼게 될 겁니다. 다행히 국가가 한가하고 사회가 안정된다면 "이때에 미쳐〔及是時〕" 즉 이 시기를 잘 잡아서, "그 정사와 형벌을 밝힌다면〔明其政刑〕"—고대에는 형벌과 정사가 하나로 합쳐져서 사법과 행정이 나누어지지 않았습니다—만약 정사와 형벌을 밝힐 수 있다면, "비록 강대국이라도 반드시 그를 두려워할 것입니다" 즉 강대한 나라라 할지라도 당신을 감히 무시하지 못할 것입니다. 이 몇 구절은 말로 하면 아주 멋들어지지만 한편으로는 허황한 이론같이 여겨집니다. 하지만 실제로는 인풍(仁風)과 덕정(德政)에 필요한 조건입니다.

동시에 우리는 여기에서 몇 가지 문제를 발견할 수 있습니다. 어느 시대

어느 사회이든 현자는 정말 얻기 어렵습니다. 우리가 역사를 보면 '영명한 군주〔明君〕'도 별로 없지만 '능력 있는 신하〔能臣〕' 역시 별로 없습니다. 대부분이 '자리만 채우는 신하〔具臣〕'입니다. 자리만 채우는 신하란 자리를 차지하고서 거드름이나 피우는 사람을 말합니다. 요즘 사람들이 도통 뭔가 하려고 들지 않는 것과 비슷합니다. 많이 하면 틀리는 것도 많으니 하지 않으면 틀릴 일도 없다는 식이지요. 결국은 하지도 않고 틀리지도 않는 편에 섭니다. 앞에서도 말했듯이 잘할 수 있는 사람은 하려고 들지 않고, 하려고 드는 사람은 잘할 줄 모르니 결과가 어떻겠습니까! 하려고 들지도 않고 잘할 줄도 모르는 것은 또 별개의 문제입니다. 지금 맹자의 이 구절을 가지고 대조해 보면, 역사 철학에 대해 또 다른 이치를 찾을 수 있습니다. 상세히 설명하려고 들면 너무 많습니다.

그렇기 때문에 저는 평소에 "경서와 역사를 함께 참조할 것〔經史合參〕"을 주장합니다. 여러분도 경서와 역사에 대해 융회관통(融會貫通)을 해야만 학이치용(學以致用)을 할 수 있습니다.*그러지 않고 경서만 읽는다면, 아침부터 밤까지 사서오경만 끌어안고 있다가는 사람이 고리타분하게 변하고 우둔하게 변해 버립니다. 경서를 읽으려면 반드시 역사와 조화를 이루어야 하고, 역사를 읽으려면 마찬가지로 경서와 잘 어우러져야 합니다. 그래서 옛사람들은 이렇게 말했습니다. "강한 날에는 경서를 읽고, 부드러운 날에는 역사를 읽는다〔剛日讀經, 柔日讀史〕." 젊은 사람들은 이 말을 들으면 어리둥절해져서 뭐가 '강한 날〔剛日〕'이고 뭐가 '부드러운 날〔柔日〕'이냐고 할 겁니다. 사실은 아주 간단합니다. 이른바 '강한 날'은 바로 양일(陽日) 즉 홀수 날을 가리키고 '부드러운 날'은 음일(陰日) 즉 짝수 날을 가리킵니다.

그런데 "강한 날에는 경서를 읽고, 부드러운 날에는 역사를 읽는다"에서 강한 날과 부드러운 날의 의미는 그렇게 곧이곧대로는 아닙니다. 여기에서 이른바 강함(剛)과 부드러움(柔)은 추상적인 관념을 나타내는 말입니다. '강한 날'은 심기가 굳건할 때를 가리킵니다. 여기를 봐도 편하지 않고 저기를 봐도 편하지 않은 것이, 가슴속에 근심이 가득하여 마음이 답답합니다. 그럴 때에는 경서를 펼쳐서 성정을 도야하는 철리(哲理), 가령 맹자의 양기(養氣)니 진심(盡心)이니 하는 것을 읽습니다. 반대로 기분이 가라앉고 힘이 빠져서 아무리 해도 어쩔 수 없는 그런 날이 바로 부드러운 날인데, 그때는 역사를 펼쳐서 읽으며 자신의 넓은 지기(志氣)를 격발시켜야 합니다.

스스로 많은 복을 구하다

이어서 맹자는 또다시 『시경』 「빈풍(豳風)」 가운데 주공이 지은 「치효(鴟鴞)」의 시구인 "하늘이 흐리고 비가 오지 않았을 때에 저 뽕나무 뿌리를 거두어다가(迨天之未陰雨, 徹彼桑土)" 및 이 시에 대한 공자의 평론인 "이 시를 지은 자는 도를 알 것이다! 자기 국가를 다스릴 수 있다면 누가 감히 업신여기겠는가(爲此詩者, 其知道乎! 能治其國家, 誰敢侮之)"를 인용하였습니다. 이것을 통해 맹자는 자신의 귀덕(貴德), 존사(尊士), 현자재위(賢者在位), 능자재직(能者在職), 명기정형(明其政刑) 등의 정치사상과 주장이 주공과 공자의 학문을 계승한 것으로서 근거가 있음을 밝히고, 나아가 자신의 이러한 주장은 올바르며 절대로 뒤엎을 수 없는 것임을 강조하였습니다.

주공이 이 시를 지은 것은, 작은 새가 자기 둥지를 보호하려는 상황을 빌려 치국의 도리를 설명하기 위해서였습니다. 자기 둥지를 잘 관리하는 작은 새가 아직 비바람이 몰려오지 않았을 때에, 서둘러 부드럽고 질기면서도 축축한 흙을 머금고 있는 뽕나무 뿌리를 물어다가 둥지의 통기와 출입을 담당하는 구멍을 칭칭 감아서 막음으로써 비바람에 둥지가 망가지는 것을 미리 막았습니다. 그 후로 둥지 아래를 지나갔던 사람들은 작은 새의 열심히 일하는 정신과 태도를 보고서 더 이상 무시하거나 마음대로 놀리지 않게 되었습니다. 우리가 현재 사용하는 "비가 오기 전에 창문을 수선하다〔未雨綢繆〕"라는 고사성어는 사람들에게 매사 사전에 잘 준비하라고 권하는 내용인데, 바로 이 시에서 나온 것입니다. 그래서 공자는 이 시를 읽은 후 이렇게 평론했습니다. "이 시를 지은 사람은 국가를 다스리는 원칙과 방법을 정말로 잘 알고 있다. 만약 이런 이치를 사용하여 국가를 다스린다면 어느 누가 감히 침략을 도모하겠는가?"

즉 맹자는 은연중에 이렇게 말한 것입니다. "나라를 다스리는 도는 덕을 귀히 여기고, 선비를 높이고, 현명한 자가 지위에 있게 하고, 능력 있는 자가 직책에 있게 한 연후에 그 정사와 형벌을 밝히는 데 있다. 그렇게 하면 다른 큰 나라도 침략을 망설이는 마음이 생길 것인데, 이는 새 둥지 아래를 지나갔던 사람들이 감히 그 작은 새를 깔보지 못하는 것과 똑같다."

뒤이어 맹자의 필봉은 방향을 바꾸어서 당시 제나라의 상황에 대해 의견을 발표합니다. "지금 너희 제나라 역시 국태민안(國泰民安)의 한가한 시기라고 말할 수 있다. 그런데 이렇게 충분히 능력을 발휘할 수 있는 시기에 본래는 마땅히 비가 오기 전에 창문을 수선하여 그 정사와 형벌을 밝혀야 함에도 불구하고, 너희 제나라의 상하는 오히려 번영과 안정에 몽롱하게 마비되어 있다. 게으르고 오만하고 잘난 체하고 우월감에 도취되어 오로지 안락을 누릴 욕심밖에 없다." 그 모습이 예전에 소진(蘇秦)이 제 선왕에게 조(趙)와의 합종(合縱)을 유세할 때 묘사했던 것과 흡사합니다. "그 백성은 피리를 불고 슬을 타고, 축을 타고 금을 타고, 닭싸움과 개 달리기를 시키고, 주사위 놀이와 공놀이를 즐기지 않는 자가 없습니다. ……

수레바퀴는 서로 부딪히고, 사람은 어깨가 서로 닿으며, 옷깃을 이으면 휘장이 되고, 소매를 들면 장막이 되며, 땀을 뿌리면 비가 될 정도이니, 백성의 집은 화목하고 부유하며, 뜻이 높고 의기가 양양합니다〔其民無不吹竽鼓瑟, 擊筑彈琴, 鬪雞走犬, 六博蹹踘者……車轂擊, 人肩摩, 連衽成帷, 擧袂成幕, 揮汗成雨, 家敦而富, 志高而揚〕." 맨 마지막 구절은 '발꿈치〔趾〕'가 높고 의기가 양양하다고 말해야 했지만, 아마도 소진이 제 선왕의 호감을 사기 위해서 '지(趾)' 자를 '지(志)' 자로 바꾸었을 겁니다. 참으로 교만하고〔驕〕 사치하고〔奢〕 음란하고〔淫〕 즐기는〔佚〕 기상이 넘쳐 났습니다.

당시 제나라의 상황만 그러했겠습니까? 우리가 역사를 펼쳐 보면 어느 왕조이든 처음 개국할 때에는 어려움과 고난 속에서 분투합니다. 하지만 이 대 혹 삼 대 자손 대에 이르면 서서히 문제가 생깁니다. 정치가 안정되고 경제가 부유해지고 사회가 번영한 후에는 일락이 찾아오는데, 그렇게 되면 쇠망의 길을 걷기 시작합니다.

일반 가정도 마찬가지입니다. 조부 세대에는 하늘도 땅도 얼어붙은 때에 맨발로 코끝이 빨갛게 언 채로 손에 호미를 들고 밭에서 한 뼘 한 뼘 흙을 갈아엎어서 봄의 파종을 준비했습니다. 그 아들 대에 이르면 비록 농사 짓던 부친의 양육으로 대학에는 갔지만, 부친의 노고를 직접 보았고 어쩌면 자신도 밭에 가서 일손이라도 도왔기 때문에 돈벌이의 어려움을 압니다. 그래서 생활이 검소하고 착실하며 열심히 가업을 일으키고 계속해서 부동산을 사들입니다. 하지만 손자 대에 이르면 부유한 환경에서 성장했기 때문에 조부와 부친의 수고와 어려움을 모릅니다. 그리하여 "즐기고 태만하고 오만한〔般樂怠敖〕" 문제들이 튀어나옵니다. 또 다음 세대에 이르면 이제 자동차는 최신식이라야 하고 해마다 바꾸어야 합니다. 먹고 마시고 오입질하고 노름하고 별의별 짓을 다 하다가 결국은 쇠망하고 맙니다. 어쩌면 오 대 혹은 육 대에 이르면 또다시 차디찬 비바람을 맞으며 밭에서 호미질하고 진흙을 밟아야 할지도 모릅니다. 인간 세상의 일은 어차 피 이렇게 반복되고 윤회합니다.

이것은 모두 인류의 타성입니다. 가정, 사회, 국가 정치도 모두 이런 타 성 아래에서 순환하고 교체합니다. 그래서 맹자는 뒤에서 이렇게 말했습 니다. "우환은 나라를 흥하게 하고, 안일은 몸을 망하게 한다(憂患興邦, 安 逸亡身)." 또 이렇게 말했습니다. "들어오면 법도 있는 세가와 보필하는 선비가 없고, 나가면 적국과 외환이 없다면 그런 나라는 항상 망한다(入則 無法家拂士, 出則無敵國外患者, 國恒亡)." 한 국가가 내우외환이 없고 어려 움이 없으면 쉽게 멸망당합니다. 가정이나 개인 사업도 그렇지 않은 경우 가 없습니다.

맹자는 제나라의 "즐기고 태만하고 오만한" 기풍이 장차 재앙을 초래하 게 될 것이라고 지적했습니다. 그가 제나라에 도착해 제 선왕에게 왕도를 실행하기를 힘써 권했던 것도 다 이유가 있었습니다. 맹자가 여기에서 제 나라에 대해 행한 평론이 바로 제나라가 왕도를 실행해야 하는 이유를 설 명해 줍니다.

결국 맹자는 결론을 하나 내렸는데, 인생철학의 측면에서도 후세에 중 요한 계시를 주는 것입니다. 바로 "화와 복은 자기로부터 구하지 않는 것 이 없다(禍福無不自己求之者)"는 것입니다. 개인, 가정, 국가, 세계의 재앙 과 '화(禍)'는 반드시 초인적인 힘이 내리는 것만은 아닙니다. '복(福)' 역 시 하늘이 내리는 것이 아니라 모두 자기가 만들어 내는 것입니다. 이것을 두고 어떤 사람은 이렇게 말합니다. 맹자는 신도 하느님도 보살도 믿지 않 았다고 말이지요. 그렇다면 맹자는 결국 무엇을 믿었던 것일까요? 유신론 이 되었든 무신론이 되었든 그것은 잠시 논하지 않겠습니다. 맹자의 이 결 론은 세계 모든 종교에서 신봉하는 최고의 종교 철학입니다. 당신이 하느 님을 믿는다고 하면서도 선한 일을 하지 않는다면 하느님도 당신을 어떻게 할 방법이 없습니다. 하느님과 당신은 결코 접선할 수가 없습니다. 만약 부처님을 믿는다면, 우선 유심(唯心)이라고 칩시다. 마음이 곧 부처라고 분명히 말하면서도 그 마음이 바르지 않고 스스로 선하지 않은데도 보살에게 구한다면 그 또한 잘못된 일입니다.

종교는 밀쳐 놓더라도 복과 화는 외부에서 오는 것이 아니라 확실히 스스로 구하는 것입니다. 복을 구하면 복을 얻고 화를 구하면 화를 얻습니다. 인을 행하면 복을 구하게 되고, 인하지 못하면 화를 불러오게 됩니다. 이것이 이 단락에 나타난 맹자의 관점이며 고금에 변하지 않는 정론입니다.

업은 마음에서 만들어지고
명은 하늘로 말미암지 않는다

여기까지 말하고 나서 맹자는 또다시 『시경』「대아」편 '문왕(文王)' 장에서 뽑아다가 말합니다. "영언배명 자구다복(永言配命, 自求多福)."[65] 이것은 천명에 부합되는 진리의 명언으로서 천고에 전해져 왔습니다. 비록 여덟 글자에 불과하지만 이 두 구절은 중국 문화 본유의 정신으로서, 종교와 철학 및 인생의 생명 가치의 인과관(因果觀)을 모두 포함하고 있습니다. 동시에 오랜 미신적인 숙명론의 핵심을 타파하는 말입니다. 상고 시대의 문자는 대단히 간단하지만 그 내용은 대단히 심오합니다. 만약 현대였다면 이 여덟 글자로 한 편의 박사 논문을 쓸 수도 있을 것입니다.

무엇을 '영언(永言)'이라고 합니까? 오랜 세월에도 영구히 변할 수 없는

---

65 "永言配命, 自求多福"에 대한 전통적 해석은 "길이 천명에 합치되기를 생각함이 스스로 많은 복을 구하는 것이다"이다. 하지만 본문을 읽어 보면 저자의 해석이 이와 다름을 알 수 있다. 따라서 이 책에서는 본문의 논지에 따라 기존의 해석과는 다르게 해석하였음을 밝힌다.

명언은 만고에 길이 새롭고 영원합니다. "천고의 명언으로 운명론에 짝하고[永言配命]"라 했습니다. 운명과 숙명에 대한 보통 사람들의 관점에 맞춥니다. 보통 사람들은 하느님, 부처님, 보살, 염라대왕 등 알 수 없는 힘이 있어서 모든 것을 결정한다고 생각하면서 운명은 귀신이 주관한다고 여깁니다. 하지만 상고 문화에서 조상들이 우리에게 말해 준 것은 "주재하는 이는 없다[無主宰]"는 사실입니다. 그것을 가지고 사람들이 알고 있는 모든 생명, 천하, 국가의 운명론을 아우른 것이 "주재하는 이는 없으며, 저절로 그러한 것도 아니다[無主宰, 非自然]"입니다. 오로지 마음이 만들어 냅니다.

따라서 자기의 운명을 진정으로 바꾸고자 한다면 다른 힘에 기댈 것이 아니라, 하느님이나 부처님 혹은 보살에게 기댈 것이 아니라 "스스로 많은 복을 구해야[自求多福]" 합니다. 이것은 일체의 미신을 타파하는 진언입니다. 사람은 스스로 노력하기만 하면 수고한 만큼 수확할 수 있습니다. 만약 이 사회가 당신에게 맞지 않다거나 어떤 친구가 당신에게 잘 대해 주지 않는다고 생각한다면, 그것은 모두 자기에게 원인이 있습니다. 그렇기 때문에 먼저 돌이켜 자기 자신에게 원인을 구하고 스스로를 반성해야지, 사회를 원망하고 친구를 원망해서는 안 됩니다. 자기 자신을 엄격하게 살펴서 원인을 찾아내는 그것이 바로 "스스로 많은 복을 구하는" 길입니다. 만약 스스로를 먼저 반성하지 않고서 사회를 원망하고 친구를 원망한다면 그것이 무슨 소용이 있습니까? 도리어 스스로 화를 구하게 될 것입니다.

그는 또 『서경』의 「상서(商書)」 「태갑(太甲)」 편을 인용하여 말했습니다. "하늘이 지은 재앙은 오히려 피할 수 있으나, 스스로 지은 재앙은 살 길이 없다[天作孽, 猶可違; 自作孽, 不可活]." 가령 태풍, 지진, 수재, 한재, 화재 등의 천연 재해는 때때로 피할 수가 있습니다. 하지만 자기 자신이 만든 재앙인 방종[放], 치우침[僻], 간사함[邪], 사치[侈]와 같은 죄과들은 마치 그림자가 형체를 따르는 것 같아서 그것으로부터 달아날 수가 없습니다. "살 길이 없다[不可活]"에서 살다의 '활(活)'은 『서경』에서는 달아난다는 '환(逭)'으로 되어 있는데, 자기가 만든 재앙에서 얻게 된 화(禍)로부터는 달아나고 싶어도 달아날 수 없습니다. 그러므로 『시경』과 『서경』에 기재된 이런 말들의 의미는 바로 "화와 복은 자기로부터 구하지 않는 것이 없다"는 것입니다.

위에서 토론했던 두 구절은 중국 문화에서 인생철학, 정치 철학의 큰 경(經)이요 큰 법(法)입니다. 현대 용어로 말한다면 지고의 진리라 할 수 있습니다. 우리는 사람 노릇하고 집을 다스리고 처세함에 있어서 이 원칙들에 특별히 주의해야 합니다. 앞에서도 말했듯이 축축한 것을 싫어하면서 왜 굳이 지대가 낮은 곳에 살면서 이사하지 않습니까? 스스로 변화를 추구하지 않고 습관에 안주하면 그런 사람은 어느 누구라도 도와줄 수 없습니다. 불학에서 말한 것처럼 중생이 모두 부처인 것을 분명히 알고 있는데, 나는 중생이니 내가 성불할 수 있는 것은 당연한 사실인데, 왜 나는 성불할 수 없을까요? 그것은 스스로가 변하지 못하기 때문에 다른 사람도 당신을 바꾸지 못하는 것입니다.

동서고금에 어떠한 정치 이상이라도 그 궁극적 목표는 사회를 안정시키고 국민을 풍족히 먹이고 입히는 데 있습니다. 나아가 부강(富强)과 강락(康樂)을 추구하여 국가는 강하고 백성은 부유한 경지에 도달한 후에 결국 태평천하에 이르는 것, 이것이 변치 않는 정칙입니다. 어떤 정치적 주장, 정체(政體)나 제도든지 모두 때와 장소에 맞춘 임시 처방이며, 모두 정치 이상의 최고 공덕(公德)에 도달하기 위한 방법입니다. 하지만 이것 역시 역사적 사회적 변화에 맞추어 바뀌는 여전히 부차적인 일입니다.

그와 반대되는 상황으로는 맹자가 「양혜왕」 장에서 추 목공(鄒穆公)에게 말한 것과 같은 "흉년과 기세에 군주의 백성들 가운데 노약자들은 시신이 도량과 골짜기에서 뒹굴고 장성한 자들은 흩어져서 사방으로 간[凶年饑世, 君之民, 老弱轉乎溝壑, 壯者散而之四方者]" 상황이 있습니다. 거기다 제후들은 서로 침략하여 여러 해를 계속해서 전쟁을 벌이니, 천하는 크게 어지럽고 백성은 삶을 도모하지 못하는 양상입니다.

사실 전 인류 사회의 역사는 이러한 두 종류의 큰 상황이 상호 반복되면서 영원히 갈등 속에 발전해 왔습니다.

가련한 마르크스는 자기 자신이 아주 가난하고 고달픈 고학생이었습니다. 그는 당시 서양의 유럽식 자본주의 사회에 살면서 빈부 격차가 가져다준 고통을 맛보았는데, 그 결과로 『자본론』이라는 경제 분배 사상이 탄생했습니다. 마르크스는 자본가의 폭부(暴富)를 제거함으로써 사회적 안정을 얻을 수 있으리라 생각했습니다. 그의 견해는 참으로 담판한(擔板漢)[66]이라 할 수 있으니, 오로지 한 면의 풍경만 보고 다른 한 면의 상황은 살펴보지 못했습니다. 동시에 그는 오늘날 노자(勞資) 합작 제도와 사회 복리 사상이 발전하게 될 줄은 전혀 생각하지 못했습니다. 이런 합작과 복리는 아마도 장래 더욱 완비되고 더욱 훌륭하게 발전할 것입니다. 하지만 "법이 오래되면 폐단이 생겨나기[法久弊生]" 마련이라 지나치게 사용하면 큰 문제가 생겨나게 됩니다. 앞으로의 일을 미리 헤아릴 수는 없지만 당연한 일이기도 합니다.

그런데 우리가 주의해야 할 것이 있습니다. 미래의 세계를 가정해서 모든 국가 모든 지역에서 물자 분배가 균등해지고 모든 사람이 풍족하고 안락하며 적국이나 외환이 없어지는 시절이 되었다고 합시다. 생각해 보십시오. 그런 사회 그런 시대에서 사람들은 과연 진정으로 분수에 만족하며 부

---

66 널판지를 등에 짊어지고, 옆과 주위를 둘러보지 못하고 오로지 앞만 보고 가는 것을 일컫는 불교 용어이다. 곧 전체를 보지 못하고 편견을 가진 사람을 일컫는 말이다.

유의 과실을 누릴 수 있을까요? 부유해진 후의 사회 인심은 맹자가 말했던 것처럼 "즐기고 태만하고 오만한" 풍조가 자연스럽게 발생할 것입니다.

그렇다면 문제가 또다시 생깁니다. 인류 사회의 불평등과 불안정의 원인으로 물질과 경제의 문제는 부차적인 것입니다. 주요한 것은 여전히 마음에서 비롯되는데, 사람의 심리와 욕망이 평(平)과 안(安)을 얻기 어렵기 때문입니다. 이 문제는 사회 심리학이면서 순수 철학에 있어서 큰 문제라고도 말할 수 있습니다. 지금 말해 봤자 보통 사람들은 그다지 쉽게 이해하고 받아들이지 못할 것입니다. 저는 그저 여러분이 미래 시대에 대해 한번 생각해 보라고 주의를 환기시켰을 뿐입니다. 현대인의 학술 사상은 흥미롭게도 『홍루몽』이라는 소설을 필사적으로 연구합니다. 몇십 년 전에 이른바 홍학(紅學)은 아주 유행하는 최신식 학문이었는데, 심지어 모택동도 그 가운데 한 사람이었습니다. 하지만 그는 자신의 조카딸에게 『홍루몽』을 숙독하라고 하면서 그것이 투쟁을 위한 것이라고 말했습니다. 이는 복수와 투쟁 일변도로 흐르는 그의 타고난 괴벽이라 하겠는데, 그는 오로지 마르크스 레닌 사상만을 죽어라 신봉했습니다.

그런데 『홍루몽』에 묘사된 상황은 청대 건륭 가경 시대에 사회가 막 안정을 누리던 모습을 반영하였을 따름입니다. 사회가 안정되고 가정이 부유하면 특히 군주제 시대의 왕손과 공자, 부인네와 젊은 여성들은 아침부터 밤까지 배불리 먹고 일없이 빈둥거리면서도, 뭔가 특별한 일을 벌여 시간을 보내지 않으면 인생이 너무 심심해서 살아갈 수 없다고 여겼습니다. 그래서 청 중엽의 유명한 사인(詞人) 항련생(項蓮生)은 이렇게 읊었습니다. "무익한 일을 하지 않는다면 유한한 생을 어찌 보내랴〔不爲無益之事, 何以遣有涯之生〕." 이런 심경이, 확실히 그런 일이 있었습니다. "우환 속에서 태어나 우환 속에서 죽어 간" 우리 20세기 중국인들은 결코 이해할 수 없는 일입니다. 하지만 현재의 이 모순된 사회에서도 복 많은 신사 숙녀들은 딱히 할 일이 없어서 마작을 하고 춤을 추고 음악을 들으면서 시간을 보냅니다. 이 또한 "즐기고 태만하고 오만함"의 이치입니다.

그렇기 때문에 동서고금의 인문 문화, 역사 철학적 문제의 핵심은 결코 물질이 아니라 마음에 있습니다. "하늘이 지은 재앙은 오히려 피할 수 있으나 스스로 지은 재앙은 살 길이 없는" 것입니다. 개인이든 사회든『홍루몽』의 대관원(大觀園)[67] 같은 번화한 시대가 있기 마련입니다. 하지만 자기 자신을 점검할 줄 모르면 홍루몽에서 깨어날 때와 같은 처량한 결과가 찾아옵니다. 이것이 역사의 법칙이고 역사의 인과율이니 반드시 유의해야 합니다.

역대 군주제의 심법

방향을 바꾸어서 중국의 역사 문화를 토론해 보겠습니다. 상고 시대에는 유가와 도가가 나누어지지 않았는데, 진한 이후에 가서야 비로소 유가와 도가는 둘로 나뉘었습니다. 하지만 유가 문화와 도가 문화는 그 뿌리가 같았으니, 둘 다 공맹이 이야기한 원칙과 동일했고 거기다 왕도(王道)를 적극 추진했습니다. 그렇다면 왜 진한 이후로는 진정한 왕도 정치가 출현하지 않고 오로지 "힘으로써 인을 빌리는" 왕도와 유사한 상황만 전개되

---

67 대관원은 청나라 건륭 연간 조설근의 장편 고전 소설『홍루몽』에 등장하는 가공의 중국 정원이다. 소설은 황제의 귀비가 된 가보옥의 친누이인 가원춘의 친정 나들이를 맞이하여 막대한 재화를 쏟아 부어 대관원을 조성하면서 스토리가 전개된다. 뱃놀이를 할 수 있는 연못이 있고, 가축을 방목할 수 있는 정원이 있으며, 대관원 내의 건물 하나하나가 고급 주택의 규모를 가질 만큼 광대한 규모를 자랑한다. 친정 나들이 후에 원춘의 뜻에 의해 임대옥, 설보채 등 가씨 집안의 소녀들과 주인공 가보옥이 정원 내에 살게 된다. 대관원의 공사비와 유지비는 가씨 집안의 재정에 큰 부담이 되어 결국 몰락의 원인이 된다.

었던 것일까요? 우리가 다음의 역사 고사 하나만 보더라도 그 속의 이치를 대략 이해할 수 있을 것입니다.

중국 역사상 가장 빛나고 찬란했던 두 왕조는 바로 한 왕조와 당 왕조입니다. 먼저 한 왕조부터 이야기하겠습니다. 한 고조가 천하를 통일한 이후로 황제와 왕이라 칭하였지만, 나중에 문제(文帝)가 즉위한 후에야 비로소 한 왕조의 정치는 진정한 궤도에 올랐습니다. 역사상 유명한 문경지치(文景之治)는 바로 여기에서 나왔습니다. 하지만 한 문제가 사용한 것은 황로지도(黃老之道)요 도가 사상이었습니다. 여러분은 문제와 경제 두 황제가 "안으로는 황로를 사용하면서 겉으로는 유술을 보여 주었음〔內用黃老, 外示儒術〕"을 잘 알고 있을 겁니다. 특히 한 무제 때에는 정식으로 유가의 공맹 사상을 시정(施政)의 중심으로 삼았는데, 이 시기에 한 왕조의 정치적 공적은 대단히 휘황찬란했습니다. 그렇다면 한 왕조의 정치는 결국 도가를 사용한 걸까요, 아니면 유가일까요? 왕도를 실행한 걸까요, 아니면 패술(覇術)일까요? 솔직히 말씀드리자면 당연히 패술입니다! 한 선제(宣帝) 때에 관한 다음의 기록을 보십시오.

한 선제 감로 원년―황태자가 부드럽고 인자하고 유학을 좋아하였는데, 상께서 사용하는 것이 법가의 관리를 많이 채용하여 형벌로 아랫사람들을 다스리는 것을 보고, 일찍이 함께 식사하는 자리에서 조용히 말하였다. "폐하께서는 형벌로 다스림이 너무 심하시니 유생을 기용하심이 마땅합니다." 황제가 안색이 변하여 말하였다. "한의 왕실에는 제도가 있으니 본디 패도와 왕도를 섞어서 사용한다. 어찌 오로지 덕교에만 맡겨 주나라의 정치를 사용하리오! 또한 속유들은 때에 마땅한 것에 통달하지 못하고, 옛것을 옳다 하고 오늘날을 그르다 하기 좋아하여, 사람들로 하여금 명분과 실제를 분간하지 못하고 지켜야 할 바를 알지 못하게 하니, 어찌 정사를 맡기기 족하겠는가?" 이에 탄식하며 말했다. "우리 집안을 어지럽힐 자는 태자로다!"

회양 헌왕이 법률을 좋아하고 총명하고 민첩하고 재주가 있어서, 왕의 어머니 장첩여는 더욱 총애를 받았다. 상께서 그 일로 태자를 멀리하고 회양 헌왕을 사랑하였는데, 수차례 헌왕을 보며 탄식하였다. "진정한 내 아들이로다!" 헌왕을 세우고 싶은 뜻은 늘 있었지만 황제가 되기 전 미천한 시절에 태자를 얻었고, 상께서 젊어서 허씨에게 많이 의지했는데 즉위했을 때 허황후가 억울한 죽임을 당해 죽었기 때문에 차마 그렇게 하지 못했다. 오랜 후에 상께서 위현성을 회양 중위에 임명하였는데, 현성이 일찍이 형에게 벼슬을 양보한 일을 가지고 헌왕을 위로하고 달래고자 해서였다. 그로부터 태자도 마침내 편안해졌다. (『자치통감』 권 27)

漢宣帝甘露元年─皇太子柔仁好儒, 見上所用多文法吏, 以刑繩下, 嘗侍燕, 從容言‥ "陛下持刑太深, 宜用儒生." 帝作色曰‥ "漢家自有制度, 本以覇王道雜之, 奈何純任德教, 用周政乎! 且俗儒不達時宜, 好是古非今, 使人眩於名實, 不知所守, 何足委任?" 乃歎曰‥ "亂我家者, 太子也!"

淮陽憲王好法律, 聰達有才, 王母張婕好尤幸. 上由是疏太子, 而愛淮陽憲王, 數嗟歎憲王曰‥ "眞我子也!" 常有意欲立憲王, 然用太子起於微細, 上少依倚許氏, 及卽位, 而許後以殺死, 故弗忍也. 久之, 上拜韋玄成爲淮陽中尉, 以玄成嘗讓爵於兄, 欲以感諭憲王, 由是太子遂安. (見資治通鑑卷二十七)

위의 역사 기록은 한 선제와 태자 사이의 이야기를 말해 줍니다. 태자는 바로 훗날의 한 원제(元帝)인데, 그는 성격과 일 처리가 부드럽고 마음씨가 비교적 선량했습니다. 그런 성격 때문에 닭을 잡는 광경만 보아도 공포와 측은지심을 느끼곤 했습니다. 또한 그는 유가의 공맹의 도를 좋아했습니다. 그가 보기에 부친 한 선제가 운용하는 정치 원칙은 법치에 치중해 있었습니다. 아래의 일반 대신들 역시 법을 집행함이 엄격하고 가혹해서,

준엄한 형법으로 부하들을 다스리고 일반 백성들의 사상과 행위를 속박했습니다. 이런 상황을 그는 더 이상 지켜보고 있을 수만은 없었습니다. 어느 날 부친을 모시고 밥을 먹게 되었습니다. 고대 궁정에서는 부자간이나 형제간 같은 집안 식구들이 한 식탁에서 밥을 먹는 일도 쉬운 일이 아니었습니다. 황제가 기분이 좋을 때 태자나 혹은 가족 중 누구를 불러서 함께 밥을 먹는 것을 '시연(侍燕)'이라고 했습니다. 한번은 원제가 시연의 기회를 얻었습니다. 원제는 부친의 기분이 좋을 때를 놓치지 않고 부드러운 태도와 느릿느릿한 어조로 선제에게 말했습니다. 부자의 사사로운 정으로 하지 않고 군신의 관계를 지키면서 말이지요. 폐하, 당신께서는 지금 법치의 정신으로 국가를 다스리고 계신데, 제가 보기에는 아래에서 법을 집행하는 사람으로는 유생(儒生), 현대어로 하면 학자들을 기용하는 것이 가장 좋을 듯합니다.

한 선제는 원래 편안하게 밥을 먹고 있었습니다. 그런데 이 말을 듣자, 그것도 정권을 계승할 준비를 하고 있는 아들의 입에서 그런 말이 나오자 단번에 안색이 변하면서 밥도 넘어가지 않았습니다. 그는 원제에게 말했습니다. 우리 유씨 집안이 천하를 소유한 이래 우리 집안 나름의 체제가 만들어졌는데, 그것은 왕도와 패도를 섞어서 응용하는 것이라고요. 왕도만 사용하고 패도를 사용하지 않아서도 안 되고, 패도만 사용하고 왕도는 이야기하지 않을 수도 없다고요. 어떻게 오로지 유가의 공맹의 도만 사용하고 그저 도덕의 교화만 중시할 수 있겠느냐, 그건 해낼 수 없는 불가능한 일이라고 했습니다. 설마하니 역사를 거꾸로 되돌려 공맹의 도를 실행하고 주 문왕·주 무왕의 정치 제도를 사용하겠다는 말은 아니냐는 것이지요. 시대가 이미 달라졌는데, 만약 지금 주나라 문왕과 무왕 시대의 제도를 실행한다면 일을 망치게 될 것이라고 했습니다.

한 선제는 크게 화를 내며 자기 아들에게 속마음에서 나온 참말을 했습니다. 말하자면 이것이 바로 주 왕조 이후로 한, 당, 송, 원에서 명, 청에 이르기까지 역대 제왕들이 전수해 주었던 비결인 셈입니다.

한 선제는 또 당시 공맹의 도를 숭상하던 유가를 비평하면서 이렇게 말했습니다. "지금의 세속적인 유생들은 도무지 머리라고는 없는 것이, 하나같이 시무(時務)에는 꽉 막힌 채 옛것만 좋아하는 무리이다. 그들은 인정이나 세상사는 잘 알지도 못하면서, 주관적인 색맹에다 편견만 가득하여 고대의 것은 뭐든지 다 좋다고 하고 지금 것은 뭐든지 다 잘못되었다고 말하기 좋아한다." 사실 지식인은 이런 잘못을 범하기가 쉽습니다. 그런데 요즘 지식인들은 고대가 좋고 현대가 나쁘다고 말하는 것이 아니라, 외국 것은 뭐든지 다 좋고 우리 것은 다 안 된다는 식입니다.

한 선제가 또 말합니다. "이런 지식인들은 듣기에는 아주 고상하고 아름다운 이론을 말만 번지르르하게 떠벌려서 사람들을 혼미하게 만들고 혹하게 하지만, 정치상의 요점을 파악하고 당시의 시대 배경을 통찰할 줄은 모른다. 이런 책상물림들이 어떻게 관리가 될 수 있겠느냐! 어떻게 정치를 그들의 손에 넘겨줄 수 있다는 말이냐?"

그는 이처럼 역대 제왕들이 국가 대사를 다스리는 비결을 이야기해 준 다음에 한숨을 쉬면서, 우리 유씨 집안의 천하가 아마도 네 손에서 망하게 되겠구나 하고 말했습니다.

주진(周秦) 이후의 역사적 사실들이 선제가 한 말의 진실성을 증명하고 있습니다. 게다가 불행하게도 한 왕조의 정치가 한 원제 때부터 내리막을 걷기 시작했으니, 선제의 말이 적중한 셈입니다.

어쨌든 그 일로 한 선제는 태자에 대해 좋지 않은 인상을 가지게 되어 서서히 그를 멀리하였습니다. 그리고 생각을 바꾸어서 제위를 또 다른 아들인 회양 헌왕에게 물려주고 싶어 했습니다. 하지만 원제는 나중에 또 한 번의 우여곡절을 겪고서 태자의 권위를 지켰습니다.

이런 역사를 보고 또 그 후의 역사를 보더라도 당, 송, 원, 명, 청 모두 유가, 도가, 법가, 종횡가, 모략가, 왕도, 패도를 모두 섞어서 사용하였습니다. 결코 왕도가 빠지지 않았습니다. 제왕들은 예전과 마찬가지로 인자(仁慈)를 중시했습니다. 사실 맹자도 「이루(離婁)」 장에서 이렇게 말했습니다. "한갓 선만 가지고는 정사를 할 수 없으며, 한갓 법만 가지고는 스스로 행할 수 없다[徒善不足以爲政, 徒法不能以自行]." 오로지 인자하기만 해서는 국가 정치를 잘할 수 없고, 오로지 법치만 중시해서는 자기 자신이 달아나려고 해도 빠져나갈 길이 없게 됩니다. 바꾸어 말하면 의사의 말만 들으면 밥도 마음대로 먹을 수 없고, 변호사의 말만 들으면 길도 마음대로 걸어 다닐 수 없으며, 불가의 말만 들으면 사람 노릇도 제대로 할 수 없게 됩니다. 맹자의 이 말을 확대해서 해석하면 그렇습니다.

한 선제에 대한 논평

한 선제의 말은 개인적인 의견을 드러낸 것이기도 하지만 한나라 정권의 가법(家法)을 대표하는 말이기도 합니다. 아울러 과거 역대 군주제에서 당당히 내세운 금과옥조이기도 합니다. 그가 제왕이 아니었다면 분명 많은 학자들이 들고일어나서 공격을 했을 것입니다. 특히 공맹의 심법을 표방하던 후세의 유학자들은 더욱 트집을 잡아 글을 써 댔을 것입니다. 일개 평민이었다면 송 왕조의 소동파(蘇東坡)처럼 공격을 받거나 명 왕조의 이탁오(李卓吾)처럼 모함을 입었을 것이니, 결코 그런 것들을 피할 수 없었을 것입니다.

이른바 스스로 정통 유가임을 자처하는 사람들의 관점이 어떠한지, 역사상 치도(治道)를 강조하는 정치가들의 관점이 어떠한지는 내버려 두고,

지금부터는 송대의 대유(大儒) 한두 사람이 한 대표적인 평어(評語)를 살펴봄으로써 여러분이 참고할 수 있도록 하겠습니다. 그들의 원문은 아주 명백해서 읽기만 하면 바로 알 수 있으므로 별도로 해석할 필요가 없고 이것저것 끌어다 설명하느라 곁길로 샐 일도 없습니다.

사마광(司馬光)이 평한 말입니다.

왕도와 패도는 다른 것이 아니다.…… 그것이 행하는 바는 모두 인을 근본으로 하고 의를 조종으로 삼으며, 현자에게 맡기고 능자를 부리며, 선한 이를 상 주고 악한 이를 벌 주며, 포악을 금하고 난신을 베어 버린다. 돌아보면 명예와 지위는 높고 낮음이 있고, 덕의 은택은 깊고 얕음이 있으며, 공과 업적은 크고 작음이 있고, 정치적 명령은 넓고 좁음이 있을 뿐이지 희고 검음, 달고 씀같이 상반되지는 않다. 한나라가 삼대의 다스림을 회복하지 못하는 까닭은, 군주가 하지 않기 때문이지 선왕의 도를 후세에 다시 실행할 수 없어서가 아니다. 무릇 유생 가운데는 군자도 있고 소인도 있다. 저속된 유생은 진실로 더불어 정치를 할 수 없지만, 진짜 유생을 구하여 기용할 수는 없다는 것인가?

……효선제가 태자를 일러 나약하여 홀로 서지 못하고, 통치 체제에 어두워서 반드시 우리 집안을 어지럽힐 것이라 말한 것은 가하다. 하지만 왕도를 행해서는 안 되고 유자를 기용해서는 안 된다고 말한 것은 어찌 지나친 것이 아니겠는가! 자손을 훈시하고 장래에 법을 드리우는 바가 아니다.

王霸無異道…… 其所以行之也, 皆本仁祖義, 任賢使能, 賞善罰惡, 禁暴誅亂. 顧名位有尊卑, 德澤有深淺, 功業有鉅細, 政令有廣狹耳, 非若白黑, 甘苦之相反也. 漢之所以不能復三代之治者, 由人主之不爲, 非先王之道不可復行於後世也. 夫儒有君子, 有小人. 彼俗儒者, 誠不足與爲治也, 獨不可求眞儒而用之乎?

……孝宣謂太子儒而不立, 闇於治體, 必亂我家, 則可矣. 乃曰王道不可行,
儒者不可用, 豈不過哉! 殆非所以訓示子孫, 垂法將來者也.

장남헌(張南軒)이 평한 말입니다.

고조가 천하를 취하고부터 천하를 자신의 이익으로 삼았으니, 탕무가 백
성을 위로하고 죄인을 징벌한 마음과 같지 않았다. 나라를 세우는 규모에
있어서도 무릇 진을 답습하였으니, 삼대의 봉건제와 정전제로 천하를 공유
했던 제도는 없어졌다. 왕도에 합치되는 것으로 약법 3장[68]과 의제를 위해
상을 치른 것[69]이 있었으나, 그 또한 거짓으로 빌려 왔다는 의미가 있음을
면치 못했으니, 패도를 섞은 것이 이로부터 있어 왔다. 무릇 왕도는 정금이
나 미옥과 같으니 어찌 섞는 것을 용납하겠는가. 섞었으니 또한 패도일 따
름이다. 문제가 비록 타고난 자질은 왕도에 가까웠으나 또한 황로와 형명
을 섞었고, 그 베푼 것을 살펴보면 모든 것이 술수가 있었다. 다만 자질이
아름답고 술수가 높았을 따름이다. 선제에 이르러서는 또한 패자의 하수였
으니 제 환공과 진 문공의 죄인이었다. 서경의 왕은 선제로부터 시작되었
는데, 문장으로 백성을 양육하는 뜻이 이에 이르러 전부 사라져 버렸다. 선
제가 이른바 덕교라는 것을 어찌 진실로 알았겠는가! 사용할 수 없는 것으
로 여겼다. 원제가 유생을 좋아한 것은 아마도 비슷한 이름을 훔친 것이니,

---

68 고조가 진나라를 멸하고 백성과 약속한 세 가지 법규를 말한다. 살인자는 사형에 처하고, 남
을 해친 자 및 도둑질한 자는 엄벌하며, 그 외의 진나라 법은 모두 폐한다는 내용이다.

69 의제는 진나라 말기에 다시 세워진 초(楚)의 왕으로 반진(反秦) 세력의 상징적인 맹주(盟主)
역할을 하였다. 처음에는 회왕(懷王)이라는 칭호를 썼지만 진 멸망 후에 의제(義帝)로 바꾸었
다. 의제는 침현(郴縣)으로 가는 도중에 항우가 파견한 병사들에게 살해되었다. 상징적인 존
재에 지나지 않았지만 의제는 반진(反秦) 세력의 맹주 역할을 해 왔고, 진이 멸망한 뒤에는 천
자(天子)의 지위를 지녔다. 따라서 유방은 항우를 공격해 초한(楚漢) 전쟁을 일으키는 데 있어
의제의 암살을 정치적 명분으로 내세웠다.

부드럽고 나약하여 천하를 망가뜨린 자가 덕교를 운운하는가! 생각건대 왕자의 정치는 그 마음이 천리에 근본을 두고 사람의 기강을 세워 만사에 베풀기에, 인이 서고 의가 행해지니 치우친 폐단으로 시행하지 않는 일이 없었다. 이것이 옛사람들이 다스림을 만들어 나라를 보호하고 후세에 끝없이 훌륭한 도를 물려줄 수 있었던 까닭이다. 후세에 왕도를 진실로 알지 못하고서 말하기를, 유가의 학설이 세상 물정에 어둡고 실행하기 어렵다 하니, 아마도 또한 생각하지 않아서이다.

自高祖取天下, 固以天下爲己利, 而非若湯武弔民伐罪之心. 至其立國規模, 大抵皆因秦舊, 而無三代封建井田公共天下之制. 其合於王道者, 如約法三章, 爲義帝發喪, 要亦未免有假之之意, 則其雜覇固有自來. 夫王道如精金美玉, 豈容雜也, 雜之則是亦覇而已矣. 文帝雖天資爲近, 亦雜於黃老刑名, 考其施設, 動皆有術, 但資美而術高耳. 至於宣帝則又覇之下者, 威文之罪人也. 西京之王自宣帝始, 蓋文章養民之意, 至是而盡消靡矣. 且宣帝豈眞知所謂德敎者哉! 而以爲不可用也. 如元帝之好儒生, 蓋竊其近似之名, 委靡柔懦, 敗壞天下者其德敎之云夫! 惟王者之政, 其心本乎天理, 建立人紀, 施於萬事, 仁立義行而無偏弊不擧之處, 此古人之所以制治保邦而垂裕乎無疆者. 後世未嘗眞知王道, 顧曰儒者之說迂濶而難行, 蓋亦未之思也.

주진(周秦) 이후 청말(清末)에 이르기까지 이천여 년의 역사에서 여러 차례 왕조가 바뀌기는 했지만, 중국의 문화 사상은 시종일관 큰 변동이 없었습니다. 적어도 과거에는 그처럼 삼대 이후의 가천하(家天下)[70] 하는 제

---

70 요와 순 임금은 왕위를 선양했는데, 우 임금 이후로는 왕위를 자식에게 물려주어 한 집안[一家]이 대대로 천하를 다스렸다. 이를 두고 흔히 '공천하(公天下)'와 '사천하(私天下)'라는 표현을 쓰는데, '가천하(家天下)'는 천하를 마치 자신의 소유물처럼 여긴다는 뜻의 '사천하'와 비슷한 표현이다.

왕의 제도를 본받았습니다. 이른바 왕조가 바뀐다는 것은 단지 정권의 변화에 불과해서, 군정(軍政)을 장악하고 인사 제도 및 관직의 호칭이 변경되는 것을 제외하면 군신지도(君臣之道)의 정신은 예전과 똑같았습니다. 이런 문화 사상과 역대 정권의 결합은 시종 공맹 유가의 왕도 정치를 표방했습니다. 표면상으로는 시종일관 감히 거스르지 못했습니다. 사실 그 속의 진정한 내막은 사마천이 『사기』에서 이미 어슴푸레하고 모호하게 지적하였습니다. 권력으로 인의를 빌려 와서 왕도와 패도를 실행하였으니 유가, 도가, 법가, 종횡가 등 여러 학설을 한데 섞어서 사용하는 통치 권력이었습니다. 그에 대해 가장 명확하면서도 구체적으로 설명해 놓은 것으로는 오직 앞에서 인용했던 한 선제의 솔직한 말밖에 없습니다. 그때부터 위, 진, 당, 송, 원, 명, 청을 거치도록 그들이 걸어간 노선은 모두 똑같았습니다. 마지막에 가장 정채로우면서 특색 있고 역대 모든 정권을 넘어섰던 시기로 청초의 강희, 옹정, 건륭 삼대가 있었습니다. 그들이 다스렸던 백여 년의 문사(文事)와 무공(武功)은 크게 볼만했습니다.

송대 유학자 가운데 사마광, 장남헌, 구양수(歐陽修) 등의 대유(大儒)가 표방했던 유가 정치의 왕도 사상은, 사실대로 말하자면 단지 전통 유가의 사상을 계승한 것으로 이상적 영역에 그칠 따름입니다. 다소 듣기 거북하겠지만 공맹을 추숭하는 것은 그저 신하 된 도리(臣道)에 있어서 자아도취에 지나지 않습니다. 한 고조나 당 태종 같은 총명한 군주를 만났더라면, 그들은 틀림없이 속으로 슬그머니 웃으면서 내 활시위 안에 들어왔다고 생각했을 것입니다. 조조처럼 자신을 솔직하게 드러내는 사람이었다면 아예 간단명료하게 조정으로 불러들였을 것입니다. 송 태조 조광윤의 자손 같은 사람만이 절반만 받아들이고 절반만 믿었습니다. 하지만 송대의 정권에 대해 말한다면 그들은 잘한 부분이 전혀 없었습니다. 결국은 통일을 이루지 못했으니까요.

많은 학생들이 역사를 이야기하기 좋아합니다.『자치통감』같은 역사서를 읽고서 고담준론을 펼치면 정말 그럴듯하게 보이고 아주 재미있습니다. 한번은 제가 어떤 학생에게 이렇게 말했습니다. "자네는 역사를 좋아해서 역사를 많이 읽는다지. 특히『자치통감』같은 중국의 역사를 많이 읽는다는데, 그건 오히려 자네에게 해롭다네." 그 말을 들은 학생은 의아했는지 얼굴이 빨개져서 말했습니다. "어째서 역사를 읽으면 해롭습니까?" 제가 말했습니다. "내 말은 역사를 읽는 게 좋지 않다는 뜻이 아니고 자네가 알아야 한다는 말일세." 왜일까요? 과거 중국의 역사서는 성군(聖君)과 현상(賢相)에 의한 인치(人治)를 표방하는 데 편중되어 있습니다. 여러분이 역사를 많이 읽다 보면 자신도 모르는 사이에 스스로 성군과 현상을 자처하는 쪽으로 흘러가게 됩니다. 마치 우리가 소설을 읽고 연극을 보다 보면 왕왕 자신을 소설 주인공이나 연극 주인공인 양 착각하게 되는 것과 같은 이치입니다. 어쨌든 자신을 연극 속의 나쁜 놈들에 빗대려고는 하지 않잖습니까! 일개 평범한 호인이 세상을 살면서 마음속으로 성군과 현상을 모방하고 자처한다면, 그것이 어찌 화를 자초하는 일이 아니며 말도 안 되는 일이 아니겠습니까?

　모든 사람이 말하기를『자치통감』은 좋은 책이라고 합니다. 사실 정말로 좋은 책입니다. 하지만 사마광이 이 통사(通史)를 쓴 것은 황제가 될 사람들에게 보여 주기 위해서였습니다. 황제를 교육하기 위한 교과서였기 때문에 '자치'라고 불렀습니다. '자(資)'는 도와준다는 뜻이고 '치(治)'는 정치를 말합니다. 황제에게 고금의 정치적 득실과 성패를 잘 연구하고 이 역사서를 거울로 삼아 본받고 반성하라는 의도였던 것입니다. 여러분이나 저나 황제가 될 몸도 아니고 그렇다고 재상의 재목도 아니니, 역사를 읽을 때는 조심해야 합니다. 자신을 성군과 현상의 대열에 억지로 집어넣어서는 안 됩니다. 이 밖에『정관정요(貞觀政要)』,『대학연의(大學衍義)』

같은 책도 모두 황제를 가르치기 위한 교과서였습니다. 그러므로 앞에서 송대의 두 대유(大儒)들이 한 선제에 대해 논평한 글을 뽑아서 인용한 까닭은 학리(學理)를 설명하는 데 그 중점이 있는 것이지 결코 사실에 대해 평가를 내리려는 것이 아닙니다. 적어도 과거의 역사 문화는 그러했습니다. 하지만 그것도 모두 과거일 뿐입니다. 앞으로의 역사는 또 다른 시작이므로 달리 논해야 합니다.

맹자의 재정 경제 관념

맹자께서 말씀하셨다. "현명한 자를 높이고 능력 있는 자를 부리며 준걸들이 지위에 있으면, 천하의 선비가 모두 기뻐하여 그 조정에서 벼슬하기를 원할 것이다. 시장에서 자릿세만 받고 세금을 징수하지 않으며, 법대로 처리하고 자릿세를 받지 않으면, 천하의 장사꾼들이 모두 기뻐하여 그 시장에 물건을 보관하기를 원할 것이다. 관문에서 기찰하기만 하고 세금을 징수하지 않으면, 천하의 나그네가 모두 기뻐하여 그 길로 나가기를 원할 것이다. 농사짓는 자들을 도와서 경작하게만 하고 세금을 거두지 않으면, 천하의 농부들이 모두 기뻐하여 그 들에서 경작하기를 원할 것이다. 전에 부와 이의 세금을 없애면, 천하의 백성들이 모두 기뻐하여 그의 백성이 되기를 원할 것이다."

孟子曰: "尊賢使能, 俊傑在位, 則天下之士, 皆悅而願立於其朝矣. 市, 廛而不征, 法而不廛, 則天下之商, 皆悅而願藏於其市矣. 關, 譏而不征, 則天下之旅, 皆悅而願出於其路矣. 耕者, 助而不稅, 則天下之農, 皆悅而願耕於其野矣. 廛, 無夫里之布, 則天下之民, 皆悅而願爲之氓矣."

여기에서 맹자는 또다시 "현명한 자를 높이고 능력 있는 자를 부린다 [尊賢使能]"고 말했는데, 어떻게 하는 것이 "현명한 자를 높이는" 것입니까? 바로 법제(法制)를 세워야 합니다. 만약 그저 겉으로만 추켜세울 것 같으면, 그런 높임은 하지 않아도 됩니다. 그렇다면 도대체 어떻게 '높여야' 할까요? 사람에 따라 시대에 따라 정치 제도와 사회 환경에 따라 차이가 있습니다. 맹자는 단지 원칙상으로 높여야 한다고 말했을 뿐입니다. "능력 있는 자를 부린다"는 말은 물론 재능 있는 인재를 써야 한다는 말입니다. 근대사만 보더라도 청 왕조는 소수 민족으로서 당시 사억 인구의 중국을 다스렸고 이백여 년이나 정권을 유지했습니다. 거기다 강희, 옹정, 건륭 삼대의 성대함은 한당(漢唐)에 뒤지지 않았습니다. 거기에는 하나의 원칙이 있었으니, 그들은 인치(人治)의 원칙을 잘 알고 있었습니다. 학문과 도덕이 훌륭한 사람들 이른바 현명하고 단정하며 박학하고 시문이 뛰어난 인물들을 한림원에 보내어 보살피면서, 그들로 하여금 책을 읽고 심지어는 책을 베끼게 했습니다. 『사고전서(四庫全書)』는 그렇게 한림학사들이 직접 손으로 베껴 쓴 것입니다. 그들은 한평생 책을 읽고 높은 관직에다 명망이 그렇게 높았지만, 했던 일이라고는 고작 한림원에 앉아서 고서를 베껴 쓰는 것이 다였습니다. 그 방법이 얼마나 오묘합니까! 고서 한 부를 모든 사람이 네 부씩 베껴 써야 했습니다. 해서체로 한 글자 한 글자 베껴 썼는데, 잘못 베끼면 군주를 기만한 것이 되기 때문에 천천히 베껴야 했습니다. 어떤 책들은 적어도 몇 년을 베꼈습니다. 어떤 사람은 사오십 세에 과거에 합격하여 한림학사가 되었는데, 한두 부의 책을 베끼고는 곧바로 퇴직하기도 했습니다.

　옛날에는 돋보기도 없었고 치과 의사도 요즘처럼 훌륭하지 못했습니다. 한유 같은 사람은 나이가 사십도 못돼서 "눈이 침침해지고 머리칼이 희끗희끗해졌다[視茫茫而髮蒼蒼]"고 합니다. 청 왕조의 일부 한림학사들 역시 거의 그러했는데 머리카락이 다 빠져 변발도 할 수 없게 됐습니다. 그런데 일을 맡길 만한 능력 있는 사람은 외지로 보내 관리를 삼아서 실제 정무를 처리하게 했습니다. 한림 출신들에게는 더없는 영광이었는데, 동료 가운데 지방관이 되는 사람이 있으면 다른 눈으로 보기도 했습니다. 만청(滿淸)의 황제들은 이 방면에서 확실히 수완이 좋았습니다. 능력 있는 관리가 점차 돈에 욕심을 부리더라도 그들은 모르는 척했습니다. 국가를 위해 백성을 위해 일할 능력이 있기만 하면 작은 탐심쯤은 문제가 되지 않았습니다. 그리하여 상하가 모두 크게 기뻐하며 더욱 진심으로 일을 했습니다. 아무튼 재능 있는 사람은 모두 임용함으로써 인재를 낭비하지 않았습니다. 학문 있는 사람, 재능 있는 사람, 기술 있는 사람은 반드시 할 일이 있었습니다. 그렇게 해서 천하의 영재들은 모두 그 효용을 다할 수 있었습니다. 세상 사람들 역시 기꺼이 그 정부를 위해 일했습니다.

그런데 맹자는 앞에서 인사 행정에 관해 이야기했는데, 왜 재정 경제를 집행하는 인사(人事)에 대해서도 "현명한 자를 높이고 능력 있는 자를 부리며, 준걸들이 지위에 있다"는 말을 했을까요? 현명하고 능력 있는 정치 인재를 분별하는 문제에 대해서는 우리가 앞에서 이미 이야기했는데, 이제 그가 또다시 중국 고대의 인재 분류학에서 '준(俊)' '걸(傑)'이라는 명사를 제기했습니다. 무엇이 준이며 무엇이 걸입니까? 정의 내리기 힘듭니다. 하지만 고대의 도가와 잡가, 병가, 종횡가의 책을 보면 인재 분류에 관한 이런 명사를 종종 만나게 됩니다. 이른바 영(英), 호(豪), 준(俊), 걸(傑) 등의 의미는 학자들이 이른바 위서(僞書)라고 말하는 황석공(黃石公)의 『소서(素書)』에 가장 분명하게 나열되어 있습니다. 다음으로 『인물지(人物志)』 같은 각 가(家)의 잡설(雜說)에도 있습니다. 하지만 맹자가 여기에서 한 국가의 재정, 경제에 있어서 전부(田賦), 세수(稅收), 관세(關稅) 등의 문제를 이야기하면서 현능(賢能)을 기용하는 원칙에서도 특별히 준걸이라는 명사를 제기한 데는 또 다른 이유가 있는 듯 보입니다. 확실히 별도의 깊은 뜻이 있습니다.

우리는 이십육사(二十六史)[71]를 자세히 살펴보기만 해도 역대로 재정 경제를 담당하는 인재를 얻기가 어려웠음을 발견할 수 있습니다. 마치 대정치가의 탄생처럼 경하할 만했습니다. 재정 경제와 세무에 특별히 뛰어난 인재는 확실히 특수한 준걸의 재능을 필요로 합니다. 대강만 말하더라도 강태공이나 관중 같은 이들은 고대의 대정치가이면서 대경제가를 겸했습니다. 그보다 못한 부류로는 한대의 상홍양(桑弘羊)과 복식(卜式), 당대의 유안(劉晏), 명대의 장강릉(張江陵), 청대 홍양(洪楊)의 난 때의 전강(錢江) 같은 사람들이 있습니다. 그들의 인품과 도덕이 어떠했는지는 차치하고, 재정 경제 문제를 처리하는 데 있어서만큼은 확실히 준걸의 재능을 지니고 있었습니다.

맹자는 계속해서 당시의 네 가지 재정 경제 문제를 언급했습니다. 첫째는 '시(市)'이니 바로 상고 시대 시진(市鎭), 시장(市場)의 유래입니다. 고대 사회는 사람들이 정기적으로 한곳에 모여 내가 가지고 있는 물품을 가지고 나에게 없는 물건과 바꾸었습니다. 이러한 물물 교환 방식이 바로 후세의 '무역(貿易)'이라는 명칭의 기원입니다. 서서히 사회가 발달하고 인사가 복잡해지면서 무역이라는 교환 방법이 불편해지자 화폐를 발명하였고 상업 행위가 시작되었습니다. 전국 시대에 이르자 이미 많은 도시가 형성되었는데, 제나라의 수도인 임치(臨淄)는 정치의 중심인 동시에 교육과 경제의 중심이었습니다. 맹자는 제나라의 재정 경제 제도를 보고서 이러

---

71 '이십육사'는 중국의 각 왕조별 역사를 기록한 26종의 역사책이다. 순서대로 사기(史記), 한서(漢書), 후한서(後漢書), 삼국지(三國志), 진서(晋書), 송서(宋書), 남제서(南齊書), 양서(梁書), 진서(陳書), 후위서(後魏書), 북제서(北齊書), 후주서(後周書), 수서(隋書), 남사(南史), 북사(北史), 신당서(新唐書), 신오대사(新五代史), 구당서(舊唐書), 구오대사(舊五代史), 송사(宋史), 요사(遼史), 금사(金史), 원사(元史), 명사(明史), 신원사(新元史), 청사(淸史)를 말한다.

한 건의를 한 것인데, 경제의 중심인 시장은 반드시 "자릿세만 받고 세금을 징수하지 않는〔廛而不征〕" 방법을 채택해야 합니다.

이 단락에는 '전(廛)' 자가 세 번이나 들어 있는데, 각기 다른 의미를 지니고 있습니다. 무엇을 가리키는 말일까요? 고증하기가 자못 어렵습니다. 옛사람들의 주해를 보면 앞의 '전'은 동사이고 뒤의 '전'은 명사라고만 말했습니다. 전(廛)이 도대체 무엇일까요? 고금의 제도가 다르기 때문에 한마디로 정의하기는 어렵습니다. 억지로 현대의 제도와 비교해 본다면 대략 어시장, 가축 시장, 채소 시장에 상당합니다. 요즘 바나나 산지에 마련해 놓은 청과물 집하장과 비슷하다고도 할 수 있습니다. 그렇게 종류를 나누어서 오로지 어느 한 가지 생산품만 교역하는데, 생산자는 자신의 생산품을 그 장소로 보내어 거래합니다. 정부는 사용한 건물 면적 및 시간 혹은 생산품의 수량 혹은 거두어들인 이익금에 근거하여 비용을 받습니다. 그런 비용은 때로는 세금의 성격을 띠었고 때로는 관례적으로 지불하는 비용의 성격을 띠었습니다. 때로는 소득에 대해 과세하는 성격도 있었습니다. '전'에 진열해 놓은 생산품은 '전'의 바깥에서는 교역하면 안 되기 때문에 일괄 수매하기도 하고 혹은 공매(公賣) 제도의 성격을 갖기도 했습니다.

우리는 제나라의 '전'이 어떤 방식으로 세금을 거두어들였는지는 상관하지 말고 맹자가 여기에서 주장한 것만을 보도록 하겠습니다. 만약 '전'을 교역 물품에 대한 징수 세법으로 삼는다면 그 외에 다른 세금을 거두어서는 안 됩니다. 또 이미 법령을 제정하여 세금을 징수하는 생산품에 대해서는 '전'의 교역 제도에 가입하도록 규정해서는 안 됩니다. 그렇게 하면 상인들이 기뻐하면서 당신의 시장에 몰려올 것이니, 물자가 부족할까 염려하지 않아도 됩니다.

'관(關)'이라는 것은 원래 고대에 이웃 나라를 왕래할 때 길목이나 요충지에 설치하고 병사를 주둔시켰던 방어 시설입니다. 두 나라 사이에 전쟁이 없이 평화스럽게 왕래할 때에는 외부로 화물이 들고 나고 그 화물에 대한 세금을 거두어들이는 장소가 되었습니다. 맹자가 여기에서 주장하는 바는, '관'에서는 들고 나는 물품에 대해 조사하고 기록만 하면 된다는 것입니다. 혹은 대략적인 가격만 협상하면 통과시켜야 한다는 것입니다. 이른바 "기찰하기만 하고 세금을 징수하지 않는다[譏而不征]"는 말은, '관'에서는 세금을 거둘 필요가 없다는 뜻입니다. 이것은 현대의 이른바 자유항, 자유 시장 제도와 비슷합니다. 맹자는 말합니다. "만약 관세를 거두어들이지 않는다면 천하의 상려(商旅) 즉 행상과 나그네들이 모두 기뻐하면서 당신의 국가로 몰려올 것이다. 그렇게 되면 자연히 국가의 재화 유통이 증가하여 번영을 구가할 것이다."

농업 방면에 있어서 맹자의 주장은, 농사를 짓는 농민들이 협력하여 공전(公田)을 경작하게 하고 그들에게 조세를 거두어들이지 말아야 한다는 것입니다. 그렇게 하면 농민들이 모두 기뻐하며 당신의 국가로 몰려와서 교외에서 황무지를 개간할 것이니, 결국 전국의 경지 면적이 증가하고 생산량이 풍부해져서 흉년을 두려워하지 않게 될 것이라는 말입니다. 백여 년 전에 동북의 황량한 지역의 대지주들이 타지 사람들이 와서 개간하는 것을 환영한 일이 있었는데, 개간을 시작한 지 삼 년 이내에는 세금을 거두지 않았고 현물로 식량을 바치게 하지도 않았습니다. 게다가 처음에는 소와 말과 농사 도구와 씨앗 등을 보조해 주었습니다. 그렇게 마음껏 개발하게 해 주었던 상황이 맹자의 주장과 아주 비슷한 데가 있습니다.

세 번째 '전' 자는 명사라고 할 수 있습니다. '전'이라는 이 장소는 경제를 번영시키는 역할을 하고 있어서 국가는 이미 여기에서 재정상의 수입을 거두어들였습니다. 그 때문에 또다시 "부와 이의 세금[夫里之布]"을 매겨서는 안 됩니다. "부와 이의 세금"이 무엇일까요? 『주례(周禮)』 「지관

(地官)」 '재사(載師)'에 기록되기로는 "전과 이를 나라 안의 땅에 매긴다. …… 무릇 집이 불모인 자는 이포를 내며, 무릇 밭을 경작하지 않는 자는 곡식을 내며, 무릇 백성 중에 일이 없는 자는 부가의 세금을 낸다. 때마다 세금을 거두었다〔以塵里任國中之地……凡宅不毛者, 有里布; 凡田不耕者, 出屋粟; 凡民無職事者, 出夫家之征. 以時徵其賦〕"고 하였습니다.

고대의 제도는 모든 사람들이 직업을 가지고 일을 하도록 고무하는 데 목적이 있었습니다. 만약 집이 있는데도 이용하지 않으면 '공옥세(空屋稅)'를 바치게 하고, 밭이 있는데 농사짓지 않으면 곡식을 바치게 하고, 일을 하지 않는 사람은 국가나 공공 기관을 위해 부역을 하러 나가야 했습니다. 이포(里布)는 후세의 벌금에 해당합니다. 포(布)는 옛날 화폐의 이름이기도 한데, 고대에는 '포도(布刀)'라는 화폐도 있었습니다. 현대의 '폐(幣)' 자 역시 '건(巾)'에서 나왔습니다. 맹자는 말합니다. 그렇게 된다면 천하의 백성들이 모두 당신의 국가에 몰려와서 당신의 국적에 이름을 올리고 당신의 백성이 되기를 원할 것이라고요.

맹자의 주장을 통해서 당시의 제후국이 백성에게 징수한 세금에는 확실히 세율이 중복된 게 있었음을 알 수 있습니다. 그렇기 때문에 맹자는 그와 같은 이론과 주장을 펴서 개혁하고자 했던 것입니다.

우리는 평소 유가 사상, 공맹의 학설이 오로지 인의도덕만 강조하고 재정 경제를 구축하는 것은 중시하지 않아 현실에 맞지 않는다고 오해하는 부분이 많습니다. 하지만 지금 이 대목을 읽어 보면 고대의 선유(先儒)들이 재정 경제 문제를 중시했을 뿐 아니라 대단히 깊이 있게 이해하고 있었고 식견도 대단히 훌륭했음을 알 수 있습니다.

숭정이 어찌 매산에
오르지 않을 수 있었겠는가[72]

만약 중국의 역사를 연구하다가 역대의 재정 경제 및 세무와 정치적 득실 성패의 관계사(關係史)를 작성해 본다면, 과거 역사에서 모든 왕조가 쇠퇴하고 몰락하는 시기에 이르렀을 때마다 그들의 재경부세가 얼마나 문란했는지를 발견할 수 있을 것입니다. 정치는 경제·재정과 상보 상생하며 서로 체(體)와 용(用)의 관계에 있습니다. 우리가 『관자(管子)』의 이론만 숙독하더라도 그 속의 오묘한 이치를 대략 알 수 있을 것입니다. 삼사십 년 전에는 많은 학자들이 명대의 역사를 연구하기 좋아했는데, 미국에서 중국으로 유학 와서 명사를 연구하는 유학생을 만난 적이 있습니다. 당시 저는 그 외국 청년이 아주 흥미롭게 보여서 명사(明史)에서 어떤 문제를 연구하는지 물어보았습니다. 그의 말이 자신은 명말의 변란과 이틈(李闖), 장헌충(張獻忠)의 문제를 연구한다는 것이었습니다. 지금 우리는 맹자의 "현명한 자를 높이고 능력 있는 자를 부리며, 준걸이 지위에 있어야 한다"는 대목을 이야기하다가 "시전(市廛, 시장)의 정법(征法)"과 "관세(關稅) 이포(里布)"의 문제까지 나왔습니다. 이쯤에서 역사상 명이 쇠퇴하고 청이 일어나던 시기의 재정 경제와 세무 문제를 살펴봄으로써, 앞으로 맹자의 사상과 학설을 자세히 연구하는 데 참고로 삼고자 합니다.

명 왕조는 신종(神宗) 만력 시기에 이르자 만주족이 국경 밖에서 군사를 일으키는, 역사에서 말하는 이른바 '요동병흥(遼東兵興)'이 시작되었습니다. 군수(軍需)의 필요 때문에 당시 병부의 예산은 향은(餉銀)[73] 삼백만 냥

---

72 명의 마지막 황제인 숭정제는 이자성의 난을 피해 달아나다가 매산(煤山), 지금의 경산(景山)에 올라가서 나무에 목을 매어 자결하였다.

을 더 늘려야만 했습니다. 당시 명 정부의 국고는 이미 상당히 바닥나 있었습니다. 하지만 황실 궁정의 사고(私庫)에는 여전히 일억이 넘는 재산이 있었습니다. 호부상서 이여화(李汝華)가 황제에게 보고서를 제출하여 궁정 내고(內庫)의 은을 풀어서 군수를 충당할 것을 요청했지만 신종은 승낙하지 않았습니다. 결국 각 성(省)의 창고에 남아 있는 돈을 있는 대로 긁어모으고, 민간의 미납 세금과 각종 부세를 추징하여 겨우겨우 위기를 넘겼습니다. 하지만 일 년도 못 돼 또다시 병사를 모집하여 전방을 지원해야 했는데, 군비는 여전히 나올 데가 없었습니다. 호부에서는 재차 상주문을 올려 각 성에서 세은(稅銀)을 징발해 군비를 충당할 것을 요청했지만 신종은 아예 대응도 하지 않았습니다. 궁정의 이러한 태도는 숭정(崇禎)제에 이르러서도 마찬가지였습니다. 일부 부유한 황친(皇親)들 역시 자기 주머니를 털어 국가의 어려움을 구제하기는커녕 자기 살 궁리만 했습니다. 나라를 위해 돈도 힘도 보태려 들지 않았습니다. 결국 생각해 낸 방법이라는 것이 고작 세금을 더 늘리는 것이었습니다. 귀주(貴州)만 제외하고 농지에 세금을 매길 때 일 무(畝)[74]당 은자 삼 리(厘) 오 호(毫)[75]를 더 매겨서, 그것으로 군사 비용에 충당했습니다. 당시의 농지 면적을 토대로 계산해 보면 매년 향은 이백만 냥 이상을 징수할 수 있었습니다.

이러한 예를 시작으로 백성들이 생활 터전을 잃게 되자 인심은 크게 어지러워졌습니다. 하지만 거기에서 그치지 않고 그 후로도 군사 경비가 필요할 때마다 전례를 좇아 농지에 세금을 더 매겼습니다. 그로 인해 농지가 있으면 오히려 낭패를 당하게 되니, 전시(戰時)든 평상시든 불문하고 아

---

73 군비, 군자금을 말한다.

74 전답의 면적 단위인데, 사방 육 척(尺)을 일 보(步)라 하고 백 보를 일 무라 하였다.

75 여기서 '리(厘)'와 '호(毫)'는 무게 단위이다. 일 리는 일 냥(兩)의 천 분의 일이고 일 호는 일 리의 십분의 일이다.

무도 밭을 사서 재산으로 두려 하지 않았습니다. 평민들은 모두 유랑민이 되기를 원했습니다. 게다가 관리법[吏法]도 문제가 많아서 기층 관리들이 가렴주구를 일삼았는데, 농사를 지을 호미 자루만 가지고 있어도 지주라고 하면서 미납 세금을 추징하려 들었습니다. 결국 백성들은 떠돌아다니는 도적이 되어 사방에서 일어나고 강산은 보존할 수 없게 되었습니다. 도적 떼가 수도로 들어왔을 때 궁정의 내고(內庫)가 모조리 강탈당한 것은 말할 것도 없고 부유한 황친들의 셀 수 없이 많던 재산도 완전히 끝장났습니다. 이런 역사를 보면 다른 말은 필요가 없습니다. 장거정(張居正)이 살아 있었더라면 신종이 그렇게 하도록 내버려 두지는 않았을 것이고, 그랬더라면 명 왕실의 재정 경제가 그 지경까지 가지는 않았을 것입니다. 이른바 "준걸이 지위에 있는[俊傑在位]" 것이 이처럼 중요합니다.

만주족 청나라는 국경을 넘어온 후 명 왕조의 득실 성패의 원인을 절실히 깨달았습니다. 강희제는 재위 삼십팔 년 되던 해에 앞으로는 영원히 세금을 더함으로써 민간의 부담을 증가시켜서는 안 된다는 특별 명령을 반포하여 후대 자손들을 경계시켰습니다. 청 왕조가 그 후 이백여 년을 일조편법(一條鞭法)의 토지세만 부과한 것은, 애신각라(愛新覺羅)[76] 정권을 안정시킬 수 있었던 주요 요소 가운데 하나이기도 했습니다.

게다가 청초 강희 시기에 궁궐 바깥[外廷]에 지출한 군사 비용은 명대와 별 차이가 없었지만 궁정 내부의 비용은 심의를 거쳐 줄이기에 힘썼습니다. 강희 삼십 년간 궁정에서 지출한 총액이 명 왕조 한 궁정의 일 년 비용에 훨씬 못 미쳤습니다. 그렇기 때문에 그는 삼 차에 걸쳐 고비 사막 북쪽의 외몽고 지역에 친정(親征)을 나가고 삼번(三藩)의 난[77]을 평정하면서도 재정 경제상의 결핍을 신경 쓸 필요가 없었습니다. 강희 말년에 이르렀을

---

76 만주족인 청나라 왕실의 성(姓)이 애신각라였다.

때 국고에는 아직 팔백만 냥이 넘게 남아 있었다고 합니다.

옹정 시기에는 더욱 절약하고 또 물자를 아꼈기 때문에 궁정에 수천 석의 쌀이 비축되어 있었다고 합니다. 그렇기 때문에 여러 해를 계속해서 서역(西域)과 청해(靑海)에 군사를 파병하느라 국고를 많이 지출했어도 여전히 사백여만 냥에 달하는 은이 남아 있었습니다.

건륭제가 제위를 계승한 후에도 여전히 선조의 제도를 이어받아 사치를 경계하고 절약을 강조했습니다. 비록 여러 차례 군사를 일으켜 군비 지출이 크기는 했지만, 네 차례나 나라 전체에 세금을 면제해 주고 두 차례는 일곱 성(省)의 세금을 면제해 주었습니다. 그는 전후 여섯 차례에 걸쳐 강남 지역을 순행했는데, 그 비용이 이만 냥에 육박했지만 국고는 여전히 충실했습니다.

그러고 보니 고대 역사의 기록이 생각납니다. 위 문공은 절약을 제창하며 스스로 베옷을 입었고, 한 문제 역시 몸소 절약을 실천하여 전국에 저장한 태창(太倉)의 곡식이 해마다 다 먹지 못해서 남았고 태부(太府, 국고)에 보관한 돈은 다 쓰지 못했습니다. 돈을 꿰었던 새끼줄이 항상 오래되어 썩어서 끊어졌다고 합니다. 송대에는 태조 조광윤부터 시작해서 검소했는데 후대의 인종(仁宗), 영종(英宗) 역시 비슷했습니다. 그 때문에 역사에서는 송초의 재정 경제를 일컬어 쌓아 둔 돈이 수백만에 달했다고 합니다. 그것도 삼사(三司)에 보관한 것은 계산에 넣지도 않았고요!

하지만 청 왕조도 함풍(咸豊) 연간에 이르러 태평천국의 난이 일어났을 때에는, 권신들이 이미 국고를 거의 탕진해 버려서 군수 비용이 나올 구멍이 없었습니다. 그래도 함풍제는 선조의 제도를 굳게 지켜 감히 세금을 늘

---

77 1673~1681년 사이에 만주족의 청나라 정권에 반기를 들고 일어났던 한인(漢人) 장군의 반란이다. 삼번이란 운남(雲南)의 오삼계(吳三桂), 광동(廣東)의 상지신(尙之信), 복건(福建)의 경정충(耿精忠)을 말한다.

리지 않았습니다. 청나라를 중흥시킨 명신 증국번(曾國藩)은 무장한 집단을 만들어 의병을 일으켰는데, 스스로 경비를 대느라 극도의 어려움과 고통을 겪었습니다. 전해지는 바에 따르면 홍수전(洪秀全)을 좇아 난을 일으켰던 군사(軍師) 전강(錢江)이 태평천국을 이탈한 후 증국번의 상군(湘軍)을 위해 훌륭한 방법을 제안했는데, 이금(釐金)[78] 제도를 설립하여 농민이 아니라 상인들을 힘들게 함으로써 상군과 훗날의 회군(淮軍)의 군비 문제를 해결할 수 있었다고 합니다.

제가 알기로는 청나라를 뒤엎은 후 국민 혁명군이 북벌에 나서기 전, 북양 군벌이 정치를 어지럽히던 그 시절에 우리가 살던 구석진 작은 현(縣)에는 청나라의 세금 제도인 일조편법이 여전히 남아 있었습니다. 하지만 이금도 징수하고 관세도 징수했으며 그 외에도 많은 명목의 세금을 거두었기 때문에 그 고통은 이루 말로 할 수 없었습니다. 다행히 북벌이 성공해서 그런 가혹한 잡세(雜稅)들이 차츰 정돈되었습니다. 그런데 혁명이 채 성공하기도 전에 일본의 침략으로 팔 년에 걸쳐 항전을 하게 되었고, 그 후에는 공화정(共和政)으로 변해 버렸습니다.

우리는 오늘 대만에서 『맹자』를 읽으면서 대만이 삼민주의의 균부(均富) 정책을 실행함으로써 사회를 부강과 안락으로 이끌어 가는 것을 보고 있습니다. 천고에 변치 않을 아성(亞聖) 맹자의 명언을 깊이 체득하면서 참으로 감개가 무량합니다. 중국 문화로 인해 감상에 젖는 동시에 중국 문화의 앞날을 위해 근심해 봅니다.

---

[78] 상품이나 영업에 일 퍼센트의 세율로 부과하던 비례세이다.

"진실로 이 다섯 가지를 시행할 수 있다면, 이웃 나라 백성들이 그를 우러러보기를 부모처럼 할 것이다. 그 자제를 거느리고서 그 부모를 공격함은 백성이 생겨난 이래로 성공할 수 있었던 자가 없었다. 이와 같다면 천하에 대적할 자가 없을 것이다. 천하에 대적할 자가 없으면 천리이니, 이렇게 하고서도 왕 노릇 하지 못한 자는 없었다."

"信能行此五者, 則鄰國之民, 仰之若父母矣. 率其子弟, 攻其父母, 自生民以來, 未有能濟者也. 如此, 則無敵於天下. 無敵於天下者, 天吏也, 然而不王者, 未之有也."

여기에서 맹자는 먼저 결론을 내립니다. "제후국이 반드시 시행해야 하는 것으로 첫째, 나라에 가득한 인재들은 모두 현명하고 능력 있는 준걸지사(俊傑之士)이며, 둘째 상업은 안정되고 경제가 번영하며, 셋째 각국의 상인과 나그네들이 왕래하기를 원하고 국제 무역이 발달하며, 넷째 농업 생산이 증가하고 경지 면적은 확장되며, 다섯째 중복해서 세금을 징수하지 않고 공매(公賣) 사업을 하는 합작사(合作社)를 발전시킨다. 만약 이 다섯 가지 재정 경제 조치를 시행한다면 이웃 나라 백성들이 당신을 존경하고 우러러보기를 마치 자신의 부모를 존경하고 우러러보듯 할 것이며 당신을 향해 구심력이 생겨날 것이다. 그때에는 이웃 나라의 군주가 백성을 이끌고 침략하고자 해도 마치 자제를 거느리고 그들의 부모를 공격하는 것과 똑같을 것이다. 그런 일은 인류가 생겨난 이래 현재까지 성공한 적이 없다. 그렇게 할 수 있다면 천하에 당신과 대적할 수 있는 사람이 없을 것이다. 그렇게 천하에 적이 없게 된다면 그것은 바로 하늘을 대신하여 도를 행하는 부모관(父母官) 즉 백성의 부모와 같은 관리이다." 맹자는 '천리(天吏)'

라는 명칭을 사용하여 정치적으로 인정(仁政)을 행하는 인도(人道)와 천도(天道), 천리(天理)와의 관계를 강조하였습니다. 이른바 하늘을 대신해서 도를 행한다는 말은 본래 정치 철학적으로 아주 좋은 명사인데 훗날 양산박의 시진(柴進), 송강(宋江) 들이 유용하면서 사람들의 생각에는 강도들의 행위라는 의미를 띠게 되어 듣기 거북한 명사가 되었습니다. 실제로 하늘을 대신해서 도를 행한다는 것은 천리(天理)에 따라 일을 행하는 것으로, 행정 처리가 천리에 부합하는 것입니다. 맹자가 말하기를 만약 그렇게 하고도 천하에 왕 노릇 할 수 없다는 것은 불가능한 일이라고 했습니다.

여기까지 보면 우리는 이 대목이 공손추가 의심스러워했던 것에 대한 맹자의 대답임을 알 수 있습니다. "제나라를 왕자(王者)로 만드는 것은 손을 뒤집는 것과 같다"를 설명한 것입니다.

사람을 차마 해치지 못하는 마음

여기에서 우리는 이른바 '불인심(不忍心)'의 문제를 토론해야 합니다. 이는 앞의 '양심(養心)' '양기(養氣)'의 문제와 마찬가지로 아주 중요합니다.

맹자께서 말씀하셨다. "사람들은 모두 사람을 차마 해치지 못하는 마음을 지니고 있다. 선왕들은 사람을 차마 해치지 못하는 마음을 지니고, 사람을 차마 해치지 못하는 정치를 하였다. 사람을 차마 해치지 못하는 마음으로 사람을 차마 해치지 못하는 정치를 편다면, 천하를 다스림은 손바닥 위에 놓고 움직일 수 있을 것이다."

孟子曰: "人皆有不忍人之心. 先王有不忍人之心, 斯有不忍人之政矣. 以不忍人之心, 行不忍人之政, 治天下可運之掌上."

이 단락의 중심 요지는 인심(仁心), 인술(仁術)에 대한 맹자의 설명이라 하겠습니다. 현대의 관념으로 말한다면 인성(人性)의 선한 일면에 대한 토론이며 설명입니다. 인성의 심리 행위를 확대시켜서 말해 보면, 마음이 일어나고 생각이 움직여 그것이 정치에 표현되면 정책을 좌우하고 큰 영향력을 행사할 수 있습니다. 범위를 축소시켜서 말해 보면, 모든 사람이 일상생활을 하는 중에 겉으로 표현되는 심리 행위의 작용이며 다른 사람과 자기 자신에 대해서도 영향을 미칩니다.

우리는 「양혜왕」 하편에서 맹자와 제 선왕이 토론했던 문제에 관해 이야기했습니다. 희생 가축의 피를 새로 주조한 종(鐘)에 바르는 일을 두고, 왜 소를 죽이지 않고 양을 죽였는가 하는 인심(仁心)의 문제가 야기되었습니다. 맹자는 그 일을 빌려서 인정(仁政)의 시행은 사람을 차마 해치지 못하는 심리 행위를 기초로 하는 것임을 설명했습니다. 이제 여기에서는 그 논점을 확충해서 비교적 상세하고 깊이 있게 설명했습니다.

20세기에 새로 일어난 비교 철학은 동양과 서양의 철학을 비교 연구하는 새로운 교육 과정입니다. 그 외에 동양과 서양의 종교 학설 사상을 비교 연구하는 비교 종교학이라는 교육 과정도 있습니다. 비교 철학의 관점에서 보든 비교 종교학의 관점에서 보든, 중국 문화의 공맹 사상 특히 맹자가 여기에서 말한 '사람을 차마 해치지 못하는 마음〔不忍人之心〕'에 대해서는 동서 문화가 완전히 상통합니다. 맹자는 그 명칭을 '사람을 차마 해치지 못하는 마음'이라고 불렀지만, 서양 종교 혹은 철학에서 사용하는 명사는 바로 '사랑하는 마음〔愛心〕'입니다. 불교에서 사용하는 명사는 '자비심(慈悲心)'이고, 공맹 유가의 철학 사상에서는 '인심(仁心)'이라고 부릅니다. 지금 맹자가 언급했듯이 이른바 '사랑하는 마음' '자비심' '인심'은 모두 '사람을 차마 해치지 못하는 마음'에서 출발하였습니다.

우리가 여기에서 특히 강조하고 유의해야 할 부분은 사람의 '심리 행위' 문제입니다. 중국은 한당 이후부터 역대로 종교 방면과 철학 방면에서 줄곧 수행(修行)이라는 명사를 사용했습니다. 특히 현대에는 불학을 공부하는 사람들이 특별히 많은데 하나같이 수행을 강조합니다. 그렇다면 수행이란 무엇입니까? 정좌 수도나 일반적인 수련이 수행과 같은 개념은 아닙니다. 그것은 '수행'의 진정한 의미와는 거리가 아주 멉니다. 진정한 수행은 심리 행위를 수정하고 마음과 생각의 일어남을 수정하고 희로애락의 정서를 수정하는 것 등을 모두 포괄합니다. 또 심리 사상, 생리 변화, 언어 행위상의 문제를 수정하는 것이기도 합니다. 따라서 불학에서 '전식성지(轉識成智)'[79]라고 부르는 것이 바로 수행의 이치입니다.

일반인들이 정좌 수도를 하는 것은 수행의 입문 방법과 연습에 불과한데, 불가에서 말하는 '극념(克念)'[80]이기도 합니다. 생각을 극복한 다음에 정좌 수도를 하면서 생각을 변화시켜 갑니다. 그런 후에 점차 확충시켜야 비로소 자신의 각종 심리 행위를 변화시킬 수 있습니다. 만약 심리 행위를 변화시키는 공력과 지혜가 없다면 일체의 수행이 모두 헛소리요 공염불이니, 앞에서 언급했던 관휴(貫休) 스님의 시 "마음 수양이 무심의 경지에 이르지 못하면, 천이고 만이고 모두 물 따라 흘러갈 뿐이지〔修心未到無心地, 萬種千般逐水流〕"라는 말과 똑같습니다. 무심의 경지는 지각이 전혀 없는 나무토막과 같은 것이 결코 아닙니다. 일체의 청정 무위의 경지이니, 만약 수행이 이런 경지에 이르지 못한다면 "천이고 만이고 모두 물 따라

---

79 수행이라는 능동적이고 적극적인 실천을 통해 자신의 팔식(八識)을 사지(四智)로 변화시키는 것을 말한다. 즉 우리의 마음을 구성하는 의식의 세계가 지혜로운 마음으로 바뀌는 것을 말한다.

80 자잘한 생각, 보잘것없는 생각들을 눌러서 이긴다는 뜻이다.

흘러갈 뿐"입니다. 모든 것이 헛되고 아무런 쓸모가 없습니다. 말이 나온 김에 하는 말인데 여러분은 맹자의 이 말을 쉽사리 흘려버려서는 안 됩니다. 이것이 형이상적 '도'와 아무런 관계가 없다고 오해해서도 안 됩니다. 그랬다가는 맹자를 제대로 이해할 수 없을 뿐 아니라 심성지학(心性之學)의 요점도 깨달을 수 없습니다. 동시에 자기 자신을 알 수도 없습니다!

이제 다시 『맹자』의 원문을 살펴보도록 하겠습니다.

맹자는 말했습니다. "사람들은 모두 사람을 차마 해치지 못하는 마음을 지니고 있다[人皆有不忍人之心]." 이것은 요지인 동시에 그가 입을 열면서 던진 첫마디입니다. 『맹자』의 이 대목은 앞의 공손추와의 토론과 이어지는 것일까요? 아니면 맹자가 "사람을 차마 해치지 못하는 마음"에 대해 새로이 한차례 이야기하는 것일까요? 도대체 어느 쪽일까요? 고증할 방법이 없습니다. 하지만 이 대목이 「공손추」 상편의 가운데 놓여 있는 만큼, 그것의 의미는 틀림없이 앞뒤의 문장과 연관성을 지니고 있어서 분리할 수 없을 것입니다. 바꾸어 말하면 맹자가 처음에 공손추의 질문에 대답하면서 인정(仁政)을 펼치는 것의 중요성을 주장했는데, 여기에서 하나의 결론을 내린 것이라고 할 수 있습니다.

맹자는 먼저 원칙을 하나 제시했는데, 모든 사람은 나면서부터 사람을 차마 해치지 못하는 마음을 지니고 있다고 했습니다. 그는 여기에서 '불인심(不忍心)'이라고 말하지 않고 '불인인지심(不忍人之心)'이라고 했는데, 우리는 '불인(不忍)'이라는 두 글자 다음의 '인(人)'자에 특별히 유의해야 합니다. 그것은 맹자가 '인도(人道)'에 치중하여 사람과 사람 사이의 불인지심(不忍之心)에 특히 주의했기 때문입니다. 그는 결코 사람들은 모두 불인'물'지심(不忍物之心)을 지니고 있다고 말하지 않았습니다. 적어도 이 부분에서만큼은 사람과 사람 사이의 불인지심을 가리킵니다. 맹자는 사람에 대한 불인지심을 만물에까지 확장시키지는 않았습니다.

지금부터 우리가 토론해야 할 것은 모든 사람이 "사람을 차마 해치지 못하는 마음"을 지니고 있는가 하는 문제입니다. 이것은 분명 하나의 문제입니다. 마치 앞으로 토론하게 될, 인성은 도대체 본래부터 선한 것인지 아니면 악한 것인지의 문제처럼 말입니다. 여기에서는 모든 사람이 불인인지심(不忍人之心)을 지니고 있는지에 대해서만 먼저 토론할 것입니다. 솔직히 말해서 우리는 모릅니다. 가령 갓난아이의 마음은 선할까요? 이 문제에 대해 맹자는 선하다고 말했지만 순자는 인성이 악하다고 주장했습니다. 사람이 선을 행할 수 있는 까닭은 후천적인 교육으로 길렀기 때문이라고 했습니다. 고자는 인성이 선하지도 않고 악하지도 않은데, 선을 행하거나 악을 행하는 것은 모두 후천적인 환경의 영향을 받아서라고 주장했습니다. 이른바 "버들개지가 점점이 벼루 물에 젖어 드네〔點點楊花入硯池〕" "인주를 가까이 하는 자는 붉어지고 먹을 가까이하는 자는 검어진다〔近朱者赤, 近墨者黑〕" 등의 말은 모두 형이하학에 속하는데, 뒤에서 상세히 토론하기로 하고 여기에서는 대략만 언급하겠습니다. 이 대목의 불인인지심과 뒤에 나올 성선(性善)과 성악(性惡)의 문제는 완전히 밀접한 관계가 있습니다.

그렇다면 사람은 태어나면서부터 모두 불인인지심을 지니고 있을까요? 엄격히 분석해 보면 이 문제는 참으로 단정 짓기 힘듭니다. 만약 우리가 갓난아이를 예로 든다면, 성선을 주장하는 사람들은 갓난아이가 모두 선량하다고 말합니다. 그에 비해 성악을 주장하는 사람들은 이렇게 말합니다. 가령 쌍둥이가 동시에 젖을 먹고 있는데 배불리 먹지 못하면 다른 갓난아이를 밀쳐 버리고 그 젖꼭지를 움켜쥐는 경우가 종종 있습니다. 그럴 때의 갓난아이에게는 불인인지심이라고는 조금도 없는데, 오직 자신이 배불리 먹을 것만 생각하고 다른 사람이 배고픈지 아닌지는 상관하지 않습니다. 이런 것들은 천고 이래로 결론을 내릴 수 없는 문제입니다. 하지만 맹자는 여기에서 사람을 차마 해치지 못하는 마음을 사람이라면 모두 지니고 있다고 강조했습니다. 우리는 잠시 결론을 내리지 말고 먼저 맹자의 말을 보도록 하겠습니다.

그는 말합니다. "선왕들은 사람을 차마 해치지 못하는 마음을 지니고, 사람을 차마 해치지 못하는 정치를 하였다. 사람을 차마 해치지 못하는 마음으로 사람을 차마 해치지 못하는 정치를 편다면, 천하를 다스림은 손바닥 위에 놓고 움직일 수 있을 것이다." 중국 문화는 줄곧 지금이 옛날보다 못하다는 논조를 표방했으며 특히 선왕의 정치를 표방했습니다. 이른바 선왕이란 특정한 어느 왕 개인이 아니라 중국 상고 시대의 전통 문화를 널리 가리키는 말이며 당시의 성인들을 모두 일괄하여 지칭합니다. 그들은 태어나면서부터 사람을 차마 해치지 못하는 마음과 사랑하는 마음을 지니고 있었기 때문에, 사람을 사랑하는 정치를 펼쳤습니다. 그러한 내재적인 불인인지심을 기초로 삼았기 때문에 그것이 정치에 드러나서 사람을 차마 해치지 못하는 정치 행위가 되었고, 그 결과 자연스럽게 백성의 지지를 받았던 것입니다. 따라서 상고 시대의 선왕들은 국가와 천하를 다스릴 때 마치 손바닥 위에 올려놓은 것처럼 마음대로 움직일 수 있었습니다. 마치 우리가 손에 라이터를 쥐고 마음대로 사용하는 것과 마찬가지입니다. 그렇게 아주 쉬웠기 때문에 국가와 천하를 잘 다스릴 수 있었던 것입니다.

맹자는 여기에서 상고 시대의 제왕들이 천하와 국가를 그토록 쉽게 그토록 잘 다스릴 수 있었던 것은 그들이 인정(仁政)을 실행했기 때문이라고 강조합니다. 그런데 인정을 실행하려면 근본적으로 사람을 차마 해치지 못하는 마음을 지니고 있어야 합니다. 즉 인한 마음, 사랑하는 마음을 기초로 해야 합니다.

사단으로 말미암아 성선설을 보다

"사람들이 모두 사람을 차마 해치지 못하는 마음을 가지고 있다고 말하는 까닭은, 지금 사람들이 갑자기 어린아이가 장차 우물에 들어가려는 것을 보면 모두 놀라고 측은히 여기는 마음을 가진다. 이것은 어린아이의 부모와 교분을 맺으려고 해서도 아니며, 향당과 친구들에게 명예를 구해서도 아니며, 그 소리를 듣기 싫어해서 그러한 것도 아니다."

"所以謂人皆有不忍人之心者；今人乍見孺子將入於井，皆有怵惕惻隱之心. 非所以內交於孺子之父母也，非所以要譽於鄉黨朋友也，非惡其聲而然也."

맹자는 여기에서 사람은 모두 사람을 차마 해치지 못하는 마음을 가지고 있다는 말에 대해 사례를 하나 들어서 설명합니다. 만약 우리가 너댓 살 가량의 어린아이가 우물 속으로 떨어지려고 하는 것을 본다면, 어떤 사람이든지 다 마음속으로 놀라서 손을 뻗어 아이를 우물에서 끌어당길 것입니다. 사람이 그런 심리 상태에 처했을 때에는 아무런 조건이 없고 이해관계도 없으며 어떠한 요구도 없습니다. 그 아이의 부모에게 환심을 사려고 한 것도 아니고 사회적인 칭찬 혹은 이웃, 친척, 친구들로부터 높은 평가를 받고자 한 것도 아닙니다. 물론 발버둥 치며 외치는 소리를 듣기 싫어서 그 아이를 구해 주려 한 것은 더더욱 아닙니다. 이런 상황을 통해 볼 때 사람은 모두 사람을 차마 해치지 못하는 마음을 지니고 있음이 증명됩니다.

사실 맹자가 든 이러한 예는 인류 가운데 대부분의 사람이 그렇습니다. 물론 그 중에도 소수의 사람은 심장이 단단하고 악한 마음이 커서 그런 상황을 보더라도 마음이 움직이지 않기도 합니다. 그다음으로 우리가 주의

해야 할 점은, 이것이 사람에 대한 마음이지 사물에 대한 마음이 아니라는 사실입니다. 가령 쥐 한 마리가 우물에 빠지는 것을 본다면 오히려 박수를 치면서 잘됐다고 할 겁니다. 하지만 절대 다수의 사람은 사람을 차마 해치지 못하는 마음을 지니고 있습니다. 심장이 단단하고 악한 마음이 커서 사람이 우물에 빠지는 것을 보고도 마음이 움직이지 않는 사람은 결국 소수에 불과합니다. 우리는 소수의 예외를 가지고 대다수 사람이 지니고 있는 선한 마음을 부정해서는 안 됩니다.

성선(性善)이냐 성악(性惡)이냐를 놓고 변론하는 많은 서적과 글 가운데 성악을 주장하는 일파에서 나열하는 예는 모두 사물에 대한 것입니다. 그러고 보니 의학 연구에서 종종 원숭이, 토끼, 흰쥐 등의 동물을 가지고 실험하고 해부하는 것이 생각납니다. 근대에 어떤 사람들은 그런 종류의 연구 활동이 불인(不仁)하므로 대단히 잘못되었다고 말합니다. 최근에는 인도 사람이 원숭이를 해부하는 연구 활동에 대해 반대 의견을 제출하였습니다.

여기에서 맹자가 말한 불인인지심은 먼저 '사람'에 대해 차마 해치지 못하는 마음을 지닌 연후에 사물에까지 미치는 것입니다. 둘을 동시에 돌아볼 방법은 없으므로 한 걸음 한 걸음 나아가야 합니다. 이른바 친한 사람을 가까이하고[親親] 백성에게 어질고[仁民] 그런 연후에 사물을 사랑[愛物]합니다. 의학에서 동물을 가지고 실험하는 것 역시 불인인지심에서 나온 것입니다. 그런 동물들을 불쌍히 여기지 않는 것이 아니라 어쩔 수 없어서 하는 것입니다. 대만의 의과 대학에서 매년 동물 위령제를 거행하는 것은 바로 그런 정신의 표현입니다. 단순한 미신적 행위로만 간주해서는 안 됩니다.

이런 것들은 긍정적인 면과 부정적인 면을 모두 지니고 있어서 우리가 결론을 내리기는 어렵습니다. 연관되는 사실과 문제들이 이미 인류의 형이하적 행위에 속하기 때문입니다. 원래 형이하적인 시비선악(是非善惡)은 결론을 내리기 어렵기 때문에 단지 그 대체적인 것만 가지고 말할 수밖에 없습니다. 맹자가 말한 선한 마음 역시 대체적인 것입니다.

"이로 말미암아 본다면 측은지심이 없으면 사람이 아니며, 수오지심이 없으면 사람이 아니며, 사양지심이 없으면 사람이 아니며, 시비지심이 없으면 사람이 아니다. 측은지심은 인의 단서요, 수오지심은 의의 단서요, 사양지심은 예의 단서요, 시비지심은 지의 단서이다. 사람이 이 사단을 가지고 있음은 사체를 가지고 있음과 같으니, 이 사단을 가지고 있으면서도 스스로 인의를 행할 수 없다고 말하는 자는 자신을 해치는 자이다. 자기 군주가 인의를 행할 수 없다고 말하는 자는 군주를 해치는 자이다."

"由是觀之, 無惻隱之心, 非人也; 無羞惡之心, 非人也; 無辭讓之心, 非人也; 無是非之心, 非人也. 惻隱之心, 仁之端也; 羞惡之心, 義之端也; 辭讓之心, 禮之端也; 是非之心, 智之端也. 人之有是四端也, 猶其有四體也, 有是四端而自謂不能者, 自賊者也. 謂其君不能者, 賊其君者也."

맹자는 인류 심리 가운데 선량한 일면의 예를 든 후 다시 인류 도덕상 기본적인 심리 행위를 네 가지 제시했습니다.

첫째, 다른 사람을 불쌍히 여기고 동정하는 것과 다른 사람의 고난을 차마 그냥 바라보지 못하는 것은 모두 측은지심이니 바로 자비심입니다. 이런 측은지심이 없다면 사람이라고 할 수 없습니다. 둘째, 수오지심이 없다면 사람이라고 할 수 없습니다. 수오지심은 이른바 부끄러워하는 마음, 염치를 아는 마음이기도 합니다. 셋째, 사양지심이 없어도 사람이 아닙니다. 맹자는, 사람은 태어나면서부터 이익을 양보하고 도움을 사양할 줄 아는 것 같은 좋은 심리 행위를 지니고 있다고 말합니다. 가령 여러 사람이 함께 식탁에 앉아서 음식을 먹는데 맛있는 요리가 나왔다고 합시다. 모든 사람이 다 먹어 볼 수 있으려면 각자 사양하는 마음이 있어야 합니다. 만약 사양지심이 없어서 요리가 식탁에 오르자마자 다른 사람은 아랑곳하지 않고 자기 입에 가져다 넣기 바쁘다면 사람이 아닙니다. 넷째, 시비지심이 없다면 역시 사람이 아닙니다. 시비를 명확히 가리지 않는다면 당연히 사람이라고 할 수 없습니다. 백치는 사람 노릇을 할 수 없습니다. 갓난아이는 시비를 판단하지 못하므로 당연히 사람이라고 할 수 없습니다. 갓난아이는 이런 네 가지 심리를 지니고 있지 않기 때문에 그냥 갓난아이라고 부를 수 있을 뿐입니다.

어떤 사람은 말합니다. 갓난아이는 적자(赤子)라고도 부르는데 그렇다면 갓난아이의 마음이 바로 적자의 마음(赤子之心)이겠다고 말이지요. 그런데 적자의 마음은 지금까지 줄곧 사람들에 의해 추숭받아 왔고 맹자에 의해서도 칭찬받았습니다. 만약 갓난아이에게 이런 네 가지 심리가 전혀 없다면, 그렇다고 해도 적자의 마음이라고 할 수 있을까요? 사실은 아닙니다. 적자의 마음에는 또 다른 의미가 있습니다. 적자의 마음은 인성(人性)의 밝은 측면, 선량한 측면을 말하며 정태(靜態)적인 형상으로 후천적인 내재(內在)에 속합니다. 여기에서는 잠시 선천적인 본체는 거론하지 않겠습니다. 여기에서 맹자가 말한 네 가지 심리는 정태적인 것으로부터 동태적인 것으로 변한 심리 행위입니다.

위의 네 가지 심리 행위는 네 개의 큰 방향의 발단이라는 뜻에서 '사단(四端)'이라 부르기도 합니다. 옛사람들은 이 사단에 대해 이야기할 때 종종 『역경』의 이치와 적절히 섞어서 말했습니다. 즉 태극(太極)이 두 의(儀)를 낳았고 두 의가 네 상(象)을 낳았다고 말했습니다. 그리하여 하늘을 세우는 도는 음양(陰陽)이요 땅을 세우는 도는 유강(柔剛)이며 사람을 세우는 도는 인의(仁義)라고 말합니다. 이것이 바로 이른바 태극생양의(太極生兩儀)입니다. 두 의가 네 상을 낳았다는 것에 대해서는, 이 네 상이 확대되어 하늘의 네 현상, 땅의 네 현상 및 인생의 네 현상이 되었다고 설명합니다. 옛사람의 이러한 논리는 지나치게 두루뭉실한데, 우리가 지금 강조해서 설명하는 것은 사람의 네 가지 기본적인 심리 행위입니다.

사단에 대한 맹자 자신의 해석이 대단히 훌륭한데, 그는 말합니다. "측은지심은 인의 단서요, 수오지심은 의의 단서요, 사양지심은 예의 단서요, 시비지심은 지의 단서이다〔惻隱之心, 仁之端也; 羞惡之心, 義之端也; 辭讓之心, 禮之端也; 是非之心, 智之端也〕." 이 몇 마디의 말이 대단히 중요합니다. 유가 학설에서는 몇천 년 이래 심리 행위 내지는 정치적 심리 행위를 이야기하면서 이 사단의 중요성을 매우 강조했습니다. 인(仁)의 행위는 측은지심으로부터 발단이 되었고, 의(義)의 행위는 수오지심으로부터 발단이 되었으며, 예(禮)의 행위는 사양지심으로부터 발단이 되었고, 지(智)의 행위는 시비지심으로부터 발단이 되었습니다. 그러므로 한 사람의 인의예지라는 네 가지 좋은 행위는 바로 이 네 가지 심리의 확대인 것입니다.

맹자는 여기까지 말한 다음 또다시 되돌아가서, 앞에서 공손추와 이야기했던 인정(仁政)을 행하는 문제를 설명합니다. 그가 말했습니다. "사람이 본래부터 이 사단을 지니고 있는 것은 태어나면서부터 사지(四肢)를 지니고 있어서 일을 하고 길을 걸을 수 있는 것과 똑같은 이치이다. 사람은 본래부터 이 사단 즉 네 가지 심리 행위를 지니고 있는데, 인정을 행하는 것에 대해 나는 할 수 없다고 말한다면 그것은 자포자기이며 스스로 자신을 기만하고 해치는 행동이다. 만약 남의 신하 된 자가 자신의 지도자는 인정을 행할 수 없노라고 말한다면, 신하 된 도리에 합하지 못하고 보조의 책무를 다하지 못하는 것이다. 그렇게 하는 것은 자신의 지도자를 해치는 것과 마찬가지이니 그는 '군주를 해치는 자이다.'"

"무릇 사단을 나에게 지니고 있는 사람은 모두 넓혀서 채울 줄 알아야 한다. 마치 불이 처음 타오르며 샘물이 처음 나오는 것과 같다. 만일 이것을 채울 수 있다면 사해를 보전할 수 있고, 만일 채우지 못한다면 부모도 섬길 수 없을 것이다."

"凡有四端於我者, 知皆擴而充之矣. 若火之始然, 泉之始達. 苟能充之, 足以 保四海; 苟不充之, 不足以事父母."

여기에서 맹자는 앞에서 말했던 "사람은 모두 사람을 차마 해치지 못하는 마음을 가지고 있다"는 구절에 대해 하나의 결론을 내립니다. 그리고 그 결론은 대단히 훌륭합니다! 하지만 잠시 그의 결론은 내버려 두고 먼저 이 구절을 다시 돌아보겠습니다.

맹자는 사람의 후천적 심리 행위가 원래부터 깊고 두터운 선량함을 지니고 있으며, 그것이 바로 인한 마음〔仁心〕이라고 주장했습니다. 그리고 예를 들어 설명했습니다. 사람이 만약 어린아이가 우물 속으로 떨어지려고 하는 것을 보면, 누구라도 "놀라고 측은히 여기는" 마음이 생겨나서 구해 줄 방법을 생각해 내려고 애쓰게 됩니다. 이것이 바로 사람 마음의 선량한 일면이 겉으로 드러난 것입니다. 그런 후에 그는 구체적으로 지적합니다. 모든 사람은 네 가지의 훌륭한 심리 행위를 지니고 있는데, 바로 측은히 여기는 마음, 부끄러워하는 마음, 사양하는 마음과 시비를 가리는 마음입니다. 이쯤에서 우리는 이 네 가지의 심리에 대해 적절한 인식을 가져야 합니다. 측은히 여기는 마음은 비유하자면 이렇습니다. 여러분이 버스를 타려고 기다리고 있는데 다른 사람들이 서로 밀치며 차에 오르려 고생하는 모습을 보고 측은지심에서 양보하다가 결국 여러분 자신은 차를 타지도 못합니다. 그래서는 안 됩니다. 부끄러워하는 마음으로 말하자면, 어떤 사람이 이기기를 좋아한다면 이것은 수오지심에서 비롯된 것으로 본래는 좋은 것이지만 이기기를 좋아함이 도를 넘어서면 오히려 좋지 않습니다. 시비를 가리는 마음 역시 좋은 것으로 선악심(善惡心)에서 나온 것이지만 조절할 줄 모르면 결국은 원수처럼 미워하다가 원한으로 원한을 갚을 수밖에 없습니다. 그렇게 되면 용서의 도를 잃게 됩니다. 사양하는 마음도 좋은 것이지만 잘 조절하지 않으면 억울한 일을 당하게 됩니다. 그러므로 적절히 운용해야지 지나쳐서는 안 됩니다. 하지만 이 네 개의 원칙은 확실히 훌륭한 것입니다.

맹자는 이어서 이 네 개의 원칙이 바로 인의예지의 네 단서 즉 사단(四端)이라고 힘주어 말합니다. 이것은 중국 문화의 기초인 동시에 왕도(王道)와 인정(仁政)의 유래입니다.

이제 맹자의 결론이 나옵니다. 그는 말합니다. 비록 이 네 가지의 선량함을 지니고 있다 할지라도 가공(加工)해야만 합니다. 불가에서 말하는 '가행(加行)' 즉 가공수행(加工修行)을 해야 합니다. 어떻게 가공합니까? "확이충지(擴而充之)" 즉 넓혀서 채워야 합니다. 학문과 수양의 정진과 완성이 모두 이 네 글자에 달렸습니다. 그가 말한 "무릇 사단을 나에게 지니고 있는 사람〔凡有四端於我者〕"이라는 말은 정말 기가 막힙니다. 『맹자』를 백 번 읽어야만 비로소 이 구절의 오묘함을 발견할 수 있습니다. 본 장의 첫머리에서 그는 이렇게 말했습니다. "사람은 모두 사람을 차마 해치지 못하는 마음을 가지고 있다〔人皆有不忍人之心〕." 이 말은 상당히 독단적이라서 예전에 우리도 회의를 품었는데, 대체적으로 그럴 따름이지 모든 사람이 다 그렇지는 않을 것이라고 생각했습니다. 그런데 여기에서는 "무릇 사단을 나에게 지니고 있는 사람"이라고 말했는데, 이 말에 대해서는 우리 모두 두 손 들어 찬성합니다. 이 말에 상반되는 주장은 바로 어떤 사람은 사람이 아니다, 어떤 사람은 어쩌면 사단을 지니고 있지 않을 수도 있다, 어떤 사람은 사단을 지니고 있지만 정도에 있어서 경중의 차이가 난다라고 말하는 것입니다. 여기에서 그는 말합니다. 사람은 자기 자신을 인식해야 합니다. 무릇 사단을 자기 자신에게 지니고 있는 '사람'은 수행과 수양의 과정에서 자신의 선량한 심리를 잘 기르고 그것을 확충시켜야 합니다. 만약 기르고 확대시킬 줄 모른다면 그것은 없는 것과 마찬가지입니다. 특히 불학을 배운 사람들은 말끝마다 자비를 들먹이는데, 실제로는 자비심을 기르고 확대시키지 않습니다. 유가로 말한다면 수양이 불충분하다고 하겠습니다.

문장의 기세에 있어서 읽어 보면 자못 독단적인 "사람은 모두 사람을 차마 해치지 못하는 마음을 가지고 있다"에 이어서 "무릇 사단을 나에게 지니고 있는 사람"이 나오는 것이 마치 팔고문(八股文)[81]의 기승전합(起承轉合)의 기법 같아서 지극히 자연스럽고 꾸민 흔적이 드러나지 않으면서 대단히 감동적입니다. 『서상기(西廂記)』 속의 노래 가사를 빌려 와서 표현해도 괜찮을 듯합니다. "추파를 받고도 어떻게 그는 잘도 피했던고." 젊은 사람들이 이런 문장 기교를 홀대해서는 안 될 것입니다.

그런 다음에 맹자는 슬쩍 방향을 돌려서 결론을 내립니다. "마치 불이 처음 타오르며 샘물이 처음 나오는 것과 같다(若火之始然, 泉之始達)." 여러분의 마음속에는 본래부터 선한 마음이 있는데, 그것은 마치 불빛이 있는 것과 똑같습니다. 여러분이 그 불빛을 밝고 크게 만든다면 큰 광명으로 변할 것입니다. 또 샘물과도 똑같아서 샘의 근원을 크게 넓히고 수로를 정

---

81 명·청 시대에 과거 시험의 답안 작성에 사용하도록 규정된 특수한 문체이다. 이 문체는 파제(破題), 승제(承題), 기강(起講), 입제(入題), 기고(起股), 중고(中股), 후고(後股), 속어결구(束語結句)의 여덟 부분으로 구성되는데, 이를 통해 '사서'를 중심으로 한 유가 경전의 내용을 논술식으로 서술하는 것이다.

비한다면 샘물이 끊임없이 솟아나올 것입니다. 이러한 자(慈), 비(悲), 희(喜), 사(捨)[82]를 확대시키면 인의예지의 수양, 네 가지 심리 행위가 커집니다. 만약 이것들을 넓히고 채워서 정치 심리의 행위가 될 수 있다면 사해를 보전할 수 있으니, 천하를 통일하는 데에서 그치지 않습니다. 천하를 통일하기는 쉬워도 통일한 이후에 보전할 수 있느냐 없느냐가 더 큰 문제입니다. 주나라 무왕은 천하를 통일하고 팔백 년을 보전하였습니다. 진시황 역시 천하를 통일하였지만 십여 년의 시간밖에 소유하지 못하고 아들 대에서 잃어버렸습니다. 이것은 선명한 대조로서, 보유하고 수성(守成)하는 것이 얼마나 어려운 일인지를 잘 설명해 줍니다. 하지만 이 사단을 넓히고 채운다면 보유할 수 있습니다. 만약 넓히고 채우지 않는다면 어떻게 될까요? 보통 사람은 이런 선량한 일면을 지니고 있더라도 수양을 거치지 않거나 혹 교육을 받지 않는다면 넓히고 채우지 못합니다. 만약 받은 교육이 바르지 못해서 곁길로 빠진다면 그 불의 밝은 빛도 곧 꺼져 버릴 것입니다. 어떤 독재 정치의 투쟁 사상은 원래부터 있던 인성의 본원적인 불빛을 일찌감치 꺼 버렸습니다. 이것을 통해 우리는 맹자가 후천적인 학문 수양을 대단히 중시했음을 알 수 있습니다. 그래서 그는 말했습니다. 만약 이 네 가지 심리 행위를 넓히고 채우지 못한다면, 사람 노릇에 있어서 최소한의 조건조차 해낼 수 없습니다. 즉 자신의 부모에게 다해야 하는 효도조차 해낼 수 없게 될 것입니다.

---

82 '버리다'는 뜻으로 불가에서는 언제나 마음이 평온하고 집착이 없는 상태를 말한다.

일상생활에서 사단을 실천하다

위의 구절은 후세 학자들이 심성지학(心性之學)과 심리 행위를 이야기할 때 늘 거론하는 아주 중요한 문제입니다.

앞에서도 언급한 바 있지만, 명대의 이학가인 나근계는 정좌 수도를 열심히 했습니다. 하지만 수양을 하고서도 나중에 문제가 생기자 안산농(顔山農)이 그에게 말했습니다. 그렇게 하는 것은 도가 아니니, 사단(四端)을 넓히고 채워야 한다고 말이지요. 그가 말한 사단이 바로 맹자가 여기에서 말했던 사단입니다. 안산농만 나근계에게 그렇게 말했던 것이 아니라, 송명의 이학가들은 여러 곳에서 이 사단을 넓히고 채워야 한다고 언급했습니다. 『맹자』의 이 구절은 당송 이후의 중국 문화에 많은 영향을 미쳤고, 중국 문화 가운데 인심(仁心) 인술(仁術)의 중요한 소재가 되었습니다.

어떤 사람은 이렇게 물을지도 모릅니다. 우리 현대인들은 이 사단을 어떻게 넓히고 채워야 합니까? 그것은 각자에게 달렸습니다. 사실 일상생활 가운데서 언제 어디서든 말과 행동으로 실행할 수 있습니다. 구체적인 방법은 고금 이래로 상세히 열거한 사람이 없으므로 자기 자신의 지혜로 체득해야 합니다. 어떻게 하는 것이 맞고 어떻게 하는 것이 틀린 것인지 자신의 내심(內心)과 외재적인 행위를 수시로 반성하고 수시로 수정해야 합니다.

어떤 사람은 『맹자』를 여기까지 읽고서 여기에서 말하는 '심(心)'이 불가에서 말하는 이른바 청정 본연의 본성이 아닐까 의심하기도 합니다. 하지만 이것은 서로 연관 지을 수 없는 별개의 것입니다. 불가에서 말하는 것은 형이상적 본체이고, 맹자가 여기에서 말한 것과 유가의 성선(性善)과 성악(性惡)의 논의는 형이하적 후천지성(後天之性)입니다. 후세 유학자들은 하나같이 형이상적 본체지성(本體之性)과 형이하적 후천지성을 한데 섞어 버려서 둘 사이에 분명한 경계가 없습니다. 실제로 맹자가 성선을 이야기하고 순자가 성악을 이야기하고 고자가 불선불악(不善不惡)을 이야기하면서 든 예들은 모두 인류가 생명을 지니고 난 이후의 후천적 형이하적 심성(心性)입니다. 만약 그것을 가지고 불가에서 말하는 형이상적 심성을 토론한다면, 이는 신발을 신고서 가려운 곳을 긁는 격이라 근처에도 가지 못합니다.

불가에서 말하는 '성(性)'은 만물이 아직 형성되기 이전의 본체를 일컫는 대명사입니다. 선하지도 않고 악하지도 않고[非善非惡], 선하기도 하고 악하기도 하고[可善可惡], 선할 수도 있고 악할 수도 있는[能善能惡] 것입니다. 유가에서는 천여 년 동안 인성이 선한지 악한지를 연구해 왔습니다. 어떤 사람들은 형이하적 시비선악을 가지고 형이상적 심성 본체로 해석하기도 했습니다. 서양 문화 역시 마찬가지였습니다. 하지만 그것은 외계인이 지구인과 비슷하게 생겼을 것이라고 생각하는 현대인의 사고가 실제와 맞지 않는 것과 똑같습니다. 만약 유가에서 형이상적 본체의 문제를 탐구하려고 든다면, 『역경』의 태극지설(太極之說)이 그에 가깝거나 서로 비슷하다고 억지로 말할 수 있을 것입니다.

사실 맹자가 이 네 가지 심리 행위의 동기 및 정치에 적용하는 중요성에 대해 반복적으로 변증한 것을 보더라도, 그의 논의는 인도(人道)적 입장에서 나왔으며 형이하에 속함이 분명하게 드러납니다. 만약 형이상에 끌어다 붙이려고 한다면, 맹자의 스승인 자사가 『중용』에서 인용해 놓은 『시경』의 "하늘이 하시는 일은 소리도 없고 냄새도 없다[上天之載, 無聲無臭]" 및 공자의 "하늘이 무엇을 말하더냐! 사계절이 운행하고 만물이 생육해도 하늘이 무엇을 말하더냐[天何言哉! 四時行焉, 百物生焉, 天何言哉]"라는 것으로 돌아가야 합니다. 그래야 정확한 이치라 할 수 있습니다.

그런데 역대 학자들 가운데 어떤 사람은 맹자가 말한 사단(四端)을 비교 연구하여 측은, 수오, 사양, 시비의 사단이 불가에서 말하는 자(慈), 비(悲), 희(喜), 사(捨)의 사무량심(四無量心)과 똑같다고 했습니다. 사실 이는 견강부회에 지나지 않습니다. 불가의 심리 행위는 형이상적 도에 치중하여 귀납시킨 논의인 데 비해, 공맹이 말한 인륜 도덕은 세상에 드러난 인문 예의로부터 세워진 논의이므로 불가의 최후 목적인 이른바 열반의 경지 즉 시비가 사라지고 분별이 없는 그것과는 동일선상에서 논할 바가 아닙니다.

하지만 세상을 맑게 하고 사람들을 이롭게 하려던 그들의 행위와 취지는 분명 서로 같습니다. 다른 점이 있다면 부처가 말했듯이 "모든 성현은 무로써 법을 삼았으나 차이가 있다〔一切聖賢, 皆以無爲法而有差別〕"는 것뿐입니다. 그래서 저는 늘 이런 비유를 듭니다. 유가 특히 송명 이후의 이학가들은 불가의 '율종(律宗)'과 비슷하여 언행에 신중하고 게으름을 피우지 않으니 상승(上乘)이라 하겠습니다. 맹자가 말한 측은지심은 불가의 자비심과 비슷하니 혜학(慧學)에 귀납시킬 수 있습니다. 사양지심과 수오지심은 계학(戒學)에 귀납시킬 수 있습니다. 시비지심은 증상계학(增上戒學)[83]에 귀납시킬 수 있습니다. 노장(老莊)의 학설은 불가의 '선학(禪學)'과 비슷하여 멀고 아득하며 사물의 바깥으로 초월합니다. 그 밖에 불가는 유가의 역(易)·예(禮)의 가르침과 같고, 노장과 도가는 유가의 『시경』, 『춘추』의 가르침과 같습니다. 오직 『서경』만이 유일하게 유가의 인륜이요 큰 가르침입니다. 말이 나온 김에 해 본 소리이니 참고만 하시길 바랍니다.

---

83 불교 수행자가 닦아야 할 기본적인 세 가지 공부 방법을 삼학(三學)이라 한다. 이는 가장 기본적인 불교 교리이며, 일체의 법문(法門)은 모두 삼학으로 귀결된다. 삼학은 계학(戒學), 정학(定學), 혜학(慧學)의 세 가지인데 증상계학(增上戒學), 증상심학(增上心學), 증상혜학(增上慧學)이라고도 한다.

맹자께서 말씀하셨다. "화살 만드는 사람이 어찌 방패 만드는 사람보다 인하지 못하겠는가? 화살 만드는 사람은 오직 사람을 상하지 못할까 두려워하고, 방패 만드는 사람은 오직 사람을 상할까 두려워한다. 무당과 관 만드는 목수도 또한 그러하다. 그러므로 기술을 선택함에 삼가지 않으면 안 되는 것이다."

孟子曰: "矢人豈不仁於函人哉? 矢人唯恐不傷人, 函人唯恐傷人. 巫匠亦然. 故術不可不慎也."

조금 전에 인심(仁心)과 인술(仁術)을 말했는데, 술(術)은 방법입니다. 여기에서 말하는 바는 인술 방면에 대한 맹자의 원칙입니다. 일찍이 어떤 사람이 물었습니다. 설사 자기 안에 이러한 인심이 있음을 알고 있다 할지라도 평소 사람을 대하고 사물을 대할 때 어떻게 발휘해야 합니까? 맹자가 여기에서 그 답을 제시한 것입니다.

맹자가 말했습니다. "화살을 만드는 사람이 설마하니 태어나면서부터 방패를 만드는 사람보다 인하지 못하겠는가? 화살을 만드는 사람은 화살을 더 날카롭고 뾰족하게 만들수록 좋아하는데, 그것은 자신이 만든 화살이 충분히 날카롭지 못해서 사람을 살상하지 못할까 두려워하기 때문이다. 그런가 하면 화살을 막는 방패를 만드는 사람은 정반대로 자신이 만든 방패가 날아온 화살을 막아 내지 못할까 두려워한다." 그들은 자신이 만든 방패가 어떤 강하고 날카로운 화살도 막을 수 있기를 간절히 바랍니다. 심지어 현대의 총알조차 뚫을 수 없게 만들어야 사람을 다치게 하지 않습니다. 이는 서로 다른 두 가지의 기술이 낳은 서로 다른 심리입니다.

그 밖에 또 다른 직업상의 대비로는 무의(巫醫)와 관을 만드는 사람이 그러합니다. 무의들은 언제나 모든 병자가 낫기를 희망합니다. 무(巫)와 의(醫)는 사실 두 개의 명사이지만 고대에는 왕왕 둘을 하나로 합해서 사용했습니다. 무에는 의도 포함되어 있습니다. 하지만 관을 만드는 기술자는 자신의 생계를 위해서 많은 사람이 죽기를 희망합니다. 이 두 가지 서로 다른 심리 역시 직업의 차이에서 비롯된 것입니다.

우리가 비록 직업 심리를 가지고 한 개인의 인자함 혹은 잔인함을 판단해서는 안 되지만, 사람을 응대하고 처세하는 사이에 세월이 쌓이다 보면 자신도 모르게 심리 행위가 그에 맞추어 변화를 일으키게 됩니다.

맹자의 이 대목의 중점은 "기술을 선택함에 삼가지 않으면 안 된다〔術不可不愼也〕"는 대원칙에 있습니다. 그런데 여기에서 '술(術)' 자는 오로지 기술이나 기능적인 '술'만을 가리키는 것이 아니라 상황을 따져 보고 적절히 대처하는 방법과 원칙을 가리키는 말입니다. 일을 처리하고 사람 노릇하는 것도 포함하는 말이니, 이것이 바로 학문이며 대단히 어려운 일입니다.

비록 어떤 사람이 종사하는 직업과 생계의 기술이 선악 도덕과 결정적인 관계를 갖고 있지는 않다 할지라도 삼가지 않으면 안 됩니다. 또 일상생활 가운데 착한 일을 하거나 보시를 하는 경우에도, 만약 제대로 하지 못하거나 적당하지 않으면 오히려 좋지 못한 결과를 가져오므로 조심하지 않으면 안 됩니다. 이런 세세한 대목은 여러분 스스로 체득해야 할 부분이므로 더는 토론하지 않겠습니다.

"공자께서 말씀하셨다. '인에 거하는 것이 아름답다. 거할 곳을 택하되 인에 처하지 않는다면 어찌 지혜로울 수 있겠는가?' 인은 하늘의 높은 벼슬이요 사람의 편안한 집이다. 이것을 막는 이가 없는데도 인하지 못하니, 이는 지혜롭지 못한 것이다. 인하지 못하고 지혜롭지 못하여 예가 없고 의가 없으면 다른 사람이 부리게 된다. 다른 사람이 부리되 부림 당함을 부끄러워하는 것은, 활 만드는 사람이 활 만드는 것을 부끄러워하고 화살 만드는 사람이 화살 만드는 것을 부끄러워함과 같다. 만약 이것을 부끄러워한다면 인을 행하는 것만 못하다. 인한 자는 활쏘기 하는 것과 같으니, 활을 쏘는 자는 자신을 바로잡은 뒤에야 발사한다. 발사한 것이 맞지 않더라도 자신을 이긴 자를 원망하지 않고 돌이켜 자기 자신에게서 찾을 뿐이다."

"孔子曰: '里仁爲美. 擇不處仁, 焉得智?' 夫仁, 天之尊爵也, 人之安宅也. 莫之禦而不仁, 是不智也. 不仁不智, 無禮無義, 人役也. 人役而恥爲役, 由弓人而恥爲弓, 矢人而恥爲矢也. 如恥之, 莫如爲仁. 仁者如射, 射者正己而後發; 發而不中, 不怨勝己者, 反求諸己而已矣."

여기에서 맹자는 먼저 공자의 "인에 거하는 것이 아름답다[里仁爲美]"를 인용했습니다. 사람들은 흔히 '리(里)'를 장소로 해석해서 어딘가에 거주하려고 한다면 인애(仁愛)로운 장소를 찾아서 거주해야 한다고 해석합니다. 제가 『논어』를 풀이할 때에도 말했지만 만약 그렇게 해석한다면 대북 시에서는 인애로(仁愛路), 신의로(信義路), 충효로(忠孝路)에 거주해야만 됩니다. 다른 곳은 모두 인하지 않고 의롭지 않으니 거주할 수가 없습니다. 물론 이것은 우스갯소리입니다. 하지만 만약 모든 이웃이 인하고 의로운 이웃이어야 한다면 그것은 사실 너무나 어려운 일입니다. 이것이 첫째입니다. 둘째로, 만약 모든 사람이 인하고 의로운 사람과만 이웃하려고 한다면 세상에 인하지 못하고 의롭지 못한 수많은 사람들은 자기들끼리 한데 모여 살아야 합니까? 설마하니 악인에게는 악인 무더기가 있고 호인에게는 호인 둥지가 있다는 말은 아니겠지요? 이치상으로 통하지 않고 논리에도 맞지 않습니다.

제가 보기에 '리(里)'는 바로 '처(處)'의 의미입니다. 또는 '거(居)'자로 풀 수도 있는데, 바로 거처하는 근거지를 말합니다. "인에 거하는 것이 아름답다"는 말의 의미는 우리가 평소에 사람 노릇하며 세상을 살아갈 때 인을 중심으로 삼고 인을 근거로 삼아야 비로소 지극히 아름답다는 뜻입니다. "거할 곳을 택하되 인에 처하지 않는다[擇不處仁]"의 뜻은 이렇습니다. 사람 노릇 하고 일을 처리함에 있어 만약 수단을 가리지 않고 인의 도덕을 돌아보지 않는다면 그것은 지혜롭지 못한 것입니다. 이것이 저의 해석입니다.

맹자가 이 말을 인용한 것도 잘못된 것은 아닙니다. 그는 결코 집을 사든지 집을 빌려서라도 인한 사람들이 사는 지역으로 옮겨 가라고 말하지 않았습니다.

그는 다시 공자의 말을 인용하였습니다. "인은 하늘이 내린 존귀한 작위인 동시에 사람의 편안한 집[安宅]이다." 이 '집[宅]'은 물질적인 집을 가리키는 말이 아닙니다. 우리가 평소 '택심순후(宅心純厚)'라고 말할 때의 '택(宅)'은 동사입니다. 사람의 마음을 순후함 가운데 놓아야 한다는 말입니다. 바꾸어 말하면 택심(宅心)과 거심(居心)의 의미는 비슷합니다. 가령 '거심불량(居心不良)'이라는 말은 그 사람의 마음씨가 좋지 않다는 뜻이고 '택심순후'는 그 사람의 마음씨가 순수하고 너그럽다는 뜻입니다. 그렇다면 『맹자』의 이 구절이 의미하는 바는, 인(仁)이 인류에게 가장 훌륭한 안심지처(安心之處)라는 뜻입니다. "이것을 막는 이가 없는데도 인하지 못하다[莫之禦而不仁]"고 할 때의 '어(禦)'는 제한하다, 저지하다라는 뜻입니다. 맹자는, 어떤 사람도 우리의 마음이 인에 거하는 것을 저지하지 않고 그처럼 존귀한 천작(天爵), 그처럼 안일한 거처에 내버려 두고 상관하지 않는데도 내키는 대로 온갖 나쁜 짓을 저지른다면 너무도 어리석다고 말합니다.

"인하지 못하고 지혜롭지 못하여 예가 없고 의가 없으면 다른 사람이 부리게 된다〔不仁不智, 無禮無義, 人役也〕"는 말의 뜻은 이렇습니다. 어떤 사람이 인하지 못하고 지혜롭지 못하면 예가 없고 의가 없어지는데, 그런 사람은 사심(私心)과 욕망의 노예가 되어 버립니다. 가령 어떤 일에 대해서 이지(理智)적인 시비선악의 판단에 따른다면 그렇게 해서는 안 된다는 것을 잘 알고 있습니다. 하지만 정서가 충동하기만 하면 곧바로 그렇게 해 버리고 맙니다. 만약 이지가 이런 희로애락의 정서를 막아 내지 못한다면, 그러면 사람은 이런 정서의 노예가 되어 버릴 것입니다.

맹자가, "다른 사람이 부리되 부림 당함을 부끄러워하면〔人役而恥爲役〕"이라고 한 것은, 어떤 사람이 다른 사람의 노예가 되었는데도 노역하는 것을 기뻐하지 않는다면, 이는 비유하자면 활과 화살을 만드는 사람이 활과 화살이 사람을 죽이거나 해치는 물건임을 알고 마음이 불편해지는 것과 같습니다. 만약 그런 심리가 생긴다면 얼른 마음을 바꾸는 것이 좋습니다. 해서는 안 된다는 것을 이지적으로 아는데도 정서상 막을 수 없어서 자꾸만 하려고 할 때는 최대의 용기를 내어 얼른 마음을 바꾸어야 합니다. 해서는 안 된다는 것을 알면 절대로 하지 말아야 합니다.

수행은 쉬우나 뜻을 오로지하기는 어렵다

그래서 맹자는 말했습니다. "인한 자는 활쏘기 하는 것과 같으니, 활을 쏘는 자는 자신을 바로잡은 뒤에야 발사한다. 발사한 것이 맞지 않더라도 자신을 이긴 자를 원망하지 않고 돌이켜 자기 자신에게서 찾을 뿐이다〔仁者如射, 射者正己而後發; 發而不中, 不怨勝己者, 反求諸己而已矣〕."이 구절은 이 대목의 핵심이니 특별히 주의해야 합니다. 이는 천고 이래 유가에서 수양을 이야기하고 불가에서 수행을 이야기할 때 가장 중시했던 점입니다. 맹자는 말합니다. 인도(仁道)를 행하는 사람은 화살을 쏘는 것과 똑같으니, 활을 당겨 화살을 쏘는 사람은 적어도 먼저 자신의 자세를 단정히 한 후에 화살을 쏩니다. 하지만 한 발을 쏜 후에 과녁의 중심을 명중시키지 못한다면, 자신보다 더 잘 쏜 사람에 대해 절대로 원한을 품어서는 안 됩니다. 오히려 무엇 때문에 다른 사람을 이길 수 없었는지 스스로를 반성해야 합니다. 남을 이기는 것을 좋아하는 것이 잘못된 것은 아닙니다. 하지만 다른 사람이 자신을 이겼다고 해서 원한을 가져서는 안 됩니다. 돌이켜 자기 자신에게서 원인을 찾아야 합니다. 어떤 학문을 하든지 마찬가지입니다. 돌이켜 자기 자신에게서 원인을 찾으라는 맹자의 이 말은 유가의 수양과 학문의 중심이면서 동시에 불가의 수행의 요점이기도 합니다. 모든 것을 반대로 돌이켜서 자기 자신에게서 원인을 찾고 자기 자신을 반성하고 자기 자신을 검토해야 합니다. 다른 사람을 탓해서는 안 되며 환경을 탓해서는 더더욱 안 됩니다.

이 점은 인술(仁術)의 이치이기도 합니다. 만약 사단(四端)이 선한 행동이며 훌륭한 것임을 안다면, 명백히 알고는 있지만 실행할 수 없다면 마음과 생각 및 일상생활에서 더욱 많이 점검해야 합니다. 수양이 부족하면 때로는 자비롭지만 때로는 자비롭지 못합니다. 예를 들어 어떤 사람이 거지를 보고 자비심이 생겨서 돈을 꺼내 주려고 한다고 합시다. 처음에는 십 원을 꺼냈는데 생각해 보니 너무 많다 싶어 오 원으로 바꿔서 거지에게 던져 주었다면, 그때 이미 그의 마음속에는 싫은 생각이 생겨난 것입니다. 때때로 우리는 다른 사람의 요구에 대해 면전에서 일고여덟 번은 어쩌면 승낙할 수 있습니다. 하지만 아홉 번째가 되면 조금은 짜증이 날 수도 있으며, 열 번째가 되면 그 사람을 아예 상대조차 안 하게 될 것입니다. 이 또한 스스로 잘 반성해 봐야 합니다. 결국 처음부터 쉽사리 허락해서는 안 되는 것이었을까, 아니면 처음부터 끝까지 계속했어야 했을까? 또 어떤 사람은 자신의 재력이 그다지 풍족한 편이 아닌데도 가련한 고아를 보면 거두고 싶어 합니다. 하지만 어떤 사람의 생각은 또 다릅니다. 스스로 고생을 자초하여 직접 거둘 필요 없이, 아이는 없지만 아이를 예뻐하는 가정에 보내 거두게 함으로써 능력이 충분한 사람의 손을 빌리는 편이 훨씬 철저하고 훨씬 타당하다고 생각합니다. 이것은 '술(術)'의 문제이며 방법의 문제인데, 또한 인술(仁術)의 이치이기도 합니다.

위에서 말한 것을 종합하면, "사람은 모두 사람을 차마 해치지 못하는 마음을 가지고 있다"에서 시작해서 "돌이켜 자기 자신에게서 찾을 뿐이다"에 이르기까지는 공손추가 말한 인정(仁政)과 왕도(王道)에 대한 설명이라고 하겠습니다.

맹자께서 말씀하셨다. "자로는 다른 사람이 그에게 과실이 있음을 말해 주면 기뻐하였다. 우임금은 선언(善言)을 들으면 절하였다. 대순은 이보다도 더 위대함이 있었으니, 선을 다른 사람과 함께하사 자신을 버리고 다른 사람을 따르며, 다른 사람에게서 취하여 선을 행함을 좋아하였다. 밭 갈고 곡식을 심으며 질그릇 굽고 고기 잡을 때로부터 황제가 됨에 이르기까지 다른 사람에게서 취하지 않은 것이 없었다. 다른 사람에게서 취하여 선을 행함은 다른 사람이 선을 행하도록 도와주는 것이다. 그러므로 군자는 다른 사람이 선을 행하도록 도와주는 것보다 더 훌륭함이 없는 것이다."

孟子曰: "子路, 人告之以有過則喜. 禹聞善言則拜. 大舜有大焉: 善與人同, 舍己從人, 樂取於人以爲善; 自耕稼陶漁, 以至爲帝, 無非取於人者. 取諸人以爲善, 是與人爲善者也. 故君子莫大乎與人爲善."

맹자는 이어서 공자의 학생 자로 및 옛 성인 두 명의 사적에 대해 이야기하였습니다. 그의 취지는 여전히 앞의 내용과 일관되는데, 인류의 '사단(四端)'의 심리 행위를 넓히고 채우기 위해 역사적 실례를 들어서 설명한 것입니다.

맹자가 말했습니다. "공자의 문인 자로는 대단히 훌륭했는데, 다른 사람이 그의 잘못을 지적하면 기뻐했다. 그런 까닭에 그는 공자가 가장 좋아했던 제자 가운데 하나였다. 자로는 성격이 아주 솔직하고 시원시원했는데, 옳은 건 옳고 그른 건 그르다고 자신의 결점을 지적해 주면 화를 내지 않을 뿐 아니라 도리어 아주 기뻐했다. 그것이 바로 자로였다. 또 하나의 모범은 대우(大禹)이다. 그는 다른 사람의 일리 있는 말을 들으면 그것이 설사 자신에게 옳지 않다고 말하는 것이라 할지라도, 선언(善言)이고 유익하기만 하면 곧바로 감사의 인사를 했으니 자로보다 한 수 위였다. 그런 까닭에 그는 성인이라 칭해질 수 있었고 자로는 그저 현인이라 칭해질 뿐이었다. 대우의 스승이면서 대우에게 황제 자리를 물려주었던 대순(大舜)은 더 위대했다."

맹자가 더 위대했다고 말한 대순은 다른 사람과 똑같아지는 것을 잘했습니다. 즉 그는 자신을 버리고 남을 따르기를 잘했는데, 불가에서 말하는 '무아(無我)'나 사람들이 말하는 '무사(無私)'와 같은 것입니다. 그가 자신을 버리고 사사로움을 버리면서 남을 따랐던 것은 그들의 선을 따른 것이지 악을 따른 것이 아니었습니다. 다른 사람에게 훌륭한 부분과 옳은 부분이 있으면 자기 자신의 주관을 버리고 다른 사람을 좇았습니다. 그는 다른 사람의 선을 몸소 받들어 행하는 것을 가장 좋아했습니다. 다른 사람에게 선한 부분이 있기만 하면 곧바로 마음을 비우고 본받았습니다. 이것이 "다른 사람에게서 취하여 선을 행함을 좋아하였다〔樂取於人以爲善〕"라는 말의 의미입니다. 이 '취(取)' 자를 잘못 해석해서 대순은 다른 사람의 재물을 취하여 좋은 일 하기를 좋아하였다고 해석해서는 안 됩니다.

대순은 "다른 사람에게서 취하여 선을 행함을 좋아하였다"고 했습니다. 다른 사람을 본받아 선을 행하기 즐겼기 때문에 비록 농부 출신에다가 도공(陶工)과 어부를 지냈지만 마침내 제왕이 되었습니다. 제왕이 되었을 뿐 아니라 후세에 성왕(聖王)으로 존경받기까지 했는데, 그 주요 원인이 바로 여기에 있었습니다. 그는 언제 어디서나 다른 사람의 장점을 본받을 수 있었기에 대성(大聖)이 되었던 것입니다. 그렇지 않았더라면 그냥 전제 군주가 되었을 것입니다.

맹자는 말합니다. "대순은 다른 사람의 뛰어난 점을 자신의 모범으로 삼고 좋은 쪽을 향해 나아갔다. 그렇게 하면 원래부터 선언(善言)과 선행(善行)을 지녔던 사람은 더더욱 선한 방향을 향해 노력할 것이고, 원래부터 선을 비난하고 선함이 없었던 사람은 그가 자신을 버리고 다른 사람을 따라 선을 행하는 것을 보고서 그의 발걸음을 좇아 자신을 버리고 다른 사람을 따라 선을 행하게 될 것이다. 그리하여 이 인류 사회는 선한 사람은 더욱 선해지고, 선을 비난하고 선함이 없고 선하지 않은 사람들 역시 선을 향해 나아가게 된다. 대순은 '선을 다른 사람과 함께함[善與人同]'으로써 다른 사람들이 선을 행하도록 도와주는 결과를 가져왔다. 그러므로 군자에게는 다른 사람이 선을 행하도록 도와주는 것보다 더 위대한 덕행이 없다."

이 세 분의 옛 성현 가운데 대순은 모든 사람이 선을 행하도록 영향을 미쳤으므로 가장 위대하다고 하겠습니다. 불가의 삼승(三乘)으로 비유하자면, 대순은 대승(大乘)이라 할 수 있고 대우는 중승(中乘)이라 할 수 있으며 자로는 소승(小乘)이라 하겠습니다. 대우와 자로는 여전히 '나[我]'를 지니고 있었지만 대순은 '무아(無我)'에 이르렀기 때문에 우리는 대순을 본받아야 합니다.

이론을 말하기는 쉬워도 정말로 실행하기는 대단히 어렵습니다. 그렇기 때문에 우리는 그저 '잉여 인간[剩人]'이나 될 뿐 성인(聖人)이 되지는 못합니다.[84] 그렇더라도 성현의 책은 읽어야 합니다. 천천히 읽으십시오! 저는 사서(四書)를 좋아하고 불경도 좋아하는데 어려서부터 집을 나서 먼 길을 떠날 때면 반드시 짐 속에 요즘 말로 '포켓용' 사서를 넣어 두었다가 틈만 나면 꺼내서 읽었습니다.

위의 단락은 인심(仁心)과 인술(仁術)에 대한 확충이며 「공손추」 상편에서 제기한 문제에 대한 설명이기도 합니다. 편집의 이러한 수법은 대단히 절묘하면서 대단히 훌륭합니다.

맹자께서 말씀하셨다. "백이는 섬길 만한 군주가 아니면 섬기지 않고 벗할 만한 사람이 아니면 벗하지 않으며, 악한 사람의 조정에 서지 않고 악한 사람과 더불어 말하지 않았으니, 악한 사람의 조정에 서며 악한 사람과 더불어 말하는 것을 마치 조복과 조관을 입고 진흙과 숯 구덩이에 앉은 듯이 여겼다. 악을 미워하는 마음을 미루어서 생각하기를, 향인과 더불어 서 있을 때에 그 관이 바르지 못하면 망망연히 떠나가 마치 장차 자신을 더럽힐 듯이 여겼다. 이 때문에 제후들이 비록 그 사명을 잘하여 찾아오는 자가 있더라도 받아들이지 않았으니, 받아들이지 않은 것은 이 또한 나아감을 달가워하지 않은 것이다.

유하혜는 더러운 군주를 섬김을 부끄러워하지 않고 작은 벼슬을 낮게 여기지 않았는데, 나아감에 어짊을 숨기지 않아 반드시 그 도리를 다하였고, 벼슬길에서 누락되어도 원망하지 않으며 곤액을 당하여도 근심하지 않았다. 그러므로 그는 말하기를 '너는 너이고 나는 나이니, 네 비록 내 곁에서 옷

을 걷고 몸을 드러낸들 어찌 나를 더럽힐 수 있겠는가!' 하였다. 그러므로 유유히 그와 더불어 함께 있으면서도 스스로 올바름을 잃지 않고, 떠나려고 하다가도 잡아당겨 멈추게 하면 멈추었다. 잡아당겨 멈추게 하면 멈춘 것은 이 또한 떠나감을 달가워하지 않은 것이다."

맹자께서 말씀하셨다. "백이는 좁고 유하혜는 불공하니, 좁음과 불공함은 군자가 따르지 않는다."

孟子曰: "伯夷, 非其君不事, 非其友不友; 不立於惡人之朝, 不與惡人言; 立 於惡人之朝, 與惡人言, 如以朝衣朝冠, 坐於塗炭. 推惡惡之心, 思與鄉人立, 其冠不正, 望望然去之, 若將浼焉. 是故, 諸侯雖有善其辭命而至者, 不受也; 不受也者, 是亦不屑就已.

柳下惠, 不羞汙君, 不卑小官; 進不隱賢, 必以其道; 遺佚而不怨, 阨窮而不 憫. 故曰: '爾爲爾, 我爲我, 雖袒裼裸裎於我側, 爾焉能浼我哉!' 故由由然與 之偕, 而不自失焉, 援而止之而止. 援而止之而止者, 是亦不屑去已."

孟子曰: "伯夷隘, 柳下惠不恭. 隘與不恭, 君子不由也."

성현의 인격 분류

이 대목은 「공손추」 상편의 결론입니다. 동시에 맹자는 자신이 평생 공자의 이치를 배우는 데 뜻을 두었다고 밝히고 있습니다. 제가 예전에도 말한 바 있는데, 불학을 배웠든 도가를 배웠든 유가를 배웠든 상관없이 나이가 그만큼이나 되었는데 아직도 자신의 인생관을 확립하지 못하고 장차어떤 사람이 될지 결정하지 못한 사람이 많습니다. 공자나 맹자는 "열다섯에 학문에 뜻을 두어" 이미 뜻을 세웠습니다. 인생관은 반드시 확립해야 합니다. 맹자는 고인의 지향을 인용함으로써 자신의 인생관을 드러내었습니다.

맹자가 말했습니다. 백이는 은사(隱師)로서 인품이 지극히 맑고 고상하였습니다. 그는 자신이 모실 주인을 선택함에 있어 아주 엄격했는데, 주 무왕조차 그의 마음에 들지 않았습니다. 이상적인 주인이 아니라 생각되면 결코 그를 위해 일하지 않았습니다. 또 친구로 삼기에 부족하다 생각되면 그런 사람과는 친구가 되지 않았습니다. 조정에 나쁜 사람이 정치를 하고 있으면 그런 조정에는 나가지 않았습니다. 본디 주왕(紂王)이 그의 본가였지만 나쁜 사람이기 때문에 백이는 그런 조정을 떠나 버렸습니다. 그는 나쁜 사람과 말하는 것도 원하지 않았습니다. 만약 그에게 나쁜 사람이 정치를 하는 조정에 서라고 한다든지 혹은 악인과 말하라고 하면 더할 수 없이 괴로워했습니다. 마치 자신이 예복을 입고 진흙탕이나 잿더미 위에 앉아 있는 것처럼 불편해하고 힘들어했습니다. 그렇기 때문에 그는 시비선악을 너무 분명하게 나누었습니다. 하지만 우리는 물이 너무 맑으면 물고기가 없고 사람이 너무 맑으면 복이 없다는 사실을 알아야 합니다. 시비선악을 너무 분명하게 나누면 복이 돌아오지 않습니다. 시비를 분명히 가린 다음에는 반드시 포용할 줄 알아야 합니다. 만약 너그럽지 못하고 세상의 불합리한 모든 것에 분개하고 증오한다면 그 또한 병이라고 할 수 있습니다.

맹자가 계속 말했습니다. 백이는 나쁜 사람을 미워하는 그런 심리를 발전시켜서, 보통 사람과 함께 서 있다가 만약 그 사람이 모자를 단정하게 쓰지 않은 것을 보면 상대도 하지 않고 떠나가 버렸습니다. 마치 그 사람이 자신을 보고 인사를 하게 되면 자신이 더럽혀지기라도 하는 것처럼 여겼습니다. 그런 까닭에 제후들이 간절한 말로 초빙의 글을 써서 그를 부르더라도 받아들이지 않았습니다. 그가 받아들이지 않은 것은 자신의 인생 태도 때문이었는데, 그 사람에게 나아가는 것을 달가워하지 않았던 것입니다. 결국 천자도 그를 신하로 삼지 못했으니 황제라 할지라도 그를 데려다가 부하로 삼을 방법이 없었습니다. 또 제후도 그를 친구로 삼을 수 없었으니 각국의 제후들이 그와 친구가 되고 싶어 했지만 해내지 못했습니다. 그는 망망연히 떠나서 결국은 수양산까지 가 버렸고 거기에 갇혀 야생식물인 고사리만 먹었습니다. 이런 식물은 만약 등산하다가 길을 잃었을 때 일시적으로 허기를 달래고 체력을 유지시킬 수는 있어도 오래 먹게 되면 반드시 위장을 망가뜨립니다. 그리하여 그와 숙제(叔齊) 두 형제는 위장에 병이 생겨 죽고 말았습니다. 그들은 스스로는 맑고 고상했지만 당시의 천하 백성들에 대해서는 어떠한 공헌도 하지 못했습니다.

맹자는 백이와 상반되는 또 다른 사람 유하혜를 거론하였습니다. 다들 알다시피 유하혜는 여인을 품고서도 난잡하지 않았던〔坐懷不亂〕[85] 맑고 고상한 사람입니다. 맑고 고상한 사람이라고 해서 반드시 도덕적으로도 깨끗할 것이라고 생각하면 안 됩니다. 난잡해지기 시작하면 형편없는 사람보다 더 난잡해질 수 있습니다. 마치 맑은 물에 진흙 한 덩어리를 넣으면 곧바로 혼탁해지는 것과 마찬가지입니다. 여인을 품고서도 난잡하지 않았던 유하혜가 도대체 어떤 풍격의 인물이었는지는 맹자의 묘사를 보면 알 수 있습니다.

맹자가 말했습니다. 유하혜는 나쁜 주인에 대해서도 그저 그를 도와 일하겠노라고만 대답하고 일을 하라면 할 뿐이었습니다. 주인이 어떤 나쁜 사람이 되었건 상관하지 않았습니다. 또 관직이 낮다고 하여 비천하게 여기지도 않았습니다. 바닥을 청소하라고 하면 청소하고 차를 내오라고 하

---

[85] 한번은 유하혜가 먼 길을 가다가 추운 날 밤 성 밖에서 노숙을 하게 되었다. 이때 성문 앞에 갈 곳 없는 한 젊은 여인이 쓰러져 추위에 떨고 있는 것을 보았다. 유하혜는 이 여자가 얼어 죽을까 두려워 자신의 품에 앉게 하고는 솜옷으로 덮어 추위를 막아 주었다. 하지만 다음 날 아침 날이 밝을 때까지 예의에 어긋나는 일이 전혀 일어나지 않았다. 이것이 바로 '좌회불란 (坐懷不亂)'의 고사이다.

면 내오고 그런 것은 아무래도 상관없었습니다. 자신에게 비서장을 맡으라고 해도 수락하고 다음 날 직공으로 끌어내려도 아무렇지도 않습니다. 그다음 날에 이리저리 심부름을 시켜도 아무런 문제가 없고 상관하지 않습니다. 당신을 위해 일하면서 자신의 장점을 마음껏 발휘할 뿐 아니라 훌륭한 인재가 있으면 발견하는 대로 즉시 당신에게 추천합니다. 매사에 바른 길로만 걸어가고 정당한 방법으로만 일합니다. 이런 사람들은 겉은 둥글고 안은 곧은〔外圓內方〕 유형입니다. 겉모습은 대단히 원만해서 무슨 일을 시키든지 다 합니다. 하지만 어떤 일을 하든지 반드시 정대(正大)한 도리, 정당한 방법으로 해 나갑니다. 설사 다른 사람에 의해 버려지고 쓰이지 않게 되어도 원망하지 않습니다. 곤궁한 처지에 놓이더라도 스스로를 가엽게 여기지 않고 여전히 즐거움을 누릴 수 있습니다. 이런 수양의 경지는 대단히 높은 것이라고 말할 수 있습니다.

그런데 만약 사람의 안과 겉이 모두 둥글다면 그건 문제입니다. 유하혜는 다른 사람에 대해서는 매사에 원만했지만 내심에는 자신만의 구도가 있었습니다. 그렇기 때문에 나쁜 사람과 함께 있거나 친구가 될 수 있었던 것입니다. 그는 항상 이렇게 말했습니다. "상관없어. 당신은 당신이고 나는 나니까. 설사 당신이 내 옆에서 옷을 홀랑 벗는다 해도 나랑은 상관없어. 어쨌든 나는 옷을 깔끔하고 반듯하게 입을 것이니까. 당신은 당신이고 나는 나이기 때문에 당신은 나를 오염시킬 수 없어." 그런 까닭에 유하혜는 다른 사람과 함께 거하면서도 유연하게 자신의 절조를 잃지 않았습니다.

"잡아당겨 멈추게 하면 멈추었으니〔援而止之而止〕"란 당신이 그를 만류하면 그는 곧바로 머무른다는 말입니다. "이 또한 떠나감을 달가워하지 않은 것이다〔是亦不屑去已〕." 그는 세속에 섞이고 싶어 하지 않는 태도가 마음에 들지 않았습니다. 너무 고지식하고 대범하지 못하다고 느꼈기 때문인데, 그래서 그는 "떠나감을 달가워하지 않았던" 것입니다.

최후로 맹자가 이 두 사람에 대해 내린 결론은 이러합니다. 백이는 너무 좁으면서도 자신을 고결한 인격자로 여기고 스스로 만족해하니 소승(小乘)의 도에 가깝고, 유하혜는 공손하지 못하고 일을 처리함에 근엄함이 부족하니 이 역시 좋지는 않습니다. 너무 좁은 것과 공손하지 못한 것 둘 다 도에 맞지 않으므로 그가 선택한 길은 공자의 노선인 대승(大乘)의 도였습니다. 바꾸어 말하면 그가 걸었던 길은 대순(大舜)의 도이면서 중용의 도였습니다. 하지만 맹자는 자신이 걸어가는 길에 대해 직접적으로 언급하지 않고 그저 "군자는 따르지 않는다〔君子不由也〕"라고만 말했습니다. 그런 것들은 자신이 원하지 않는 길이라고만 말한 다음 갑자기 말을 끝맺었습니다.

이렇게 문장을 끝맺는 방법은 대단히 절묘합니다. 사마천 및 후세의 문장과 선종의 교육법이 모두 그러합니다. 최후의 결론이 무엇이냐고 물어봐도 여러분에게 화두를 참고하여 스스로 연구하고 스스로 결론을 내리라고 합니다.

중화민국 초년의 오사 운동 당시에 백화문을 제창하고 신문예가 유행하면서 신문예 이론이 생겨났습니다. 당시의 신문예 이론가들은 서양 문예의 작품과 이론을 인용하여 장회 소설(章回小說)[86], 원곡(元曲)[87] 등의 '대단원(大團圓)' 결말의 구성 방식을 공격하고 비방했습니다. 거기서 더 나아가 고문을 비방하면서 신문예 작품의 결말은 문제를 남겨 둠으로써 독자 스스로 생각하고 답을 찾도록 만들어야 한다고 주장했습니다. 이제 우

---

86 중국의 고전 장편 소설을 지칭하는 용어인데, 한 작품이 일정 수의 단락으로 나뉘는 체재를 가졌기 때문에 비롯된 명칭이다. 명대 이후 중국의 고전 장편 소설은 보편적으로 장회 소설의 형식을 채용하였다. 장회 소설의 단락은 회(回), 칙(則), 단(段), 절(節) 등으로 불리는데, 회(回)가 가장 많이 쓰이는 용어이다.

87 중국 원대(元代)에 '잡극(雜劇)'이라는 가극 형태에 따라 만들어진 희곡 문학으로, 오늘날 경극(京劇) 등의 원조가 되는 최초의 본격적 가극이다.

리가 『맹자』를 공부하다 보니, 그런 구성 방식의 문장이 몇천 년 전의 맹자 시대에 이미 존재했음을 알게 되었습니다. 사실은 고문 가운데 많은 문장들도 그런 방법을 사용하였습니다. 훗날 일부 지식인들은 서양 문학의 이론과 작품을 인용하여 입론(立論)의 근거로 삼았는데, "달은 서양의 것이 둥글다"라는 혐의가 없지 않습니다. 서양의 달이 둥글다는 말로써 구(舊) 문학을 공격하고 비방하고 있으니, 자신의 진면목을 알지 못함이 참으로 한탄스럽습니다!

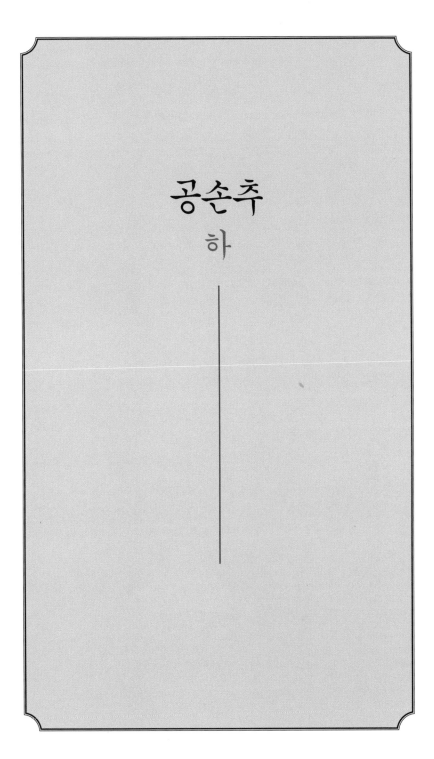

공손추

하

「공손추」 하장은 양기(養氣), 부동심(不動心) 같은 개인 수양의 문제로부터 시작된 이야기가 외적 활용(外用)인 행도(行道)에까지 이어집니다. 개인의 학문 수양을 사회에 펼치고 국가와 천하를 위해 바칩니다. 참으로 그렇게 할 수 있으면 그런 사람이 바로 성인입니다. 현재 학술계에는 선종이 유행하고 있어서 어디를 가도 선(禪)을 이야기합니다. 보통 사람들은 책 몇 권 보고서 마치 선을 깨달은 것처럼 이야기하는데, 사실은 선의 그림자도 아직 보지 못했습니다. 설사 정말로 도를 깨달았다 하더라도 어려움이 여전히 첩첩이 쌓여 있으니, 이른바 "도를 깨닫기는 쉬워도 도를 닦기는 어렵고, 도를 닦기는 쉬워도 도를 행하기는 어려우며, 도를 행하기는 쉬워도 도를 이루기는 어렵고, 도를 이루기는 쉬워도 도를 넓히기는 어렵다(悟道容易, 修道難; 修道容易, 行道難; 行道容易, 成道難; 成道容易, 弘道難)"고 했습니다. 성현의 길을 걸어가기란 실로 녹록치 않습니다.

맹자께서 말씀하셨다. "천시는 지리만 못하고, 지리는 인화만 못하다. 삼 리의 성과 칠 리의 곽을 포위하여 공격하여도 이기지 못하는 경우가 있다. 무

릇 포위하여 공격하면 반드시 천시를 얻을 때가 있다. 그런데도 이기지 못함은 천시가 지리만 못한 것이다. 성이 높지 않은 것도 아니고, 못이 깊지 않은 것도 아니며, 병기와 갑옷이 견고하고 예리하지 않은 것도 아니고, 쌀과 곡식이 많지 않은 것도 아니지만 이것을 버리고 떠나가니, 이는 지리가 인화만 못한 것이다."

孟子曰: "天時不如地利, 地利不如人和. 三里之城, 七里之郭, 環而攻之而不勝. 夫環而攻之, 必有得天時者矣. 然而不勝者, 是天時不如地利也. 城非不高也, 池非不深也, 兵革非不堅利也, 米粟非不多也, 委而去之, 是地利不如人和也."

천시, 지리, 인화

맹자는 여기에서 당시의 사건 및 자신의 일생의 사적을 들어 우리가 참고할 수 있게 했습니다.

맹자가 말했습니다. "천시는 지리만 못하고, 지리는 인화만 못하다〔天時不如地利, 地利不如人和〕." 이 구절은 참으로 오묘하여 자못 『손자병법』의 맛을 지니고 있습니다. 앞에서도 언급한 적 있지만, 이른바 '천지인' 삼재(三才)라 하여 중국 문화에서 사람의 지위는 아주 높습니다. 위로 하늘과 아래로 땅 사이에 사람이 있어서 천지의 화육(化育)에 참여합니다. 그런 까닭에 중국인은 스스로를 만물의 영(靈)이라 칭했는데 말하고 보니 참으로 부끄럽기 짝이 없습니다. 이건 뭐 자화자찬에다 자아도취에 가깝습니다. 제가 생각하기에는 소, 돼지, 말, 물고기 같은 만물은 우리 인류를 '만물의 악마'로 여길 겁니다. 전문적으로 그들을 먹어 치우는 나쁜 놈이니 말이지요. 하지만 사람의 입장에서 보면 확실히 틀렸습니다. 사람은 천지 사이에서 가장 재주 있는 존재입니다. 그래서 이른바 '천지인' 삼재의 관점이 생긴 것입니다. 맹자는 여기에서 "천시는 지리만 못하고, 지리는 인화만 못하다"고 했는데, 국가와 천하의 일이든 혹은 개인의 평생 운명과 성패 득실이 모두 천지인 세 요소를 벗어나지 못합니다. 비록 셋 중에서 가장 중요한 것이 인화이기는 해도, 셋 모두 긴밀하게 연관되어 있어 하나라도 없어서는 안 됩니다. 만약에 인화만 있고 천시가 없고 지리도 얻지 못했다면 성공할 수 없습니다.

천시(天時)는 운명에 해당하고 지리(地利)는 환경에 해당하며 인화(人和)는 동료에 해당합니다. 맹자의 이 구절은 말은 간결하지만 뜻이 포괄적이라서, 군사 철학의 요강으로 삼을 수 있을 뿐 아니라 정치 철학의 중심이기도 합니다. 작게 말하더라도 개인적인 성공 철학의 원칙이라고 할 수 있습니다. 그래서 "천시는 지리만 못하고, 지리는 인화만 못하다"는 말은 중국 역사상 명언이 되었습니다. 미국 대통령 선거를 보더라도 카터가 새 대통령에 당선(1976년 당선)된 것은 물론 인화를 얻은 결과입니다! 하지만 절대적으로 인화의 요소 때문만일까요? 그렇지 않습니다! 천시까지 결합된 것입니다. 왜 천시까지 결합되었을까요? 요 근래 미국은 경제는 물론이고 외교, 군사, 사회, 정치 각 방면의 발전이 대단히 실망스러웠습니다. 따라서 국민들은 변화를 통해 새로운 국면을 열어 주기를 희망하고 있었습니다. 그렇기 때문에 카터는 천시와 인화라는 유리한 조건 하에서 두각을 보일 수 있었습니다.

말이 나온 김에 이야기해 보겠습니다. 집집마다 잘 알고 있는 『삼국지연의』에서 거위 털 부채를 들고 있던 저 제갈량은 일찍이 초가집을 나오기 전에 이미 '삼분천하(三分天下)'의 국세(局勢)를 단정 지었습니다. 그가 근거했던 바가 바로 "천시, 지리, 인화" 이 세 요소였습니다. 조조는 천시를 얻었고 손권은 지리를 얻었고 유비는 인화를 얻었습니다. 세 사람의 세력이 대등했기 때문에 천하를 삼분하는 국면을 형성했던 것입니다.

공자의 경우는 삼천의 제자에 칠십이 현인을 얻었으니 크게 '인화'를 얻었다고 하겠습니다. 춘추 시대 제후들 가운데 공자 같은 위풍을 지닌 사람은 없었습니다. 하지만 '지리'를 얻지 못하여 송곳 꽂을 땅도 소유하지 못했으니, 상갓집 개처럼 "마음이 안정되지 않아 안절부절못한다〔栖栖遑遑〕"고 했습니다. 동시에 공자는 '천시'도 얻지 못했습니다. 시대의 대세가 이미 공자로서도 다 쓰러져 가는 세찬 물결을 되돌릴 방법이 없었기 때문에 마침내 "떠날 때로구나! 떠날 때로다!〔時哉! 時哉!〕"라고 탄식했고 끝내는 "기린을 포획한 일로 한탄했다〔獲麟而嘆〕"고 합니다. 젊은 친구들은 장차 사회에서 일을 하게 될 것인데, 어떤 일을 맡든 아니면 큰일이나 작은 일에 뜻을 두든 막론하고 반드시 이 세 요소인 천시, 지리, 인화에 유의해야 합니다.

맹자는 무엇에 대해 이런 말을 한 것일까요? 옛사람들은 이 문제에 대해서는 토론하지 않은 것 같습니다.

제 개인적인 견해로는 맹자가 당시 각국의 정치 군사에 대해 느끼는 바가 있어서 이런 말을 했다고 생각합니다. 말하자면 시대 평론인 셈입니다. 그렇다면 맹자가 이런 말을 하게 된 역사적 배경은 무엇일까요? 바로 진(晉)나라입니다. 진나라는 춘추 말년에 국세가 쇠미해져서 네 명의 대부들이 정권을 휘둘렀습니다. 바로 지백(智伯), 한(韓), 조(趙), 위(魏) 네 사람이었습니다. 후에 지백은 왕위를 찬탈하여 혼자 정권을 잡을 생각에 한, 위와 연합하여 조를 공격하였습니다. 조양자(趙襄子)는 계속 패하여 달아나다가 결국 겨우 남은 땅인 산서의 작은 성으로 달아났습니다. 세 대부들의 병력이 겹겹이 그를 포위하였지만 조양자는 삼 개월이나 굳게 성을 지켰습니다. 성안의 백성들이 굶어서 쥐까지 잡아먹었지만 조양자는 끝내 투항하지 않았습니다. 지백은 성의 지리와 형세를 잘 관찰한 후에 황하 상류의 물을 이용해서 제방을 터뜨려 온 성을 물에 잠기게 만들려고 했습니다. 이러한 위기일발의 순간에 마침내 조양자가 반격에 나섰습니다. 어떻게 반격했을까요? 원래 그는 간첩 작전을 획책했습니다. 오히려 한, 위를 설득해서 함께 연합하여 지백을 넘어뜨렸습니다. 이 전쟁은 비록 춘추 시대 제후국들 사이의 작디작은 내전에 불과했지만, 전쟁사와 전술에 있어서는 특색 있는 전투였습니다. 마치 원(元) 왕조가 양양(襄陽)을 육칠 년간 포위하여 공격했지만 끝내 함락시키지 못했던 것과 똑같았습니다. 이처럼 외로운 성을 지켜낸 전적(戰績)에는 어떤 이치가 들어 있습니까? 어떤 힘이 작용한 걸까요? 원인이 어디에 있을까요? 연구해 볼 만한 문제입니다. 여기에 앉아 있는 분들 가운데 특히 심리전(心理戰), 정치전(政治戰)을 연구하는 이들은 특별히 주의를 기울여야 합니다.

맹자는 이러한 역사 경험의 계발을 통해 다방면의 철리(哲理)를 설명하고 있습니다. 우선 그는 "천시는 지리만 못하고, 지리는 인화만 못하다"고 말했습니다. 조양자는 인화를 근거로 삼아 삼 개월이나 성을 굳게 지키는 어려움을 견디고서 반격하여 승리를 거두고 적을 쓰러뜨렸습니다. 그 사이에는 사상전(思想戰), 문화전(文化戰), 경제전(經濟戰), 심리전, 정치전 등이 총망라되었으니, 참으로 많은 학문이 동원되었다 하겠습니다. 맹자가 계속 설명합니다.

"삼 리의 성〔三里之城〕" 정도로 그렇게 작디작은 곳을 "포위하여 공격하여도 이기지 못하는 경우가 있다"고 했습니다. 겹겹이 포위하고 있다 보면 당연히 천시를 얻을 것인데도 승리를 획득하지 못한다면, 이는 천시가 지리만 못하기 때문입니다.

이 대목 역시 지백(智伯)에 대한 이야기입니다. 당시 지백은 조양자를 공격하기 위해 보루를 새로 건축해서 높은 곳에서 아래를 내려다보았습니다. '성(城)'이나 '못(池)'은 고대의 전쟁 공사(工事)였습니다. '성'은 바로 성벽을 말하고 '못'은 성벽 주위에 파 놓은 도랑으로 현재의 참호와 같은 작용을 합니다. "병기와 갑옷이 견고하고 예리하지 않은 것이 아니고〔兵革非不堅利也〕" 즉 무기와 전비(戰備)는 모두 새것이고, "쌀과 곡식이 많지 않은 것도 아니고〔米粟非不多也〕" 즉 후방의 보급도 대단히 충실합니다. 그런데도 "이것을 버리고 떠나가니〔委而去之〕" 결과는 적에게 패배했습니다. "이는 지리가 인화만 못한 것이다〔是地利不如人和也〕"는 바로 지리가 인화보다 못한 결함 때문이었습니다.

이것은 역사 경험에 근거하여 내린 해석입니다. 방금 제가 말했듯이 맹자의 이 구절들은 당시의 각국에 대해 느끼는 바가 있어서 나온 것입니다. 이제 중요한 대목이 나옵니다.

"그러므로 옛말에 이르기를 '백성을 한계 짓되 국경의 경계로써 하지 않으며, 국가를 견고히 하되 산과 시내의 험함으로써 하지 않으며, 천하를 위협하되 무기와 갑옷의 예리함으로써 하지 않는다' 하였다. 도를 얻은 자는 도와주는 이가 많고, 도를 잃은 자는 도와주는 이가 적다. 도와주는 이가 적음의 지극함에는 친척이 배반하고, 도와주는 이가 많음의 지극함에는 천하가 순종한다. 천하가 순종하는 바로써 친척이 배반하는 바를 공격하므로, 군자는 싸우지 않음이 있을지언정 싸우면 반드시 승리한다!"

"故曰: 城民不以封疆之界, 固國不以山谿之險, 威天下不以兵革之利; 得道者多助, 失道者寡助. 寡助之至, 親戚畔之; 多助之至, 天下順之. 以天下之所順, 攻親戚之所畔, 故君子有不戰, 戰必勝矣!"

백성들이 귀순하여 의지하는 것은 국경만 가지고 그 범위를 삼을 수 없

고, 국방의 견고함은 산천 지리의 우세함에만 의지할 수 없으며, 위엄과 명망으로 천하에 군림함은 수많은 병력에만 기댈 수 없습니다. "백성을 한계 지음〔域民〕"이 되었건 "국가를 견고히 함〔固國〕"이 되었건 "천하를 위협함〔威天下〕"이 되었건 그 주요 핵심은 "도를 얻은 자는 도와주는 이가 많고, 도를 잃은 자는 도와주는 이가 적다〔得道者多助, 失道者寡助〕"는 것에 있습니다. 무엇을 일러 도를 얻었다고 합니까? 바로 '인도(仁道)'를 중심으로 하고 거기다 문화, 정치, 교육, 사상, 경제 등 각종 덕정(德政)을 결합시키는 것을 말합니다. 나머지 부분은 내용이 간단해서 굳이 시간을 낭비하면서까지 해석할 필요가 없을 것 같습니다.

맹자의 태도

「공손추」 상하편이 서로 연결되어 있다는 것은 앞에서 이미 언급했습니다. 상편에서는 내적인 수양〔內養〕에서부터 외적인 활용〔外用〕에 이르기까지 학리(學理)를 설명하였고, 하편에서는 사례를 인용하여 설명하고 있습니다. 하편은 첫 시작에서부터 맹자가 큰 제목을 인용하고 역사의 고사를 예로 들었습니다. 그리고 바로 이어서 맹자는 자신의 경험을 예로 들어서 설명합니다.

맹자께서 장차 왕에게 조회하려고 하셨는데 왕이 사람을 시켜 보내와 말하였다. "과인이 나아가 뵈려고 했는데, 한질이 있어서 바람을 쐴 수가 없습니다. 아침에 장차 조회를 볼 것이니, 알지 못하겠지만 과인으로 하여금 뵈올 수 있게 하시겠습니까?" 맹자께서 대답하셨다. "불행히도 병이 있어서 조회에 나갈 수 없습니다." 다음 날 동곽씨에게 조문하러 나가셨다. 공손추

가 말하였다. "어제 병으로 사양하시고 오늘 조문함이 어쩌면 불가하지 않겠습니까?" 맹자께서 말씀하셨다. "어제 병이 오늘 나았으니 어찌 조문하지 않겠는가?"

孟子將朝王, 王使人來曰: "寡人如就見者也, 有寒疾, 不可以風. 朝將視朝, 不識可使寡人得見乎?" 對曰: "不幸而有疾, 不能造朝." 明日出弔於東郭氏. 公孫丑曰: "昔者辭以病, 今日弔, 或者不可乎?" 曰: "昔者疾, 今日愈, 如之何不弔?"

이 대목은 아주 재미있습니다. 당시 맹자는 제나라에 있지 않았습니까? 제 선왕에게 있어서 맹자는 적어도 손님이었고 외국에서 온 빈객이었습니다. 맹자를 대하는 제 선왕의 태도는 소진(蘇秦)을 대할 때만큼 말을 하면 들어주고 계책을 세우면 쓰는〔言聽計從〕정도는 아니었지만, 그래도 맹자를 대단히 존중하였습니다. 어느 날 맹자가 제 선왕을 만날 준비를 하고 있었는데, 제 선왕도 그를 만나서 이야기해 보고 싶은 생각에 시종 하나를 보내어 맹자에게 말했습니다. "과인이 나아가 뵈려고 했는데〔寡人如就見者也〕" "한질이 있어서 바람을 쐴 수가 없다〔有寒疾, 不可以風〕"는 것은 이런 말입니다. 이치로 말하면 마땅히 제가 맹 선생을 뵈러 와야 하는데 그만 요 며칠 사이 감기에 걸려서 몸이 좋지 않으니 바람을 쐴 수 없습니다. "아침에 장차 조회를 볼 것이니〔朝將視朝〕" "알지 못하겠지만 과인으로 하여금 뵈올 수 있게 하시겠습니까?〔不識可使寡人得見乎〕"는 내일 아침 일찍 조회를 열 것이니 조회가 끝난 후에 잘은 모르겠지만 맹 선생을 청해 만나 볼 수 있을는지요 하는 말입니다.

만약 우리가 그 말을 들었다면 얼마나 좋아했겠습니까! 틀림없이 흥분해서 "꼭 그러지요, 꼭"이라고 말했을 것입니다. 다음날 여섯 시도 안 되어 침상에서 일어나 그 영광의 순간을 기다릴 것입니다. 얼마나 좋습니까! 제왕이 나를 불러서 만난다니 참으로 폼 나지 않습니까! 그런데 맹자는 어떻게 말했습니까? "불행히도 병이 있어서 조회에 나갈 수 없습니다〔不幸而有疾, 不能造朝〕." 요즘 어쩌다 '조문배방(造門拜訪)'이라는 단어를 볼 때가 있는데, '집을 방문한다'는 뜻으로서 '등문배방(登門拜訪)'보다는 조금 더 공경의 의미를 띠고 있습니다. 친구의 편지에서 '조문배방'이라는 단어를 보고서 그가 문을 새로 만들고 난 후에 방문하겠다는 뜻으로 오해한다면 우스꽝스러운 노릇이지요. 맹자는 제 선왕이 감기에 걸려서 집 밖으로 나오지 못한다는 사자(使者)의 말을 듣고 이렇게 말합니다. "미안합니다만 나도 요 며칠 감기에 걸려서 집 밖으로 나가지 못하니 군왕을 뵈러 갈 수가 없습니다." 보세요! 맹자의 태도가 얼마나 담대합니까. 게다가 절묘한 대답이라니.

다음 날 맹자는 일부러 장의사로 가서 모습을 드러내었습니다. 성이 동곽이라는 친구를 조문하러 간 것입니다. 이런! 감기에 걸리지 않은 것이 분명하지 않습니까! 맹자의 학생인 공손추가 그것을 보고는 속으로 적잖이 놀라고 당황했습니다. 뭔가 잘못되었다고 생각하여 얼른 말합니다. "스승님! 너무하신 거 아닙니까! 어제는 제 선왕에게 병이 나서 나갈 수 없다고 말씀하셨는데, 오늘 이렇게 몸소 나와서 출상을 하시면서 사람들에게 모습을 드러내시면 안 되지 않을까요? 이렇게 되면 제왕에게 너무 무례한 것이 되어 죄를 얻게 될 텐데, 아무래도 안 좋을 것 같습니다!" 맹자가 어떻게 대답했을까요? "어제 병이 오늘 나았으니 어찌 조문하지 않겠는가?〔昔者疾, 今日愈, 如之何不弔〕" 여기에는 아무것도 잘못된 것이 없다! 어제는 병이 났지만 오늘 다 낫지 않았느냐! 친구를 장사 지내는데 내가 가는 것이 마땅하거늘, 이것이 예의인데 무슨 상관이 있느냐는 말입니다.

왕이 사람을 시켜 병을 물으시고 의원이 왔다. 맹중자가 대답하기를 "어제 왕명이 계셨으나 채신의 우환이 있어서 조회에 나가지 못하시더니, 오늘 병이 조금 나으셔서 조정에 달려 나가셨습니다. 제가 알지 못하겠지만 도착하셨는지요" 하였다. 몇 사람으로 하여금 길목에서 지키게 하고는 "청컨대 반드시 돌아오지 말고 조정에 나아가십시오" 하였다.

王使人問疾, 醫來. 孟仲子對曰: "昔者有王命, 有采薪之憂, 不能造朝; 今病小愈, 趨造於朝; 我不識能至否乎." 使數人要於路, 曰: "請必無歸, 而造於朝."

제 선왕은 맹자가 아프다는 말을 듣자 사람을 보내 위문했습니다. 사실은 제 선왕 역시 맹자의 병이 '정치병' '외교병'임을 알고 있었습니다. 그래서 "기왕 당신이 오지 못한다고 하니 내가 의원을 보내 당신을 진찰하게 하겠소" 하였던 것입니다. 맹자의 당형제(堂兄弟)인 맹중자는 맹자를 좇아 학문을 구했다고 전해지는데, 당시 맹자는 이미 외출한 상태였기 때문에 그가 맹자 대신 나와서 응대했습니다. "어제 왕명이 계셨으나 채신의 우환이 있었습니다〔昔者有王命, 有采薪之憂〕." 앞서 제 선왕이 명령을 내려 가형(家兄)인 맹자를 청해 만나려고 했으나 맹자가 그만 병이 나고 말았다는 말입니다. 우리 같은 연배의 사람은 편지를 쓸 때 가끔 "불행히도 채신의 우환이 있어서"라는 식의 말을 하는데, 그 의미는 병이 났다는 것입니다. 이 전고(典故)가 바로 『맹자』에서 왔습니다. '채신(采薪)'은 '땔나무를 하다'라는 뜻이니, "채신의 우환이 있다"는 말은 몸이 좋지 않아서 땔나무를 하러 나가지 못한다는 뜻입니다.

그러고 보니 생각나는 일이 있습니다. 어린 시절 집에서 이런 책들을 많이 읽었는데, 안 그랬더라면 나중에 바깥에서 일을 하다가 힘든 부분이 많았을 것입니다. 가령 대북에 있을 때의 일입니다. 어떤 친구가 그 즈음 제가 돈이 없는 것을 알고 이천 원을 보내 주면서, 편지에 "계옥의 비용으로 삼으라[以爲桂玉之費]"고 했습니다. 만약 요즘 젊은 친구들이 봤다면, 어이없게도 번화가로 나가서 무슨 '계옥'을 사다 달라는 말인가 했을 겁니다.

도대체 '계옥의 비용'이라는 말이 무엇을 뜻하는 것일까요? 이 전고는 당 왕조에서 비롯되었습니다. 당시 수도인 장안에는 과거를 봐서 공명을 얻으려는 사람들이 많이 있었습니다. 그들은 이곳저곳을 돌아다니며 선배들에게 추천을 부탁했습니다. 다른 사람의 추천을 받지 못하면 시험에 응시할 수 없었기 때문입니다. 이백, 두보, 한유 같은 대 시인 대 문호들도 시험에 합격하기 전에는 가련하게 이곳저곳을 찾아다니며 추천을 부탁했습니다. 한번은 백거이가 그런 연유로 선배인 고황(顧況)을 찾아갔습니다. 만나서 백거이가 자신의 이름을 밝히자 그 선배는 이렇게 말했습니다. "장안에서 살기란 대단히 쉽지 않다네." 이곳의 생활비는 아주 비싸다네 하는 말입니다. 백거이는 물론 이렇게 말했습니다. "그럼요! 그렇고말고요! 제 작품을 보시고 가르침을 주셨으면 합니다." 당시 그는 시 몇 수를 꺼내어 고황에게 보여 주었습니다. 첫 번째 시가 바로 이것입니다.

언덕 위 무성한 풀은	離離原上草
해마다 시들었다 무성해지네	一歲一枯榮
들불도 다 태우지 못하여	野火燒不盡
봄바람 불면 또다시 돋아나지	春風吹又生

고 선생은 보자마자 이렇게 말했습니다. "훌륭하군! 자네는 장안에서 살아도 되겠네." 당시 장안의 생활비는 상당히 비쌌습니다. '미주신계(米

珠薪桂)'라 하여 쌀값이 진주만큼 비쌌고 땔나무 값은 계수나무만큼 비쌌습니다. 몇천 년 이래로 중국은 과학 방면으로는 발전하지 못하고 문자 놀음에만 치중하다 보니, 이 전고가 나중에 "계옥의 비용으로 삼다"로 변해 버렸습니다. 당신에게 생활비로 보내 주니 식비나 방세에 보태라는 의미입니다. 제가 이런 것을 언급하는 까닭은 여러분이 중국 문화를 공부하기 때문입니다. 고서를 보다가 '채신의 우환'이니 '계옥의 비용'이니 하는 단어들을 만나면 여러분은 정말로 골치가 아플 것입니다. 참고 자료들을 들춰 봐도 해결할 방법이 없기에, 말이 나온 김에 이야기해 줌으로써 여러분이 조금 더 편하게 중국 문화를 공부했으면 합니다.

"채신의 우환"은 병이 났다는 의미이고 "조회에 나가지 못한다"는 말은 선왕을 만나러 갈 수 없다는 뜻입니다. "오늘 병이 조금 나으셔서"는 이제 병이 조금이나마 좋아졌다는 말입니다. "조정에 달려 나가셨으니"는 이미 조정으로 가셨습니다만 도착하지나 않으셨는지 모르겠습니다. 그러고는 얼른 몇 사람을 시켜서 길목에서 맹자를 기다리고 있다가 이렇게 말했습니다. "우선 집으로 돌아오지 말고 곧바로 조정으로 가십시오. 제왕이 스승님을 만나려고 기다리고 있습니다."

부득이 경추씨에게 가서 유숙하셨다. 경자가 말하였다. "안으로는 부자간이요 밖으로는 군신간이 사람의 큰 윤리입니다. 부자간에는 은혜를 위주로 하고 군신 간에는 공경을 위주로 하는데, 저는 왕이 선생을 공경하는 것은 보았으나 선생께서 왕을 공경하는 것은 보지 못하였습니다."

不得已而之景丑氏宿焉. 景子曰: "內則父子, 外則君臣, 人之大倫也. 父子主恩, 君臣主敬, 丑見王之敬子也, 未見所以敬王也."

우리의 맹 선생님은 정말로 총명하면서도 성격이 대단히 괴팍한 사람입니다. 그가 선왕에게 요구한 것은 현자를 예우하는 정신이었는데, 보아하니 상황이 꼬여서 결국은 집에도 못 돌아가게 되었습니다. 별수 없이 차를 불러서 친구인 경추씨 집으로 가서 하룻밤을 지냈습니다. 속사정을 알게 된 친구는 맹자를 책망하면서 이렇게 멋들어지게 말했습니다. 중국 전통 문화의 예제(禮制)에 따르면 한 가정 내에서는 부자간의 관계가 인륜의 중심이고, 밖으로 나가서 직책을 맡게 되면 군신의 도가 사회를 유지시키는 법망이라고 합니다. 군신 부자간은 계급의 구분이 아니라 예제의 관계라는 것입니다. "부자간에는 은혜를 위주로 하고〔父子主恩〕" 즉 부자간은 은혜와 정으로 묶여 있고, "군신 간에는 공경을 위주로 하니〔君臣主敬〕" 즉 군신 간에는 성심과 공경을 중간 매개로 삼습니다. 이것이 중국 문화의 윤리 도덕입니다. 경자가 말합니다. "저는 왕이 선생을 공경하는 것은 보았습니다〔丑見王之敬子也〕." 내가 보기에 선왕은 당신에 대해 공경을 다했습니다. 줄곧 소리를 낮춰 부드럽게 말하면서 무슨 수를 써서라도 당신과 만나려고 했지만, 결국 노형께서 틀어 버렸습니다. 나는 당신이 선왕을 그다지 공경하지 않는다고 봅니다.

경추씨의 질책에 대해 맹자가 어떻게 대답했는지 보겠습니다.

맹자께서 말씀하셨다. "아! 이것이 웬 말인가! 제나라 사람 중에 인의를 가지고 왕과 더불어 말하는 이가 없는 것이, 어찌 인의를 아름답지 않다고 여겨서이겠는가? 그 마음에 이르기를 '이 어찌 족히 더불어 인의를 말하겠는가'라고 해서이니, 그렇다면 공경하지 않음이 이보다 더 큼이 없는 것이다. 나는 요순의 도가 아니면 감히 왕의 앞에서 진술하지 못하노니, 그러므로 제나라 사람들 중에 내가 왕을 공경하는 것처럼 하는 이가 없는 것이다."

曰: "惡! 是何言也! 齊人無以仁義與王言者, 豈以仁義爲不美也? 其心曰:
'是何足與言仁義也'云爾, 則不敬莫大乎是. 我非堯舜之道, 不敢以陳於王
前, 故齊人莫如我敬王也."

맹자는 이렇게 말했습니다. "아니 이런! 이게 대체 무슨 소리요! 당신네
제나라 사람들이 지금껏 군왕에게 건의한 것은 오로지 이해관계에 대한
진술이었소. 문화 사상에서 최고의 철학적 이치에 대해서는 한마디도 건
의하지 않았소. 설마하니 당신네 제나라에 문화가 없지는 않겠지요? 인의
의 도라는 근본적인 대계(大計)의 중요성을 모르는 것은 아니겠지요? 어
쩌면 당신들은 마음속으로 이렇게 생각하지 않았습니까? 이런 군왕들과
인의를 이야기한다는 것 자체가 말이 안 되는 일이야. 그들이 이런 얘기를
들으려고나 하겠어! 만약 당신네 제나라 사람들의 심리가 그런 것이라면,
'공경하지 않음이 이보다 더 큼이 없는[則不敬莫大乎是]' 것이니 그렇다면
당신네 제나라 사람들이 군왕을 대하는 태도야말로 크나큰 불경입니다.
그런데 외국인인 나는 오히려 그렇지 않습니다! 내 비록 요순은 아니지만
나는 틀림없이 선왕에게 만세 성왕(聖王)의 길을 걸어가라고 건의할 것입
니다. '그러므로 제나라 사람들 중에 내가 왕을 공경하는 것처럼 하는 이
가 없는[故齊人莫如我敬王也]'은, 그렇기 때문에 당신네 제나라 사람 모두
가 내가 제왕을 공경하는 것만 못하다는 것이오. 내가 제공하는 것은 모두
보배롭고 귀한 의견이지만, 그런 의견은 왕왕 눈으로 볼 수 없고 당시에는
값어치가 없는 것처럼 여겨집니다. 장대를 세우면 곧바로 그림자가 드리
우는 식의 즉각적인 효과를 거둘 수 없기 때문에, 보기에 현실과 동떨어지
고 궁색해 보이는 것이지요." 맹자가 말한 군신지도의 철학적 이치는 참
으로 고매하다고 할 수 있습니다.

경자가 말하였다. "아닙니다. 이것을 말한 것이 아닙니다. 『예기』에 이르기를 '아버지가 부르시면 느리게 대답하지 않으며, 군주가 명으로 부르시면 말에 멍에를 메우기를 기다리지 않는다' 하였습니다. 진실로 장차 조회를 하려다가 왕명을 듣고서 마침내 결행하지 않았으니, 예와 서로 같지 않은 듯합니다."

景子曰: "否, 非此之謂也. 『禮』曰: '父召, 無諾, 君命召, 不俟駕.' 固將朝也, 聞王命而遂不果; 宜與夫禮若不相似然."

경자가 또 말했습니다. "아닙니다." 아닙니다! 저는 그런 뜻이 아닌데 제 말을 오해하셨군요. 노형께서는 아침부터 밤까지 중국 문화를 표방하는 동시에 문화 도통(道統)을 자신의 임무로 삼아 왔습니다. 중국 문화의 고례(古禮)로 말한다면 "아버지가 부르시면 느리게 대답하지 않는다〔父召, 無諾〕"고 했습니다. 아버지가 당신을 부르면 "좀 있다가 갈게요"라고 말해서는 안 되고 반드시 곧바로 가야 합니다. 군주가 당신을 부르면 "말에 멍에를 메우기를 기다리지 않는다〔君命召, 不俟駕〕"고 했습니다. 마찬가지로 오늘은 운전기사가 쉬는 날이라 차가 없으니 내일 가겠노라고 말해서는 안 됩니다. 걸어서라도 가야 합니다. 그런데 당신은 본래 선왕과 만나려고 하지 않았습니까? 선왕이 당신을 몇 번씩이나 찾는데도 핑계를 대고 끝내 가지 않으니, "예와 서로 같지 않은 듯합니다〔宜與夫禮若不相似然〕." 만약 예법의 표준에 의거한다면 당신의 처신은 그다지 옳지 않은 것 같은데요? 선왕이 두 번 세 번 청했는데도 줄곧 피하기만 하고 만나지 않으니, 제가 당신을 질책한 부분은 바로 이러한 '불경(不敬)'입니다.

경자의 질책에 대해 말 잘하기로 이름난 맹 선생님께서 어떻게 대답했는지 보도록 합시다.

맹자께서 말씀하셨다. "어찌 이것을 말한 것이겠는가?! 증자께서 말씀하셨다. '진나라와 초나라의 부함은 내 따를 수 없거니와, 저들이 그 부를 가지고 나를 대하면 나는 내 인으로써 대하며, 저들이 그 벼슬을 가지고 나를 대하면 나는 내 의로써 대할 것이니, 내 어찌 부족할 것이 있겠는가!' 어찌 의롭지 못한 것을 증자께서 말씀하셨겠는가? 이것도 혹 하나의 도이다. 천하에 달존이 셋 있으니, 벼슬이 하나요 나이가 하나요 덕이 하나이다. 조정에는 벼슬만 한 것이 없고, 향당에는 나이만 한 것이 없고, 세상을 돕고 백성을 자라게 하는 데는 덕만 한 것이 없으니, 어찌 그 하나를 소유하고서 그 둘을 가진 사람을 업신여길 수 있겠는가?"

曰: "豈謂是與! 曾子曰: '晉楚之富, 不可及也. 彼以其富, 我以吾仁; 彼以其爵, 我以吾義, 吾何慊乎哉!' 夫豈不義而曾子言之? 是或一道也. 天下有達尊三: 爵一、齒一、德一. 朝廷莫如爵, 鄉黨莫如齒, 輔世長民莫如德, 惡得有其一以慢其二哉?"

맹자는 당신이 말한 것이 이런 이치입니까 하고는 증자의 말을 인용해 중국 문화의 정신을 설명합니다. 여기에는 아주 높고 심오한 철학적 이치가 담겨 있습니다. 지금부터 원문을 해석해 보도록 하겠습니다. 당시의 국제 사회를 보면 진나라와 초나라의 세력이 모두 패자라 불리고 있었습니다. 맹자가 "진나라와 초나라의 부함은 내 따를 수 없거니와〔晉楚之富, 不可及也〕"라는 증자의 말을 인용한 데는 이런 의미가 있습니다. 당신도 알다시피 국제 사회에서 당신네 제나라만 돈이 있는 것이 아니라, 진나라와 초나라 역시 당신네 제나라 못지않소! 내가 왜 진나라나 초나라에 가지 않

고 당신네 제나라에 왔겠소? 이런 말을 직접 하지는 않았지만 그가 증자의 말을 인용한 데는 바로 이런 의미가 들어 있습니다. 그렇기 때문에 우리는 책을 읽을 때 주의해야 합니다. 만약 겉으로 드러나는 글자만 본다면 수많은 주요 핵심을 제대로 파악하지 못하게 됩니다. 만약 할 말이 더 있는데도 그 뜻이 다 표현되었다면, 그것이 바로 이른바 대 문필가의 글쓰기입니다. 우리가 책을 읽고 이해한다면 또한 글을 쓸 수도 있게 됩니다.

이 자리에 있는 젊은 분들은 어쩌면 수긍하지 못하고 이렇게 말할지도 모르겠습니다. 책에 분명하게 써 놓지도 않았는데 그에게 그런 뜻이 있었는지 당신이 어떻게 아느냐고요. 계속해서 다음 문장을 읽어 보면 알 수 있습니다. "저들이 그 부를 가지고 나를 대하면 나는 내 인으로써 대한다〔彼以其富, 我以吾仁〕." 진나라 초나라가 비록 강대하고 부유하지만 자기의 재물을 가지고 내 마음을 움직이지는 못한다는 것입니다. 내 비록 일개 백성이지만 나는 내 인도(仁道)의 원칙이 있으며 그가 아무리 부자라고 해도 나는 그의 돈에 흔들리지 않습니다. 내 인도는 값을 매길 수 없는 보물이기 때문에 그는 나를 돈으로 살 수가 없다는 뜻입니다.

"저들이 그 벼슬을 가지고 나를 대하면〔彼以其爵〕" 즉 그들이 나에게 아주 높은 관직을 줄 수도 있겠지만, "나는 내 의로써 대할 것이니〔我以吾義〕" 나는 일을 처리함에 있어 의리를 원칙으로 삼기 때문에 의롭지 않은 벼슬은 원하지 않습니다. 나는 나의 인격을 지니고 있습니다. 그의 벼슬과 나의 의리를 비교하면 "내 어찌 부족할 것이 있겠는가〔吾何慊乎哉〕." 즉 내 마음은 조금의 유감도 없이 편안하기만 하다는 것입니다!

중국 역사를 보면 아주 많은 사람들이 그런 태도를 지니고 있었습니다. 나는 학문을 지니고 있지만 당신이 하는 일은 돕지 않겠소. 학정을 시행하는 폭군 주(紂)를 돕지는 않을 것이오. 당신에게 돈이 있고 세력이 있어서 돈으로 나를 사려고 하지만 나는 기어코 일하지 않을 것이오! 만약 당신이 억지로 나를 사려고 든다면, 그러면 나는 밥이나 축내는 이 녀석—내 머리통을 당신에게 주겠소. 어차피 밥이나 축내는 이놈은 나의 진정한 정신을 나타내지는 못하니 말이오. 이것이 중국 문화의 고귀한 일면입니다.

"어찌 의롭지 못한 것을 증자께서 말씀하셨겠는가? 이것도 혹 하나의 도이다〔夫豈不義而曾子言之? 是或一道也〕." 여기부터는 맹자의 말입니다. 설마하니 증자께서 하신 이 말도 예법에 합하지 않는다는 말인가? 나는 그가 또 다른 이치를 지니고 있었다고 생각하오. 오늘 내가 당신네 제나라에 온 것은 당신들의 제 선왕을 존중해서이네. 그가 대단하다고 생각했기 때문에 온 것이오. 그리고 계속해서 이유를 설명합니다. "천하에 달존이 셋 있으니, 벼슬이 하나요 나이가 하나요 덕이 하나이다〔天下有達尊三: 爵一, 齒一, 德一〕." 여러분은 명심해야 합니다! 오늘날의 사회는 오로지 현실만 중시합니다. 이른바 현실이라는 것은 재물을 말하는데, 집은 깨끗해야 하고 차는 새로 뽑아야 하고 돈은 많아야 한다는 식입니다. 또 다른 측면인 정신이라는 경지는 현실이 영향을 끼칠 수 없게 멉니다. 그렇기 때문에 맹자는 여기에서 "달존이 셋〔達尊三〕"이라고 했습니다. 이른바 '달(達)'은 공통적임을 뜻하고 '존(尊)'은 가장 고상함을 의미합니다. 천하 사람들이 공통적으로 가장 고상하고 귀하다고 생각하는 것이 세 가지가 있습니다.

첫 번째는 '벼슬〔爵〕' 작위입니다. 영국이 비록 최근에는 나날이 몰락하고 있지만 여전히 이런 제도를 보유하고 있습니다. 영국이 홍콩을 백 년간 통치하였지만 그들이 사용한 것은 대영 법률이 아니라 대부분이 황청률(皇淸律)이었습니다. 청 왕조의 법률을 그대로 사용한 것입니다. 물론 시대가 변했기 때문에 법 조항도 변하기는 했지만, 원본은 여전히 황청률이었습니다. 그래서 홍콩의 시골 사람들은 영국 경찰을 보면 여전히 '대인(大人)'이라고 부르고 경찰서는 '차관(差館)'이라고 불렀습니다. 영국이 인도를 통치할 때에도 마찬가지로 인도 현지의 법률 제도를 그대로 사용했습니다. 이것이 바로 영국 정치 방법의 훌륭한 점입니다. 근래 세계 각지에는 적십자나 라이온스 클럽 같은 수많은 협회 조직이 있습니다. 영국에도 형제회[88]라는 것이 있는데, 제가 알아본 바에 따르면 영국의 형제회는 중국의 청방(靑幫)[89], 홍방(紅幫)[90]을 모방하여 만든 것이라고 합니다. 이 자리에는 사회학을 공부하는 친구도 있으니 연구해 보시기 바랍니다.

영국은 여전히 이런 작위 제도를 보유하고 있다고 했는데, 예를 들어 홍콩에서는 나이가 많고 덕이 출중하며 사회 복리에 공헌한 사람을 홍콩 정부가 '작사(爵士)'에 봉합니다. 이것은 영국의 정치 수법이기도 합니다. '작(爵)'은 관위(官位), 직위(職位)의 개념과는 조금 다릅니다. 이른바 대장군(大將軍)이니 하는 것은 관직(官職)입니다. 역대의 작관(爵官) 분류는 자못 복잡합니다. 예를 들어 당대(唐代)에는 직사관(職事官), 훈관(勳官), 산관(散官), 봉작(封爵)으로 구분했습니다. 직사관은 실제 직무를 맡은 관리로서 상서령(尙書令), 자사(刺史)의 부류가 있었는데 오늘날의 원장, 시장과 비슷합니다. 훈관은 무관(武官)의 관계(官階)이니 오늘날의 장(將), 교(校), 위(尉)와 비슷합니다. 산관은 문관(文官)의 관계이며 대부(大夫), 랑(郞)의 부류가 있었는데, 오늘날 문관 가운데 위임(委任), 천임(薦任),

---

88 1827년에 아일랜드 성직자 존 넬슨 다비를 중심으로 영국 성공회의 지나친 교파주의와 교인들의 형식적인 생활에 환멸을 느낀 사람들이 모여 형제회라는 이름으로 교회 모임을 결성하였다. 이후 영국 플리머스에 본부를 두게 되면서 플리머스 형제회라는 이름을 갖게 되었다.

89 20세기 초 중국 상하이를 중심으로 활동한 비밀결사이다. 청나라 초기 강남(江南)에서 베이징(北京)으로 양곡을 수송하던 운수 노동자들의 자위 조직으로 출발했다고 하나 정확하지 않다. 20세기에 들어서는 상하이의 상인과 기업가들도 가담했다. 청방은 아편을 지방 군벌들로부터 받아 상하이 빈민 지역에 공급하고 도박이나 매춘 같은 범죄에도 개입했다. 또 기업가들로부터 돈을 받고 노동조합이나 노동운동을 탄압했고 때로는 우파 정치인들의 테러에도 동원되었다.

90 400여 년 전부터 중국 남방에서 활약하던 비밀결사이다. 중국의 국부 손문은 가로회, 삼합회, 대도회 등 홍방 계통의 정치적 비밀결사의 조직 역량과 각 나라 화교의 자금으로 혁명 운동을 고취했다. 손문의 신해혁명에 가담하였으나 차차 도박, 강도, 협박, 매춘 따위를 업으로 하는 범죄 단체로 변했다.

간임(簡任), 특임(特任)과 비슷합니다. 봉작은 '왕(王), 공(公), 후(侯), 백(伯), 자(子), 남(男)'으로 칭해지고 '식읍(食邑)'을 소유했습니다. 가령 당초의 명신 장손무기(長孫無忌)는 '태위검교중서령동중서문하삼품양주대도독감수국사(太尉檢校中書令同中書門下三品揚州大都督監修國史)〔모두 세 개의 직사관을 겸직함〕상주국(上柱國)〔훈관〕조국공(趙國公)〔봉작〕'이라는 신분을 지니고 있었습니다. 이 분야를 연구하려면 '당육전(唐六典)' '구통(九通)' 같은 관규(官規), 관제(官制)에 관련된 서적을 참고해야 됩니다. 이 부분을 보더라도 중국 문화의 광대함과 정심(精深)함을 엿볼 수 있습니다. 현대의 수많은 인사 제도들은 옛날만큼 온전하지 못합니다.

두 번째 '달존'은 '이〔齒〕'[91]입니다. 이 '이'는 나이를 나타냅니다. 중국 문학에 "말 이빨만 부질없이 늘었다〔馬齒徒增〕"는 말이 있습니다. 나이는 많아졌는데 하나도 이루어 놓은 일이 없다는 생각에 친구에게 "말 이빨만 부질없이 늘었다"고 한탄합니다. 이상하게 생각되겠지만 원래 말의 나이를 알고 싶으면 그 이빨을 들여다봅니다. 말 이빨은 나이에 따라 늘어 가기 때문입니다. 맹자가 여기에서 말한 '이'는 사람의 나이 촌수를 의미합니다.

세 번째 '달존'은 '덕'으로 덕성 수양을 말합니다. "조정에는 벼슬만 한 것이 없다〔朝廷莫如爵〕"고 했으니 정부의 공공 기구에는 반드시 존비(尊卑)의 순서가 있어야 하는데 작위 관직을 가지고 선후를 정합니다. 몇 년 전 어떤 친구가 저에게 말하기를 자기 친구가 승진을 해서 자기보다 높아졌다고 했습니다. 그래서 제가 이렇게 말했습니다. "좋지! 그런데 자네가 조심할 게 있어. 친구는 친구니까 두 사람이 나한테 와서 말다툼하고 싸우는 건 괜찮은데, 외부의 공적인 자리에서 그를 만나면 깍듯이 인사를 하고 또 뒷자리에 있어야 하네." 그러자 그 친구가 물었습니다. "그러면 너무 위

---

91 인용문에서는 '나이'로 해석하였다.

선적이지 않은가?" 저는 그것이 국가의 체제라고 말해 주었습니다. 우정은 사적인 교제이므로 집에 돌아간 후에 우정을 이야기하고, 공적인 자리에서는 마땅히 공으로써 공을 논해야 합니다. 젊은 친구들은 장차 사회에 나가서 일을 하게 될 텐데 이 부분에 특히 주의해야 합니다. 특히 요즈음은 국제간 왕래가 더욱 활발해지면서 젊은 친구들이 외국에서 유학하거나 무역을 하는 일이 많아졌습니다. 외국인과 접촉하다 보면 우리는 알게 모르게 국민 외교의 사명을 띠게 되는데, 어떻게 하면 비굴하지도 않고 오만하지도 않을 수 있을지는 그것 자체로 하나의 학문이라고 할 수 있습니다.

하지만 고향으로 돌아가면 달라집니다. "향당에는 나이만 한 것이 없고〔鄕黨莫如齒〕"라 했으니 나이가 많고 촌수가 높은 것이 가장 중요합니다. 바깥에서 아무리 높은 벼슬을 했더라도 자기 고향으로 돌아가면 글자도 모르고 농사나 짓던 연장자를 만나게 되더라도 예의를 차려야 합니다. 선배를 만나면 그가 아무리 평범한 백성이라 할지라도 상석에 앉도록 해야 합니다. 장개석이 절강의 고향에 돌아갔을 때 선배를 만나자 깍듯이 예의를 차렸던 것처럼, 그렇게 하는 것이 중국의 고례(古禮)입니다. 예전에 공부하러 가기 위해 집을 나서서 배를 타고 조상의 산소를 지난 적이 있었습니다. 저는 얼른 일어나 손을 모으고 예를 갖췄습니다. 만약에 말을 타고서 조상의 무덤이나 선배의 앞을 지나가게 되면 말에서 내려 걸어가야 합니다. 백 보를 걸어간 후에야 다시 말에 오를 수 있는데, 이런 것들이 모두 중국의 고례입니다. 어떤 사람들은 지나치게 형식화되었다고 할지도 모르겠습니다. 이런! 하지만 형식도 크게 쓸모가 있습니다. 습관화된 형식은 정신의 본질을 향상시키기 때문입니다. 오늘날에는 형식이 없기 때문에 정신도 사라졌습니다. 형식과 정신은 양위일체(兩位一體)인 셈입니다.

"세상을 돕고 백성을 자라게 하는 데는〔輔世長民〕" 즉 세상의 도를 보조하고 백성의 마음을 선화(善化)시키는, 사회와 국가에 대한 공헌으로 말하면 "덕만 한 것이 없으니〔莫如德〕" 즉 도덕 학문보다 더 존귀한 것은 없습니다. 작위가 아무리 높고 촌수가 아무리 위라도 이와 비교할 수 없습니다.

훗날 중국의 이천여 년의 법치 정신이 바로 여기에서 나왔습니다. 이 자리에 법률을 공부한 사람이 있는지는 잘 모르겠지만, 법률이 진일보 발전한 법리학(法理學)은 법률을 연구하는 철학적 기초입니다. 중국에는 지금까지 한율(漢律), 당률(唐律), 송률(宋律, 刑統), 명률(明律), 청률(清律) 등 각 시대마다 그들이 정한 법률이 존재해 왔습니다. 제가 법조계에 있는 친구에게 늘 하는 말이지만, 현재 우리의 법률을 보면 참 재미있습니다. 근백 년 이래로 우리는 코쟁이 서양 사람들이 하는 말을 그대로 따라서 했습니다. 세계에는 양대 법체계가 있는데, 하나는 (영미 계통의) 해양 법체계이고 하나는 (유럽 대륙 계통의) 대륙 법체계라고요. 그렇다면 우리는 어디에 해당합니까? 거의 대부분은 대륙 법체계를 베끼고 일부분은 해양 법체계를 베껴서 육법전서를 편찬하였습니다. 그런데 왜 우리의 법률 계통은 살펴보지 않을까요? 왜 한율과 당률을 연구하지 않는 걸까요? 설마하니 중국에는 법률이 없다는 말입니까? 중국에는 지금까지 각 시대마다 서로 다른 법률이 존재했을 뿐 아니라 법률의 원리 또한 대단히 훌륭합니다. 현재 미국의 대법관은 항상 판례를 인용하는데, 왜 판례를 인용하는 걸까요? 그것은 나라의 역사가 너무 짧고 정해진 조문(條文)에 의거하다 보니 어떤 사안은 타당한 조문을 찾아내어 판결을 내릴 수 없기 때문에 유사한 판례를 인용하여 근거로 삼는 것입니다.

며칠 전 미국에서 돌아온 친구가 기괴한 살인 사건에 대해 이야기해 주었는데, 불교 밀종에서 주문을 외우는 것과 관련이 있습니다. 어떤 사람이 주문을 외울 줄 알고 거기다 수양의 방법에 대해 조금 알고 있었는데, 산위에 살면서 홀로 농사를 지었습니다. 그런데 그 사람이 한 무리의 히피 제자들을 거두고 그들에게 정좌 수련과 주문 외우는 방법을 가르쳤습니다. 그가 가르친 것은 바로 제전화상(濟顚和尙)이 늘 외우던, 관음보살의 육자대명주(六字大明呪)[92]인 '옴마니밧메훔[唵嘛呢叭咪吽]'이었습니다. 어느 날 영화배우들이 모인 자리에 그 제자들이 손에 칼을 들고 입으로는 '옴마니밧메훔'을 되뇌며 마치 미치광이처럼 난입해서 살인을 저질렀습니다. 결국에는 체포되었는데 그 후 제자들의 말에 따르면, 당시 주문을 외우자 마치 마약을 먹은 것처럼 자신의 의식 속에서는 사부의 부름을 받들어 그 명령을 그대로 좇아 행하는 것처럼 여겨졌다고 합니다. 그런데 그 사부는 어떻게 했을까요? 끝내 산 위에 있으면서 산을 내려오지 않았습니다. 현재 그 사부 역시 체포되어 갇혀 있지만, 여러분 생각에는 그에게 죄가 있습니까, 없습니까? 미국 당국은 그 사건 때문에 골머리를 앓고 있지만 타당한 판례를 찾지 못하고 있다고 합니다.

중국은 옛날에 어떻게 했습니까? 만약 죄를 정할 법률 조문을 찾아내지 못하면 법리(法理)를 뒤졌는데, 어디에서 법리를 찾아냈을까요? 바로 사서오경입니다. 이것을 일러 "경전의 뜻을 가지고 소송을 처리하다[經義斷獄]"라고 했습니다. 옛 성현의 사상에 비추어서 마땅히 용서해야 한다고 생각되면 사면하고, 만약 행위상으로는 조문에 저촉되지 않지만 법리적 관점에서 봤을 때 천리(天理)에 위배된 부분이 있다면 죄를 물었습니다. 이것이 중국 문화에서 법률에 관한 독특한 정신입니다. 그런 까닭에 저는 법률을 공부하는 친구에게 중국의 법률을 공부해 보라고 합니다. 거기에다 불교의 계율까지 결합시키면 가장 좋고요. 불교의 '율(律)'과 중국『예기』안에는 철학적 이치와 윤리적 규범이 풍부하게 들어 있습니다. 따라서 우리는 서양의 양대 법체계 외에 동양의 법체계도 새롭게 정리해야 합

---

92 육자대명왕진언(六字大明王眞言)이라고도 하며, 관세음보살의 자비를 나타내는 주문으로 '옴마니밧메훔'의 여섯 자를 말한다. 이 주문을 외우면 관세음보살의 자비에 의해 번뇌와 죄악이 소멸되고 온갖 지혜와 공덕을 갖추게 된다고 한다.

니다. 이는 중화 문화의 부흥에 뜻을 둔 사람들이 반드시 유의해야 할 사항입니다. 이제 여러분이 잘 처리하시기 바랍니다.

맹자는 이어서 말합니다. "어찌 그 하나를 소유하고서 그 둘을 가진 사람을 업신여길 수 있겠는가?〔惡得有其一以慢其二哉〕" 제 선왕은 아주 존귀한 사람이라는 말입니다. 왜냐하면 "조정에는 벼슬만 한 것이 없는데" 그는 일국의 군주이기 때문입니다. 하지만 나는 나이가 그보다 많은데다 학문과 도덕은 누구에게도 뒤지지 않습니다! 선왕이 벼슬을 지녔다면 나는 나이와 덕이 있으니 이런 이치에서 보더라도 그가 나를 만나러 와야 하는 것이 아니냐는 말입니다.

맹자는 왜 다른 사람과 이런 문제를 놓고 다투었을까요? 마치 밥을 배불리 못 먹어서 다른 사람과 콩비지를 놓고 다투는 것처럼 하고 있으니 정말로 이상합니다! 하지만 맹자에게는 그 나름의 이치가 있었습니다. 이제 계속해서 보도록 하겠습니다.

"그러므로 장차 크게 훌륭한 일을 한 군주에는 반드시 함부로 부르지 못하는 신하가 있어서 상의하고자 하는 일이 있으면 그에게 나아갔다. 덕을 높이고 도를 즐거워함이 이와 같지 않으면 더불어 훌륭한 일을 할 수 없는 것이다."

"故將大有爲之君, 必有所不召之臣, 欲有謀焉則就之. 其尊德樂道, 不如是, 不足與有爲也."

주의하십시오! 맹자는 여기에서 천하에 군림하는 영명한 군주, 정말로 대단한 지도자에게는 "반드시 함부로 부르지 못하는 신하가 있다〔必有所不召之臣〕"고 말합니다. 중국에는 예부터 이런 말이 있습니다. "천자에게

는 베옷을 입은 평민 친구가 있다〔天子有布衣之友〕." 한의 광무제와 엄자릉(嚴子陵)처럼, 또 명의 주원장과 전흥(田興)처럼 말입니다. 그들은 평범한 일반 백성이었지만 태도가 남달랐습니다. 공명을 좋아하지 않아서 벼슬을 하려고 하지 않았습니다. 만약 황제가 그들과 친구가 되기를 원한다면! 그럴 수도 있는데 그들은 절대로 가까이하지 않았습니다. 그들에게 벼슬을 하라고 말했더라면 아마도 멀리 달아나 버렸을 것입니다. 그러므로 군주가 진정으로 훌륭한 일을 하고자 한다면 반드시 풍격이 고매한 사람이 곁에 있어서 멀리 내다보는 식견을 도움 받아야 합니다. 이런 사람들은 평범한 세속의 사람들처럼 벼슬이나 관직으로 묶어 둘 수가 없습니다. 아무리 군왕이라 할지라도 진리 앞에서는 반드시 예를 갖추어 대우해야 합니다. 이런 부류의 맑고 고명한 현자가 바로 중국 문화에서 이른바 '왕의 스승〔王者之師〕'입니다. 증자 역시 일찍이 "(신하를) 스승처럼 대하는 자는 왕이 되고, 친구처럼 대하는 자는 패자가 된다〔用師者王, 用友者霸〕"고 말한 적이 있는데 바로 이런 이치입니다.

제왕이 되면 아주 편안하며 하고 싶은 일을 마음대로 할 수 있다고 생각해서는 안 됩니다. 제가 늘 하는 말이지만 중국 문화는 대단히 훌륭합니다. 보십시오. 옛날 황제들은 스스로를 '고가(孤家)'나 '과인(寡人)'이라고 불렀는데, 황제의 자리는 말 그대로 외로운 자리였습니다. 어쩌다 우스운 이야기가 생각나서 웃으려 하다가도 상대방의 엄숙하게 굳은 얼굴을 보면 우스운 이야기도 우습지 않게 되어 버립니다. 마음을 털어놓을 수 있는 사람을 찾고 싶지만 주위에 그런 사람이 없습니다. 다리를 쳐들고 싶어도 쑥스러워서 그러지 못합니다. 참으로 죽을 맛입니다. 그래서 옛날 황제들은 자주 민간의 옷으로 바꿔 입고 "베옷을 입은 평민 친구"를 찾아가서 이야기하고 웃었습니다. 아무리 황제라지만 그들도 필경은 사람이기 때문에 생활의 정취가 조금이라도 있어야 했던 것입니다. 물론 그런 경지는 우리 같은 보통 사람들이 상상할 수 있는 것은 아닐 겁니다. 하지만 중년을 넘긴 친구들은 그런 맛을 느껴 본 적이 있을 것입니다. 바로 가장(家長)이라는 위치입니다. 우리가 나이를 먹으면 아빠 엄마가 되어 그 밑에 아들딸이 생겨나고, 거기다 만약 손자들까지 더해지면 할아버지 할머니가 됩니다. 그렇게 높디높은 위치에 앉아 있는 재미 역시 그다지 좋지만은 않습니다. 늙은 배우자가 없으면 말할 대상도 없어서 버스표를 사 들고 친구를 찾아갈 수밖에 없습니다. 그래서 제왕들은 반드시 "베옷을 입은 평민 친구"가 있어야 했습니다. 그리고 동시에 "함부로 부르지 못하는 신하"가 있어야 했습니다.

"상의하고자 하는 일이 있으면 그에게 나아갔다〔欲有謀焉則就之〕"고 했습니다. 중요하게 결정할 일이 생기면 반드시 그런 친구들에게 가르침을 청해야 했습니다. 왜냐하면 그 사람들은 비교적 초연하고 객관적이기 때문입니다. 도덕과 학문 방면에서 자신에게 도움을 줄 뿐 아니라 어떤 측면에서는 마음을 터놓고 이야기할 수도 있습니다. "이와 같지 않다면 더불어 훌륭한 일을 할 수가 없다〔不如是, 不足與有爲也〕"는 것은 만약 그런 경지에 이르지 못한다면 일개 '유한(有限)' 공사보다 더 앞날이 '캄캄' 할 것입니다.[93]

아래에서 맹자는 과거의 역사적 경험을 열거합니다.

"그러므로 탕왕은 이윤에게 배운 뒤에 그를 신하로 삼았기 때문에 수고롭지 않고 왕 노릇을 하였다. 환공은 관중에게 배운 뒤에 그를 신하로 삼았기 때문에 수고롭지 않고 패자가 되었다. 지금의 천하는 토지가 비슷하고 덕

---

[93] 저자는 '전도무량(前途無量)' 대신에 일부러 발음이 같은 '전도무량(前途無亮)'으로 바꾸어 썼다. 그렇게 함으로써 '전도가 양양하다, 앞날이 무한하다'는 의미가 반대로 앞날이 캄캄하다가 되어 버렸다.

이 고만고만해서 서로 뛰어나지 못함은, 다름이 아니라 자기가 가르칠 수 있는 사람을 신하로 삼기 좋아하고 자기가 가르침을 받을 수 있는 사람을 신하로 삼기 좋아하지 않기 때문이다."

"故湯之於伊尹, 學焉而後臣之, 故不勞而王. 桓公之於管仲, 學焉而後臣之, 故不勞而霸. 今天下地醜德齊, 莫能相尙; 無他, 好臣其所敎, 而不好臣其所受敎."

이윤은 탕의 재상이었습니다. 하지만 탕은 은밀히 이윤을 스승으로 삼아 매사에 그에게 가르침을 청했습니다. "그러므로 수고롭지 않고 왕 노릇을 하였다[故不勞而王]"는 것은, 그런 까닭에 탕은 천고에 뛰어난 왕이 되어 날마다 수많은 일을 처리하면서도 여유 만만할 수 있었다는 말입니다. "환공은 관중에 대해[桓公之於管仲]"도 마찬가지입니다. 제 환공은 처음부터 관중에게 가르침을 구하고 정사를 관중에게 넘겨주었습니다. 그리고 자신은 술이나 마시면서 어떤 일에도 관여하지 않습니다. 관중은 왕도(王道)가 아닌 패도(霸道)를 이야기했고 결국에는 "제후들을 규합하였으니" 얼마나 위풍당당합니까! 훗날 관중이 죽자 제 환공 역시 무너졌습니다.

지금 천하의 형세는 엉망입니다. 제후국의 실력은 거의 비슷하고 태도도 비슷한데, 말 잘 듣는 간부를 기용하기 좋아하고 자신에게 건의하는 인재는 기용하기를 원치 않습니다. 이 부분은 당시 제후들만의 문제가 아니라 인류 공통의 결점으로서 지금도 마찬가지입니다. 젊은 친구들은 장래에 회사의 사장이 되거나 어떤 조직에서 관리자가 된다면, 이 부분의 수양에 대해 특별히 주의를 기울여야 합니다. 아래를 보면 맹자는 이 점을 강조하기 위해 역사 전고를 인용했던 것입니다.

> "탕왕이 이윤에 대해서와 환공이 관중에 대해서 감히 부르지 못하였다. 관중
> 도 오히려 부르지 못했거늘 하물며 관중이 되지 않으려는 사람에 있어서랴!"

> "湯之於伊尹, 桓公之於管仲, 則不敢召. 管仲且猶不可召, 而況不爲管仲者乎."

탕이 당시 이윤에 대해서, 제 환공이 당시 관중에 대해서 감히 함부로
명령을 내리지 못하고 함부로 그들을 부르지 못했는데, "하물며 관중이
되지 않으려는 사람에 있어서랴〔而況不爲管仲者乎〕" 어떻게냐는 것입니다.
하물며 관중보다 훨씬 훌륭한 사람이랴 할 때의 그 사람이 누구일까요?
맹자는 더 말하지 않았지만 맹자를 대신해서 말해 보면 "하물며 나에게
말이냐!"라는 뜻입니다. 앞에서 이미 말했지만 맹자는 관중이 되는 것을
달가워하지 않았습니다. 이 대목에서 맹자는 자신의 입신 처세에 대해 설
명하였습니다. 그것은 동시에 유가의 전형을 보여 주기도 하는데, 바로
"하고자 하는 바가 있고, 하지 않으려 하는 바가 있다〔有所爲, 有所不爲〕"
는 지식인의 풍격입니다. 세속의 부귀공명에 결코 좌우되지 않습니다.

주고받음의 예법

위의 구절은 맹자가 제 선왕과의 밀고 당기는 식의 외교전을 빌려 자신
의 입신 처세의 원칙을 밝히는 동시에 신도(臣道)와 군도(君道)의 정신을
설명하는 내용이었습니다. 이제 또다시 장면이 바뀝니다.

> 진진이 물었다. "전날에 제나라에서 왕이 겸금 일백 일을 보내 주자 받지

않으셨고, 송나라에서 칠십 일을 보내 주자 받으셨고, 설나라에서 오십 일을 보내 주자 받으셨습니다. 전날에 받지 않은 것이 옳다면 오늘날 받은 것이 잘못일 것이요, 오늘날 받은 것이 옳다면 전날에 받지 않은 것이 잘못일 것입니다. 선생님께서는 반드시 이 중 하나에 해당하실 것입니다."

陳臻問曰: "前日於齊, 王餽兼金一百而不受; 於宋, 餽七十鎰而受; 於薛, 餽五十鎰而受. 前日之不受是, 則今日之受非也; 今日之受是, 則前日之不受非也. 夫子必居一於此矣."

이 단락의 문장은 고문의 서술체이며 '궤(餽)'는 보내 준다는 뜻입니다. 진진은 맹자의 제자인데 그가 의문을 제기했습니다. 스승님! 전날에 제왕〔제 선왕의 아들인 제 민왕(湣王)임〕이 당신께 겸금 일백을 보내왔습니다. 무엇을 '겸금(兼金)'이라고 할까요? 이른바 겸금이란 상등품의 금을 가리킵니다. 고증에 따르면 춘추 전국 시대부터 한대에 이르기까지 이른바 '금'은 우리가 현재 말하는 금이 아니라 일종의 고급 동(銅)이라고 합니다. 따라서 여기에서의 '겸금'은 품질이 순수하고 귀한 상등품 동을 가리키며 당시에는 대단한 가치를 지닌 화폐였습니다. 제왕이 맹자에게 일백 일〔일(鎰)은 스무 냥에 해당함〕을 보냈지만 맹자는 받으려 들지 않았습니다. 한 푼도 받지 않고 그 돈 봉투를 고스란히 돌려보냈습니다. 그런데 "송나라에서 칠십 일을 보내 주자 받으셨다〔於宋, 餽七十鎰而受〕"고 했습니다. 나중에 송나라를 지나갈 때 송나라 군주가 칠십 일을 보내 주었습니다. 제나라 왕이 보내 준 것보다 많지도 않았는데 맹자는 그것을 받았습니다. "설나라에서 오십 일을 보내 주자 받으셨다〔於薛, 餽五十鎰而受〕"는 훗날 설나라에 있을 때 설나라 군주가 오십 일을 보내 주자 그것 역시 받았다는 겁니다.

진진이라는 학생이 이상하다 싶어서 질문했습니다. 그는 자신의 스승인 맹자가 결코 재물을 탐하는 사람이 아니라고 생각했습니다. 그런데 많은 쪽은 받지 않더니 오히려 적은 쪽을 받아들이니 도무지 영문을 알 수가 없었던 것입니다. 도대체 무슨 이치에서 그러셨을까? 진진이 말합니다. "전날에 받지 않은 것이 옳다면〔前日之不受是〕" 즉 며칠 전에 제왕이 보낸 것을 받으려 하지 않았던 것이 만약 옳다고 한다면, "오늘날 받은 것이 잘못일 것이요〔則今日之受非也〕" 즉 그렇다면 지금 송나라와 설나라에서 보낸 것을 받은 것은 잘못된 것입니다. "오늘날 받은 것이 옳다면〔今日之受是〕" 즉 만약 지금 받은 것이 옳다고 말한다면, "전날에 받지 않은 것이 잘못일 것입니다〔則前日之不受非也〕" 즉 그렇다면 예전에 받지 않은 것이 잘못된 것입니다. "선생님께서는 반드시 이 중 하나에 해당하실 것입니다〔夫子必居一於此矣〕." 그러므로 어떻게 말하든 스승님께서는 한쪽의 처리 방식이 잘못되었습니다.

이 학생은 스승과 날카롭게 대립하고 있습니다. 『논어』에서도 우리는 공자의 학생이 공자에게 몰아세우듯이 질문하는 것을 자주 봅니다. 이것만 보더라도 옛날의 교육 기풍이 자유스럽고 친절했음을 알 수 있습니다. 지금은 어떻습니까? 교육이 널리 보급되었지만 사도(師道)의 존엄성은 땅에 떨어졌고 학생들은 질문을 하지 않습니다. 제가 대학에서 수업을 하면서 늘 학생들에게 질문을 하라고 했지만 그들은 언제나 질문을 하지 않았습니다. 왜 그럴까요? 나중에 그들과 한담을 나누다가 비로소 알게 되었습니다. 어떤 선생님들은 질문을 받으면 불쾌해하면서 학생의 점수를 깎는다고 합니다. 물론 이것은 학생 편에서 말한 것입니다. 반대로 선생님 편에서 본다면 학생들의 학문을 향한 열정이 너무도 부족합니다. 책에 쓰여 있는 그대로 그냥 외워서 시험만 잘 보면 그것으로 끝입니다. 이제 맹자가 그 학생의 질문에 뭐라고 대답했는지 보도록 하겠습니다.

맹자께서 말씀하셨다. "다 옳다. 송나라에 있을 때에는 내가 장차 멀리 가게 되었는데, 길 떠나는 자에게는 반드시 노자를 준다. 말하기를 '노자를 보내 준다' 하였으니 내 어찌 받지 않겠는가? 설나라에 있을 때에는 내가 경계하는 마음을 품고 있었는데, 말하기를 '경계하신다는 말을 들었기에 병사를 위해 보내 준다' 하였으니 내 어찌 받지 않겠는가? 제나라에 있어서는 해당됨이 없었다. 해당됨이 없이 보내 준다면 이는 재물로 사려는 것이니, 어찌 군자로서 재물에 농락될 자가 있겠는가?"

孟子曰: "皆是也. 當在宋也, 予將有遠行, 行者必以贐, 辭曰 '餽贐', 予何爲不受? 當在薛也, 予有戒心, 辭曰 '聞戒, 故爲兵餽之', 予何爲不受? 若於齊, 則未有處也. 無處而餽之, 是貨之也, 焉有君子而可以貨取乎?"

맹자는 두 가지 처리 방식 모두 잘못된 게 아니라고 답했습니다. 우리가 어릴 적에는 공부하러 집을 떠날 때 친척과 친구들이 그 사실을 알지 못하도록 숨겼습니다. 왜냐하면 중국에는 공부하러 집을 떠나는 사람에게 마을의 친척과 친구들이 예를 갖추어 전송하는 규범이 있기 때문입니다. 어떤 돈 봉투에는 장대한 행색으로 떠나라는 의미에서 '이장행색(以壯行色)'이라고 쓰여 있고, 젊은 사람에게 주는 돈 봉투라면 '붕정만리(鵬程萬里)' 혹은 '전도무량(前途無量)'이라고 쓰기도 했습니다. 이러한 사회 기풍은 현대의 장학금에 견주어 볼 수 있는데, 비록 오늘날처럼 제도화되지는 않았지만 인정이 넘치는 분위기로 인해 받는 사람의 감동은 더 컸습니다. 그뿐 아니라 현대의 장학금처럼 돈 있는 집의 자제들에게 지급함으로써 장학금 본래의 취지를 잃어버리는 일도 없었습니다. 과거에는 가난한 집안의 자제가 공부하러 집을 떠나는데 만약 돈 있는 집에서 전별금을 보내 주지 않으면, 공부하러 떠나는 사람은 비난을 받지 않지만 돈 있는 사람은 인정머리가 없다는 비난을 받았습니다. 이것이 바로 '예'입니다. 제도는 아니고 이해관계는 더더욱 아닙니다. 그가 공부를 잘 마치고 벼슬을 한 후에 돈을 보내 준 사람들에게 보답하기를 바랐던 것도 아닙니다.

그런데 우리처럼 공부하러 집을 떠나는 사람은 친척과 친구들의 전별금을 받으면 심리적 부담을 느끼게 됩니다. 예라는 것은 주고받는 것이기 때문에 나중에 돌아왔을 때 다시 예로써 갚아야 하니 여간 성가신 노릇이 아닐 수 없습니다. 예를 들어 제가 항주에서 공부하면서 집에 돌아올 때면 여행 짐 속에 항주의 부채니 가위니 혹은 여성용 참빗이니 하는 항주의 토산물을 한 무더기씩 꾸려야만 했습니다. 사는 것도 일이지만 들고 오는 것도 고생입니다. 이런 중국의 고례(古禮)와 현대의 홍백(紅白) 폭탄[94]은 서로 다릅니다. 당시의 민풍은 대단히 순박해서 지금 같지 않았습니다. 요즘은 폭격이 지나친 경우가 종종 있습니다.

다시 『맹자』의 원문으로 돌아갑시다. "말하기를 노자를 보내 준다 하였으니, 내 어찌 받지 않겠는가〔辭曰饋贐, 予何爲不受〕." 여기에서 '사(辭)'는 사양한다는 의미가 아니고 어휘를 취사선택한다는 의미입니다. 송나라에서 맹자에게 보낸 쪽지 위에는 '궤신(饋贐)'이라는 두 글자가 쓰여 있는데, 그 말은 이제 떠나려고 하니 약간의 노자를 보낸다는 뜻입니다. 비행기 표 한 장을 보내 준 셈입니다. 이것은 중국의 고례로서, 다른 사람이 예에 따라 나에게 주었으니 내가 받는 것이 당연하지 않느냐라고 맹자는 말했습니다. 이어서 계속합니다.

"내가 설나라 땅(당시 제나라의 변경 지역으로 맹상군 부자가 세습했던 봉지)에

---

94 중국에서 붉은색은 기쁜 일, 흰색은 흉한 일을 의미한다. 따라서 홍백 폭탄은 경사나 상사에 과도한 예를 차리는 것을 말한다.

도착하였을 때, 그곳은 민풍이 사납고 좋은 사람과 나쁜 사람이 섞여 있어서 '내가 경계하는 마음을 품었다〔予有戒心〕.' 그런데 그들이 말하기를 '경계하신다는 말을 들었기에 병사를 위해 보내 준다〔聞戒, 故爲兵餽之〕' 하였다. 설나라의 당국자는 객경(客卿)의 신분으로 타국에 거처하는 나를 존중하여, 자신을 보호하는 안전 설비를 더욱 강화하는 뜻에서 나에게 돈을 보내 주었다. 그것이 설나라의 성의였기 때문에 나는 당연히 보내 준 것을 받았다. 너는 방금 나에게 제나라에 있을 때는 왜 제 민왕이 보내 준 것을 받지 않았느냐고 물었다. 그것은 '해당됨이 없었기 때문이다〔則未有處也〕'."

우리는 이 대목에 유의해야 합니다. 제 선왕 때에는 맹자가 고문의 위치에 있었기 때문에 적어도 고문비나 활동비는 받았을 것입니다. 지금은 선왕의 아들 민왕의 때입니다. 그를 두고 멍청한 군주라고까지는 말하지 않더라도 어리석은 군주임에는 틀림없습니다. 역사상 유명한 연제지전(燕齊之戰)에서 나중에 악의(樂毅)가 연나라 군사를 이끌고 반격하여 제나라 일흔두 개의 성을 함락시킨 일이 있었는데, 그것이 바로 제 민왕 때의 일이었습니다. 맹자는 여기에서 "해당됨이 없었다"고 말합니다. 내가 당시 거기에 있을 때는 아무런 명분도 없이 단지 객의 신분에 지나지 않았다는 겁니다. 어떠한 처지에 있지도 않았는데 무슨 명분으로 남이 보내 주는 것을 받겠느냐는 말입니다. "해당됨이 없이 보내 준다면〔無處而餽之〕" 즉 처지에 있지도 않고 명분도 없는데 함부로 나에게 돈을 보냈다면, "이는 재물로 사려는 것이다〔是貨之也〕" 즉 그런 돈은 문제가 있다는 것입니다. 돈으로 나를 사려는 것과 마찬가지이니, 대장부는 남이 돈으로 자신을 사려는 것을 용납하지 않는다는 뜻입니다. "어찌 군자로서 재물에 농락될 자가 있겠는가〔焉有君子而可以貨取乎〕." 나는 그런 것은 먹지 않고 받아들이지도 않는다는 겁니다. 그런 까닭에 모두 옳다고 말한 것이니 받지 않은 것도 옳고 받은 것도 옳습니다.

맹자가 이처럼 자신의 경험을 들어 설명한 것은 우리에게 다음의 사실을 말하고자 해서입니다. 공부를 한 사람은 세상을 살아가면서 해야 할 일이 있고 해서는 안 될 일이 있습니다. 이치에 맞고 합당한 일이라면 인(仁)으로 맞서고 양보해서는 안 됩니다. 이치에 맞지 않고 해서는 안 되는 일이라면 절대로 구차히 취해서는 안 됩니다. 맹자가 여기에서 말한 것은 정통 유가의 풍격입니다. 만약 우리가 『장자』를 펼쳐 본다면 잡편(雜篇)의 「천하(天下)」편,「양왕(讓王)」편에 이런 유의 문제가 많이 언급되어 있습니다. 다만 다른 점이 있다면 장자의 어조는 장난스럽게 웃거나 화를 내며 꾸짖는 쪽에 가깝고 그 말이 유머러스하면서도 날카롭다는 것입니다. 여기에서 그 예들을 열거할 수는 없는 노릇이니, 그랬다가는 주객이 전도되어 버릴 것입니다. 더욱이 여러분 수중에 『장자』 책도 없으니 『장자』「양왕」편에 나오는 한 구절만 간단히 언급하겠습니다. "비록 부귀하다 할지라도 보양으로 몸을 상하게는 말 것이며, 비록 빈천하다 할지라도 이해 때문에 육신에 누를 끼치지는 말 것이다〔雖富貴, 不以養傷身 ; 雖貧賤, 不以利累形〕." 부귀한 사람들은 스스로 안일을 지나치게 추구하고 보양에 지나치게 신경 쓰다 보니 오히려 병이 많습니다. 많은 사람들의 병이 그처럼 사치스럽고 안일하게 지내는 데서 비롯된 부귀병입니다. 반대로 빈궁한 사람은 모름지기 사람은 궁해져도 뜻은 궁해지지 않는다는 기백을 지녀야 합니다. 이해관계 때문에 자신의 품격을 뒤흔들어서는 안 됩니다. 『장자』에는 이런 유의 사리(事理)가 많고도 많습니다.

또 예전에 『논어』를 강해할 때 『장자』에 나오는 도양열(屠羊說)을 언급한 적이 있는데, 그는 성이 도양이고 이름이 열이었습니다. 옛사람의 성씨는 후대의 조전손리(趙錢孫李) 등처럼 후대에 전해 주는 것이 아니었습니다. 상고 시대에는 성이 우(牛)이고 마(馬)였습니다! 보통 당시의 환경에 따라서 정해졌는데, 소를 키우는 집은 성이 우이고 양을 키우는 집은 성이

양이었습니다. 중국만 그러했던 것이 아닙니다. 미국의 피혜리(皮鞋李)[95]
는 조상이 당시에 가죽신[皮鞋]을 만들었을 것이고, 일본의 견양의(犬養毅,
이누카이)는 조상이 당시에 개[犬]를 키웠을 것입니다. 도양열은 양을 죽이
는 것을 직업으로 삼아 전문적으로 양고기를 팔던 사람이었습니다.

당시 오자서(伍子胥)가 오(吳)나라를 도와 초 소왕(昭王)을 쓰러뜨렸을
때, 초나라가 망하려는 것을 눈으로 보고서도 도양열은 투항하지 않고 소
왕을 따라 도망하였습니다. 훗날 초 소왕은 나라를 다시 찾고 나서 문득
도양열이 생각났습니다. 그래서 가까운 고위 간부를 보내 도양열에게 상
금을 주려고 했는데, 그는 한사코 받지 않았습니다. 그러면서 이렇게 말했
습니다. "초왕이 도망가 버리면 제 양고기 장사도 더 이상 할 수 없게 됩
니다. 초왕은 초나라를 위해 도망간 것이니, 훗날을 위해 몸을 보존하여
나라를 되찾고자 했습니다. 하지만 저는 양고기 장사 때문에 도망간 것이
므로 아무런 공로가 없는데 어떻게 상금을 받을 수 있겠습니까." 대신들
이 초왕에게 보고하자 초왕은 도양열이 대단하게 생각되었습니다. 그래
서 또다시 사람을 보내었지만 도양열은 한바탕 도리를 늘어놓은 뒤 여전
히 받으려 하지 않았습니다. 초왕은 그 일로 더더욱 그를 대단하게 여겨
대신을 또 보냈습니다. 그러고는 그에게 벼슬을 내릴 것이니 국가를 위해
일해 줄 것을 청했습니다. 이렇게 되자 도양열은 더더욱 받아들이지 않고
한바탕 이유를 늘어놓았습니다. 요약하자면 그의 말은 이러했습니다. 초
왕은 나라를 위해 도망하였으니 그는 그 나름의 이유로 도망하였고 저는
저 나름의 이유로 도망하였습니다. 다만 공교로웠던 것은 두 사람이 한길

---

[95] 실제로 영미권의 성씨는 조상의 직업에서 온 것이 많다. Smith(대장장이), Carpenter(목수),
Miller(제분업자), Fishman(어부), Tailor(양복장이), Baker(빵 가게 주인), Farmer(농부) 등이
그러하다. 'Tanner'라는 성은 무두장이라는 뜻인데, 굳이 '皮鞋李'를 영어식으로 표현한다면
'Tanner Lee'쯤 될 것이다.

로 도망하였다는 사실입니다. 당시 국가에 어려움이 있었으나 힘을 보태지 못했으니 이는 국민 된 자로서 치욕입니다. 이제 나라를 되찾았지만 이는 초나라의 복이자 초왕의 영광일 뿐, 저는 그 은택을 누리는 일개 백성에 지나지 않습니다. 제가 어떻게 공로도 없이 녹을 받을 수 있겠습니까? 우스운 이야기지요! 우스운 이야기고말고요!

보잘것없는 일개 장사꾼이 이처럼 맑고 고상한 절개를 지니고서 권력에 대해 조금도 마음이 동요하지 않았을 뿐 아니라 겸허의 덕을 여실히 보여 주었던 것입니다. 훗날 초왕은 일부러 도양열을 불러들여 만났습니다. 그는 초왕과 얼굴을 마주한 채 변론하였는데 끝내 초왕은 아무 말도 하지 못하고 그를 돌려보냈습니다. 그는 양고기 장사를 계속했습니다.

이제 증국번 이야기를 해 보겠습니다. 태평천국을 진압하고 큰 공을 세운 후에 증국번은 많은 비방에 시달려야 했습니다. 심지어 어떤 사람은 책을 써서 공격하였는데, 증국번 두 형제를 향한 비판이 어찌나 각박했던지 차마 듣기 어려울 정도였습니다. 증국번은 심히 개탄했지만 그보다는 동생인 증국전(항렬이 아홉째여서 구수九帥라고도 불림)이 견디다 못해 성질을 내고 사람을 죽일까 봐 염려되어 이런 시를 써서 주었습니다.

왼쪽엔 공덕 새긴 종명 오른쪽엔 비방의 글	左列鐘銘右謗書
인간 세상은 도처에 좋고 나쁨이 공존한다네	人間隨處有乘除
머리 숙여 도양열에게 절해야 하는 까닭은	低頭一拜屠羊說
세상만사 뜬구름이 허공을 지나감이기 때문이지	萬事浮雲過太虛

그들 형제는 태평천국을 평정한 후 황제의 큰 총애를 받았습니다. 하지만 나무가 크면 바람도 많은 법이므로 "인간 세상은 도처에 좋고 나쁨이 공존한다"고 말했습니다. 세상일이 다 그렇습니다. 한쪽으로 얻는 것이 있

으면 다른 한쪽으로는 잃는 것도 있습니다. 그래서 그는 동생에게 『장자』를 펼쳐 도양열의 풍격을 보고 그의 겸허함을 본받으라고 권했습니다. 인간 세상의 공명(功名)과 이록(利祿), 훼방(毁謗)과 책난(責難)은 모두 허공의 뜬구름과 같아서 흘러가 버립니다. 그리고 모두 진실이 아닙니다.

목민의 직책

이제 다시 『맹자』로 돌아가겠습니다. 송례(送禮)에 관한 한 장면이 끝나고 이제 또 다른 고사가 시작됩니다.

맹자께서 평륙에 가서 그 대부에게 이르시기를 "그대의 창을 잡은 전사가 하루에 세 번 대오를 이탈한다면 버리겠는가, 그대로 두겠는가?" 하시자, "세 번을 기다리지 않겠습니다" 하고 대답하였다.

孟子之平陸, 謂其大夫曰: "子之持戟之士, 一日而三失伍, 則去之否乎?" 曰: "不待三."

이 고사는 아직 끝나지 않았지만 여기서 잠시 멈추고 먼저 앞부분의 문장을 해석해 보겠습니다. "맹자지평륙(孟子之平陸)"에서 '지(之)'는 '도(到)'의 의미입니다. 고대의 '지호자야(之乎者也)'는 현대의 '적니마아(的呢嗎呀)'와 마찬가지로 허자(虛字)[96]입니다. 하지만 완전히 허자이기만 한 것은 아닙니다. 물론 목적(目 '的'), 중적(中 '的')의 '적(的)'[목표]도 허자는 아

---

96 글자 자체가 실질적인 의미를 나타낸다기보다는 문장에서 문법적 기능을 가진 글자를 말한다.

닙니다. 맹자가 한번은 제나라 변경의 작은 현(縣)인 평륙이라는 지방에 갔습니다. 맹자는 그 지방의 관할 수령에게 이렇게 말한 것입니다. 창과 칼을 들고 수비를 담당하는 당신의 부하들이 "하루에 세 번 대오를 이탈한다면〔一日而三失伍〕" 즉 하루에 거의 세 번이나 초소를 이탈하여 보이지 않고 직무에 충실하지 않습니다. 만약에 그런 일이 있다면 당신은 그를 해고하실 겁니까 하고 물었습니다. "세 번을 기다리지 않겠습니다〔不待三〕." 그 관할 수령은 이렇게 말했습니다. 만약 그런 일이 있다면 세 번을 기다렸다가 해고할 것이 아니라, 단 한 번이라도 잘못이 생기면 이런저런 생각을 해 볼 것도 없이 당장 해고할 것입니다.

맹자는 정말로 말을 잘합니다. 평륙 대부가 "세 번을 기다리지 않겠다"고 말하자마자 곧바로 반격에 나섰습니다.

"그렇다면 그대가 대오를 이탈함이 또한 많다. 흉년에 그대의 백성 중에 노약자들은 도랑에서 뒹굴고, 장성한 자들은 흩어져 사방으로 간 자가 몇천이나 된다." 그가 대답하기를 "이것은 제가 할 수 있는 바가 아닙니다" 하였다.

"然則子之失伍也, 亦多矣. 凶年饑歲, 子之民, 老羸轉於溝壑, 壯者散而之四方者, 幾千人矣." 曰: "此非距心之所得爲也."

당신이 말한 대로라면 노형 당신이 범한 잘못 역시 많다는 겁니다. "그대가 대오를 이탈함이 또한 많다〔子之失伍也, 亦多矣〕." 당신도 자주 직무를 이탈하였다는 겁니다. "흉년에〔凶年饑歲〕" 즉 매번 전란을 겪거나 수확이 좋지 않은 흉년이 되면 백성들은 먹을 것이 없어서 "노약자들은 도랑에서 뒹굴고〔老羸轉於溝壑〕" 즉 나이 든 노인들은 길가에서 굶어 죽어갑니다. 요즘 젊은 사람들이 이 대목을 보면 이해할 수 없을지도 모릅니다. 우

리 때는 이런 참상을 직접 목도했습니다. 항전이 막 시작되었을 때 사천(四川)은 군벌이 할거하여 전횡했는데, 민국 초에 이미 민국 칠십몇 년의 세금을 징수하여 국민을 가난으로 몰아넣었습니다. 사천은 평소 "하늘이 내린 곳간의 나라〔天府之國〕"라는 미칭을 지니고 있었지만, 겨울이 오면 늘 길가에 동사한 사람이 있었습니다. 당시 사천 사람들은 머리에 흰 두건을 쓰고 있었는데 발에는 아무것도 신지 않았습니다. 한기가 발바닥에서부터 올라왔기 때문에 동사하기가 쉬웠습니다.

어쩌다 보니 또다시 민속학적 문제까지 건드리게 되는군요. 인도인과 서아시아의 회교도들은 모두 머리에 흰 두건을 쓰기를 좋아하는데, 인류는 왜 이런 종류의 공통적인 습성을 지니고 있는 것일까요? 과거 대륙에서는 여인들이 머리에 흰 수건을 즐겨 썼는데, 여기에는 그 나름의 일리가 있었습니다. 왜냐하면 의학의 이치상 여인들은 서른이 넘으면 머리 쪽에 병이 생기기 쉽기 때문에 따뜻하게 해 주어야 합니다. 요즘 여성들이야 외출할 때 화장을 해야 하기 때문에 수건을 쓰기가 좀 곤란합니다. 또 사무실 안에서 모자를 쓰기도 그렇습니다. 풍조가 이렇다 보니 달리 방법이 없습니다. 결국 많은 여성들은 두통에 시달릴 수밖에 없습니다. 사실 구제할수 있는 방법이 있기는 합니다. 밤에 잠을 잘 때 머리를 감싸고 자고 평소보양에 주의하는 것이 가장 좋은 방법입니다. 결국은 미연에 우환을 방비하는 것이 가장 좋습니다.

우리가 처음 사천에 왔을 때 길거리에서 동사한 사람을 보고는 자신도모르게 "노약자들은 도랑에서 뒹굴고"라는 『맹자』의 구절이 생각났습니다. 실로 대단히 비참한 장면이 아닐 수 없었습니다. "장성한 자들은 흩어져 사방으로 간 자가 몇천이나 된다〔壯者散而之四方者, 幾千人矣〕." 젊은 사람들은 목숨을 연명하기 위해 외지로 달아나 살길을 도모하고 있다는 뜻입니다. 맹자가 평륙의 대부에게 그렇게 말한 데는 보시오, 당신의 지방 행정은 이런 꼴이 되고 말았소라는 의미가 들어 있습니다. 고대에는 인구가 적어서 늙은이가 죽고 젊은이가 달아나 버린 것이 몇천 명이면 평륙 지방엔 사람이 거의 없게 됩니다. 남은 사람이라고는 일부 노약자와 아녀자와 어린아이뿐입니다.

맹자가 얼마나 말을 잘합니까! 병사 하나가 보초를 제대로 서지 않는 예를 들어 이 대부에게 어떻게 처분해야 하느냐고 물었습니다. 대부는 세 번이나 기다리지 않고 즉시 해고해 버릴 것이라고 말했습니다. 맹자는 그 기회를 놓치지 않고 대부의 직무상 과실을 지적했습니다. 그 말 속에는 죽어 마땅하지 않느냐는 의미가 들어 있습니다. 물론 맹자는 말을 하는 데 한계를 넘지 않으면서도 아주 교묘했습니다. 행정상의 과실만 지적하고 거기에서 멈추었는데, 그 대부가 어떻게 했습니까? 그는 분명 얼굴이 벌개져서 말했을 겁니다. "이것은 제가 할 수 있는 바가 아닙니다." 거심(距心)은 그 대부의 이름입니다. 그는, 아이고! 맹 선생님, 이 일은 정말 대단히 미안하게 됐습니다. 이 지방을 잘 다스리고 싶은 마음이야 있었지만, 많은 부분에서 법령의 제한 내지는 인사상의 오랜 규범 때문에 이 지경에 이르고 말았습니다. 저 한 사람의 힘은 정말로 한계가 있으니 방법이 없군요 하고 말했습니다. 그 말을 들은 맹자는 어떻게 말했을까요?

맹자께서 말씀하셨다. "지금 남의 소와 양을 받아다가 그를 위하여 기르는 자가 있으면, 반드시 그를 위하여 목장과 꼴을 구할 것이다. 목장과 꼴을 구하다가 얻지 못하면 그 사람에게 되돌려 주어야 하겠는가? 아니면 또한 서서 그 죽어 가는 것을 보아야 하겠는가?" 그가 말하기를 "이는 저의 잘못입니다" 하였다.

曰: "今有受人之牛羊, 而爲之牧之者, 則必爲之求牧與芻矣. 求牧與芻而不得, 則反諸其人乎? 抑亦立而視其死與?"曰:"此則距心之罪也."

맹자는 이렇게 말했습니다. "그런 말이 어디 있는가! 가령 어떤 사장이 돈을 투자해서 다른 사람에게 자신의 소와 양을 돌봐 주게 하면서 매달 얼마의 경비를 주겠노라 말했다고 하자. '반드시 그를 위하여 목장과 꼴을 구할 것이다〔必爲之求牧與芻矣〕.' 당연히 그 사람은 마음을 다해 직무에 임해야 한다. 그리하여 온갖 방법을 동원해 소와 양을 위한 목초지를 찾아내어 소와 양에게 풀을 먹이려고 할 것이다. 그런데 만약 좋은 목초지를 찾아내지 못해 소와 양을 배불리 먹일 수 없다면 '그 사람에게 되돌려 주어야 하겠는가?〔則反諸其人乎〕' 즉 어떻게 하면 이 임무를 달성할 수 있을까 하고 방법을 생각하고 연구하는 것이 마땅하지 않겠는가? '아니면 또한 서서 그 죽어 가는 것을 보아야 하겠는가?〔抑亦立而視其死與〕' 설마 한쪽에 서서 소와 양이 굶어 죽는 것을 그냥 바라보고만 있지는 않을 테지?'

사실 맹자는 적당한 예를 빌려서 그를 비난한 것입니다. 일국의 지방관이 되었으니 목민의 책임을 지고 마음을 다해 직무에 임해서 백성을 배불리 먹이고 따뜻하게 입혀야 하거늘, 오히려 백성들을 저토록 가련한 처지로 떨어지게 하고서 어떻게 책임을 회피할 수 있겠는가 하는 말입니다. 만약 그럴 만한 능력이 없어서 임무를 달성할 수 없었다고 한다면, 마땅히 사직하는 것이 옳지 않은가라는 뜻입니다.

천하에 밥을 벌어먹지 못할 곳은 없습니다. 아무리 밥 벌어먹기 힘들다 할지라도, 사실 정말로 밥을 먹기 위해 힘껏 일하려고만 한다면 어렵지 않습니다. 가령 지금 이 자리에도 많은 대학생들이 있지만, 하나같이 귀하디 귀한 아들딸이라 손발도 놀리지 않았고 오곡을 분간할 줄도 모릅니다. 그런데 국외로 유학을 가면 그 고장 풍속을 따라 앞치마를 두른 채 쟁반을 나르고 접시를 닦습니다. 심지어 박사 학위를 받은 사람이 직장을 잡지 못해서 계속 쟁반을 나르고 접시를 닦는 경우도 많습니다. 물론 결국에는 어려움을 이기고 일가를 이루어 사장이 되기도 합니다. 만약 그런 정신을 가지고 자기 나라에서 열심히 했다면 마찬가지로 성공했을 것입니다. 미국만이 살기 좋고 취업의 기회가 많은 것은 결코 아닙니다. 일하려고 하고 노력하려고만 하면 밥 벌어먹는 것은 쉬운 일입니다. 그렇다면 사람들은 왜 밥 벌어먹기가 어렵다고 한탄할까요? 그 원인은 "편안함을 좋아하고 수고로움을 싫어하는〔好逸惡勞〕" 나쁜 근성에 있습니다. 누군들 다리 꼬고 앉아서 다른 사람들 일하는 것이나 지휘하고 싶지 않겠습니까?

맹자는 공거심이 제대로 일을 하지도 못하면서 관직에 미련을 못 버려서 떠나지 않으려고 한다고 책망하였습니다. 떠나고 싶지 않다면 어쨌든 실적을 쌓아야 옳습니다. 공거심도 여기까지 듣고는 결국 "이는 저의 잘못입니다〔此則距心之罪也〕"라고 인정하는 수밖에 없었습니다. 선생님 말이 옳습니다. 제가 잘못했습니다. 직무상 과실의 죄를 지었다는 말입니다.

며칠 후 맹자는 변경을 다 고찰하고 제나라로 돌아갔습니다.

다른 날 왕을 뵙고 말씀하시길 "왕의 도읍을 다스리는 자를 신이 다섯 사람을 알고 있습니다. 그 잘못을 알고 있는 자는 오직 공거심뿐입니다" 하였다. 왕을 위하여 그것을 외우셨다. 왕이 말하기를 "이것은 과인의 잘못입니다" 하였다.

他日見於王曰: "王之爲都者, 臣知五人焉. 知其罪者, 惟孔距心." 爲王誦之.
王曰: "此則寡人之罪也."

그는 제왕을 만나서 이렇게 말했습니다. "왕의 도읍을 다스리는 자〔王

之爲都者〕" 즉 왕이 파견하여 지방의 수장을 맡긴 자를 제가 다섯 사람을 만나 보았는데, "그 잘못을 알고 있는 자는 오직 공거심뿐입니다〔知其罪者, 惟孔距心〕." 그 가운데 오직 공거심이라는 사람만이 자신의 잘못을 알 수 있었고 또 인정하려 들었습니다. 사실 그런 수양은 대단히 얻기 힘든 경지입니다. 그 공 선생은 나중에 틀림없이 높이 승진했을 것입니다. 왜냐하면 맹자가 "왕을 위하여 그것을 외웠기〔爲王誦之〕" 때문입니다. 거기다 이런저런 말로 공거심을 특별히 칭찬했을 겁니다. 제왕은 그들이 어떻게 만났으며 무슨 말을 했는지 등을 물어봤을 것이고, 맹자는 기회다 싶어 이러고저러고 수다스럽게 늘어놓았을 것입니다. "왕이 말하기를 이것은 과인의 잘못입니다〔王曰: 此則寡人之罪也〕." 제왕의 수양도 썩 괜찮았던 것 같습니다. 거기다 아주 훌륭해서 이것은 저의 잘못이라고 얼른 말했습니다. 아랫사람에게 잘못이 있으면 윗사람도 그 책임을 피할 수 없습니다.

우리가 보기에 맹자는 당시 일반 백성의 신분으로 제후들 사이를 분주히 다니면서 오직 한마음 한뜻으로 세상과 사람들을 구하고자 했습니다. 반면에 불학을 공부하는 많은 친구들을 보면 늘 "중생을 제도한다〔度衆生〕"는 말을 입에 달고 있지만, 결과적으로 자기 자신도 제도하지 못합니다. 또 '명예〔名〕'를 얻으면 기뻐하고 '이익〔利〕'을 얻으면 기뻐합니다. 명예와 이익을 구하다가 얻지 못하면요? 포도를 먹지 못하면 포도가 시다고 말하지요. 그래도 계속해서 '홍법이생(弘法利生)'[97]을 떠드는데, '홍발(紅髮)'[98]이 아니라 백발이 되어 버립니다. 맹자처럼 해야 진정한 '홍법이생'이니, 맹자는 가는 곳마다 교화를 폈습니다. 비록 권력을 잡고 정치를 펼치지는 못했어도 언제 어디서나 민생의 질고(疾苦)에 관심을 가지고 건의

---

97 불법을 널리 펴고 중생을 이롭게 한다는 의미이다.

98 弘法(홍법)과 紅髮(홍발)은 중국어 발음이 같다.

를 했습니다. 만약 당시의 제후들 내지는 당국자가 조금이라도 맹자의 건의를 받아들여 정치를 개정했더라면 수많은 사람들이 알게 모르게 혜택을 입었을 것입니다! 얼마나 많은 생명을 구제할 수 있었을지 모릅니다!

이 단락은 사대부 지식인의 입신 처세의 방침을 설명하기도 합니다. 더나아가 국가의 흥망에는 필부라 할지라도 책임이 있다고 할 수 있습니다. 어떤 사람이든 모두 사회와 국가를 위해, 인류를 위해 마땅히 자신의 힘을 다해야 합니다. 말을 잘하는 예술은 그것만으로 하나의 학문입니다. 말을 잘 못하면 밥도 제대로 못 얻어먹을 수 있습니다. 맹자의 말하는 기교는 우리가 본받을 가치가 충분합니다. 지금 조국의 산하가 색을 잃어 가는 것이, 또다시 "노약자들은 도랑에서 뒹굴고, 장성한 자들은 흩어져 사방으로 가는" 역사 비극의 일 막이 펼쳐지려 합니다. 그런데도 젊은 친구들은 어려서부터 안일한 생활에 젖어서 그 속의 처참함을 몸으로 느끼지 못합니다. 하지만 우리는 여전히 여러분이 "자기 자신이 서고 다른 사람도 세우는〔自立立人〕" 정신을 바탕으로 하여 문화 도통(道統)의 중임을 짊어지기를 기대하고 있습니다.

직책과 언책

맹자께서 지와에게 이르시기를 "그대가 영구의 읍재를 사양하고 사사가 되기를 청한 것이 그럴듯함은 말을 할 수 있기 때문이다. 그런데 이제 이미 몇 개월이 지났는데, 아직도 말할 수 없단 말인가?" 하셨다.

孟子謂蚔鼃曰: "子之辭靈丘而請士師, 似也, 爲其可以言也. 今旣數月矣, 未可以言與?"

지와는 제나라의 관원으로 본래는 영구(靈丘)라는 지방에서 관리를 지냈습니다. 그는 나중에 사직하고 "사사가 되기를 청하니〔而請士師〕" 즉 '사사(士師)'가 되어 제왕의 곁에서 형벌 방면의 일에 대해 건의하기를 희망했습니다. 맹자는 "그럴듯하다〔似也〕"고 말했습니다. 당신의 마음은 가히 받아들일 만하다는 것입니다. "말을 할 수 있기 때문이다〔爲其可以言也〕." 제왕을 만나서 건의함으로서 제왕으로 하여금 훌륭한 정치적 공적을 세울 수 있게 하기 때문입니다. "이제 이미 몇 개월이 지났는데, 아직도 말할 수 없단 말인가?〔今旣數月矣, 未可以言與〕" 당신이 그 일을 맡고 벌써 몇 개월이나 지났는데, 어찌하여 당신이 자신의 의사를 표현하여 제왕으로 하여금 뭔가를 바꾸게 하였다는 말이 들리지 않습니까? '간(諫)'은 아랫사람이 윗사람에게 권하는 말입니다. 그 관원은 맹자의 격동하는 말을 듣더니 마침내 제왕을 향해 건의를 올렸습니다.

지와가 왕에게 간했으나 쓰여지지 않자, 신하 됨을 내어놓고 떠나갔다. 제나라 사람들이 말하였다. "지와를 위해서 한 것은 좋으나, 맹자 자신이 하는 것은 내가 알지 못하겠다."

蚔䵓諫於王而不用, 致爲臣而去. 齊人曰: "所以爲蚔䵓則善矣, 所以自爲則吾不知也."

지와는 제왕에게 마땅히 바꾸어야 할 방법에 관해 의견을 제시했지만 제왕이 채택하여 쓰지 않자, "신하 됨을 내어놓고 떠나갔다〔致爲臣而去〕"는 것입니다. 이 '치(致)'는 되돌려 준다는 의미이므로, '치위신(致爲臣)'은 바로 '벼슬을 그만둔다〔致仕〕'는 의미입니다. 지와 이 사람은 정말로 대단한 사람입니다. 맹자의 그 말에 당장 충고를 잘 받아들여 제왕에게 간언을

하고 국가에 대해 공헌하고자 했지만, 제왕은 그의 간언을 받아들이려 하지 않았습니다. 지와는 자신의 이상을 이룰 수 없자 벼슬을 그만두고 떠났습니다. 제나라 사람들이 그 일을 알고는, "맹 선생님 그 사람은 다른 사람을 가르치는 것은 아주 잘하지만, 그 자신이 하는 것은 도무지 어떠한지를 잘 모르겠다"고 말했습니다.

공도자가 이것을 아뢰었다. 맹자께서 말씀하셨다. "내 들으니 '관수가 있는 자는 그 직책을 수행할 수 없으면 떠나고, 언책을 지고 있는 자는 그 말을 할 수 없으면 떠난다' 하였다. 나는 관수가 없으며 나는 언책이 없다. 그런 즉 나의 나아가고 물러남이 어찌 넉넉하게 여유가 있지 않겠는가?"

公都子以告. 曰: "吾聞之也, 有官守者, 不得其職則去; 有言責者, 不得其言則去. 我無官守, 我無言責也. 則吾進退, 豈不綽綽然有餘裕哉?"

공도자는 맹자의 학생인데, 밖에서 그런 이야기를 듣고 돌아와서 선생님께 보고하였습니다. 맹자는 그 말을 듣고도 전혀 개의치 않았습니다. 그뿐 아니라 이렇게 말했습니다. "내 들으니 관수가 있는 자는 그 직책을 수행할 수 없으면 떠난다〔吾聞之也, 有官守者, 不得其職則去〕." 중국 문화의 정신에 따르면, 관직에 있으면서 공무에 마음을 다하지 못하고 임무를 달성하지 못한다면 마땅히 스스로 잘못을 인정하고 사직해야 합니다. 왜냐하면 벼슬을 하는 목적은 자신의 능력을 다 바쳐서 사회와 국가를 위해 복리를 도모하는 것이기 때문입니다. 그런데 목적을 달성하지도 못하면서 자리만 차지하고 있다면 아무런 의미가 없습니다. 좀 듣기 거북한 말이지만 똥도 누지 않을 거면서 뭣하러 똥통을 차지하고 있단 말입니까!

"언책을 지고 있는 자는 그 말을 할 수 없으면 떠난다〔有言責者, 不得其

言則去]"고 했습니다. 중국 역사에서 '언책(言責)'은 무형(無形)의 힘으로서 현대의 감찰 제도에 상당합니다. 손중산 선생도 이런 정신의 고귀함을 잘 알고 있었기 때문에, 삼민주의를 저술할 때 서양의 삼권 분립을 기본 줄기로 삼고 거기에다 중국에 원래부터 있었던 시험과 감찰이라는 두 제도를 더해서 오권 헌법(五權憲法)을 완성했습니다.

고대에는 감찰어사가 전문적으로 평론(評論)을 책임지고 있었는데 황제라 할지라도 예외가 아니었습니다. 황제에게 바르지 못한 부분을 보면 상주문을 올렸습니다. 상주문에는 온통 경전을 인용하면서 하나의 큰 도리를 덧붙입니다. 하지만 때로는 그 문장이 정말로 너무 준엄해서 황제로서도 기분이 좋지는 않습니다. 사실 고대 중국에서 황제가 된다는 것이 그리 좋은 것만은 아니었습니다. 겉으로 보기에는 전제(專制)에다 군주 독재이지만, 중국에는 자고이래로 이런 종류의 전통적인 법치 정신이 존재했습니다. 관리 된 자는 언제나 역사와 백성에 대해 책임 지는 마음이 있었습니다. 그래서 저는 늘 이렇게 말합니다. 중국 역사를 이해하려면 정면의 역사만 봐서는 안 되고 반드시 반면(反面)의 역사를 봐야 한다고요. 그것은 바로 역대 대신들의 주의(奏議)입니다. 황제가 아무리 형편없고 충언을 받아들이려고 하지 않더라도, 신하 된 자는 자신의 목숨을 판돈으로 삼아 생명의 위험을 무릅쓰고서라도 충언을 간해야 합니다. 그래서 역사상 어떤 대신들은 다음 날 상주문을 올리기 위해 전날 밤에 잠을 자지 않았습니다. 어떤 사람은 심지어 자기 관을 준비해 놓기도 했습니다. 그들은 상주문의 부본(副本)을 별도로 남겨 놓았습니다. 다음 날 조정에 가서 황제를 분노하게 만들면 자신의 목이 잘릴 수도 있지만, 그렇더라도 죽음으로써 충성을 다하고 자신의 생명이라는 대가를 치르더라도 역사 문화에 대해 책임을 지고자 했던 것입니다.

청 왕조의 조주(朝珠)[99] 같은 것이 바로 그런 특수한 역할을 했습니다.

전해지는 바로는 조주, 마제수(馬蹄袖)[100]는 홍승주(洪承疇)가 생각해 낸 방법이라고 합니다. 한인(漢人)들은 만인(滿人)의 관리가 되는 것을 치욕스럽게 생각했지만, 대세를 거스를 수 없고 벼슬이 사람을 유혹하니 결국에는 한족의 영재들도 그 활 속으로 들어가고 말았습니다. 청 왕조에서 관원들이 황제를 접견할 때는 반드시 마제수를 탁탁 쳐서 펼치는 동시에 조주가 땅에 닿도록 허리를 숙였는데, 이는 황제를 위해 견마(犬馬)의 충성을 바치겠다는 뜻입니다. 고관들의 조주 속에는 붉은색의 알맹이가 하나 들어 있습니다. 전해지는 바에 따르면 학정홍(鶴頂紅)[101]을 넣어 두는데, 독성이 아주 강해서 혀로 한번 핥기만 해도 곧바로 죽는다고 합니다. 이차대전 당시에 히틀러가 이끈 나치스는 가짜 치아 속에 독약을 넣어 두었다가 정세가 불리해지면 곧바로 치아를 꺼내 독을 삼키고 죽었습니다. 대신들은 "마음에 군주와 나라를 품고 있다가" 필요한 때가 되면 죽음으로써 보답하였습니다. 긍정적으로 보면 충성을 다해 나라에 보답한 것이라고 하겠지만, 부정적으로 보면 직언을 하지 않았다는 오명을 역사에 남길까 봐 두려워한 것이라고 할 수 있습니다. 요즘 시중에는 당대(唐代)의 『육선공주의(陸宣公奏議)』라는 책이 나와 있으니 참고하시면 좋을 듯합니다.

말이 나온 김에 주제에서 벗어난 이야기를 하나 하겠습니다. 과거에 고관을 지낸다는 것은 참으로 힘들기 짝이 없는 노릇이었습니다. 매일 새벽 두 시면 조정에 들어가야 해서 잠도 제대로 못 잡니다. 그래서 당시(唐詩) 가운데는 고관의 젊은 부인이 이를 한탄하는 내용의 시도 있습니다. "공연히 고관대작 남편에게 시집가서, 향기로운 이부자리 걷어차고 아침 조

---

99 산호나 마노 등을 꿰어 만든 것으로, 청대의 고관들이 차던 목걸이를 말한다.

100 북방의 추위에 활을 쏠 때 손이 어는 것을 막기 위해 소매가 좁고 소맷부리가 말발굽 모양을 한 것을 가리킨다.

101 학정홍(鶴頂紅)이라는 이름은 학의 머리 위 붉은색을 말하지만 학과는 관계가 없고 단지 색깔을 표현하기 위해 쓰였다. 실제 학정홍은 비소(As)로 흔히 비상이라고 말하는 독약이다.

회 가 버리네[無端嫁得金龜婿, 辜負香衾事早朝]." 황제가 되더라도 마찬가지로 날도 밝기 전에 일어나야 했습니다. 통상 늙은 태감이 문 밖에서 종을 치는데, 한 번 쳐서 황제가 일어나지 않으면 곧바로 두 번째 종을 칩니다. 그래도 일어나지 않으면 늙은 태감은 인정사정 두지 않고 손에 뜨거운 수건을 받쳐 들고 와서 황제의 얼굴에다 덮어 버리고 손을 뻗어 황제를 끌어 일으킵니다. 황제는 잠에서 막 깬 거슴츠레한 눈으로 옷을 갈아입고 질질 끌려가다시피 부축을 받으며 조정에 듭니다. 두세 시간이나 국가 대사를 토론한 후에야 아침 조회가 겨우 끝나면 황제는 돌아가서 아침을 먹습니다. 그리고 꾸벅꾸벅 졸다가 마침내 다시 한숨을 잡니다. 이것이 바로 '회롱각(回籠覺)'[102]이라는 전고의 유래입니다.

우리가 현대의 공무원들과 전 사회적 기풍을 보면, 죽은 후에 욕먹는 것은 말할 것도 없고 사는 동안에도 다른 사람이 욕을 하든 말든 아랑곳하지 않습니다. 그저 높은 벼슬하고 돈 많이 벌면 됐지 다른 사람이 뭐라고 말하든 상관하지 않습니다. 하지만 국가의 흥망에는 필부라 할지라도 책임이 있습니다. 미국의 케네디 대통령은 이런 명언을 남겼습니다. "국가가 당신을 위해 무엇을 해 줄 수 있는가 묻지 말고, 당신이 국가를 위해 무엇을 할 것인가 물으라." 모든 중국인들도 마땅히 스스로 반성하고 또 반성해야 하지 않을까요?

그래서 맹자는 국가에 보답할 수도 없고 사회를 위해 힘을 다 바칠 수도 없다면, 자리에 남아서 밥이나 축내서는 안 된다고 말합니다. 하지만 자신은 현재 자유로운 몸이니, 제나라에서 "나는 관수가 없으며 나는 언책이 없다[我無官守, 我無言責也]"고 했습니다. 공무원도 아니고 그렇다고 감찰위원도 아닌, 그저 거주권을 가지고 여기에서 살고 있는 외지인에 불과하

---

102 회롱(回籠)은 찬 음식을 다시 찐다는 의미인데, 그처럼 못다 잔 잠을 다시 잔다는 의미이다.

다는 것입니다. "그런즉 나의 나아가고 물러남이 어찌 넉넉하게 여유가 있지 않겠는가?〔則吾進退, 豈不綽綽然有餘裕哉〕" 그러니 나아가든 물러나든 나에게는 충분한 이유가 있다고 했습니다. 맹자의 이 말에는 일리가 있습니다. 그렇다면 결국 그는 나아갔을까요, 아니면 물러났을까요? 과연 그는 무엇을 했을까요? 이것이 바로 헐후어(歇後語)입니다. 맹자는 이 말 속에서 아무런 설명도 하지 않았지만 우리는 「양혜왕」 편에서부터 쭉 봐 왔습니다. 그는 언제나 국가와 천하를 생각하고 있었을 뿐, 말을 해서 다른 사람을 자극하거나 관직을 버리게 하려던 것이 아니었습니다. 그는 오로지 노파심에서 가는 곳마다 설교를 하기는 했지만, 결국 그런 위치에 있지 않았기에 많은 말을 할 형편이 못 됐습니다. 맹자가 표명하고자 했던 바는 바로 유가 사대부의 "배워서 뛰어나면 벼슬한다〔學而優則仕〕"는 정신입니다.

중국 문화의 또 다른 측면인 도가의 인물들은 이와는 조금 달랐습니다. 그들은 "나아감과 물러남에 있어 여유로운〔進退裕如〕" 태도를 취했습니다. "나아감과 물러남에 있어 여유롭다"는 말이 『맹자』의 바로 이 대목에서 나왔습니다. 도가의 인사들은 대부분 '언책'은 짊어지지만 벼슬은 하려고 하지 않았습니다. 남북조 시대의 유명한 인물인 도홍경(陶弘景)은 전하는 바에 따르면 나중에 신선이 되었다고 합니다. 양 무제는 자주 그에게 국가 천하의 일에 대해 가르침을 구하였으며 그를 고관대작에 봉하려 했으나 그는 모자를 걸어 두고 떠나 산속에 은거하면서 도를 닦았습니다. 하지만 양 무제는 매번 국가의 대사를 결정해야 할 때면 여전히 사람을 산속으로 보내 그에게 가르침을 청했습니다. 그래서 후세 사람들은 그를 산중재상이라고 불렀습니다. 이런 것이 바로 도가의 풍격입니다. 한 상 가득 '만한전석(滿漢全席)'을 차려 놓고 오로지 다른 사람이 즐겁게 먹는 것으로 만족하면서, 자신은 한쪽으로 물러 나와 채소와 두부를 먹습니다.

이러한 유가와 도가의 풍모는 이미 과거가 되어 버렸습니다. 앞으로는 또 어떻게 변할까요? 새로운 생기, 새로운 국면이 멀지 않은 장래에 펼쳐질 수 있기 바랄 뿐입니다.

의심하면 기용하지 않고 기용하면 의심하지 않는다

아래에서 『맹자』의 원문은 또다시 화제를 바꿉니다. 만약 백화문을 사용해 개편을 했다면 「공손추」 하편은 정말 말이 많았을 것입니다. 백화문을 사용해 고대 역사를 다시 쓴다면 물론 좋은 일이기는 하지만 실제에서 벗어나서는 안 됩니다. 가령 어떤 사람이 오자서와 서시가 연애를 했다고 말한다면 그것은 정말로 고인을 억울하게 만드는 것입니다. 또 한창려(韓昌黎)가 풍류병〔매독〕을 얻어 죽었다고 말한다면 그 역시 너무 지나칩니다.

우리가 만일 문인 혹은 학자의 신분이라면 자신이 쓴 글에 책임을 져야합니다. 조금 더 분명히 말하면 역사 문화에 대해 책임을 져야 합니다. 한 편의 훌륭한 문장을 저술하여 가치 있는 문장이 오백 년간 전해진다면, 그것은 당신이 오백 년을 사는 것과 마찬가지입니다. 오백 년 동안 얼마나 많은 사람들이 그 문장을 보겠습니까? 얼마나 많은 사람들이 그 영향을 받겠습니까? 그런 까닭에 옛사람들은 가볍게 붓을 들지 않았습니다. 일단 붓을 들면 반드시 삼가고 신중했습니다. 조금이라도 신중하지 않았다가는 뒤의 결과를 상상할 수 없기 때문입니다.

맹자께서 제나라에서 경이 되어 등나라에 가서 조문할 적에, 왕이 합 땅의 대부인 왕환으로 하여금 부사(副使)를 맡게 하였다. 왕환이 아침 저녁으로 뵈었는데, 제나라와 등나라의 길을 왕복하도록 일찍이 그와 더불어 행사를 말씀하지 않으셨다.

孟子爲卿於齊, 出弔於滕, 王使蓋大夫王驩爲輔行. 王驩朝暮見, 反齊滕之
路, 未嘗與之言行事也.

'경(卿)'은 옛날 관리의 등급으로 대부(大夫) 직에 상당합니다. "맹자께
서 제나라에서 경이 되어 등나라에 가서 조문하였다〔孟子爲卿於齊, 出弔
於滕〕"고 했습니다. 제 민왕은 맹자를 제나라 대표로 삼아 당시 소국(小
國)의 하나였던 등나라로 보내 조문하게 했습니다. 대사(大使)가 사신으
로 나가는 것은 한 나라를 대표하는 것인데, 만약 국가 원수가 특별히 신
임하는 사람이라면 두 글자를 더 붙여서 '전권 대사(全權大使)'라고 부릅
니다. 가령 대사가 해외에서 조약을 체결하려면, 비록 그가 사신으로 올
때 나라를 대표하는 권한을 지녔다 할지라도 전보를 쳐서 물어봐야 합니
다. 하지만 전권 대사라면 전보를 쳐서 물어볼 필요 없이 상황에 따라 임
의로 처리할 수 있습니다. 맹자가 이번에 사신으로 나가게 된 것이 일반
대사의 신분이었는지 아니면 전권 대사의 신분이었는지는 우리가 알 수
없습니다. 당연히 제왕의 신임은 얻었겠지요.

그런데 이상하게도 제왕은 "합 땅의 대부인 왕환으로 하여금 부사를 맡
게 하였다〔王使蓋大夫王驩爲輔行〕"고 했습니다. 신임하는 대부를 또 한 명
파견하여 맹자와 동행하게 했는데, 부대사로 삼아 맹자를 돕게 했던 것입
니다. 이 정부(正副) 대사 두 사람은 등나라로 가는 내내 매일 함께 있었습
니다. "제나라와 등나라의 길을 왕복하도록 일찍이 그와 더불어 행사를
말씀하지 않으셨다〔反齊滕之路, 未嘗與之言行事也〕." 그런데 맹자 역시 이
상했습니다. 평소에 설교하기를 그렇게 좋아하던 그가 제왕을 대표하여
등나라에 사신으로 가는 이번 행차에서는 왕복하도록 행차의 임무에 대
해 한마디도 말하지 않았습니다. 길에서는 대부분 한담을 나눕니다. 예를

들면 날씨가 차다든가 날씨가 덥다든가 그런 말은 하지만 본 주제에 대해서는 이야기하지 않습니다. 모모 부장을 만날 때 어떻게 해야 하는지 혹은 국민 외교는 어떻게 해야 하는지 등은 일절 언급하지 않습니다. 그리하여 질문하기 좋아하는 공손추가 또다시 묻습니다.

공손추가 말하였다. "제경의 지위가 작지 않으며, 제나라와 등나라의 길이 가깝지 않습니다. 왕복하도록 일찍이 그와 더불어 행사를 말씀하지 않음은 어째서입니까?" 맹자께서 말씀하셨다. "이미 혹자가 그것을 다스렸으니 내가 무엇을 말하겠는가."

公孫丑曰: "齊卿之位, 不爲小矣; 齊滕之路, 不爲近矣. 反之而未嘗與言行事, 何也?" 曰: "夫旣或治之, 予何言哉."

공손추가 물었습니다. 제왕께서 스승님을 경대부의 신분으로 등나라에 사신으로 파견하였는데, 이 특임관이라는 직위가 실로 작지 않습니다. 제나라에서 등나라로 가고 돌아오는 여정 또한 상당히 멉니다. "왕복하도록 일찍이 그와 더불어 행사를 말씀하지 않음은 어째서입니까?[反之而未嘗與言行事, 何也]" 하지만 스승님께서 그 길에서 국가 외교와 국내 행정에 관한 일을 일절 언급하지 않으신 것은 무슨 이치에서입니까 하는 말입니다.

"맹자께서 말씀하셨다. '이미 혹자가 그것을 다스렸으니 내가 무엇을 말하겠는가[曰: "夫旣或治之, 予何言哉]." 맹자는 이렇게 말했습니다. 어쨌든 그분이 계셔서 전반적인 계획을 다 했는데 내가 뭘 쓸데없이 간섭하겠는가라는 뜻입니다. 원래 제왕은 맹자를 충분히 신임하지 않았고 그를 중용하지도 않았습니다. 그저 맹자의 국제적 명성 때문에 그에게 대사라는 이름을 붙였을 뿐, 왕이 신임하는 사람을 또 보내어 그를 따라다니게 했습니다. 말이 따라가는 것이지 맹자를 감시하는 역할이나 다름없었습니다. 하지만 맹자에게도 속셈이 있었기 때문에 시원스럽게 털어놔 버리고 말았습니다. 그렇다면 맹자의 잘못이라고 해야 할까요, 아니면 제왕의 잘못일까요? 그것도 아니면 두 사람 모두 잘못이 없는 걸까요?

이 일은 우리로 하여금 당말(唐末)에 시작되어 명대에는 더욱 보편화되었던 한 제도를 연상시킵니다. 그것은 바로 '감군(監軍)' 제도입니다. 감군의 직권은 아주 높은데 보통 태감(太監)이 담당합니다. 강력한 군대가 외부에 있으면 황제가 안심할 수 없기 때문에 태감을 파견하여 군대를 감시하게 했는데, 그 결과 부대 안의 총지휘관인 원수는 직접 명령을 하달할 수가 없게 되었습니다. 그런 연고로 명 왕조의 군사(軍事)는 점차로 쇠락해 갔습니다. 모두들 "이미 혹자가 그것을 다스렸으니 내가 무엇을 말하겠는가" 하는 마음을 품고 있었기 때문입니다. 이른바 "사람을 의심하면 기용하지 않고, 사람을 기용하면 의심하지 않는다[疑人不用, 用人不疑]"라고 하였습니다. 어차피 나를 믿지 못해서 사람을 보내 나를 감독하게 하는데 내가 무엇이 안타까워서 목숨 바쳐 일합니까? 우리는 『맹자』의 이 일을 통해 후세의 역사를 이해할 수 있습니다. 그와 동시에 후세의 역사를 통해서도 『맹자』의 이 일을 이해할 수 있습니다.

이런 내용들은 사실 이해하기가 쉽지 않습니다. 과거에는 공명을 얻으려고 하면 사서오경이 필독서였지만, 나이도 젊은 사람들이 어떻게 이해할 수 있었겠습니까? 보통은 읽으면 읽을수록 더 무슨 말인지 몰라서 성현들에게 억울한 누명을 씌우곤 했습니다. 그렇다면 나이를 먹고 나서는 이해할 수 있었을까요? 꼭 그렇지만은 않습니다. 만약 중국 문화에 대한 인식이 부족하고 인생 경험이 부족하다면, 벼슬을 해 본 적이 없고 군사를 거느려 본 적이 없고 이런 인생 경험들이 없다면 여전히 이해하지 못합니다. 반드시 온갖 직업을 전전해 본 후에 이런 내용을 읽어야만 아연 실소

(啞然失笑)하게 됩니다. 그때가 되어야 비로소 책을 내려놓으면서 "내가 무엇을 말하겠는가" 하고 감탄하게 됩니다. 그 때문에 성현의 학문은 이해하기 어렵다고 하는 것입니다.

이러한 한 대목 한 대목의 고사에는 인생 처세의 철리가 담겨 있는데, 한 대목을 읽고서 그것만 이해하지 말고 지혜를 활용하여 하나를 보고 열을 알도록 해야 합니다. 책은 옛사람들의 경험으로서 그 목적은 우리 후인들의 입신 처세에 대한 생각을 일깨우는 데 있습니다. 젊은 친구들은 앞으로 여러분의 천하를 소유할 텐데, 환경이나 처지는 당연히 옛사람과 다르지만 '인정세태'의 대원칙은 변하지 않습니다. 옛사람의 지혜를 어떻게 활용하여 여러분 미래의 인생을 개척할지는 여러분 자신에게 달렸습니다.

이어지는 다음 단락은 상사(喪事)와 관련된 것입니다.

맹자께서 제나라로부터 노나라에 가서 장례를 지내시고 제나라로 돌아오실 적에 영 땅에 머무르셨는데, 충우가 청하기를 "지난날에 저의 불초함을 모르시고 저에게 목수 일을 맡기셨는데, 다급하여 제가 감히 묻지 못하다가 이제 저으기 묻기를 원하오니 관곽이 너무 아름다운 듯합니다" 하였다.

孟子自齊葬於魯, 反於齊, 止於嬴, 充虞請曰: "前日不知虞之不肖, 使虞敦匠事, 嚴, 虞不敢請, 今願竊有請也, 木若以美然."

장례의 변천

'맹모삼천(孟母三遷)'은 역사상 유명한 고사인데, 지금 맹자의 그 위대한 어머니께서 돌아가셨습니다. "맹자께서 제나라로부터 노나라에 가서 장례를 지내시고[孟子自齊葬於魯]"라 했으니 맹자는 제나라에서 노나라로 돌아가서 장례를 지냈습니다. 중국의 고례에 따르면 장례는 아주 성대하고 엄숙한 일인데, 육십 년 전까지는 여전히 이러한 기풍이 존재했습니다. 우리가 역사를 보면 송, 원, 명, 청의 관원들 중에 꽤 여러 명이 집으로 돌아가 장례를 지내지 않은 일로, 다른 사람 욕하는 것을 전문으로 하는 언관(言官)의 탄핵을 받았습니다. 결국 황제는 "영원히 기용하지 말라〔永不起用〕"는 명령을 내렸고 그들은 영원히 관직에 봉해지지 못했습니다. 이것이 바로 중국 문화의 "효로써 천하를 다스리는〔以孝治天下〕" 정신입니다. 그런데 만약 군인이라면 전방에서 싸움을 하다가 어떻게 해야 합니까? 마찬가지로 집으로 돌아가서 장례를 지냅니다. 특수한 상황이 아니라면 장군은 전방을 벗어나지 못하는데, 그럴 경우에는 황제가 특별히 "효를 충으로 여긴다〔移孝作忠〕"는 명령을 내려 상복을 입고 전투에 나갑니다.

맹자는 장례를 다 치른 후에 "제나라로 돌아오면서〔反於齊〕" 즉 노나라에서 제나라로 돌아오면서 "영 땅에 머물렀는데〔止於嬴〕" 즉 도중에 영(嬴)이라는 곳을 지나가게 되었습니다. 이때 맹자의 학생인 충우가 휴식 시간을 이용해 맹자에게 질문했습니다. "충우가 청하기를 지난날에 저의 불초함을 모르시고〔充虞請曰: 前日不知虞之不肖〕" 즉 며칠 전에 스승님을 따라 노나라에 돌아가서 태사모(太師母)의 장례를 치렀습니다. 여러분도 조심하십시오. 스승의 어머니는 태사모라고 부릅니다. 사파(師婆)가 아닙니다. 요즘 젊은 학생들은 아이를 데리고 와서 저를 사공(師公)이라고 부르게 하는데, 사실 그런 호칭법은 없습니다. 『예기』에 따르면 '태로사(太老師)'[103]라고 불러야 합니다. 사공, 사파라는 직함은 아마도 장천사(張天師)[104]로 분장한 사람이 부적을 그리고 주문을 외울 때나 등장할 것입니다.

---

103 노사(老師)는 중국어로 선생님이라는 뜻이므로, 태로사(太老師)는 큰 선생님 정도의 의미이다.

104 천사(天師) 또는 장천사(張天師)는 도교의 한 뿌리가 된 오두미도(五斗米道)의 지도자를 일컫는다. 초대 장도릉(張道陵)과 그 아들인 장형(張衡), 손자인 장로(張魯) 순으로 이어졌다.

충우가 말하기를, 스승님께서 저를 잘 봐주셔서 "저에게 목수 일을 맡기셨는데〔使虞敦匠事〕" 즉 저에게 관과 묘지를 만드는 일을 맡기셨습니다. 당시에는 "감히 묻지 못하다가〔虞不敢請〕" 즉 제가 묻고 싶은 것이 있었지만 감히 묻지 못하고 그저 고민만 하다가 스승님의 뜻을 그대로 좇았습니다. 이제 스승님의 심경이 비교적 평온해지시고 더 이상은 그토록 상심하지 않으시니, 스승님에게 가르침을 청하고 싶은 것이 있습니다. 무슨 질문일까요? "관곽이 너무 아름다운 듯합니다〔木若以美然〕." 즉 관이 너무 비싸고 지나치게 낭비한 듯합니다.

과거에는 상례(喪禮)를 대단히 중시해서 일체의 비용이 만만치 않았습니다. 그래서 보통 사람들은 사실 죽지도 못했습니다. 가장 신경을 쓰던 관은 때때로 몇십만씩 했습니다. 예전에 가장 좋은 관은 서강건창(西康建昌, 현재의 서창西昌)의 목재였습니다. 제 친구 중에 효자가 있었는데 지금은 벌써 세상을 떠났습니다. 그가 대륙에 있을 때였는데, 어디를 가든지 아버지의 관을 모시고 동행했습니다. 나중에 대만으로 건너올 때에도 아버지의 관을 옮겨 왔습니다. 그 운송비만 계산해 봐도 정말 상당했습니다.

맹자는 학생의 질문에 어떻게 대답했을까요?

맹자께서 말씀하셨다. "옛적에는 관곽이 일정한 한도가 없었다. 중고에 관은 칠 촌이고 곽도 그에 걸맞게 하였다. 천자로부터 서인에 이르기까지니, 다만 보기에 아름답게 하기 위해서가 아니라 그렇게 한 뒤에야 사람의 마음에 다하기 때문이다. 할 수 없으면 마음에 기쁠 수 없으며, 재력이 없으면 기쁠 수 없거늘, 할 수 있고 또 재력이 있으면 옛사람들이 모두 썼으니, 내 어찌 홀로 그렇게 하지 않겠는가? 또 죽은 자를 위하여 흙이 살갗에 가까이 닿지 않게 한다면, 사람의 마음에 홀로 만족함이 없겠는가? 내가 들으니 '군자는 천하 때문에 그 어버이에게 검소하게 하지 않는다'고 하였다."

曰: "古者棺槨無度. 中古棺七寸, 槨稱之. 自天子達於庶人; 非直爲觀美也, 然後盡於人心. 不得, 不可以爲悅; 無財, 不可以爲悅; 得之爲有財, 古之人皆用之, 吾何爲獨不然? 且比化者, 無使土親膚, 於人心獨無恔乎? 吾聞之也: 君子不以天下儉其親."

맹자는 고대 역사 문화의 변천에서부터 이야기를 시작합니다. 상고 시대에는 장례가 없었으니, 사람이 죽으면 광야에 묻어 버리면 끝이었습니다. 그래서 공자는 『역경』에서 "봉하지 않고 세우지 않는다〔不封不樹〕"라고 말했는데, 묘지의 경계가 없는 것이 '봉하지 않음'이며 묘비를 세워 표기하지 않는 것이 '세우지 않음'입니다. 나중에 서서히 발전하고 변화해서 '토장(土葬)'이라는 장의(葬儀) 제도가 생겨났습니다.

장의 이야기가 나온 김에 하는 말인데, 티벳 사람들은 아주 묘하게도 부모가 죽으면 자녀들이 부모를 산 위로 옮겨 가서 '천장(天葬)'을 지냅니다. 시신을 독수리가 먹게 하는데 깨끗이 먹어 치울수록 자녀가 더 효성스러우며 그래야 부모가 승천할 수 있다고 생각합니다. 그래서 우리가 티벳에서 독수리를 보면 들짐승이나 인육을 많이 먹어서인지 그 부리가 빨갛습니다. 티벳에서는 고기를 사면 반드시 그릇 속에 감추어서 집으로 돌아와야 합니다. 만약 우리처럼 이렇게 손에 들고 왔다가는 독수리가 한입에 낚아채 가 버립니다. 인도에서는 화장(火葬)이 유행합니다. 그 밖에 북유럽의 어떤 지방에는 수장(水葬)이 유행합니다. 그런데 회교도의 장례는 아주 간단합니다. 그들은 사람이 죽으면 깨끗이 씻어서 하얀 베로 싸서 관에 넣은 다음에 풍수 따위는 상관하지 않고 미리 파 놓은 무덤으로 옮겨 갑니다. 그런 후에 관의 바닥을 뽑으면 죽은 사람이 구멍 속으로 떨어져서 흙에 묻히게 됩니다. 그러면 그들은 관을 짊어지고 집으로 돌아와서 다음번에 다시 사용합니다. 도대체 어떤 장례법이 맞습니까? 어떻게 해야 효도에 합치될까요? 정말로 말하기 어렵습니다.

이런 장의가 발전해서 공맹 시대에 이르면 이미 규모를 갖추게 됩니다. 그래서 묵자는 그것에 반대하여 박장(薄葬)을 주장하였는데 물론 그 나름의 일리가 있었습니다. 도가의 노장은 어떠했습니까? 그들은 후장(厚葬)이니 박장 따위는 상관하지 않았습니다. 그들은 죽은 사람을 위해 우는 것을 보면 우습게 여겼습니다. "생과 사는 한 가지[生死一條]"라고 생각했기 때문입니다. 생은 낮이요 사는 밤이니, 휴가를 얻어 다른 곳으로 가서 쉬는데 울 일이 뭐가 있습니까? 아무튼 중국 문화에서 제자백가는 그 모습이 다양합니다. 사서오경만 읽고서 공맹이 중국 문화를 대표한다고 큰소리친다면 그건 정말 너무나도 유치합니다. 중국 문화는 만상을 포괄합니다. 공맹 사상이 위대하기는 해도 중국 문화 가운데 일부분에 불과합니다.

상례는 현대에 이르러 동서고금을 집대성하였습니다. 앞에서는 고악(古樂), 양악(洋樂)에 군악대(軍樂隊)까지 합세해서 길을 열고 뒤에서는 도사(道士), 화상(和尙) 등이 나서서 공개적으로 전시회를 엽니다. 그보다 못한 경우는 이렇습니다. 부모의 숨이 끊어지면 곧바로 장의사로 달려가 서둘러 접수합니다. 혹시라도 늦어서 빈자리가 없으면 집에 며칠을 더 두어야 하기 때문입니다. 장의사에 도착하면 얼음을 채워 줄 세워 뒀다가 차례가 되면 곧바로 불태워 버립니다. 보고 있노라면 정말 손에 땀을 쥐게 합니다. 제가 『논어별재(論語別裁)』에서도 말한 적 있지만, 중국 고례에 따르면 사람이 죽고 사십팔 시간 이내에는 함부로 옮기면 안 됩니다. 이것은 의학적인 문제이기도 한데 근대 의학계에는 이런 사례가 많습니다. 이는 중국의 고례가 대단히 일리가 있음을 증명해 줍니다. 첫 번째는 가사(假死)를 대비해서입니다. 의학적으로 뭐라 이름 붙일 수 없는 병이 있는데 바로 '가사'라는 병입니다. 의학상으로는 분명히 죽었다고 판단했는데 불가사의하게도 하루나 이틀 만에 다시 살아납니다. 두 번째는 보다 깊은 이치가 담겨 있는데, 현대 의학도 이런 면을 연구하는 중입니다. 불학의 이론에 따르면 사람의 호흡이 멈추고 심장 맥박이 멈추었다 하더라도 그 사람은 아직 완전히 죽은 게 아닙니다. 아직 지각의 일부분이 남아 있지만 옆에서 지켜보고 있는 우리는 느낄 수 없고 알아낼 수도 없습니다. 만약 이런 때에 그 사람을 얼음으로 얼려 버리고 방부제 주사를 몇 대씩 놓는다면 얼마나 고통스럽겠습니까! 죽음에 임박해서 이런 괴로움을 또 겪어야 한다는 것이니, 이 부분은 분명 우리가 유의해야 합니다.

"옛날에는 관곽이 일정한 한도가 없었는데〔古者棺椁無度〕"라고 맹자는 말합니다. 옛날에는 일정한 장례 제도가 없었습니다. "중고에 관은 칠 촌이고 곽은 그에 걸맞게 하였다〔中古棺七寸, 椁稱之〕." 중고 시대에 이르러 규범이 생겨났으니 관은 칠 촌(寸)의 두께로 하고 관의 바깥을 싸는 곽 역시 그에 맞추어 제작하였습니다. 황제로부터 일반 백성에 이르기까지 모두 이 규범을 따랐습니다. "다만 보기에 아름답게 하기 위해서가 아니라 그렇게 한 뒤에야 사람의 마음에 다하기 때문이다〔非直爲觀美也, 然後盡於人心〕." 그렇게 하는 것은 결코 아름다움이나 미관을 위해서가 아니라, 그렇게 해야만 성의를 다했다고 생각되기 때문입니다. 사실 부모가 세상을 떠나면 자녀는 대단히 상심하게 되는데, 어쨌든 부모를 위해 좋은 침상을 준비해 최후의 정성을 다해야 비로소 마음이 편안할 수 있습니다. 만약 그렇게 할 수 없다거나 혹은 비싼 관을 살 재력이 없다면 형편에 맞게 해야지 분수에 넘치게 낭비를 해서는 안 됩니다. 만약 능력이 있고 좋은 관을 살 재력이 있다면 마땅히 마음을 다하고 힘을 다해서 장례를 잘 치러야 합니다. 맹자는 또 나는 비록 높은 관직에 오른 것은 아니지만 그렇더라도 어쨌든 외국인 제나라에서 고문 자리를 맡아서 경제적 여건이 허락되므로 당연히 장례에 조금 더 신경을 써야 한다고 말합니다. 이것은 자고이래의 풍속과 예제(禮制)이거늘 내가 무엇 때문에 예외가 되어야 하느냐는 겁니다.

"또 죽은 자를 위하여[且比化者]"에서 '화(化)'는 물화(物化), 변화의 의미를 지닙니다. 우주 만물은 도가의 입장에서 보면 그저 '물화'의 작용일 뿐입니다. 그 때문에 그들은 '사망'이 결코 슬퍼해서는 안 되는 일이라고 생각합니다. "삶이 있으면 죽음이 있고, 죽음이 있으면 삶이 있습니다[方生方死, 方死方生]." 만물은 언제나 변화하고 있기에 '사망'은 그저 그 가운데 하나의 현상, 하나의 과정일 뿐 끝이 아닙니다. 사람이 죽으면 육체가 흙으로 변하는데 그 흙에서 채소와 무가 자랍니다. 채소와 무는 다시 사람의 생명을 유지시키고, 그렇게 끝없이 순환하는 물화가 이 대천세계를 구성합니다. 맹자는 이어서 말합니다. "또 죽은 자를 위하여 흙이 살갗에 가까이 닿지 않게 한다면, 사람의 마음에 홀로 만족함이 없겠는가?[且比化者, 無使土親膚, 於人心獨無恔乎]" 부모가 죽었는데 아무렇게나 땅에 묻어서 부모의 몸이 흙과 벌레와 한데 뒤섞인다면, 자녀의 마음은 마치 칼로 베인 듯이 아플 겁니다. "내가 들으니 '군자는 천하 때문에 그 어버이에게 검소하게 하지 않는다'고 하였다[吾聞之也: 君子不以天下儉其親]." 내가 알기로 대장부라면 모름지기 마음에 군주를 담아 두고 뜻을 천하에 두어야 하지만, 그렇다고 '천하의 일'을 위해 부모를 소홀히 해서는 안 된다는 것입니다. 여기에서 또다시 중국 문화의 "효로써 천하를 다스리는" 정신이 드러납니다.

곧은 도를 가지고 사람 노릇 하기란 어렵다

심동이 개인적으로 묻기를 "연나라를 정벌할 수 있습니까?" 하였다. 맹자께서 말씀하셨다. "가하다. 자쾌도 남에게 연나라를 줄 수 없으며, 자지도 연나라를 자쾌에게 받을 수 없는 것이다. 여기에 벼슬하는 자가 있는데, 그대가 그를 좋아하여 왕에게 아뢰지 않고 사사로이 그대의 작록을 그에게 주고, 그 선비 또한 왕명이 없이 사사로이 그대에게서 받는다면 가하겠는가? 어찌 이와 다르겠는가?”

沈同以其私問曰: “燕可伐與?” 孟子曰: “可. 子噲不得與人燕, 子之不得受燕於子噲. 有仕於此, 而子悅之, 不告於王, 而私與之吾子之祿爵, 夫士也, 亦無王命, 而私受之於子, 則可乎? 何以異於是.”

심동은 제나라 신하입니다. “개인적으로 묻기를[以其私問曰]”이라 했으니 그가 개인적인 생각으로 맹자에게 군사를 일으켜 연나라를 쳐도 될까요 하고 맹자에게 살짝 물었습니다. 맹자가 대답했습니다. “가하다. 자쾌도 남에게 연나라를 줄 수 없으며, 자지도 연나라를 자쾌에게 받을 수 없는 것이다[可. 子噲不得與人燕, 子之不得受燕於子噲].” 자쾌(子噲)는 연나라의 군주였는데 고서를 너무 고지식하게 읽었습니다. 그는 상고 시대에 요순이 정치를 선양하여 천고에 미담으로 전해지는 것을 보고서, 자신도 그를 본받으리라 생각하여 군주의 자리를 자지(子之)라는 이름의 신하에게 양보했습니다. 자지는 당시 연나라의 고위 간부였는데 야심이 대단했습니다. 연왕에게 그런 마음이 있음을 알고는 일부러 계획을 세우고 음모를 꾸며 연왕이 자신에게 왕위를 양보하게 만들었습니다. 맹자는 자쾌가 마음대로 군주의 자리를 자지에게 양보해서는 안 되며, 자지 역시 자쾌의 군주의 자리를 받아들여서는 안 된다고 생각했습니다. 그래서 심동과 부하의 관계를 예로 들어 설명했습니다.

가령 당신이 당신의 어떤 부하를 대단히 마음에 들어해서 “왕에게 아뢰지 않고 사사로이 그대의 작록을 그에게 주고[不告於王, 而私與之吾子之祿爵]” 즉 당신의 상관인 제왕에게 보고하지 않고 사사로이 당신 수중의 관직을 그에게 주었다고 합시다. "그 선비 또한 왕명이 없이 사사로이 그대에게서 받는다면 가하겠는가?〔夫士也, 亦無王命, 而私受之於子, 則可乎〕" 그는 원래 제나라의 관원인데 만약 제왕의 명령을 받지도 않았으면서 사사로이 당신 수중에서 관직을 받는다면, 당신이 생각하기에 그렇게 하는 것이 가하겠습니까? 요즘으로 말하면 한 회사의 고위 간부가 회장에게 보고하지도 않고 자기 마음대로 자신이 좋아하는 부하를 사장에 임명하는 격이니, 그런 것은 당연히 말이 안 됩니다. "어찌 이와 다르겠는가?〔何以異於是〕" 마찬가지로 연왕이 비록 한 나라에서 가장 존귀한 자이기는 하지만 그 위에는 엄연히 주(周)의 천자가 있는데, 천자에게 보고하지도 않고 사사로이 자신의 지위를 선양한다는 것은 당연히 이치에 맞지 않습니다. 이것은 전국 시대에 유명한 사실입니다. 결국 자쾌는 군주의 지위를 자지에게 양보하고 한두 해 만에 문제가 생겨 전란을 일으켰습니다. 자쾌는 옛것을 배우되 제대로 소화시키지 못해 천고의 웃음거리가 되고 말았습니다.

제나라 사람이 연나라를 정벌하였다. 혹자가 묻기를 "제나라에게 연나라를 치도록 권하셨다 하는데, 그런 일이 있었습니까?" 하자, 맹자께서 말씀하셨다. "아니다. 심동이 묻기를 '연나라를 정벌할 수 있습니까?' 하기에 내가 대답하기를 '가하다' 하였다. 저 사람이 그렇다고 여겨서 정벌한 것이다. 저 사람이 만일 '누가 정벌할 수 있겠습니까?' 하고 물었더라면, 나는 장차 대답하기를 '천리가 되면 정벌할 수 있다' 하였을 것이다. 지금 살인한 사람이 있는데 혹자가 묻기를 '그 사람을 죽일 수 있습니까?' 하면, 나는 장차 대답하기를 '가하다'고 할 것이다. 저 사람이 만일 '누가 그를 죽일 수 있습니까?' 하고 물으면, 나는 장차 대답하기를 '사사가 되면 죽일 수 있다'고 할 것이다. 지금은 연나라로써 연나라를 정벌하는 것이니, 내가 어찌

하여 권하였겠는가!"

齊人伐燕. 或問曰: "勸齊伐燕, 有諸?' 曰: "未也. 沈同問: '燕可伐與?' 吾應之
曰: '可.' 彼然而伐之也. 彼如曰: '孰可以伐之?' 則將應之曰: '爲天吏, 則可以
伐之.' 今有殺人者, 或問之曰: '人可殺與?' 則將應之曰: '可.' 彼如曰: '孰可
以殺之?' 則將應之曰: '爲士師, 則可以殺之.' 今以燕伐燕, 何爲勸之哉!'

심동이 이 문제를 질문한 후에 공교롭게도 과연 제나라가 출병하여 연
나라를 공격하고 동시에 연나라 토지의 대부분을 점령하였습니다. 전국
시대에는 이런 식으로 남의 집에 불이 난 틈을 타 도둑질하는 불인불의(不
仁不義)한 행동이 비일비재했습니다. 그리하여 어떤 사람이 맹자에게 물
었습니다. 듣자 하니 당신이 제나라에게 출병하여 연나라를 치도록 권하
였다 하는데 그런 일이 있었습니까? 이에 대한 맹자의 대답이 참 오묘합
니다. "없었다(無)"고 말한 것도 아니고 "있었다(有)"고 말한 것도 아닌,
그의 대답은 "아니다(未)"라는 것이었습니다. 무슨 의미일까요? 맹자가
그 이유를 설명합니다. "심동이 나에게 묻기를, 연나라 같은 상황이라면
출병해서 공격해도 됩니까 하기에 내가 된다고 말했다. 그가 이 말을 듣고
서 뜻밖에도 내각 회의를 거친 후에 출병하여 연나라를 공격할 줄 누가 알
았겠느냐. 그가 만약 연나라를 공격할 수 있는 자격이 누구에게 있느냐고
다시 물었다면, 나는 틀림없이 이렇게 말했을 것이다. 너희 제후국들이 공
격할 수 있는 것이 아니다. 너희들이 출병하면 침략성을 띠기 때문이다.
연나라 같은 상황이라면 오로지 주 천자가 명령을 내려야만 비로소 출병
하여 토벌할 수 있다."

맹자는 계속해서 비유를 들어 설명합니다. 만약 어떤 사람이 묻기를 살
인범을 사형에 처해야 할까요 한다면 우리는 당연히 그렇다고 대답한다

는 것입니다. "마땅히 그리해야 한다"는 것은 만약 그 사람이 누가 살인범을 사형에 처할 수 있느냐고 다시 묻는다면, 우리는 틀림없이 "법을 집행하는 사사(士師)만이 그를 죽일 수 있고 다른 사람에게는 그렇게 할 권한이 없습니다" 하고 대답할 것입니다. "지금은 연나라로써 연나라를 정벌하는 것이니, 내가 어찌하여 권하였겠는가![今以燕伐燕, 何爲勸之哉]"는 지금 제나라가 출병하여 연나라를 침략하였는데, 제나라의 지위는 연나라와 마찬가지로 제후국일 뿐 주 천자가 아니라는 것입니다. 무슨 권한이 있다고 연나라를 정벌하는가는, 연나라가 비록 문제가 있었다지만 제나라는 그와 지위가 동등한데 다른 나라를 정벌한다는 것은 이치에 맞지 않는다는 것입니다. 그러니 내가 어떻게 제나라에게 연나라를 침략하도록 권했겠는가라는 말입니다.

여기까지 말하고 나서 몇 가지 생각해 볼 게 있습니다.

첫째, 우리가 다 알다시피 공자는 지성(至聖)으로 받들어지는 데 비해서 맹자는 아성(亞聖)으로 불리며 공자에 비해 약간 뒤떨어집니다. 이제 우리는 맹자의 이 대답을 보면서 그가 아성인 이유를 알 수 있습니다. 만약 공자였다면 다른 사람이 이런 질문을 하면 틀림없이 이렇게 대답했을 것입니다. "연나라에게 정벌할 만한 죄가 있기는 하지만, 그대의 나라가 정벌할 수 있는 것은 아니다[燕有可伐之罪, 然非子之國而能伐之也]." 이것이 바로 공자가 지성인 까닭입니다. 물론 맹자의 변론이 맞기는 합니다. 하지만 그는 처음부터 질문한 사람의 의도를 훤히 알고 있었습니다. 만약 단도직입적으로 "치기는 마땅히 쳐야 하지만, 당신들이 출병해서 공격할 수 있는 것은 아니다"라고 대답했더라면 얼마나 좋았겠습니까! 일부러 절반만 대답해 주고 문제가 발생하기를 기다렸다가, 다른 사람이 질문해 오자 그제서야 자신에게는 잘못이 없다고 말하면서 한바탕 논리를 펼쳤습니다. 비유하자면 어떤 사람이 머리가 아파서 묻기를 약을 먹어도 될까요 했는데, "됩니다"라고만 말하고 아스피린을 먹어야 한다고 말해 주지 않아 결국 그가 설사약을 먹고 설사한 것이나 똑같습니다. 그렇기 때문에 맹자는 결국 그저 아성일 따름입니다.

둘째, 아성은 아성 나름의 이치를 지니고 있습니다. 맹자 당시는 전국 시대이니 공자가 태어났던 춘추 시대와는 달랐습니다. 전국 시대의 학술 기풍은 변론을 좋아하고 말싸움을 즐겼는데, 이는 시대 추세로서 사람들이 그 영향을 받지 않을 수 없었습니다. 따라서 맹자 역시 이야기를 능수능란하게 엮어 가는 습성을 적잖이 지녔습니다. 처음에는 그저 손만 슬쩍 내밀었지만 만약 더 묻고 싶으면 고개 숙여 절하고 나서 말해야 합니다.

셋째, 이 대목을 보면 황산곡(黃山谷)의 사(詞)가 생각납니다. "옳고 그름의 바다 속에서, 곧은 도를 가지고 사람 노릇 하기란 어렵구나(是非海裡, 直道作人難)." 황산곡은 소동파와 마찬가지로 정계(政界)에서 정적(政敵)의 공격을 받아 뜻을 펼치지 못했습니다. 그런 까닭에 곧은 도를 가지고 사람 노릇 하기가 어렵다고 한탄했던 것입니다. 곧은 말을 하고 곧은 마음으로 다른 사람을 대하는데도 오히려 오해를 받고 곤란한 일에 휘말리게 됩니다. 그러므로 때로는 사람 노릇 하면서 원활하게 처신해야 할 때가 있습니다. 부득이한 경우에는 스스로에게 물어보아 마음에 부끄러움이 없고 떳떳하다면 그것으로 좋습니다.

넷째, 우리에게 일 처리의 전형을 보여 줍니다. 어떤 상황에서 어떤 말을 하더라도 분수를 지켜야 하고 규칙을 넘어서는 안 됩니다. 너무 지나쳐서는 안 됩니다. 이어지는 내용은 여전히 앞에 나온 고사의 연장입니다.

연나라 사람이 모반하였다. 왕이 말하기를 "나는 매우 맹자에게 부끄럽다" 하였다. 진가가 말하였다. "왕은 염려하지 마소서, 왕께서 스스로 생각하시기에 주공과 더불어 누가 더 인하고 또 지혜롭다고 여기십니까?" 왕이 말

하기를 "아! 이 웬 말인가" 하였다. 진가가 말하였다. "주공이 관숙으로 하여금 은나라를 감독하게 하였는데, 관숙이 은나라를 가지고 모반하였으니, 알고 시켰다면 이는 인하지 못함이요, 알지 못하고 시켰다면 이는 지혜롭지 못함입니다. 인함과 지혜로움은 주공도 다하지 못하셨는데, 하물며 왕에게 있어서이겠습니까? 제가 맹자를 뵙고 해명하겠습니다."

燕人畔. 王曰: "吾甚慙於孟子." 陳賈曰: "王無患焉, 王自以爲與周公, 孰仁且智?" 王曰: "惡! 是何言也." 曰: "周公使管叔監殷, 管叔以殷畔, 知而使之, 是不仁也; 不知而使之, 是不智也. 仁智, 周公未之盡也, 而況於王乎? 賈請見而解之."

제왕은 연나라를 패배시킨 후 이 년 동안 통치했습니다. "연나라 사람이 모반하였다[燕人畔]." 그런데 나중에 연나라 사람들이 태자 평(平)을 연왕으로 옹립하고 군사를 일으켜 제나라에 대항하였습니다. 결국 제 민왕은 "나는 매우 맹자에게 부끄럽다[吾甚慙於孟子]"고 말했습니다. 맹자에게 했던 그 말이 매우 부끄럽게 여겨진다는 것이었습니다. 그는 맹자가 자신의 출병에 찬성하지 않음을 잘 알았지만 고집을 부려 결행했습니다. 결과는 자업자득으로 연나라의 반격을 당하고 말았습니다. 그때 당시 제나라의 대부였던 진가(陳賈)가 옆에서 제 민왕을 위로하였습니다. 대왕께서는 괴로워하지 마십시오. 사실 이번 일은 별것 아닙니다. 그러고는 역사적 경험을 들어 이야기하였습니다. "왕께서 스스로 생각하시기에 주공과 더불어 누가 더 인하고 또 지혜롭다고 여기십니까?[王無患焉, 王自以爲與周公, 孰仁且智]" 진가는, 당신은 스스로를 주공과 비교해서 누가 더 훌륭하고 더 인하고 지혜롭다고 생각하십니까 하고 물었습니다. 제 민왕은 얼른 어떻게 그렇게 비교할 수 있겠는가 하고 대답했습니다. 주공은 중국 문화에서 성인의 한 분이고 자신은 그를 대단히 앙모하고 있으므로 감히 그와 견줄 수 없음을 스스로 인정한 것입니다. 여기에서 또다시 인류의 보편적인 심리 문제를 건드리게 됩니다.

사람들은 왕왕 "죽음을 중히 여기고 삶은 가벼이 여기게〔重死輕生〕" 됩니다. 옛사람을 보면 훌륭하게 느껴지고 지금 사람을 보면 대수롭지 않게 생각됩니다. 사람들은 또 왕왕 "먼 것을 중히 여기고 가까운 것은 가벼이 여기게〔重遠輕近〕" 됩니다. 먼 곳에서 온 스님이 염불을 잘한다는 말처럼 이른바 "보살은 먼 곳을 비추지 가까운 곳은 비추지 않는다"고도 하였습니다. 더더구나 사람들은 왕왕 "어려운 것을 중히 여기고 쉬운 것은 가벼이 여겨서〔重難輕易〕" 어렵게 손에 넣은 것은 엄청나게 아끼고, 쉽게 얻은 것은 아낄 줄 모릅니다. 이런 심리는 동서고금에 똑같습니다.

제 민왕도 그러했기 때문에, 네가 어떻게 그렇게 말하느냐고 했습니다. 주공은 고대의 성인이지만 자신은 그저 지금 남아 있는 사람일 뿐인데, 네가 어떻게 '성인(聖人)'과 '남아 있는 사람〔剩人〕'을 한데 묶어 비교하느냐는 겁니다.[105]

이제 우리는 진가가 어떤 식으로 경전을 끌어다 붙여서 아첨을 떠는지 보도록 합시다. 그가 말했습니다. "주공이 관숙으로 하여금 은나라를 감독하게 하였는데, 관숙이 은나라를 가지고 모반하였습니다〔周公使管叔監殷, 管叔以殷畔〕." 주 무왕이 상나라를 멸하고 주 왕조를 세운 후 주공이 정치를 도왔는데, 주공은 상나라 주왕(紂王)의 후손을 은(殷)에 분봉(分封)하고 자신의 형인 관숙을 보내어 감시하게 했습니다. 그런데 나중에 관숙이 은나라 사람들을 부추겨 주 왕조에 반역하게 했습니다. 결국 주공은 군사를 보내 모반을 진압하고 관숙을 죽일 수밖에 없었으며, 상나라의 후손을

---

105 '聖人〔성인〕'과 '剩人〔잉인〕'은 중국어 발음이 같다.

새로이 분봉하여 송(宋)으로 옮겼습니다.

"알고 시켰다면 이는 인하지 못함이요, 알지 못하고 시켰다면 이는 지혜롭지 못함입니다[知而使之, 是不仁也; 不知而使之, 是不智也]." 만약 관숙이 반역하리라는 것을 주공이 미리 알고서도 그를 은나라로 보내어 감독하게 했다면, 이는 주공이 인하지 못한 것입니다. 형제를 불의(不義)에 빠뜨린 것이나 다름없기 때문입니다. 만약 관숙이 반역하리라는 것을 애초에 주공이 몰랐기 때문에 그를 은나라로 보내어 감독하게 한 것이라면, 이는 주공이 지혜롭지 못한 것입니다. "인함과 지혜로움은 주공도 다하지 못하셨는데, 하물며 왕에게 있어서이겠습니까?[仁智, 周公未之盡也, 而況於王乎]" 어떻게 말하든지 주공은 결국 어느 한쪽이 잘못됐습니다. 인하지 못한 쪽이 아니라면 지혜롭지 못한 쪽입니다. 고대의 성인도 이처럼 완벽할 수 없었는데, 하물며 제왕 당신이야 말할 것이 있겠습니까?

여러분들은 앞으로 조심해야 합니다. 언젠가 여러분이 사장이 되면 자기도 모르게 이런 식의 아첨을 만날 것입니다. 이 대목을 보더라도 아첨을 얼마나 잘 하는지 꾸며 댄 흔적조차 볼 수 없습니다. 더욱이 경전을 인용해 가면서 얼마나 겉모습이 번지르르한지, 제 민왕의 마음속 부끄러움을 다 없애 주고도 남습니다.

"제가 맹자를 뵙고 해명하겠습니다[賈請見而解之]." 그리고 나서 두 번째 아첨이 또 등장하였습니다. 진가는 제왕의 면전에서 자신이 맹자를 찾아뵙고 제 민왕을 위해 해명하겠노라 자청하고 나섰습니다. 더 나아가 맹자에 대한 제 민왕의 부끄러운 마음도 없애 버리려 했습니다. 과연 진가는 맹자를 만나서 해명하려던 목적을 달성할 수 있었을까요? 일이 어떻게 전개되었는지 보도록 하겠습니다.

진가가 맹자를 뵙고 묻기를 "주공은 어떤 사람입니까?" 하자 맹자께서 "옛

성인이시다" 하고 대답하셨다. "관숙으로 하여금 은나라를 감독하게 하였
는데 관숙이 은나라를 가지고 모반했다 하니, 그런 일이 있었습니까?" "그
렇다." "주공이 장차 모반할 것을 알고서 시켰습니까?" "알지 못하였다."
"그렇다면 성인도 과실이 있는 것입니까?" "주공은 아우요 관숙은 형이니,
주공의 과실이 또한 마땅하지 않은가?"

見孟子, 問曰: "周公何人也?" 曰: "古聖人也." 曰: "使管叔監殷, 管叔以殷
畔也, 有諸?" 曰: "然." 曰: "周公知其將畔而使之與?" 曰: "不知也." "然則
聖人且有過與?" 曰: "周公弟也, 管叔兄也, 周公之過, 不亦宜乎?"

진가는 확실히 아주 뛰어나고 솜씨가 탁월했습니다. 그는 맹자를 만나
서 제 민왕을 위해 해명하러 왔다고 말하지 않았습니다. 대왕이 마음속으
로 아주 미안하게 생각하고 있으니 절대로 오해하지 마시라는 등 변명을
늘어놓았다면, 만약 그랬다면 대단한 인물이라고 할 것도 없습니다.

그는 먼저 "주공은 어떤 사람입니까?〔周公何人也〕" 하고 물었습니다. 그
는 잘 알고 있으면서도 일부러 이렇게 물었습니다. 맹자 역시 질문의 의도
를 잘 알고 있으면서도 이렇게 대답했습니다. "옛 성인이시다〔古聖人也〕."
주공은 전통 문화 속의 성인이라는 말입니다. 진가가 다시 물었습니다.
"관숙으로 하여금 은나라를 감독하게 하였는데 관숙이 은나라를 가지고
모반했다 하니, 그런 일이 있었습니까?〔使管叔監殷, 管叔以殷畔也, 有諸〕"
주공이 관숙을 파견하여 투항한 은나라 백성을 감시하게 했는데, 결국에
는 관숙이 민중을 선동하여 군사를 일으켜 모반하게 하였다고 합니다. 역
사상 정말로 그런 일이 있었던 겁니까 하고 말합니다. 맹자는 그런 일이
있었다고 말했습니다. 진가가 다시 물었습니다. 주공은 그가 모반하리라
는 것을 알면서도 일부러 그를 보낸 후에 남의 칼을 빌려 사람을 죽인 것

이 아닙니까? 맹자는 마음대로 추측하지 말라고 합니다. 주공은 자신의 형제가 결국 모반하리라고는 생각지도 못했다는 겁니다. "그렇다면 성인도 과실이 있는 것입니까?〔然則聖人且有過與〕" 진가는 맹자의 말을 유도해 내고는 아주 기뻐하면서, 그거 잘됐군요. 주공도 지혜가 부족해서 사람을 제대로 알아보지 못함으로써 역사상 과오를 저질렀군요 하고 말했습니다. "주공은 아우요 관숙은 형이니, 주공의 과실이 또한 마땅하지 않은가?〔周公弟也, 管叔兄也, 周公之過, 不亦宜乎〕" 맹자는 네가 틀렸다고 합니다. 고대의 종법 제도하에서는 형제간에도 장유(長幼)의 순서가 있어서, 부모가 안 계시면 형이 아버지와 같기 때문에 형은 그에 상당하는 위엄을 지니고 있고 아우는 형에게 의문을 품어서는 안 된다는 것입니다. 그러지 않았다가는 불경스럽고 예법에 어긋난다는 겁니다. 이제 주공은 아우이고 관숙은 형이니, 기왕에 주공이 관숙을 은나라로 보내어 감독하게 하였는데 완전히 그를 신임하는 것이 마땅하다는 말입니다. 그러므로 주공의 예측이 빗나간 것은 정말 어쩔 수 없는 일이었다고 말하는 것입니다. 진가도 솜씨가 뛰어났지만 맹 선생님은 한술 더 뜹니다. 예법으로 진가를 꼼짝 못하게 하는 것으로도 부족해 계속 말합니다.

"또 옛날의 군자들은 과실이 있으면 고쳤는데, 지금의 군자들은 과실이 있으면 그것을 좇는다. 옛날의 군자들은 그 과실이 해와 달의 일식 월식과 같아서 백성들이 다 그것을 보았고, 과실을 고침에 미쳐서는 백성들이 다 우러러보았다. 지금의 군자들은 어찌 다만 그것을 좇을 뿐이겠는가. 또한 따라서 변명을 하는구나."

"且古之君子, 過則改之; 今之君子, 過則順之. 古之君子, 其過也, 如日月之食, 民皆見之; 及其更也, 民皆仰之. 今之君子, 豈徒順之, 又從爲之辭."

이 일을 구실 삼아 진가에게 한바탕 훈계를 한 셈입니다!

맹자가 말했습니다. 옛날 사람들은 일단 잘못을 했으면 얼른 시인하고 고쳤다는데, 지금 사람들은 잘못을 저질러 놓고 잘못인 줄 알면서도 계속 잘못을 저지르는 경우가 많다는 것입니다. 고대의 군자들이 과오를 범한 것은 일식, 월식에 비유할 수 있다고 했습니다. 다른 사람들이 보더라도 그들은 결코 덮거나 가리지 않았습니다. 하지만 그들은 반드시 잘못을 얼른 고쳤는데 비유하자면 일식, 월식이 끝나고 태양, 달이 즉시 원래의 빛을 회복하는 것과 같았다고 합니다. "지금의 군자들은 어찌 다만 그것을 좇을 뿐이겠는가. 또한 따라서 변명을 하는구나[今之君子, 豈徒順之, 又從爲之辭]." 그런데 지금은 시대가 변해서 윗자리에 있는 사람이 잘못을 저지르면 막료들이 그만두게 말리기는커녕 이론을 조작해서 아첨하고 윗사람의 잘못을 지지해 준다는 말입니다. 맹자의 말은 진가를 가리켜 한 말이었습니다. 불가의 말로 한다면, 맹자에게는 그 나름의 심통(心通)이 있어서 진가의 말이 채 끝나지도 않았는데 그의 심사를 꿰뚫어 보았던 겁니다. 이 단락은 맹자가 제나라에서 어떻게 처세하였는지를 기록한 것으로서, 그는 당시 정부의 책임자들을 몸으로 가르치고 말로 가르침에 있어서 조금도 거리낌이 없었습니다.

문벌, 재벌, 학벌

맹자께서 신하 됨을 내놓고 떠나려고 했다. 왕이 맹자를 찾아뵙고 말하였다. "지난날에 뵙기를 원했으나 뵐 수 없었는데, 모시고 조정에서 함께할 수 있어 매우 기뻤습니다. 이제 또다시 과인을 버리고 돌아가시니, 알지 못하겠지만 이 뒤로 계속하여 뵐 수 있겠습니까?" 맹자께서 대답하셨다. "감히 청하지는 못할지언정 진실로 원하는 바입니다." 다른 날에 왕이 시자에게 말했다. "내가 나라 안에 맹자에게 집을 지어 주고, 만 종[106]의 녹봉을 주어 제자들을 길러서, 여러 대부들과 백성들로 하여금 모두 공경하고 본받는 바가 있게 하고자 한다. 그대는 어찌 나를 위하여 말해 주지 않는가?"

孟子致爲臣而歸. 王就見孟子曰: "前日願見而不可得, 得侍同朝, 甚喜. 今又棄寡人而歸, 不識可以繼此而得見乎?" 對曰: "不敢請耳, 固所願也." 他日, 王謂時子曰: "我欲中國而授孟子室, 養弟子以萬鍾, 使諸大夫國人皆有所矜式. 子盍爲我言之."

"신하 됨을 내놓다〔致爲臣〕"라는 말은 "벼슬을 그만두다〔致仕〕라는 뜻이니, 요즘 말로 하면 은퇴한다는 말입니다. 맹자는 제 민왕 시기에 그다지 자신의 뜻을 펴지 못하자 은퇴하고 고향으로 돌아갈 준비를 했습니다. 제 민왕은 그 소식을 듣자 몸소 맹자를 만나러 왔습니다. "지난날에 뵙기를 원했으나 뵐 수 없었습니다〔前日願見而不可得〕." 지난번에 직접 선생을 방문하려고 했으나 공사가 너무 많아서 틈을 낼 수가 없었다는 말입니다. 외교적 응대가 얼마나 능수능란합니까! "모시고 조정에서 함께할 수 있어 매우 기뻤습니다〔得侍同朝, 甚喜〕." 내가 당신 맹 선생과 같은 조정에서 일을 할 수 있게 되다니 정말로 기쁜 일이었습니다. 그런데 이제 당신이 나를 버리고 떠난다는 말을 들었습니다. 이 제후가 말하는 것이 얼마나 예의 바릅니까! 하지만 그는 "떠나지 마십시오"라는 말은 한마디도 하지 않았습니다. 그가 어떻게 말했습니까? "알지 못하겠지만 이 뒤로 계속하여 뵐 수 있겠습니까?〔不識可以繼此而得見乎〕"라고 아주 멋들어지

---

106 종(鍾)은 곡식이나 액체의 분량을 측정하는 단위이다. 1종은 6곡(斛) 4두(斗)이다. 1곡은 열 말이고 1두는 한 말이다.

게 말했습니다. 잘 모르겠지만 당신이 떠난 뒤로도 다시 당신을 만날 수 있을까요 하고 묻습니다. 이 말은 맹자가 은퇴하는 것을 허락하는 말이나 다름없지 않습니까? 그는 왜 그렇게 말했을까요? 정말로 맹자가 떠나는 것을 바랐을까요? 꼭 그런 것만은 아니었다는 것을 이어지는 말을 보면 알 수 있습니다.

사실 민왕은 맹자를 만류하고 싶었습니다. 그가 그렇게 말했던 것은 거절당할까 두려워했기 때문입니다. 만약 맹자에게 남아 달라고 간절히 부탁했는데 맹자가 거절한다면 군왕으로서 너무 체면이 서지 않는 일입니다. 맹자가 대답했습니다. "감히 청하지는 못할지언정 진실로 원하는 바입니다〔不敢請耳, 固所願也〕." 감히 그런 분에 넘치는 희망을 품지는 못했지만 사실 저의 내심은 당신과 다시 만날 수 있기를 매우 바란다는 뜻입니다. 두 사람 모두 현란한 외교적 응대를 하고 있습니다! 어릴 적에 친구 집에 놀러갔다가 친구가 간식을 대접하려고 하면, 우리는 곧잘 이 구절을 흉내 내어 "감히 청하지는 못할지언정 진실로 원하는 바입니다"라고 말했습니다. 그러고서 간식을 가져오면 입에 쑤셔 넣기 바빴지요.

민왕이 맹자를 만나고 간 후에도 맹자는 처리해야 할 일이 남아 있어서 곧바로 제나라를 떠나지는 않았습니다. 어느 날 제왕이 자신이 신임하는 대신인 시자(時子)에게 말했습니다. "내가 나라 안에 맹자에게 집을 지어 주고, 만 종의 녹봉을 주어 제자들을 기르고 싶다〔我欲中國而授孟子室, 養弟子以萬鍾〕." 제나라에 어느 한곳을 골라 집을 짓고 맹자를 그곳으로 청해 젊은 후진을 교육하는 일을 맡기고 싶다는 것입니다. 학생이 얼마나 되든지 교육 경비는 모두 대 줄 것이라고 합니다. "여러 대부들과 백성들로 하여금 모두 공경하고 본받는 바가 있게 하고자 한다〔使諸大夫國人皆有所矜式. 子盍爲我言之〕." 지식인 및 고급 관원들이 맹자의 풍격과 모범을 볼 수 있다면, 그것으로 교육 목적을 달성한 것이 됩니다. 네가 나를 대신해서 이런 뜻을 전달해 주고 그 의중을 떠 보라고 시킵니다.

시자가 진자를 통하여 맹자에게 아뢰게 하였다. 진자가 시자의 말을 맹자께 아뢰었다. 맹자께서 말씀하셨다. "그렇다. 저 시자가 어찌 그 불가함을 알겠는가? 만약 내가 부자가 되고 싶었다면 십만 종을 사양하고 만 종을 받는 것이, 이것이 부자가 되고자 하는 것이겠는가?"

時子因陳子而以告孟子. 陳子以時子之言告孟子. 孟子曰: "然. 夫時子惡知其不可也? 如使予欲富, 辭十萬而受萬, 是爲欲富乎?"

당시 맹자는 공자 같은 그런 맛은 없었지만 그런대로 위엄은 지니고 있었습니다. 시자는 맹자를 알지 못했기 때문에 감히 직접 찾아오지는 못하고, 맹자의 학생인 진자를 통해 제왕이 그런 뜻을 지니고 있으니 맹자에게 전해 달라고 말했습니다. 진자가 그 말을 보고하자 맹자는 이렇게 말했습니다. "그렇다. 저 시자가 어찌 그 불가함을 알겠는가?〔然. 夫時子惡知其不可也〕" 여기에서 '그렇다〔然〕'는 수긍한다는 뜻이 아니라 반어입니다. 현대에 우리가 웃으면서 "그래?"라고 말하는 것과 같습니다. 맹자가 말합니다. 시자가 너를 통해 제왕의 말을 전했다만, 설마하니 내가 허락하지 않으리라는 것을 그 사람이 벌써 예상했던 것은 아니겠지 하는 겁니다. 그러고는 이어서 말합니다. "만약 내가 부자가 되고 싶었다면 십만 종을 사양하고 만 종을 받는 것이, 이것이 부자가 되고자 하는 것이겠는가?〔如使予欲富, 辭十萬而受萬, 是爲欲富乎〕" 제왕은 지금 나를 위해 대학을 하나 설립하고 나에게 많은 돈을 줄 계획이라고 하지만, 지난번에 그가 나에게 십만이라는 녹봉을 보내왔을 때에도 받지 않았는데 설마하니 이제 만 종의 돈 때문에 내가 일하겠느냐는 뜻입니다.

"계손씨가 말하였다. '괴이하도다! 자숙의여, 자기로 하여금 정사를 펴게 하다가 쓰여지지 않으면 또한 그만두어야 할 것인데, 또 그 자제로 하여금 경을 삼게 하였으니, 사람이 누구인들 부귀하고자 하지 않겠는가? 홀로 부귀 가운데서 농단을 독점하는 이가 있다.'"

"季孫曰: '異哉! 子叔疑, 使己爲政, 不用則亦已矣, 又使其子弟爲卿, 人亦孰不欲富貴? 而獨於富貴之中, 有私龍斷焉.'"

계손은 노나라 대부였습니다. 이어서 맹자는 계손의 말을 인용하여 노나라에서 일어났던 일을 이야기합니다. 계손이, 정말로 기괴한 일이로구나 하고 말했다는 겁니다. 자숙의라는 사람이 있는데 그는 자신의 정치 이상을 펼칠 수 있기를 바랐습니다. "쓰여지지 않으면〔不用〕" 즉 결국 그 목적을 이루지 못했으면, "또한 그만두어야 할 것인데〔則亦已矣〕" 즉 그만두는 수밖에 없다는 것입니다. 대장부는 맞으면 머물고 맞지 않으면 떠납니다. 아무리 자신을 헌신하여 사회를 위해, 국가를 위해 일하고 싶더라도 기회가 주어지지 않으면 그만인 것입니다. 그런데도 그는 별도로 수단을 부려서 자신은 고상한 척 산에서 나오지 않으면서, 자신의 형제와 자식 조카를 데려다가 노나라의 윗자리에 두고 요직을 맡게 하여 정권을 독차지하였습니다.

천하에 어떤 사람이 부하게 되고 귀하게 되고 싶지 않겠느냐? "홀로 부귀 가운데서 농단을 독점하는 이가 있다〔而獨於富貴之中, 有私龍斷焉〕." 그런데 부를 추구하고 귀를 추구하기 위해 계파를 만들고 집단을 형성하여 다른 사람의 정치적 앞길을 모두 독점해 버린다는 것입니다. 현대에 상공업계에서 사용하는 고유의 명사인 '농단(壟斷)'이 바로 『맹자』의 이 대목에서 나왔습니다. 다른 사람이 나오려는 것을 허락하지 않는다니 그래서야 되겠습니까? 이어서 맹자는 시장의 무역 행위를 들어 비유합니다.

"옛날에 시장에서 교역하는 자들이 자기가 지니고 있는 물건으로 없는 물건과 바꾸면, 유사는 그것을 다스릴 뿐이었다. 그런데 천한 장부가 있어 반드시 농단을 찾아 올라가서 좌우로 바라보면서 시장의 이익을 망라하자, 사람들이 모두 천하게 여겼으므로 따라서 그에게 세금을 징수하였다. 상인에게 세금을 징수하는 것은 이 천한 장부로부터 비롯되었다."

"古之爲市者, 以其所有易其所無者, 有司者治之耳. 有賤丈夫焉, 必求龍斷而登之, 以左右望而罔市利, 人皆以爲賤, 故從而征之. 征商, 自此賤丈夫始矣."

여기에서 우리는 먼저 오천 년 이래 전통 상업 관념을 이해해야 합니다. 옛날에는 시장에서의 교역 행위가 자기에게 있는 것으로 자기에게 없는 것과 바꾸는 것이었습니다. 가령 우리 집은 수건을 생산하고 당신 집은 시계를 생산하는데, 한참 만에 시장에 모여서 현물 교역을 합니다. 이것이 가장 원시적인 상업 행위였는데 이를 무역이라고 불렀습니다. 나중에 서서히 화폐를 교환의 매개로 사용하게 되었습니다. 중국 고대의 상업 행위는 아주 진보적이었습니다. 삼천여 년 전에 이미 시장의 관리를 전적으로 책임지는 사람이 있었고, 법령 규칙이 있어서 마음대로 할 수 없었습니다. '천한 장부(賤丈夫)'는 대장부(大丈夫)의 반대말인데, 여기에서는 전문적으로 장사를 독점하는 사람을 가리킵니다. "좌우로 바라보면서 시장의 이익을 망라하였다(以左右望而罔市利)." 그들은 다방면으로 관찰해서 어느 지방에 어떤 물건이 부족한지 또 어느 지방에 어떤 물건이 너무 많은지를 알아냅니다. 그리고 그 중간에서 시장을 교묘히 조작하여 돈을 벌고 이익

을 취합니다. 현대 사회에서는 그런 사람이 최고의 상업적 인재로 인정받지만, 맹자 당시에는 일반인들의 멸시를 받았습니다. 이것은 고금의 관념의 차이입니다.

"따라서 그에게 세금을 징수하였다. 상인에게 세금을 징수하는 것은 이 천한 장부로부터 비롯되었다〔故從而征之. 征商, 自此賤丈夫始矣〕." 여기에서는 중국의 시장 관리의 변천을 보여 주고 있습니다. 정치를 하는 지도자가 상인이 영업을 독점하는 불량한 행위를 보고서 마침내 세금을 거두기 시작하였습니다. 옛날에 세금을 거두는 동기는 상인의 투기, 농단과 같은 나쁜 풍조를 방지하는 데 있었습니다. 맹자는 이처럼 투기로 이익을 취하는 사람들을 천한 장부라고 불렀습니다. 요즘 사람들이 보면 이런 인물은 오히려 '귀한 장부〔貴丈夫〕'일 겁니다.

좋습니다. 이 단락에서 우리는 몇 가지에 유의할 필요가 있습니다.

첫째, 만약 우리가 중국의 상업 발전사나 부세(賦稅) 발전사와 관련된 서적을 쓴다면 이 단락은 중요한 참고 자료가 됩니다.

둘째, 농단이라는 문제에 대한 맹자의 관점입니다. 이것이 바로 아성(亞聖)이 아(亞)인 이유가 아닌, 아성(亞聖)이 성(聖)인 이유입니다. 입장을 바꾸어 본다면, 돈 많은 사장님이 돈을 내놓고 거기다 집도 내놓고 사람도 내놓겠다는데 이는 정말로 얻기 어려운 기회가 아닐 수 없습니다. 하지만 맹자는 그렇게 하지 않았습니다. 그의 흔들리지 않는 꿋꿋한 정신은 실로 우리가 본받아 마땅합니다.

제가 늘 하는 말이지만 진한 이후로는 유가가 없어졌습니다. 진한 이후에도 곳곳에서 공맹을 표방하기는 했지만, 진정한 공맹의 제자는 찾아볼 수가 없습니다. 대부분이 공맹의 간판을 내걸고 속여 먹었을 뿐입니다. 맹자가 여기에서 말한 "반드시 농단을 찾아 올라가서〔必求龍斷而登之〕"는 비단 상업계의 현상에 그치지 않습니다. 과거 제도 및 사회의 각종 직업에도 이러한 독점의 현상은 모두 존재합니다. 그것은 바로 이른바 문벌, 가문이라는 관념입니다. 흔히 한 대(代)에 벼슬을 하면 자손과 친척 친구들이 점차 정권을 독차지하게 됩니다. 보통 사람들은 그런 상황하에서도 어떻게든 그 속에 끼어 보려 하지만 그것이 말처럼 쉽지는 않습니다!

당대(唐代)에 이르러 고시 제도가 생겨나기는 했지만, 법이 오래되면 폐단이 생겨나는 법이라 가문이 독점하는 것을 막을 수가 없었습니다. 그것이 발전하여 중당(中唐), 만당(晚唐)에 이르면 정계에 "우(牛)와 이(李)" 양 당(黨)의 분쟁이 생겨났습니다. 각기 우승유(牛僧孺), 이덕유(李德裕)를 양대 우두머리로 삼아 두 당파 간에 의견 다툼이 대단히 심각했습니다. 이덕유는 재상 이길보(李吉甫)의 아들로서 과거 시험 출신이 아니라 음서(蔭敍)로 벼슬한 사람이었는데, 가난한 집안의 자제들을 전문적으로 등용했습니다. 반면에 우승유는 과거 시험의 진사 출신으로 학벌과 가문이 독점하는 집단에 속했습니다. 당 무종 때 우승유가 재상이 되었는데 그 위세가 대단했습니다. 당 선종 때는 이덕유가 우당(牛黨)의 모함을 받아 애주(崖州)로 귀양을 가게 되었습니다. 그 당시에 "팔백의 가난한 자제들이 나란히 눈물을 흘리며, 동시에 고개 돌려 애주를 바라보네〔八百孤寒齊下淚, 一時回首望崖州〕"라는 시가 있었는데, 바로 이러한 역사적 사건을 배경으로 하였습니다. 애주는 광동(廣東) 변경의 작은 현(縣)으로 당대에는 아직 개발이 안 된 황무지였습니다. 그들 가난한 집안의 자제들이 보기에는 은사(恩師)가 자신들을 발탁한 것 때문에 모함을 받아 재상의 자리에서 변경의 황무지로 쫓겨나게 되었으니, 마음이 아프고 괴로워서 서글픈 눈물을 흘리지 않을 수 없었습니다.

우리가 중국 역사를 보면 한, 당, 원, 명, 청까지 줄곧 정치상으로만 문벌이 있었을 뿐 아니라, 군사상으로는 군벌이 있었고 경제상으로는 재벌이 있었으며 학술계에는 학벌이 있었습니다. 그렇지만 우리가 맹자의 이 단락을 읽어 보면, 그는 학벌이라는 위세를 만들 수 있는 기회가 있었음에도 불구하고 조금도 마음이 동요하지 않았습니다. 아성(亞聖)이 과연 성(聖)이로구나! 하고 새삼 감탄할 수밖에 없습니다.

맹자께서 제나라를 떠나실 적에 주 땅에 유숙하셨다. 왕을 위하여 맹자의 발걸음을 만류하고자 하는 자가 있어서 앉아서 말하였으나, 맹자께서는 응대하지 않으시고 안석에 기대어 누우셨다. 객이 기뻐하지 않으며 말하였다. "제자가 재계하고 하룻밤을 지낸 후에 감히 말씀드렸는데, 선생님께서 누우시고 들어주지 않으시니, 다시는 감히 뵙지 말아야겠습니다." 맹자께서 말씀하셨다. "앉아라. 내 그대에게 분명하게 말해 주겠다."

孟子去齊, 宿於畫. 有欲爲王留行者, 坐而言, 不應, 隱几而臥. 客不悅曰: "弟子齋宿而後敢言, 夫子臥而不聽, 請勿復敢見矣." 曰: "坐. 我明語子."

처세의 예술

이제 또 다른 이야기가 시작되는데, 맹자의 전기나 다름없습니다. 맹자가 제나라를 떠나 주라는 지방에 이르렀습니다. 어떤 열성적인 사람이 제왕을 위해 맹자를 붙잡고 싶어서 그에게 제나라를 떠나지 말아 달라고 부탁했습니다. 하지만 결과는 어땠습니까? "앉아서 말하였으나, 맹자께서는 응대하지 않으시고 안석에 기대어 누웠다〔坐而言, 不應, 隱几而臥〕"고 했습니다. 맹자를 만난 그 사람은 마주 앉아서 더불어 이야기하고 싶어 했지만 맹자는 대꾸하지 않았습니다. 오히려 드러누워서 그 사람을 상대하지 않았습니다. 그 사람은 아주 기분이 나빴습니다. 당연히 기분이 나쁘지요. 그 사람을 뭐라고 할 것 없이, 우리가 그 처지에 있었더라도 기분이 나빴을 것입니다. 하지만 그 사람은 여전히 제자의 예를 갖추어 아주 겸손하게 말했습니다. "제자가 재계하고 하룻밤을 지낸 후에 감히 말씀드렸는데, 선생님께서 누우시고 들어주지 않으시니, 다시는 감히 뵙지 말아야겠습니다[弟子齋宿而後敢言, 夫子臥而不聽, 請勿復敢見矣]." 저는 선생님께 대해 정말로 간절한 마음에서 만나기 전에 목욕도 하고 향도 살랐는데, 선생님께서 이처럼 저를 아예 상대도 안 해 주실 줄은 생각지도 못했다는 겁니다. 그러고는 앞으로 다시는 감히 만나 뵈러 오지 않겠다고 했습니다. 그 말인즉슨 "당신 맹 선생이 뭐 그리 대단하다고" 하는 의미가 들어 있습니다.

맹자는 그 말을 듣자 그에게 말했습니다. 자! 앉으시오. 내가 당신에게 솔직하게 말하리다.

"옛날에 노 목공은 자사의 곁에 사람이 없으면 자사를 편안히 하지 못하였고, 설류와 신상은 목공의 곁에 사람이 없으면 그 몸을 편안히 하지 못하였다."

"昔者魯繆公, 無人乎子思之側, 則不能安子思, 泄柳, 申詳, 無人乎繆公之側, 則不能安其身."

공자의 손자인 자사는 증자의 학생이자 맹자의 스승이었습니다. 공자가 죽은 후에 문화의 도통은 자사에게 전해졌습니다. 당시 노나라 군주였던 목공은 자사를 대단히 존중했는데, 언제나 가장 신임하는 간부 두 명을 보내 자사의 곁에 있으면서 수시로 그 말을 전달하게 했습니다. 노 목공은 왜 그렇게 했을까요? 차라리 자사를 궁 안으로 불러다가 살게 하거나 혹은 그를 이웃에 살게 하는 편이 더 편하지 않았을까요? 이 부분이 바로 여러분이 특히 유의해야 할 점입니다. 여러분은 장차 외교에 종사하거나 상

공업에 종사하게 될 텐데, 인사 문제를 처리할 때는 특별히 조심해야 합니다. 사람과 사람 사이에서 특히 고위 간부 사이에서 어떤 문제를 연구하고 토론해야 할 때는 반드시 가운데 중재할 여지를 주어야 합니다. 그렇게 하지 않았다가는 일을 그르치기 쉽습니다. 가령 젊은 사람이 연애를 한다고 합시다. 결혼하기 전에는 모든 것이 좋습니다. 하지만 결혼한 후에 너무 가까이 지내다 보면 오히려 사이가 틀어져 버립니다. 그럴 때는 친구가 나서서 말해 주어야 합니다.

중국인들은 윤리를 중시하는데 윤상(倫常)이라고도 합니다. 이른바 윤상이라는 것은 사회적 차례이며, 사람과 사람 사이에서 더불어 잘 지내는 예술입니다. 군신·부자·부부·형제·친구, 오륜(五倫) 가운데 친구가 하나를 차지합니다. 친구는 별 상관이 없는 것 같은데, 어쩌면 여러분은 이상하다고 여길지도 모르겠습니다. 사실상 친구는 대단히 중요합니다. 어떤 사람이든 그 마음에 수많은 고통과 번뇌를 지니고 있습니다. 하지만 위로 부모에게 말할 수 없고 아래로 형제 처자에게 입을 열기 어려운 것이라면, 친한 친구를 붙잡고 거리낌 없이 무엇이든지 그에게 터놓을 수 있습니다. 마치 한약에 들어가는 감초 같습니다. 무슨 약이든지 감초가 빠질 수 없는 것은 그 성질이 중화(中和)적이기 때문입니다. 인생에는 친구가 없어서는 안 됩니다. 그랬다가는 아주 고통스러울 것입니다.

그러므로 노 목공의 이런 방법을 수단으로 여겨서는 안 됩니다. 그는 확실히 사람과 사람 사이에서 더불어 지내는 예술에 대해 잘 알고 있었습니다. 사람 노릇 하기가 실로 어려운 것이, 곧은길로 가면 안 되는 경우도 왕왕 있습니다. 만약 곧은길로 가겠다고 고집 부렸다가는 틀림없이 벽에 부딪힐 것입니다. 때로는 살짝 돌아서 가는 편이 훨씬 일 처리하기 쉬울 수 있습니다. 『맹자』 이 대목의 요점은 이렇습니다. 노 목공은 지극한 예의로 자사를 대우했습니다. 하지만 중간에서 완화시키는 사람이 없었다면 자사를 편안하게 대할 수 없었을 것입니다. 그것은 사실입니다. 다만 그런 역사적 사실이 일반 역사 자료에는 기재되지 않았기 때문에 『맹자』를 읽어야만 그 일을 알 수 있습니다.

다음으로 맹자가 언급한 설류, 신상 두 사람은 당시 노나라의 현인들이 었습니다. 두 사람 모두 훌륭했지만 특히 신상은 공자의 유명한 제자 자장 (子張)의 아들입니다. 비록 노 목공 마음속에 자사가 차지했던 만큼은 아니더라도 그들 역시 노 목공이 아주 아끼던 사람들이었습니다. 당시 그들 두 사람에게도 곁에 목공의 사람이 있어서 그들을 대신해 말을 전달해 주고 중재해 주었습니다. 맹자가 이런 말을 한 것은 도대체 무슨 의도에서 였을까요? 그는, 나와 제왕 사이에도 마찬가지로 가운데서 중재해 주는 사람이 있어야 한다는 뜻입니다.

"그대가 장자를 위해 생각해 주되 자사에게 미치지 못하였다. 그러니 자네가 장자를 끊은 것인가, 장자가 자네를 끊은 것인가?"

"子爲長者慮, 而不及子思. 子絶長者乎? 長者絶子乎?"

맹자가 그 객에게 말했습니다. "자네는 나를 공경하고 있고 또 나를 장자로 대우하면서, 나와 제왕의 관계를 개선하기를 희망하고 있네. 자네는 그런 이상을 지니고 있지만 자네에게 그런 능력이 있는가? 사람으로 처세하는 예술은 그리 간단하지가 않다네. 자네는 제왕과 나의 관계를 중재하고 싶어 하지만, 과연 자네가 노 목공과 자사의 사이처럼 그렇게 원만하게 해 줄 수 있겠는가."

여러분은 잘 생각해 보십시오. 맹자가 왜 그렇게 말했을까요? 과연 어디에 이치가 있을까요? 맹자가 이런 말을 한 것은 그에게 "개가 쥐를 잡고 쓸데없이 참견하기 좋아하는군"[107]이라고 욕한 것이나 똑같습니다. 자네는 자기 생각에 열성적으로 뛰어와서 나를 만류하네만, 만약에 내가 정말로 머물겠다고 대답한다면 자네가 책임질 수 있는가라는 뜻입니다. 제왕이 자네에게 부탁하지도 않았잖느냐는 겁니다! "자네가 장자를 끊은 것인가, 장자가 자네를 끊은 것인가?〔子絶長者乎? 長者絶子乎〕" 그러니 내가 자네를 상대해야 하는가 하지 말아야 하는가, 자네가 나를 이해하지 못하는가 아니면 내가 자네를 이해하지 못하는가 하는 뜻입니다.

그러므로 고서를 읽을 때는 머리를 사용해서 읽어야 하고 지혜를 사용해서 읽어야 합니다. 안 그랬다가는 글자의 뜻은 이해해도, 말하고자 하는 것이 무슨 의미인지 아무리 읽어도 깨닫지 못합니다. 우리는 앞에서 맹자의 아성(亞聖)이라는 칭호에 대해 그가 아(亞)인 까닭과 그가 성(聖)인 까닭을 이야기했습니다. 이제 이 단락을 읽어 보면 맹자는 아도 아니고 성도 아닌 것처럼 생각됩니다. 그는 도대체 무슨 뜻에서 그랬을까요? 성질 한 번 대단합니다! 한마디 말도 하지 않고 곧장 가서 자 버렸습니다. 사실 그는 그 나름의 이치가 있어서 그랬습니다. 그것은 여러분 스스로가 깊이 들어가서 체득하는 수밖에 없습니다.

그 사람은 경솔하게도 누구의 명령도 받지 않고 그저 열심히 달려왔고, 영문도 모르면서 그 사이에 끼어들었습니다. 마치 어떤 부부가 말다툼을 하고 있는데 이웃에 어떤 사람이 영문도 모르면서 불쑥 끼어들어 싸움을 부추기는 것과 똑같습니다. 본래는 그저 하찮은 말다툼에 불과했는데 그 사람이 화해시킨답시고 열성적으로 이러쿵저러쿵 참견하다 보면 다툼이 점점 더 심해져서 수습할 수 없는 지경에 이르고 맙니다! 그야말로 쓸데없는 짓이 아닙니까? 바로 이런 이치입니다.

---

107 쥐는 고양이가 잡는 것인데, 개가 쥐를 잡고서 쓸데없이 참견한다는 의미이다.

맹자께서 제나라를 떠나시자 윤사가 사람들에게 말하였다. "왕이 탕·무 같은 성군이 될 수 없음을 모르고 왔다면 이것은 지혜가 밝지 못함이다. 불가능함을 알고도 왔다면 이것은 은택을 구함이다. 천 리 먼 길을 왕을 만나러 왔다가 뜻이 맞지 않으므로 떠나가되, 사흘을 유숙한 뒤에야 주 땅을 출발하니 이 어찌 지체한단 말인가! 나는 이것을 기뻐하지 않노라."

孟子去齊, 尹士語人曰:"不識王之不可以爲湯武, 則是不明也. 識其不可, 然且至, 則是干澤也. 千里而見王, 不遇故去, 三宿而後出晝, 是何濡滯也! 士則兹不悅."

맹자는 부득이하게 제나라를 떠나게 되었습니다. 제왕이 그의 의견을 받아들이지 않았기 때문입니다. 마치 오늘날 일부러 미국으로 가서 미국 정부에 헌신하기를 희망했는데, 아예 상대도 해 주지 않자 별수 없이 비행기 표를 사서 되돌아온 것과 마찬가지입니다.

이 일의 배후에는 윤사라는 이름의 제나라 사람이 있습니다. 그가 맹자를 비난하며 "왕이 탕·무 같은 성군이 될 수 없음을 모르고 왔다〔不識王之不可以爲湯武〕"고 말했습니다. 우리의 저 대단한 맹 선생이 이렇게 제나라로 달려왔다가 끝내 아무런 성과도 없이 되돌아간 것입니다! 만약 제왕이 탕·무처럼 훌륭하지 못해 도와줄 방법이 없음을 사전에 알지 못하고 열심히 달려와서 왕을 만났다면 "이것은 지혜가 밝지 못한〔則是不明也〕" 것입니다. 맹 선생 자신의 두뇌가 명석하지 못하고 보는 눈이 정확하지 않음을 보여 주는 것이라는 뜻입니다. "불가능함을 알고도 왔다면〔識其不可, 然且至〕" 즉 맹자가 제왕은 안 되며 도울 방법이 없음을 잘 알고 있었지만 그가 권력가라서 만나지 않으면 안 되었다고 한다면 "이것은 은택을 구함

〔則是干澤也〕"이라는 것입니다. 뭔가 좋은 것을 얻고 싶어 했던 것이 틀림없으니 그렇다면 더더욱 말할 가치가 없습니다. '간(干)'은 '녹봉을 구하다〔干祿〕'는 뜻으로 뭔가를 바라는 것을 가리킵니다. '택(澤)'은 그 의미를 확대시켜 보면 이익이나 좋은 것을 가리킵니다.

"천 리 먼 길을 왕을 만나러 왔다가〔千里而見王〕는 천 리나 되는 머나먼 길을 달려와서 제왕을 만났습니다. 그러나 "뜻이 맞지 않으므로 떠난다〔不遇故去〕"는 것은 운이 좋지 않았다는 의미로, '불우(不遇)'는 만나지 못했다는 말이 아닙니다. 맹자는 제왕 부자(父子)인 제 선왕과 제 민왕과 사이가 좋았지만 단지 그들과 정치적 의견이 달라서 '떠났습니다.'

"사흘을 유숙한 뒤에야 주 땅을 떠났다〔三宿而後出晝〕." 맹자는 제나라를 떠나기로 결심했습니다. 떠나려고 마음먹었으면 비행기 표를 사서 곧장 떠날 수도 있지 않습니까? 하지만 맹자는 그곳에서 사흘이나 배회하면서 일부러 머물렀습니다. 아쉬움에 자꾸만 뒤돌아보았던 것입니다. "이 어찌 지체한단 말인가〔是何濡濡也〕." 맹자가 그렇게 꾸물댄 것은 무엇 때문이었을까요? 제왕이 자신을 붙잡기를 바랐던 것일까요? "나는 이것을 기뻐하지 않노라〔土則茲不悅〕." 그의 이런 행위가 납득이 가지 않는다는 것입니다. 솔직히 말해서 이 일로 그를 우습게 생각하게 되었다는 뜻입니다. 대장부가 일이 틀어져서 떠난다고 말했으면 곧바로 떠날 것이지, 입으로만 떠들어 놓고 미련이 남아 차마 떠나지 못하고 있다는 말입니다. 떠난다고 말해 놓고는 군주가 마음을 돌려서 붙잡아 주기를 바라고 있는 것입니다. 마치 두 사람이 싸우다 사이가 틀어지자 가방을 메고 가 버리려고 문 입구까지 갔다가, 고개를 돌려서 "이래도 안 잡아?" 하고 묻는 것 같습니다. 기개가 너무 없는 것 아니냐는 뜻이지요.

맹자가 윤사에 대해 어떻게 반응했는지 보도록 하겠습니다.

고자가 이 말을 아뢰었다. 맹자께서 말씀하셨다. "저 윤사가 어찌 나를 알겠는가! 천 리 먼 길을 왕을 만나러 온 것은 내가 원했던 것이었다. 뜻이 맞지 않으므로 떠나는 것이 어찌 내가 원하는 것이겠는가? 부득이해서이다. 내가 사흘을 유숙한 뒤에야 주 땅을 출발하였으되, 내 마음에는 오히려 빠르다고 생각한다. 나는 왕이 행여 고치시기를 바란다. 왕이 만일 고치신다면 반드시 나의 걸음을 돌리게 하실 것이다. 주 땅을 나가는데도 왕이 나를 쫓아오지 않으시기에, 내가 그런 뒤에야 호연히 돌아갈 뜻을 가졌다. 내 그러하나 어찌 왕을 버리겠는가! 왕은 그래도 충분히 선을 행할 수 있을 것이다. 왕이 만일 나를 등용하신다면 어찌 다만 제나라 백성만이 편안할 뿐이겠는가. 천하의 백성이 모두 편안할 것이다. 왕이 행여 고치시기를 나는 날마다 바라노라. 내 어찌 이렇게 소장부처럼 하겠는가! 군주에게 간했다가 받아 주지 않으면 노하여 성난 빛이 그 얼굴에 나타나고, 떠나면 하루 종일 갈 수 있는 힘을 다한 뒤에 유숙하겠는가!" 윤사가 이 말을 듣고 말하였다. "나는 진실로 소인이다."

高子以告. 曰: "夫尹士惡知予哉! 千里而見王, 是予所欲也. 不遇故去, 豈予所欲哉? 予不得已也. 予三宿而出晝, 於予心猶以爲速. 王庶幾改之. 王如改諸, 則必反予. 夫出晝而王不予追也, 予然後浩然有歸志. 予雖然, 豈舍王哉! 王由足用爲善; 王如用予, 則豈徒齊民安, 天下之民擧安. 王庶幾改之, 予日望之. 予豈若是小丈夫然哉! 諫於其君而不受, 則怒, 悻悻然見於其面, 去則窮日之力而後宿哉?" 尹士聞之曰: "士誠小人也."

고자는 제나라 사람으로 맹자의 제자였는데, 윤사의 그 말을 맹자에게 보고하였습니다. 맹자가 말했습니다. "저 윤사가 어찌 나를 알겠는가! 천리 먼 길을 왕을 만나러 온 것은 내가 원했던 것이었다〔夫尹士惡知予哉! 千里而見王, 是予所欲也〕.” 솔직히 말해서 윤사가 어떻게 나의 고충을 이해할 수 있겠느냐는 것입니다. 천 리 먼 길을 달려와서 제왕을 찾은 것은 그를 도와 보좌하고 싶었기 때문입니다. 지금 사회는 일이백 년에 걸친 전란으로 백성들이 저처럼 고통스러워하고 있는데, 제나라가 세 번째 패주(覇主)의 위치에 있으니 제왕을 보좌하여 민생을 안정시키고 천하를 태평하게 만들고자 하는 것은 당연하다는 말입니다. “뜻이 맞지 않으므로 떠나는 것이 어찌 내가 원하는 것이겠는가? 부득이해서이다〔不遇故去, 豈予所欲哉? 予不得已也〕.” 하지만 결국 나와 제왕은 의견이 다르고 정치관이 달라서 떠나지 않을 수 없습니다. 설마하니 이것이 내가 바라는 것이겠느냐, 어쩔 수 없어서 떠난다는 말입니다.

그리고 제나라를 떠날 때 ‘주’라는 지방에서 사흘 밤이나 머물렀는데, 왜 떠난다고 말해 놓고 머뭇거리면서 차마 떠나지 못했겠느냐고 합니다. 솔직히 말해서 지금 비록 제나라를 떠나지만 “내 마음에는 오히려 빠르다고 생각한다〔於予心猶以爲速〕.” 즉 내심으로는 아직도 너무 빨리 떠났다고 후회하고 있습니다! “왕이 만일 고치신다면 반드시 나의 걸음을 돌리게 하실 것이다〔王如改諸, 則必反予〕.” 만약 제왕이 태도를 바꾼다면 틀림없이 나를 뒤쫓아 와서 제나라로 되돌아가게 할 것이라는 말입니다.

맹자는 계속합니다. 하지만 내가 제나라의 변경인 ‘주’라는 지방에 이르러 뒤돌아봤더니, 제왕은 결코 사람을 보내 나를 뒤쫓지 않았다고 말합니다. 그제야 희망을 버리고 단념했습니다. 불가에서 말하듯이 의연하고도 결연하게 마음을 내려놓았습니다. “내 그러하나 어찌 왕을 버리겠는가〔予雖然, 豈舍王哉〕.” 내 비록 단념했다고는 하지만 세상의 부패와 백성의 고통을 슬퍼하는 마음은 여전히 내려놓지 못했으며 결코 제왕을 완전히 포기하지도 않았다는 말입니다! 설마하니 내가 제나라를 제외한 다른 나라는 사랑하지 않겠느냐는 것입니다. 다만 당시의 정세를 보건대 "왕은 그래도 충분히 선을 행할 수 있을 것이다〔王由足用爲善〕"라고 했습니다. 오직 제나라만이 천자를 도와 왕도를 실행할 수 있다는 겁니다! 만약 제왕이 나의 계획과 이상을 실행하려고만 든다면, 제나라만 부강하게 할 뿐 아니라 그로 인해 천하 사람들이 모두 태평을 누릴 수 있다고 말합니다. 그렇기 때문에 여전히 그의 생각이 바뀌기를 희망하고 있습니다. 그가 마음을 돌이키기를 날마다 바라고 있습니다.

"내 어찌 이렇게 소장부처럼 하겠는가!〔予豈若是小丈夫然哉〕"제왕이 나를 이해하지 못하고 다른 사람들도 이처럼 나를 비난하고 있지만, 그렇다고 해서 내가 도량이 좁은 소인처럼 굴어야 하겠느냐는 말입니다. 군왕이 자신의 의견을 받아들이지 않는다고 화가 나서 얼굴이 붉으락푸르락하고 게다가 단칼에 끊어 버리고 떠난다면, 그것이 과연 대장부가 지녀야 할 도량이겠느냐는 것입니다.

고자가 맹자의 이 말을 윤사에게 그대로 전했습니다. 그 말을 들은 윤사는 "나는 진실로 소인이다〔士誠小人也〕"라고 말했습니다. 아! 맹 선생님의 말이 맞다. 내가 틀렸어. 내가 완전히 잘못 생각했다. 나는 정말로 소인의 마음으로 군자의 가슴속을 재려고 했구나 하는 말입니다!

우리가 이 고사를 보면서 글자 해석만 할 것 같으면, 맹 선생님은 정말로 아(亞)도 아니고 성(聖)도 아닙니다. 식은 돼지머리도 드시라고 하고 싶지 않고 위패도 세우고 싶지 않습니다. 그러나 사실 맹자는 세상의 부패와 백성의 고통을 슬퍼하는 마음으로 꽉 차 있었던 사람으로, 자신의 공명과 부귀를 생각하지 않았습니다. 다만 사회를 구하고 국가를 구하려면 오로지 권세에 의지해야만 했습니다. 당시 첫째가는 강대국은 진(秦)이었고 두 번째 강대국은 남방의 초(楚)였습니다. 진나라는 결코 왕도를 실행할 수 없는 나라였고, 또 초나라는 신흥 국가로서 사상 문화 각 방면에서 다른 점이 많아 역시 불가능했습니다. 결국 세 번째인 제나라에 기댈 수밖에 없었습니다. 당시 제나라의 경제력은 충분히 진이나 초와 맞설 만했습니다. 그래서 맹자는 이 나라를 부강하게 만들면 천하가 태평해질 수 있다고 생각했습니다. 그의 속셈은 바로 여기에 있었습니다. 높은 지위를 탐냈던 것이 결코 아닙니다. 예전에 많은 사람들이 높은 지위를 주겠다고 했지만 그는 다 마다했습니다. 차라리 도시락을 싸 가지고 다니며 찬밥을 먹는 편을 택했습니다. 그러므로 함부로 고인을 모함하거나 탓해서는 안 됩니다.

오사 운동 당시에 공가점(孔家店)[108]을 타도하자고 외쳤는데, 공가점의 큰 사장님은 공자요 둘째 사장님은 맹자입니다. 맹자의 이런 부분들이 다 그들이 타도하려고 했던 죄상입니다. 그러므로 우리는 책을 읽을 때에 절에 세워 놓은 보살상처럼 반드시 정수리 위에 또 하나의 눈을 달아서, 읽은 내용을 잘 생각하고 이치를 끄집어내야 합니다. 그 눈은 혜안을 의미합니다. 정수리 위에 눈이 정말로 또 자란다는 말이 결코 아닙니다. 만약 그런다면 그것은 지혜가 아니라 요괴일 겁니다.

맹자께서 제나라를 떠나셨다. 충우가 도중에서 물었다. "선생님께서 기쁘지 않은 기색이 있으신 듯합니다. 지난날 제가 선생님께 들으니 '군자는 하늘을 원망하지 않고, 사람을 허물하지 않는다' 하셨습니다." 맹자께서 말씀하셨다. "그때는 그때이고 지금은 지금이다. 오백 년에 반드시 왕자가 일어나는데, 그 사이에 반드시 세상에 유명한 자가 있다."

孟子去齊. 充虞路問曰: "夫子若有不豫色然. 前日, 虞聞諸夫子曰: '君子不怨天, 不尤人.'" 曰: "彼一時, 此一時也. 五百年必有王者興, 其間必有名世者."

---

[108] 직역하면 '공씨네 가게'라는 뜻으로, 공자가 제창한 학문 곧 유가를 빗댄 말이다.

오백 년마다 반드시 영웅이 나온다

맹자가 제나라를 떠났습니다. 길에서 충우라는 이름의 학생이 맹자에게 물었습니다. "스승님, 제가 보니 당신의 기색이 별로 좋지 않은 것이, 가슴이 답답하고 떠나기가 못내 아쉬운 듯한 모습이십니다. 스승님께서 예전에 우리에게 하늘을 원망하지 말고 사람을 탓하지 말라고 가르치신 것을 저는 아직도 기억하고 있습니다. 그런데 오늘 스승님의 모습을 보니, 마치 하늘을 원망하고 사람을 탓하시는 듯합니다." 그 학생은 분명 아주 젊은 사람이었을 겁니다. 그러니 그토록 솔직하게 질문했겠지요.

맹자는 그의 질문에 이렇게 대답했습니다. "그때는 그때이고 지금은 지금이다〔彼一時, 此一時也〕." 이런! 너희에게 하늘을 원망하지 말고 사람을 탓하지 말라고 가르쳤던 그 당시의 환경과 심정은 지금과 완전히 다르다는 겁니다. 그렇기 때문에 일률적으로 논하면 안 된다고 말했습니다.

맹자는 이어서 말합니다. "오백 년에 반드시 왕자가 일어난다〔五百年必有王者興〕." 이 말은 이미 역사의 운명에 관한 명언이 되었습니다. 저는 이삼 년 전에 역사의 운명을 계산해 보고서 맹자의 "오백 년에 반드시 왕자가 일어난다"는 예언을 더욱 인정하게 되었습니다. 주공 이후 오백 년 만에 공자가 나왔고, 공자 이후 오백 년 만에 한 무제와 동중서 등이 나왔으며, 또 오백 년 지나서 양 무제(梁武帝)와 달마가 나왔습니다. 또다시 오백 년 후는 바로 송명 이학가 왕양명 등의 시대이고, 그 후 오백 년이 바로 현대입니다. 주공 이래 중국 문화에서 일곱 번째 오백 년입니다. 우리는 이미 늙었으니 안 됩니다. 다행히 젊은 학생들이 열심히 노력하고 있으니, 앞으로의 역사는 여러분에게 달렸습니다!

중국 역사에는 오백 년마다 영웅이 나온다는데, 저는 삼백 년마다 연극배우가 나온다고 말합니다. 제가 말하는 연극배우는 오늘날의 이른바 무비 스타가 아니라 정말로 노래를 잘하는 연극배우를 가리킵니다. 신의 경지에 이를 정도로 노래를 잘하는 배우는 많지 않습니다. 위대한 예술가는 시인이 됐든 화가가 됐든 반드시 장기간에 걸친 역사 문화의 배양을 거쳐야 합니다. 특히 시대의 획을 긋는 인물은 더더욱 몇백 년에 걸친 배양을 거치지 않으면 안 됩니다. 역사, 문화가 인재를 양성해 내는 것은 이처럼 어렵습니다! 요즘 성행하는 속성반, 단기 전문 연수반에서 양성해 낼 수 있는 바가 결코 아닙니다. 그렇기 때문에 오백 년마다 영웅이 나오고 삼백 년마다 연극배우가 나온다고 말한 것입니다. 정말로 쉽지 않습니다!

그다음 구절은 유의해야 합니다. "그 사이에 반드시 세상에 유명한 자가 있다〔其間必有名世者〕." 그 오백 년 중간에 반드시 '세상에 유명한 자〔名世者〕'가 있습니다. 세상에 유명한 자란 무엇을 말합니까? 바로 큰 인물입니다. 큰 인물이 출현하면 그의 명성과 위엄은 전 세계를 뒤흔듭니다. 그래서 청대의 역사학자 조익(趙翼)은 다음과 같이 역사 철학을 이야기하는 시를 썼습니다.

만인의 입에 오르내리던 이백 두보의 시편도	李杜詩篇萬口傳
오늘날에 이르러는 이미 신선하지 않도다	至今已覺不新鮮
강산에는 대대로 재주 있는 사람들이 나와서	江山代有才人出
제각기 시단을 수백 년씩 이끌어 갔다네	各領風騷數百年

기백이 정말로 대단합니다! 젊은 사람이라면 마땅히 그의 이런 기백을 지녀야 합니다. 여러분처럼 젊은 세대는 새로운 것을 창조하기 좋아합니다. 제 생각에는 어떤 방면이든지 새로운 것을 창조하려면 반드시 학문적 기초가 있어야 합니다. 기초도 없으면서 무슨 새로운 것을 창조할 수 있겠습니까? 현대인들은 걸핏하면 책을 내기 때문에 신간 서적들이 마구 쏟아

져 나오지만, 근 칠십 년 이래로 출판된 책들을 보면 후세에 전할 만한 것을 찾기가 어렵습니다. "강산에는 대대로 재주 있는 사람들이 나와서, 제 각기 시단을 수백 년씩 이끌어 갔다네." 대장부라면 반드시 이러한 자신 감을 가지고 글을 써야 하고, 글을 썼다 하면 수백 년은 전해질 만한 가치를 지녀야 합니다. 절대로 경솔해서는 안 됩니다! 요즘 신문이나 잡지에 실리는 글의 수명은 겨우 오 분입니다. 만약 일 개월의 수명을 지닐 수 있다면 그것만으로도 이미 대단한 작품이라 하겠습니다. 보통은 다 읽으면 곧바로 버리기 때문에 수명이 겨우 오 분밖에 안 된다는 것입니다.

맹자는 이야기를 계속합니다.

"주나라로부터 이래로 칠백여 년이 되었다. 그 연수를 가지고 보면 지났고, 그 시기를 가지고 살펴보면 지금이 가하다."

"由周而來, 七百有餘歲矣. 以其數, 則過矣; 以其時考之, 則可矣."

주나라에서 시작해서 맹자 시대에 이르기까지 칠백 년의 역사가 있습니다. 주 왕조가 개국하고 삼사백 년이 지나자 혼란이 시작되었고, 공자 시대에 이르러는 혼란이 더 심해져서 공자가 대단히 근심하였습니다. 오늘 오후에 친구의 소개로 의사 한 분이 저를 만나러 왔습니다. 그가 이렇게 말했습니다. 세계의 모든 종교는 사람에게 선을 행하라고 가르칩니다. 하지만 저의 수십 년 의사 경험과 관찰에 따르면 사람의 마음은 날이 갈수록 악해지고 있습니다. 의사는 생리적 질병만 치료할 수 있을 뿐, 사람의 심리적 질병은 치료할 수가 없습니다. 이것은 도대체 무슨 이치입니까? 우리는 그의 말에 유의할 필요가 있습니다. 우리는 자칭 오천 년 문화를 지닌 민족입니다. 그런데도 우리 교육은 사람의 마음이 악해지는 것을 돌이

키지 못했고, 사람은 정말로 날이 갈수록 악해지고 있습니다. 공자와 맹자는 그토록 혼란스러운 시대에 살았지만 줄곧 "왕자가 일어나리라는〔王者興〕" 희망을 버리지 않았습니다. 그렇기 때문에 맹자는 "그 연수를 가지고 보면 지났고, 그 시기를 가지고 살펴보면 지금이 가하다〔以其數, 則過矣; 以其時考之, 則可矣〕"라고 말했습니다. 기다리고 있으면 곧 일어날 것이라는 말입니다! 맹자는 공자처럼 앞날을 내다보는 신통력을 지니지 못했기 때문에, 시간 계산에서 몇백 년 차이가 생겼습니다. 한 고조 이후에야 천하가 비로소 태평에 근접하고 민생이 겨우 안정되었습니다. 그리고 한 무제 때에 이르러 비로소 중국 문화의 기초가 새로이 다져졌습니다.

"하늘이 천하를 태평하게 다스리고자 하지 않는 것이니, 만일 천하를 태평하게 다스리고자 한다면 지금의 세상을 당하여 나를 버리고 그 누구이겠는가? 내가 무엇 때문에 기뻐하지 않겠는가!"

"夫天未欲平治天下也, 如欲平治天下, 當今之世, 舍我其誰也? 吾何爲不豫哉!"

맹자의 이 말은 허풍이 심합니다. 그가 탄식하며, "아! 하늘이 천하의 태평함을 바라지 않는구나" 하고 말했습니다. 만약 하늘이 천하의 태평함을 바란다면 나를 제외하고 그 누가 그것을 감당하겠느냐는 말입니다! 그 시절의 우리는 물론이고 젊은 학생들은 하나같이 이 말을 좋아합니다. "나를 버리고 그 누구이겠는가〔舍我其誰〕." 담대하기 짝이 없지요! 이제 우리는 늙었으니 바로 여러분이 가장 적임자입니다. 여러분은 준비를 하고 학문을 닦고 수양을 쌓아야 합니다. 그래야만 때가 왔을 때 큰 임무를 감당할 수 있습니다.

"내가 무엇 때문에 기뻐하지 않겠는가!〔吾何爲不豫哉〕" 내 마음은 아주 괴롭다, 내가 왜 괴롭겠느냐고 말합니다. 이 세상의 인류가 너무나도 비참한데 끝내 내 포부를 펼치지 못하였으니, 내가 어떻게 괴롭지 않을 수 있겠느냐는 것입니다. 누가 나서서 이 세상을 구하겠느냐는 것입니다.

좋습니다! 맹자의 전기는 이쯤에서 일단락을 고하고, 그 후의 이야기는 다음 회의 설명을 들으십시오.

맹자께서 제나라를 떠나 휴 땅에 머무셨다. 공손추가 묻기를 "벼슬하면서 녹봉을 받지 않는 것이 옛 도입니까?" 하였다. 맹자께서 말씀하셨다. "아니다. 숭 땅에서 내가 왕을 만나 뵙고 물러나와 떠날 마음을 먹었는데, 그 마음을 변하고자 하지 않았으므로 녹봉을 받지 않은 것이다. 뒤이어 군대의 출동 명령이 있어서 청할 수 없었을 뿐이지, 제나라에 오랫동안 머무름은 나의 뜻이 아니었다."

孟子去齊, 居休. 公孫丑問曰: "仕而不受祿, 古之道乎?" 曰: "非也. 於崇, 吾得見王, 退而有去志; 不欲變, 故不受也. 繼而有師命, 不可以請; 久於齊, 非我志也."

맹자는 제나라를 떠나 '휴'라는 지방에 이르렀습니다. 공손추가 말했습니다. "스승님, 질문이 있습니다. 사실은 마음속에 오랫동안 담아 두었다가 이제 고국으로 돌아가게 되어 스승님께 가르침을 청합니다. 다른 나라에서 남을 위해 일을 하고서도 퇴직금이나 보수도 받지 않는 것이 설마 '옛 도입니까?〔古之道乎〕'" 이것이 전통적인 문화 관념입니까, 마땅히 그렇게 해야 하는 겁니까 하는 뜻입니다.

맹자는 아니라고 대답합니다. 제나라에 있을 때 비록 제왕이 나에게 그토록 잘해 주고 예의를 갖추었지만 그것은 그의 진심이 아니었다는 것입니다. 그렇기 때문에 그의 보수를 받을 수 없었습니다. 다른 사람의 밥을 먹으면 그 사람을 위해 일을 해야 합니다. "숭 땅에서 내가 왕을 만나 뵙고 물러나와 떠날 마음을 먹었는데, 그 마음을 변하고자 하지 않았으므로 녹봉을 받지 않은 것이다〔於崇, 吾得見王, 退而有去志; 不欲變, 故不受也〕." 그해 숭 땅에서 처음 제왕을 만났을 때 그가 내 노선을 따르지 않으리라는 것을 한눈에 알았다는 것입니다. 그는 오로지 패권(覇權)만을 원했고 남을 침략하려고만 했다는 겁니다. 그래서 곧장 떠날 준비를 했으며 당연히 그의 보수를 받을 수 없었다고 말합니다. 하지만 그렇더라도 여전히 그가 생각을 바꾸어 자신의 권고를 받아들이기를 바랐다고 했습니다.

"뒤이어 군대의 출동 명령이 있어서 청할 수 없었다〔繼而有師命, 不可以請〕." 이미 떠나기로 결정했을 때 제와 연이 전쟁을 시작했습니다. 나라와 나라가 전쟁을 벌이면 각 방면의 사무가 바빠지기 마련인데, 그런 때 사표를 내민다는 것은 너무 염치없는 노릇이라는 겁니다. 게다가 제나라가 군사 행동을 일으켰기 때문에 자칫하면 간첩 혐의를 쓰게 될지 몰라서 그 당시에는 떠날 수가 없었습니다. 그래서 머물렀던 것뿐이라는 말입니다.

"제나라에 오랫동안 머무름은 나의 뜻이 아니었다〔久於齊, 非我志也〕." 이제 제나라도 안정을 찾았는데 제왕은 마냥 그렇게 나를 냉장고에 잘 모셔만 놓았다는 것입니다. 그렇게 이도 저도 아닌 모양새로 제나라에 머물러 있으면서 아무런 도움도 줄 수 없다면, 이는 바라는 바가 아닙니다. 그러니 떠나는 것이 마땅하다는 말입니다.

맹자는 끝내 제나라를 떠나 노나라로 돌아갔습니다.